SCHIRACH

Baldur von Schirach mit Tochter Angelika Benedikta
und Sohn Klaus in Urfeld am Walchensee, um 1937.
Foto: Heinrich Hoffmann.

Oliver Rathkolb

SCHIRACH

Eine Generation zwischen Goethe und Hitler

MOLDEN

Ein erfolgreiches Gespann: der »Führer« und sein Imagestratege Baldur von Schirach. Auftritt am Reichsparteitag 1933 in Nürnberg.

Einleitung

Hitlers »Reichsjugendführer« Baldur von Schirach war wohl die größte Nachwuchshoffnung des NS-Terror-Regimes. Der »Führer« Adolf Hitler verdankte ihm viel, vor allem auch die medial geschickt inszenierte Massenmobilisierung der deutschen Jugend in der Hitler-Jugend und im Bund Deutscher Mädel. In kurzer Zeit brachte er das gesamte Jugendorganisationswesen im nationalsozialistischen Deutschland unter die ideologische Kontrolle des Regimes. Als Reichsleiter, Reichsstatthalter und Gauleiter in Wien forcierte er ab 1940 unter dem Schlagwort »Wiener Kultur« trotz des blutigen Aggressionskriegs und der Verfolgung von Juden und Jüdinnen und anderen Opfergruppen in ganz Europa einen überbordenden Hochkulturbetrieb, was ihm rasch die Sympathien der Eliten und vieler Künstler einbrachte. Die obrigkeitshörigen Wiener fanden schnell Gefallen an seinen antidemokratisch-völkischen Traditionen, die er aus Weimar mitgebracht hatte. Mit teilweise umstrittenen Veranstaltungen zur Gegenwartskunst kam er zwar in Konflikt mit den Berliner Zentralstellen und Adolf Hitler, aber die geplante Ablösung ließ sich doch nicht durchsetzen. Schirach war bereits einer der zentralen Satrapen des Nationalsozialismus geworden und verfügte über eine geschickte Propagandamaschinerie. Gleichzeitig steht aber Baldur von Schirach stellvertretend für eine adelig-bürgerliche Elite, die sich bereits um 1925 in Weimar, seiner Heimatstadt, mit dem Nationalsozialismus arrangierte und diesen sogar beförderte und letztlich – mit wenigen Ausnahmen im militärischen Widerstand – bis zum totalen Zusammenbruch unterstützte.

Schirachs Vater war als Intendant am Großherzoglichen Hoftheater in Weimar Teil einer bürgerlich-deutschnationalen Elite in der Stadt Goethes und Schillers, in der auch Nietzsche und Liszt verehrt wurden, die aber bereits vor dem Ersten Weltkrieg deutschnational, antidemokratisch und vielfach völkisch-antisemitisch eingestellt war. Für sie wurde die Weimarer Republik zum totalen Feindbild. Dass die Nationalversammlung seit Februar 1919 monatelang die neue demokratische Verfassung gerade in Weimar diskutierte und letztlich auch beschloss, steigerte noch die emotionale Ablehnung durch die traditionellen Eliten und prägte Baldur von Schirachs autoritäres und extrem nationalistisches Politikverständnis maßgebend. Die Sehnsucht nach der Rückkehr der Monarchie wurde rasch durch die Suche nach einer neuen starken völkischen Diktatur abgelöst – Hitler wurde ab 1925/26 zur Erlöser-Figur für die Schirachs.

Zwar lernte Baldur von Schirach Hitler 1925 zwei Mal nur flüchtig kennen, aber schon früh projizierte er eine besonders Ehrerbietung auf den ehemaligen »Gefreiten« Hitler, der zwar kein Offizier gewesen war, aber trotzdem das EKI erhalten hatte. In dieser Verehrung des Weltkriegsveteranen Hitler spiegeln sich deutlich seine Prägungen durch die Herkunft aus einer Offiziersfamilie. Schirach trat verschiedenen jugendlichen antidemokratischen und völkischen Wehrformationen bei, ehe er mit 18 Jahren Mitglied bei der NSDAP und SA wurde. Auch sein Vater, ehemals Rittmeister eines vornehmen Kaiserlichen Garde-Kürassier-Regiments in Berlin, folgte bald als NSDAP-Mitglied und Gründungsmitglied des antisemitischen »Kampfbundes für Deutsche Kultur«.

Nach einer Blitzkarriere ab 1927 im NS-Studentenbund wurde Baldur von Schirach Teil des engsten Umfelds des »Führers«. 1931 avancierte er zum Reichsjugendführer und wurde direkt der obersten SA-Führung unterstellt. Er heiratete Henriette, die Tochter des vermögenden Hitler-Leibfotografen Heinrich Hoffmann, und knüpfte dadurch das Band zum »Führer« noch enger. Geschickt brachte er seine propagandistischen Fähigkeiten ein und konnte mit dem Bildband *Hitler wie ihn keiner kennt,* den er zusammen mit seinem Schwiegervater herausgab, einen ersten großen Marketingerfolg landen: Schirach machte Hitler sowohl bei einem bürgerlichen als auch einfacheren Publikum bekannt. 1931 wurde er jüngster Reichstagsabgeordneter, wobei die NSDAP jene Fraktion mit dem höchsten Adeligen-Anteil darstellte, und verblüffte Hitler mit einem »Reichsjugendparteitag« in Potsdam mit 70.000 begeisterten Teilnehmern.

Schon 1936 hatte Schirach rund 6 Millionen Jugendliche in der Hitler-Jugend zusammengefasst – immer mit dem Trick der jugendlichen Selbstverwaltung, aber klaren ideologischen Zielen im nationalsozialistischen Sinn, die in teilweise spielerischer Form, aber immer in disziplinierten und kontrollierten Strukturen vermittelt wurden. Zunehmend wird die HJ durch entsprechende Rechte zu einem Überwachungsinstrument in den Schulen.

Doch Schirach wollte mehr und strebte nach der totalen Kontrolle des Jugenderziehungswesens und der Schule, verlor aber diesen Machtkampf mit der Unterrichtsbürokratie. Die Entsendung nach Wien war bereits der Beginn des politischen Abstiegs, aber Schirach baute zum steigenden Missfallen von Propagandaminister Goebbels, mit dem er sich ursprünglich gut verstanden hatte, ein Kulturimperium auf und hofierte Richard Strauss und dessen jüdische Schwiegertochter Alice ebenso wie Gerhart Hauptmann.

Inwieweit Schirach tatsächlich Hitler vor dem Angriff auf die Sowjetunion bzw. dem Krieg mit den USA gewarnt hat, wird ebenso diskutiert wie die Auseinandersetzung zwischen Hitler und Henriette von Schirach am Berghof wegen der brutalen Deportation der Juden aus den Niederlanden. Gleichzeitig brüstete sich Schirach zum Missfallen von Goebbels, der internationale negative Reaktionen fürchtete, mit der Deportation der Wiener Juden (»Ich habe Wien Judenfrei gemacht«) und kündigte an, Wien »tschechenfrei« zu machen –tatsächlich begann die Gestapo entsprechende Karteien anzulegen.

Schirach hatte durchaus politische Ambitionen, die weit über seinen Gau hinausgingen: So nützte er geschickt die Propaganda um den 150. Todestag von Wolfgang Amadeus Mozart 1941, um eine Art »Europäische Ideologie« unter deutscher Führung zu propagieren und damit die deutsche Besetzung weiter Teile Europas langfristig zu rechtfertigen und mit kultureller Hegemonie abzusichern. Hier intensivierte er seine alten Kontakte mit den faschistischen italienischen Jugendführern, organisierte europäische Jugendkongresse und Journalistentreffen. Letztlich wollte Hitler zwar Schirach ablösen lassen, da dieser Wien nicht als Festung verteidigen wollte, aber wagte diesen Schritt doch nicht, da Schirach die Stadt kulturpolitisch fest im Griff hatte und sehr rasch dann auch auf einen militärischen Verteidigungskurs umschwenkte.

In letzter Minute ist Schirach vor der Roten Armee aus Wien geflohen, nicht ohne ab 1944 seine Kunstschätze aus der »arisierten«

Villa auf der Hohen Warte in Döbling – viele davon aus dem Vermögen von Juden und Jüdinnen geraubt – Richtung Westen verbringen zu lassen.

Mit einer geschickten Verteidigungsstrategie beim Kriegsverbrecherprozess in Nürnberg 1946 rettete er sich vor der drohenden Hinrichtung, wobei seine adelig-bürgerliche und teilweise amerikanische Herkunft ein Vorteil waren und auch seine Bereitschaft, für seine Rolle als Reichsjugendführer Verantwortung zu übernehmen, aber gleichzeitig deren Bedeutung als ideologische und militärische Vorfeldorganisation herunterzuspielen. Seine Erinnerungen und Reflexionen aus 1967 über Ursachen und Folgen des Nationalsozialismus, die Rolle von Hitler und anderen NS-Akteuren und die Shoa und Antisemitismus werden ebenso kritisch auf der Basis seiner Original-Interview-Transkripte mit neuem Quellenmaterial und umfassenden Forschungen – nicht zuletzt im einzig digitalisierten Gaupressearchiv in Wien – hinterfragt.

Die zentrale Frage bleibt: Inwieweit ist die meist verdrängte ideologische Vorgeschichte der deutschen Gesellschaft im Kaiserreich und seiner adelige-bürgerlichen Eliten vor 1914 ein wesentlicher Erklärungsansatz für die Wirkungsmacht und die lange Dauer des nationalsozialistischen Unrechtsregimes? Als Folge der ersten Turboglobalisierung, Industrialisierung und europäischen Binnenmigration boomten bei gleichzeitiger Innovation um die erste Moderne antisemitische Rassen- und Verschwörungstheorien, die seit Ende des Ersten Weltkrieges in aggressiver Weise explodierten. Ihre elitären Protagonisten, zu denen auch Carl von Schirach, sein intellektuelles und künstlerisches Umfeld und sein Sohn gehörten, bekämpften in weiterer Folge die parlamentarische Demokratie und die Weimarer Republik permanent mit allen Mitteln. Diese intensive Erosion aus bürgerlichen rechtskonservativen Netzwerken heraus war eine zentrale Voraussetzung für den Erfolg der NSDAP vor und nach 1933. Der Ungeist von Weimar, der Goethe und Schiller in politische Geiselhaft genommen und für seine menschenverachtenden Ideologien missbraucht hatte, ist eine wichtige Voraussetzung für die Ernennung Hitlers zum Reichskanzler. Längst wurde er von Angehörigen der »alten« kaiserlichen und bürgerlichen Eliten umschwärmt, wie der frühe Besuch im Hause Schirachs 1925 dokumentiert. Die rasche

Systemstabilisierung nach der Machtergreifung trotz vielfacher eindeutiger Gesetzesbrüche und Terrorakte ist ohne diese andere Kulturgeschichte des deutschen Kaiserreiches, die die Schirachs symbolisieren, nicht zu verstehen.

Die Rezeption und das Wissen über Baldur von Schirach ist zum Unterschied von der Auseinandersetzung mit zentralen Entscheidungsträgern des NS-Regimes und Satrapen von Hitlers Gnaden wie Heinrich Himmler, Joseph Goebbels, Hermann Göring und Albert Speer brüchig und durchwachsen. Die erste umfassende Biografie *Baldur von Schirach, Hitlers Jugendführer* von Michael Wortmann erschien bereits 1982 auf Basis einer Doktorarbeit, die revisionistische Gegenschrift von Schirachs ehemaligem Pressereferenten Günter Kaufmann 1993 wurde zu Recht kaum berücksichtigt. Die auf den Literaten und Poeten Schirach fokussierende Dissertation *Writing the Nazi Movement. The Poetry of Baldur von Schirach* von Stefanie Hundehege aus 2017 ist noch gesperrt, aber teilweise über Aufsätze zugänglich.

Trotzdem gibt es keine Studie über die NS-Zeit in Wien 1940–1945 – sei es nun über die Hitler-Jugend oder die »Kinderlandverschickungen« oder wie zuletzt über nationalsozialistischen Kunstraub –, in der Baldur von Schirach nicht gestreift wird. Zur »Arisierung« von Kunstwerken und der Rolle von Baldur und Henriette von Schirach gibt es eine aktuelle Vorstudie von Theresa Sepp im Rahmen des Zentralinstituts für Kunstgeschichte in München.

Auf der Basis meiner eigenen langjährigen Arbeiten zur nationalsozialistischen Kultur- und Unkulturpolitik seit dem Buch *Führertreu und gottbegnadet* (1991) und jüngsten Forschungen im Zusammenhang mit der Volltext-Digitalisierung des gesamten NS-Gaupressearchivs Schirachs habe ich versucht, einen neuen kritischen Blick auf Baldur von Schirach, aber auch sein familiäres Umfeld seit der Weimarer Zeit zu werfen und die Zeit nach 1945 ebenso in den Blick zu nehmen.

Die letztlich für die Gegenwart und Zukunft zentrale Schuldfrage Baldur von Schirachs wird neu relativiert – mit bisher unbekannten Dokumenten und Erkenntnissen zum Umfang seines Wissens über die Shoa – und zwar bereits 1942 – und seine bisher nicht reflektierte Rolle bei der brutalen Verfolgung von sogenannten »Asozialen« in Wien ab 1940.

Einer der Enkel Schirachs, der ehemalige Strafverteidiger und weltbekannte Schriftsteller Ferdinand von Schirach, hat 2011 im *Spiegel* unmissverständlich seine Antwort gegeben:

»Das, was mein Großvater tat, ist etwas völlig anderes. Seine Verbrechen waren organisiert, sie waren systematisch, kalt und präzise. Sie wurden am Schreibtisch geplant, es gab Memoranden dazu, Besprechungen, und immer wieder traf er seine Entscheidung. Der Abtransport der Juden aus Wien sei sein Beitrag zur europäischen Kultur, sagte er damals. Nach solchen Sätzen ist jede weitere Frage, jede Psychologie überflüssig. Manchmal wird die Schuld eines Menschen so groß, dass alles andere keine Rolle mehr spielt. Natürlich, der Staat selbst war verbrecherisch, aber das entschuldigt Männer wie ihn nicht, weil sie diesen Staat erst erschufen. Mein Großvater brach nicht durch eine dünne Decke der Zivilisation, seine Entscheidungen waren kein Missgeschick, kein Zufall, keine Unachtsamkeit«.[1]

Zwei Menschen möchte ich besonders für ihre Unterstützung bei der Umsetzung dieses Buchprojekts danken. Herrn Dr. Johannes Sachslehner, der als erfolgreicher Zeitgeschichte-Sachbuchautor und erfahrener Lektor die Idee zu diesem Buch hatte und die Umsetzung und die Bildredaktion bis zum Finale begleitete, und Frau Mag.a Agnes Meisinger, die mit kritischem Blick Manuskript und Druckfahnen durchgesehen und korrigiert und viele wichtige Fragen gestellt hat.

Im Zuge der Recherchen haben mich viele Kolleginnen und Kollegen unterstützt, von denen ich Daniela Ebenbauer, Dr. Christoph Mentschl, Dr.in Linda Erker, Dr. Wolfgang Form, Mag.a Jutta Fuchshuber, Michael Hetz, Mag. Johann Kirchknopf, Dr. Andreas Kranebitter, Mag.a Petra Mayerhofer, Renate Moszkowicz, Univ.-Prof. Dr. Bertrand Perz, Dr. Hans Petschar, Oberstleutnant dG Dr. Markus Reisner, Univ.-Prof. Dr. Peter Roessler, Mag. Markus Stumpf, Univ.-Prof.in Sybille Steinbacher, Christine von Unruh und Univ.-Prof.in Kerstin von Lingen hervorheben möchte. Für ein wichtiges Hintergrundgespräch danke ich Rechtsanwalt i. R. Dr. Klaus von Schirach sowie Ferdinand von Schirach, der mir den Zugang zu der von ihm initiierten »Vorstudie zur Rekonstruktion des Kunst- und Kulturguts« von Baldur und Henriette von Schirach ermöglicht hat.

Ein schneidiger Gardeoffizier: Vater Carl Baily Norris von Schirach wechselte vom kaiserlichen Militär zum Hoftheater in Weimar.

1. VON BULL RUN ZUM GROSSHERZOGLICHEN HOFTHEATER

Die Familie Schirach auf dem Weg nach Weimar

Baldur von Schirach war im »Dritten Reich« allgegenwärtig. Die Jugendbewegung der »braunen Revolution« trug seine Handschrift. Er selbst sah sich tatsächlich als Revolutionär – als geschäftiger »Macher« im Braunhemd, zusammengeschweißt mit dem von ihm verehrten Adolf Hitler auf Gedeih und Verderb. Eine bemerkenswerte Blitzkarriere im Schatten des »Führers« hatte ihn an die politische Spitze gebracht: Baldur von Schirach, Jahrgang 1907, wurde 1925, im Alter von achtzehn Jahren, Mitglied der NSDAP. Seit 1927 trug er das Braunhemd der SA, der »Sturm Abteilung« der »Bewegung« im Zeichen des Hakenkreuzes. 1928 übernahm der junge Mann aus Weimar, der abseits des politischen Getriebes recht und schlecht Gedichte schrieb, das Amt des Reichsführers des NS-Studentenbundes, 1931 wurde er Reichsjugendführer, 1933 Jugendführer des Deutschen Reiches im Rang eines Staatssekretärs. Schirach gelang es, sich im inneren Kreis der Macht zu etablieren, obwohl er unter den gestandenen Parteigenossen, den »Eisenfressern« aus den Freikorps und Bierkellern, wie ein »entgleister Aristokrat«[2] wirkte.

Hitler und auch Goebbels schätzten ihn lange Zeit, präsentierte Schirach den »Führer« doch so, wie man es gerne sah: »als Vater seines treuen und geliebten Volkes«.[3] Hitlers Image war vor allem auch die Arbeit seines jungen Paladins Schirach. Nach kurzem Kriegsdienst an der Westfront wurde Baldur von Schirach im August 1940 von Hitler als Reichsstatthalter und Gauleiter nach Wien geschickt, blieb aber

Reichsleiter der NSDAP für die Jugenderziehung und Beauftragter des Führers für die Inspektion der Hitler-Jugend sowie oberster Verantwortlicher für die NS-Jugendpolitik, auch wenn sein Stellvertreter Artur Axmann Reichsjugendführer wurde. Schirach, so das Kalkül des »Führers«, sollte die Sympathien der Wienerinnen und Wiener für sich gewinnen, er interpretierte diesen Auftrag jedoch auf sehr eigene Art und Weise: Während in den Konzertsälen und auf den Bühnen der Stadt die von ihm geförderte »Wiener Kultur« glanzvolle Erfolge feierte und er sich mit viel Aufwand in europäischer Diplomatie versuchte, rollten vom Aspangbahnhof die Todeszüge in die Vernichtungslager des Ostens und starben im Landesgericht jene Frauen und Männer auf dem Schafott, die den Widerstand gegen das NS-Terrorregime gewagt hatten. Schirach wollte zwar die blutige Arbeit der Henker nicht sehen, meinte aber verkünden zu müssen, dass die Stadt unter seiner Ägide »judenfrei« geworden wäre. Als er im Frühjahr 1945 Wien gegen die anrückende Rote Armee verteidigen sollte, zeigte sich rasch, dass er dieser Aufgabe nicht gewachsen war – »seinen« Hitlerjungen blieb es überlassen, sich den russischen Panzern entgegenzustellen. Die wenig heldenhafte Flucht aus dem umkämpften Wien führte über die Anklagebank von Nürnberg in die 20-jährige Düsterkeit und Isolation einer Gefängniszelle in Berlin-Spandau …

Ein Dreiviertelamerikaner

Betrachtet man die vorliegenden autobiografischen Quellen zu Baldur von Schirach, so sind deren Schnittmengen ebenso wichtig wie die Auslassungen und Unterschiede, die erwiesenermaßen den historischen Fakten nicht entsprechen. Ein umfassendes, von Schirach approbiertes autobiografisches Dokument ist die offizielle neun Seiten lange Selbstdarstellung anlässlich seiner Ernennung zum Reichsstatthalter und Gauleiter in Wien am 8. August 1940.[4] Teilweise stimmt diese auch mit dem Datengerüst der Autobiografie Schirachs, *Ich glaubte an Hitler* (1967), die von zwei Journalisten als Interviewer und Ghostwriter verfasst wurde,[5] überein. In dem Dokument von 1940 wurde aber kein Wort über die US-amerikanische Herkunft seiner Mutter verloren.

Sein Vater Carl Baily Norris von Schirach (1873–1948) war, bevor er in das Garde-Kürassier-Regiment in Berlin eintrat, Staatsbürger der USA gewesen. 1908 quittierte er den Dienst und wurde zum Generalintendanten des Großherzoglichen Hoftheaters in Weimar bestellt. Baldurs Urgroßvater Karl Benedikt von Schirach (1790–1864) war 1855 in die USA ausgewandert, sein Großvater Friedrich Karl von Schirach (1842–1917) brachte es bis zum Major der US-Army und heiratete die Amerikanerin Elizabeth Baily Norris (1833–1873) aus Baltimore (Maryland). Baldur von Schirachs Mutter Emma Middleton Lynah Tillou (1872–1944) stammte ebenfalls aus den USA, und zwar aus Chestnut Hill, einem Vorort von Philadelphia. In seinem tabellarischen Lebenslauf von 1940 verschwieg er auch, dass er bis zu seinem sechsten Lebensjahr in einem ausschließlich englischsprachigen Umfeld aufgewachsen war und ein Jahr später als vorgesehen in die Schule ging, um vorbereitend noch fließend Deutsch zu lernen.

1939 veröffentlichte Max von Schirach, ein Cousin Baldurs, eine umfangreiche Familiengeschichte[6], in der auch die US-Verbindungen detailliert aufgeführt wurden. Offensichtlich passte dies jedoch nicht in die nationalsozialistische Propagandalinie, denn im offiziellen langen Lebenslauf aus der NS-Zeit wird auf die engen Verbindungen seiner Familie zu den USA nicht eingegangen. Erst in seinen Memoiren wagt es Schirach dann, ausführlicher von seinen amerikanischen Familienangehörigen zu erzählen.

Die durchaus aristokratisch-herrschaftlichen Lebensumstände seiner Eltern fanden da keine Erwähnung. Selbst innerhalb der Familie sorgte der luxuriöse Lebensstil der Schirachs für Aufregung, wie ein Brief aus 1897 zeigt: »Madame Filou, wie Hermann[7] sie nennt – ihr Familienname ist Middleton Tillou –, hat dann auch keinen günstigen Eindruck hinterlassen, obschon sie ganz in duftigem Sommerkostüm, mit feinen Spitzen gekleidet und grande dame, comme il faut, war. Na Karl ist auch nicht besser und unter Herzögen, Prinzen, Grafen und Baronen thut ers schon nicht mehr, was seinen Umgang betrifft. Sport, Rennen und kostspielige Pferde ist außerdem so ziemlich Alles, wofür

Oben: Die Großeltern väterlicherseits: US-Bürgerkriegsveteran Karl Friedrich von Schirach, der Held vom Bull Run, und Elizabeth Baily von Schirach, geborene Norris.

Unten: Mutter Emma Middleton Lynah Tillou, genannt »Nam-Nam«, stammte aus der bedeutendsten Familien South Carolinas. 1944 kommt sie bei einem Luftangriff auf Wiesbaden auf tragische Weise ums Leben.

er Sinn hat, und obschon er ein schönes Vermögen hat, an 200.000 Dollar, wird er damit bald genug fertig werden.«[8]

Baldur von Schirachs Vater Carl Baily trat nach dem Abitur in Lübeck als Offizier in das Regiment der Gardes du Corps No.1 ein, dessen Chef Kaiser und König Wilhelm II. war. Bei einem Besuch bei Verwandten in den USA lernte er seine spätere Ehefrau Emma Middleton Lynah Tillou kennen, die er 1896 in Chestnut Hill heiratete.

Sie stammte mütterlicherseits aus einer der reichsten Südstaatenfamilien, die im Besitz zahlreicher Plantagen war. Emmas Urgroßvater Henry Middleton (1717–1784) beispielsweise besaß zwanzig Plantagen auf rund 200 Quadratkilometern und ungefähr 800 Sklavinnen und Sklaven. Er war ein erfolgreicher Baumwoll- und Reispflanzer, der etwa 1770 83 Millionen Pfund Reis exportierte[9]), aber auch ein engagierter Politiker. Middleton bekleidete zahlreiche Ämter und stieg schließlich zu einem der wichtigsten Männer der antibritischen Politik in den Kolonien auf. Er wurde als Vertreter South Carolinas in den *First Continental Congress* gewählt, den er 1774/75 als Präsident leitete.

Henrys erstgeborener Sohn Arthur Middleton (1742–1787), der wie sein Vater dem ersten *Continental Congress* angehörte, erbte von seiner Mutter Mary Williams das Anwesen »Middleton Place« und unterzeichnete 1776 mit anderen Delegierten aus South Carolina im Kongress die Unabhängigkeitserklärung der Vereinigten Staaten. Während des Unabhängigkeitskrieges geriet er für einige Zeit in britische Gefangenschaft.

Henry Middleton, den man auch mit dem Beinamen *Colonial Gentleman* bedachte, ließ durch Sklavenarbeit ab 1741 in einer Biegung des Ashley Rivers, zwölf Meilen stromaufwärts von Charleston, eine beeindruckende Gartenanlage errichten, die heute zu den ältesten der USA zählt und Teil des *National Heritage* ist.[10] Sein Enkel Henry Middleton (1770–1846) war von 1810 bis 1812 Gouverneur von South Carolina und amtierte von 1820 bis 1830 als US-Botschafter am Zarenhof in St. Petersburg.[11]

1865, gegen Ende des Bürgerkriegs, wurden die Herrschaftsgebäude der Familie Middleton, die Gartenanlage und die Baumwollplantagen von General Shermans Unionstruppen zerstört und alle

Sklaven befreit. Weitere Zerstörungen der Besitzungen brachte ein Erdbeben 1886. Ein Flügel des dreistöckigen Haupthauses blieb erhalten und dient heute als Museum.

Ganz im Sinne dieser Familientraditionen führte Carl von Schirach in Weimar ein herrschaftliches Haus mit Wirtschafterin, Köchin, einem »Silberdiener« und weiteren Bediensteten.[12] Im Gegensatz dazu war Baldurs Großvater Friedrich Karl, in der Familie nur »Fritz« gerufen, ein eher spartanisch lebender ehemaliger Offizier, der unter dem Namen Frederick C(harles) von Schirach im Amerikanischen Bürgerkrieg aufseiten der Nordstaaten gekämpft hatte. In der zweiten Schlacht am Bull Run in Virginia war er am 29. August 1862 als First Lieutenant schwer verwundet worden und hatte nur durch eine Teilamputation des rechten Beins überlebt.[13] Er hielt 1865 an der Bahre des ermordeten US-Präsidenten Abraham Lincoln die Ehrenwache, wobei er alle Mühe hatte, Trauergäste abzuwehren, die versuchten, ein Stück des Leichentuches herauszuschneiden.[14] Ein Jahr später trat er mit einem Bein aus Kork wieder in den aktiven Dienst, 1867 wurde er für seine Verdienste – *for gallant and meritorious services during the war* – zum Captain ernannt, 1870 ging er in Pension, 1904 erfolgte die Ernennung zum Major Retired U. S. Army. Der Kriegsheld der Nordstaaten, der zeitlebens amerikanischer Staatsbürger blieb, heiratete 1869 in der St. Paul Church von Chestnut Hill Elizabeth Baily Norris, die Tochter des erfolgreichen Eisenbahnpioniers Richard Norris, der mit seiner legendären Lokomotive »George Washington« berühmt geworden war. Im Februar 1871 kehrte Karl Friedrich von Schirach mit seiner Familie nach Deutschland zurück, seine Frau Elizabeth verstarb bereits 1873, kurz nach der Geburt von Sohn Carl, in Wiesbaden.

In seiner autobiografischen Skizze von 1940 beschreibt Baldur von Schirach seine Kindheit und Jugend in Weimar nur ganz knapp, in seiner Verteidigungsstrategie vor dem Internationalen Militärgerichtshof in Nürnberg 1946 sollte diese Zeit jedoch eine zentrale Rolle spielen. Die erfahrenen ideologischen Einflüsse deutete er allerdings völlig um.

Um zu verstehen, warum er so früh aktiv die Nähe zu Adolf Hitler und dem Nationalsozialismus suchte, ist es notwendig, vor allem die Widersprüche in seinen Darstellungen und Erinnerungen genauer

Oben: Mächtiger Großgrundbesitzer und einflussreicher Politiker: Henry Middleton bestimmte die Geschicke South Carolinas mit. Ölgemälde von Benjamin West, um 1771.

Unten: Einer der Gründerväter der Vereinigten Staaten: Arthur Middleton war 1776 Mitunterzeichner der Unabhängigkeitserklärung. Ölgemälde von Benjamin West, um 1771.

Unten rechts: Der Urgroßvater baute Lokomotiven: Die Fabrik von William Norris in Philadelphia lieferte ihre Maschinen auch nach Europa.

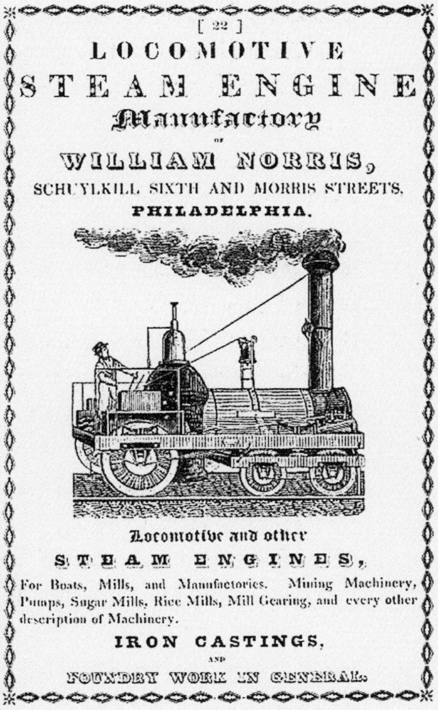
[22]
LOCOMOTIVE
STEAM ENGINE
Manufactory
OF
WILLIAM NORRIS,
SCHUYLKILL SIXTH AND MORRIS STREETS,
PHILADELPHIA.
Locomotive and other
STEAM ENGINES,
For Boats, Mills, and Manufactories. Mining Machinery, Pumps, Sugar Mills, Rice Mills, Mill Gearing, and every other description of Machinery.
IRON CASTINGS,
AND
FOUNDRY WORK IN GENERAL.

in den Blick zu nehmen. Sie zeigen, dass die ideologischen Prägungen bereits vor dem persönlichen Treffen mit Adolf Hitler 1925 in der Persönlichkeit des heranwachsenden Gymnasiasten verankert waren. Daher wird im Folgenden sein persönliches Umfeld in Weimar genauer betrachtet.

Baldur von Schirach wurde noch vor dem Umzug der Familie nach Weimar am 9. Mai 1907 im Haus Blücherstraße 17 in Berlin-Kreuzberg geboren. Die Wohnung lag in der Nähe des väterlichen Arbeitsplatzes: der Kaserne des Garde-Kürassier-Regiments beim Tempelhofer Feld, in der Vater Carl Baily Norris als Oberleutnant und später als Schwadrons-Chef diente und als Rittmeister seinen Abschied nahm. Begonnen hatte er seine Militärkarriere beim 1. Badischen Leib-Dragoner-Regiment in Karlsruhe.

Mutter Emma fühlte sich in Berlin, wie Schirach in seinen Memoiren erzählt,[15] sehr wohl, Kaiser Wilhelm II. pflegte sich auf Empfängen auf Englisch mit ihr zu unterhalten. Weimar habe sie später im Vergleich zu Berlin als »eng und provinziell« empfunden, vor allem aber hätte sie das steife Zeremoniell am großherzoglichen Hof gehasst, dem die Familie nicht entgehen konnte – war der Vater doch auch großherzoglicher Kammerherr. Als solcher musste er zu offiziellen Anlässen die traditionelle Hoftracht anlegen, bestehend aus dunkelgrünem Frack, Kniehosen, Degen und Zweispitz, eine »Maskerade«, die für die drei Kinder Rosalind, Karl und Baldur zu einem besonderen Vergnügen wurde.

Der Tagesablauf im herrschaftlichen Haushalt der Familie Schirach war streng geregelt – u. a. auch mit einem traditionellen *High Tea* um 17 Uhr. Auffallend ist, dass Baldur von Schirach in seinen Erinnerungen kaum Näheres über das Familienleben erzählt. Auch seine Ehefrau Henriette von Schirach überliefert nur fragmentarische Eindrücke vom Wohlstand im Haus in der Gartenstraße 37, der heutigen Abraham-Lincoln-Straße in Weimar. So erinnert sie sich in der US-Internierung an das Frackhemd ihres Schwiegervaters.[16] Seinem Sohn Richard gelang es später, die wenigen Informationen über diesen fast hocharistokratischen Lebensstil in seinem Buch *Der Schatten meines Vaters* zu einem Bild zusammenzufügen.

Behütete Kindheit und Jugend im großbürgerlichen Elternhaus: der zehnjährige Baldur von Schirach mit seinem Hund.

Oben rechts: Schwester Rosalind von Schirach war um neun Jahre älter und startete nach dem Ersten Weltkrieg eine Karriere als Opernsängerin.

Unten: Frack, Degen, Kniehosen, Zweispitz: Vater Carl von Schirach im »Kostüm« eines großherzoglichen Kammerherren. Zeichnung, Hauptstaatsarchiv Weimar, Landesarchiv Thüringen.

Ein genauer Blick auf die Aufführungspraxis des Intendanten Carl von Schirach bis zum Ende der Monarchie bzw. bis zur Abdankung von Großherzog Wilhelm Ernst sowie der Entlassung Schirachs im Jänner 1919 zeigt, dass er ein konservatives Programm umsetzte und für diesen Posten als Theateramateur mit Hauptberuf Offizier nicht wirklich geeignet war. Ein enger Kontakt entstand damals bereits zum rechtskonservativ-völkischen Literaturkritiker Adolf Bartels, der wie die Vorfahren der Schirachs aus Schleswig-Holstein stammte. Obwohl Bartels keine abgeschlossene akademische Ausbildung hatte, sondern nur ein verbummeltes Studium vorweisen konnte, wurde er 1905 durch Großherzog Wilhelm Ernst zum Professor h. c. ernannt. Er galt mit seiner erstmals 1897 und dann mehrfach aufgelegten Literaturgeschichte *Die Deutsche Dichtung der Gegenwart. Die Alten und die Jungen* als bedeutendster Vertreter der deutsch-völkischen und antisemitischen Literaturkritik, obwohl er in seiner Studienzeit eher philosemitisch eingestellt war. Eben dieses antisemitische Machwerk eines Dilettanten bezeichnete Baldur von Schirach im Rahmen der Nürnberger Prozesse als prägende Schlüsselliteratur seiner Jugend.

Bereits 1906 hatte Bartels eine »Feier des jüdischen Dichters«[17] Heinrich Heine in Weimar verhindert. Er trat als Protagonist der »Heimatkunst« auf und nahm in seiner »Literaturgeschichte« eine »reinliche Scheidung« zwischen »Deutschen und Juden« vor, wobei er Thomas Mann unter die Juden und schlechten Literaten reihte – eine Einschätzung, die Baldur von Schirach im Übrigen nicht teilen sollte.[18] Bartels vertrat im Ersten Weltkrieg deutsch-völkische Einstellungen, war im Beirat des einflussreichen antisemitischen »Deutschvölkischen Schutz- und Trutzbundes« tätig und engagierte sich im Kreis um den Flensburger Pastor Friedrich Andersen und dem Bayreuther Laientheologen Hans von Wolzogen für das »Deutschchristentum«, das eine »Reinigung« von »volksfremden« jüdischen Einflüssen anstrebte.

Bartels Schüler und Sekretär in den Jahren 1922/23 war Hans Severus Ziegler (1893–1978), der als früher Nationalsozialist mit der Mitgliedsnummer 1317 von 1925 bis 1931 stellvertretender Gauleiter von Thüringen war und 1933 Generalintendant des Weimarer Nationaltheaters wurde. Bereits 1924 befürwortete Ziegler öffentlich nationalsozialistische Ideen und gründete die Wochenzeitung *Der Völkische,* aus der dann die Tageszeitung *Der Nationalsozialist* wurde. Für Carl von Schirach und seinen Sohn Baldur wurde der Nazi-Pionier und promovierte Germanist – Ziegler hatte seine Dissertation über »Friedrich Hebbel und Weimar« geschrieben – eine wichtige Kontaktperson.

Vorgänger Carl von Schirachs als Intendant in Weimar war der ebenfalls konservativ-national eingestellte Hippolyt von Vignau (1843–1926). Auch der um dreißig Jahre ältere Vignau war preußischer Offizier – im Rang eines Majors – gewesen und hatte in Berlin einen großen Salon[19] geführt sowie das Dessauer Hoftheater geleitet. In der Diskussion um den möglichen Nachfolger fiel schließlich auch der Name von Schirach, der dann tatsächlich zum Intendanten bestellt wurde. Gerüchteweise soll ein Rittmeister von Stechow seinem Garde-Kürassier-Regimentskameraden die Stelle vermittelt haben.[20] Bei der Präsentation des neuen Theaterchefs in der Presse wurde zur Unterstreichung der Musikalität auf Schirachs jüngeren Bruder Friedrich Wilhelm verwiesen, der in München als Komponist lebte, sowie auf Carls Tätigkeiten als Assistent am Kölner Stadttheater bei Direktor Max Martersteig.[21] Was die Musikalität betraf, so lag man auch nicht ganz falsch – Carl von Schirach war ein passionierter Geigenspieler.

Schon vor Carl von Schirachs Amtseinführung im Oktober 1909 war die kulturpolitische Auseinandersetzung in Weimar im Sinne der antimodernen Richtung entschieden worden. Harry Graf Kessler, der von 1903 bis 1906 Direktor des Großherzoglichen Museums für Kunst und Kunstgewerbe war, und der belgische Architekt und Designer Henry Van de Velde, der seit 1908 die von ihm gebaute Kunstgewerbeschule leitete, hatten beispielsweise vor 1914 als Alternative zum rückwärtsgewandten Hoftheater einen modernen »Mustertheaterbau«[22] gefordert. Hoftheaterintendant Vignau, der bereits 1900 dem kritischen Berichterstatter Professor Dr. Otto Francke amtlich die »unliebsame«[23] Berichterstattung über die Neubaupläne untersagen wollte, gelang es, das moderne Baukonzept zu verhindern. Das neue, vom Architekten Max Littmann, dem Erbauer des Münchner Hofbräuhauses, entworfene Theatergebäude entsprach schließlich den ästhetischen und kulturpolitischen Vorstellungen der konservativen Kulturelite, die in dieser

Architekturkontroverse offen die jüdische Herkunft des Museumdirektors Graf Kessler kritisierte. Das Verdienst Kesslers, die moderne Kunst und Architektur in das damals 33.000 Einwohner zählende, verschlafene Weimar gebracht zu haben, wusste man nicht zu würdigen.[24]

Schirachs Vater unterstützte bereits 1909 aktiv Bartels völkisches Projekt der »Nationalfestspiele für die deutsche Jugend«, die mit Friedrich Schillers *Wilhelm Tell* eröffnet wurden. Bartels schmiedete dazu Verse, die an der ideologischen Zielsetzung der »Nationalfestspiele«, die noch ganz in der Bismarckschen Tradition standen, keinen Zweifel ließen:

Ihr Söhne aller deutschen Stämme, hört!
Haltet des Deutschen Reiches heil'gen Bund!
Begraben sei die alte deutsche Schande,
Seid einig im geeinten Vaterlande![25]

Schirach senior blieb auch nach seiner Entlassung als Generalintendant des ehemals Großherzoglichen Hoftheaters im Jänner 1919 ein wichtiger Akteur im Weimarer Kunstverein sowie im Ausschuss und im Vorstand der Deutschen Shakespeare-Gesellschaft.[26] Wie andere Adelige und Großbürger gehörte er zu der von der Weimarer Republik und auch von der provisorischen Landesregierung des Freistaates Sachsen-Weimar-Eisenach enttäuschten Schicht selbsternannter Bildungsbürger, die bereits vor und im Ersten Weltkrieg konservativ-antidemokratische und nationalistische Ideen propagierten und die Moderne im Kunst- und Kulturbereich ablehnten und aggressiv bekämpften. So sind in weiterer Folge im April 1927 erste konkrete Beschlüsse auf Carl von Schirachs Initiative im Geschäftsführenden Ausschuss sowie im Vorstand der Deutschen Shakespeare-Gesellschaft zurückzuführen, die das Verbot von politisch unliebsamen Theateraufführungen forderten.[27] Eine wichtige Bühne der kulturpolitischen Tätigkeit war sein Vorsitz im Weimarer Kunstverein, dem überdies auch der schon erwähnte Germanist Hans Severus Ziegler angehörte, der mit seiner Zeitung *Der Nationalsozialist* eifrig die eigene Karriere förderte.[28] Doch letztlich krachte es ziemlich – wohl aus persönlichen Gründen – zwischen

Schirach senior und Ziegler: »Leider kann ich nun wegen der leidigen Partei-Rücksichten dem Dr. Ziegler nicht so beikommen, wie ich möchte. Denn erstens müßte man ihn eigentlich vor einen Ehrenrat zitieren und aus dem Künstlerverein werfen.«[29] Ziegler sah sich als »ältesten Parteigenossen unter allen führenden Theatermenschen«.[30]

Carl von Schirach vertrat aber durchaus dieselbe »völkische« Linie wie Ziegler. So lehnte er im Mai 1929 die Einladung, Mitglied des neuen Franz-Liszt-Bundes zu werden, brüsk ab: »Aus grundsätzlichen Erwägungen möchte ich außer der Deutschen Shakespeare-Gesellschaft nur dem ›Kampfbund für deutsche Kultur‹, zu dessen Vorstand ich gehöre, als Mitglied zugezählt werden. Die Erfahrung des Krieges- und namentlich der Nach-Kriegszeit lassen mir jede Entwicklung … auf irgend einer anderen als rein-völkischer Grundlage als aussichtslos erscheinen.«[31] Schirach war dieser Verein zu international und noch dazu waren überdies, einige vorgeschlagene Vorstandsmitglieder jüdischer Herkunft. Der »Kampfbund für deutsche Kultur« verfolgte hingegen klar antisemitisch-rassistische Ziele.

»Lieb Vaterland erwache neu, auf dass Gott wieder mit uns sei!«: Die völkische Antimoderne mobilisierte die Jugend gegen die Weimarer Republik. Werbe-Ansichtskarte des Jungdeutschen Ordens, gestaltet von »Bruder Zickerow«.

2. PRÄGUNGEN UND BRÜCHE

Der Kampf gegen Kommunismus und Demokratie und die Suche nach dem »starken Mann«

Für ihren zweitgeborenen Sohn Baldur wählte das Ehepaar Schirach einen Ausbildungsweg, der als besonders modern und fortschrittlich galt: Sie schickten den Jungen, der von Ostern 1916 bis März 1917 das renommierte Wilhelm-Ernst-Gymnasium in seiner Heimatstadt[32] besucht hatte, in das »Waldpädagogium« auf dem Hexenberg bei Bad Berka, etwa zehn Kilometer südlich von Weimar – für den Sohn aus adeliger Familie, der bisher liebevoll umsorgt worden war, tat sich eine neue Welt auf: ein spartanisch einfaches Leben, verbunden mit dem Erlebnis von Kameradschaft, Verantwortung, Pflichterfüllung und Unternehmungsgeist. Die Schultracht sah für die Buben »kurze Lederhosen, blaue Leinenjacken und scharlachrote Baskenmützen« vor, auf die die Dorfjugend von Bad Berka reagierte wie »der Stier auf das rote Tuch«: Bei Einkäufen im Dorf werden die Schüler regelmäßig mit einem Steinhagel empfangen – für Baldur ein »herrliches Abenteuer«.[33]

Eine Kurzbeschreibung des Waldpädagogiums am Hexenberg findet sich im *Militär-Wochenblatt. Unabhängige Zeitschrift für die deutsche Wehrmacht*, in dem 1917 eine Annonce geschaltet wurde, die insbesondere auf Kinder aus Offiziersfamilien abzielte: »Mit Einjährigenberechtigung, Realschule, Gymnasium, Realgymnasium, Erziehungsschule nach Godesberger Art: Lehrer und Hauseltern, Arzt und Erzieher arbeiten Hand in Hand zu allseitig tüchtiger Ausbildung der Jugend zur Förderung der Zurückgebliebenen, zur Pflege und Erstarkung der Starken. Eigene Landwirtschaft und Viehzucht sichern ausreichende Verpflegung.«[34] Seinen Namen hatte der »Hexenberg« im Übrigen nach einer Frau erhalten, die hier 1673 als »Hexe« am Scheiterhaufen hingerichtet worden war.

Das Waldpädagogium Bad Berka, gegründet 1911 durch den Lehrer Dr. Emil Endemann, bestand aus mehreren Blockhäusern und existierte bis 1922. Es orientierte sich an den Ideen von Hermann Lietz zum Familienprinzip des Evangelischen Pädagogiums in Bad Godesberg.[35] Das bedeutete, dass die Lehrer als »Hauseltern« mit den Schülern in eigenen Häusern untergebracht wurden. Durch das Einsetzen von »Präfekten«, d. h. älteren Schülern, die auch Strafen austeilen konnten, sollte ein letztlich streng autoritäres Unterrichtsregime umgesetzt werden. Lietz beschrieb 1910 das System folgendermaßen: »Wir führten streng die Einrichtung der Präfekten durch, welche uns Erzieher in unserer Arbeit zu unterstützen haben, so zur Selbständigkeit und Selbstbeherrschung heranwachsen und in der Pflichterfüllung und Sorge für Kleinere ernst und gewissenhaft werden; sie haben für Ordnung und Ruhe in den Schlaf-, den Arbeits-, Fahrrad-, Turngeräteräumen, der Werkstätte zu sorgen und sind für Befolgung der in Betracht kommenden Regeln verantwortlich. Durch letztere wird alles bis ins Kleinste bestimmt und Gewöhnung an feste, gut geordnete Lebensweise ermöglicht.«[36]

Hermann Lietz selbst scheute nicht vor Schlägen zurück, obwohl offiziell Körperstrafen als erzieherisches Mittel nicht vorgesehen waren. Lietz, ein deutscher Nationalist, der jeden Frieden im Ersten Weltkrieg ablehnte, vermeldete 1917 stolz, dass alle seine wehrfähigen Schüler der im September 1917 neu gegründeten Deutschen Vaterlandspartei (DVLP) beigetreten wären und einen militärisch kontrollierten Führerstaat anstreben würden. Im Konzept von Lietz zeigten sich durch die Einführung des »Arierprinzips« ab 1903 bereits früh klare Tendenzen zu einer rassistischen, deutsch-völkischen Eliteausbildung. Seine Schüler rekrutierten sich vor allem aus Kindern der Oberschicht, häufig waren Schüler dabei, die Probleme an anderen Schulen hatten und dort den Abschluss nicht schafften. Im Falle von Baldur von Schirach gibt es jedoch dazu keine Hinweise. In seiner Autobiografie verschweigt er konkrete Details zu seiner Schulbildung bzw. zu den Schulerfolgen.

Oben links: Lehrer (»Hauseltern«) und Schüler leben zusammen in einer autoritär geordneten Gemeinschaft: Das Waldpädagogium Bad Berka, gegründet 1911, versuchte die Ideen des Reformpädagogen Hermann Lietz (oben) in die Tat umzusetzen.

Oben rechts: Die Jugend soll für einen möglichen Krieg gerüstet sein: Generalfeldmarschall Wilhelm Leopold Colmar Freiherr von der Goltz gründete 1911 den Jungdeutschlandbund.

Unten: »Arbeitslager« des Kultur- und Rundfunkamtes der HJ in der Stadt Goethes und Schillers im Juni 1938: Der »alte Kämpfer« Hans Severus Ziegler spricht in der Weimarhalle zu den Teilnehmern.

Zwar fehlen Unterlagen oder Erinnerungen zur Situation im Waldpädagogium Bad Berka, die völkisch-nationalistische, antidemokratische und antisemitische Linie, die Lietz vorgab, ist jedoch bestens dokumentiert. Diese wurde aber von Schirach nie kritisch reflektiert, sondern höchst positiv dargestellt. Die Strategie von Hermann Lietz richtete sich gegen die drillartige Paukerschule in den Großstädten, seine Vorstellung blieb aber letztlich stark von einem evangelisch-christlichen, strengen und spartanischen Weltbild geprägt, das sowohl das wilhelminische Kaiserreich als auch den deutschen Nationalismus verherrlichte und von antisemitischen, antikapitalistischen und darwinistischen Vorstellungen beherrscht wurde.[37]

Ein kurzer Blick in seine Broschüre *Des Vaterlandes Not und Hoffnung. Gedanken und Vorschläge zur Sozialpolitik und Volkserziehung*, 1919 im Verlag des Waisenheims an der Ilse erschienen, reicht, um zu erkennen, dass Lietz bereits die »Rassenfrage« und den Antisemitismus vor dem Hintergrund einer Stärkung der deutschen Nation auch durch Maßnahmen im Bereich von »Rassenhygiene« thematisierte. Es ist daher kein Zufall, dass er auch in der NS-Zeit immer wieder zitiert wurde.

Alfred Andreesen, sein Nachfolger als Leiter der Lietz-Schulen, proklamierte 1934 etwas vollmundig, »daß alles, was Lietz in jahrelangem Kampfe anstrebte, im Nationalsozialismus zu einem großen politischen Wollen zusammengefasst« worden wäre.[38] 1935 schloss sich Baldur von Schirach im Zusammenhang mit der Veröffentlichung der Lebenserinnerungen von Lietz, die Alfred Andreesen neu herausgegeben[39] und durch Briefe und Berichte ergänzt hatte, dieser Meinung an: »Ich sehe in Lietz die reinste und fruchtbarste Erziehungsgestalt unseres Volkes.«[40]

Schirach selbst erwähnt diese ideologischen Hintergründe und Untiefen von Lietz zwar nicht in seiner Autobiografie, dokumentiert aber ganz offen das antidemokratische kaisertreue Umfeld im Waldpädagogium Bad Berka. Als er als Elfjähriger eine rasch von Näherinnen des Heimes gebastelte schwarz-rot-goldene Fahne, die eigentlich an die 1848er-Revolution erinnerte und die Fahne der Weimarer Republik werden sollte, am Dach eines der Holzhäuser hisste, wurde er von

Direktor Emil Endemann gerügt, da ja auch Schirachs Vater von den »Roten« davongejagt worden sei. Schnell holte der junge Schirach dieses »revolutionäre« Fahnenstück wieder vom Dach, denn vorerst galten in diesem Umfeld noch die kaiserlichen Farben Schwarz-Weiß-Rot.[41]

Baldur von Schirach passte sich rasch an und bewarf mit Internatskollegen berittene Soldaten der vorläufigen Reichswehr mit Schneebällen. 6.000 Mann sollten die Weimarer Nationalversammlung schützen, d. h. die 423 Deputierten (darunter erstmals 37 Frauen), welche die neue Verfassung ausarbeiteten.[42]

Die Zeit im Bubeninternat auf dem Hexenberg wurde für Schirach zur zentralen Erzählung seiner Jugend. Das gilt sowohl für seine Autobiografie aus dem Jahr 1967 als auch für sein langes Eingangsstatement bei der Hauptverhandlung der Nürnberger Prozesse 1946. Geschickt wusste er die Prinzipien des Reformpädagogen mit den Grundsätzen seiner Amtsführung als Chef der Hitler-Jugend in Einklang zu bringen: »Das ist eigentlich der Ort, wo zuerst in mir *(sic!)*, als ich ein kleiner Junge war, dieser Gedanke der Selbstführung der Jugend in sich bildete. Denn, als ich auf dieses Landerziehungsheim kam, war ich ein Kind von 11 Jahren. Da war ein kleiner Raum in diesem Haus, der hieß der Kükenstall. In diesem Raum wohnte noch ein ganz kleiner Junge namens v. Wolzogen und ein kleiner v. Herff. Und mir wurde gesagt, Du bist nun der Stubenälteste und hast dafür zu sorgen, daß die sich morgens richtig waschen und die Ohren sauber sind usw.

Selbstführung der Jugend, Selbstverwaltung einer Jugend innerhalb einer Schulgemeinde, Verhältnis von Jugendlichen und Erziehern, ein Du, kein Sie, dasselbe, was ich nachher in der ganzen Jugend eingeführt habe. Da liegt der Ursprung. Nicht im Wandervogel so sehr, obwohl wahrscheinlich der Wandervogel wieder auf die Landeserziehungsheime einmal eingewirkt hat. Aber ich habe gar nichts mit der bündischen Jugend zu tun gehabt eigentlich.«[43]

Bereits in seiner ersten Aussage in der Hauptverhandlung beim Nürnberger Prozess am 23. Mai 1946 betonte Schirach diese in der Kindheit und Jugend erfahrenen Prägungen:

»Ich war zehn Jahre alt, als ich in die erste Jugendorganisation eintrat. Ich war also gerade so alt, wie die Jungen und Mädel, die

Am 6. Februar 1919 trat im ehemaligen großherzoglichen Hoftheater die verfassunggebende Deutsche Nationalversammlung zusammen. Den 12-jährigen Baldur von Schirach zog es zu den Soldaten, die zum Schutz der Abgeordneten aufgeboten wurden.

später in das Jungvolk aufgenommen wurden. Es war dies der sogenannte Jungdeutschlandbund, eine Organisation, die Graf (sic! Freiherr) von der Goltz geschaffen hatte, eine Pfadfinderorganisation. Graf von der Goltz und Haeseler hatten unter dem Eindruck der britischen Boy-Scout-Bewegung Pfadfinderbünde in Deutschland geschaffen, und eine dieser Pfadfinderorganisationen war der eben erwähnte Jungdeutschlandbund. Er spielte eine bedeutende Rolle in der deutschen Jugenderziehung etwa bis 1918/1919 hinein.

Viel wesentlicher für meine Entwicklung war aber eine Zeit, die ich in einem Waldpädagogium verbrachte. Es war dies ein Landerziehungsheim, das ein Mitarbeiter des bekannten Erziehers Hermann Lietz leitete.

Die Idee von Lietz war, der Jugend eine Erziehung zu geben, durch die sie in der Schule ein Abbild des Staates erhielt. Die Schulgemeinde war ein Miniaturstaat, und es entwickelte sich in dieser Schulgemeinde eine Selbstverwaltung der Jugend. Ich will nur kurz andeuten, daß er auch Ideen weiterführte, die lange vor ihm Pestalozzi und der große Jean Jacques entwickelt haben. Irgendwie geht ja alle moderne Erziehung auf Rousseau zurück, ob es sich nun um Hermann Lietz oder die Boy Scouts, die Pfadfinderbewegung, oder den deutschen Wandervogelbund handelt. Jedenfalls, aus dieser Idee der Selbstverwaltung der Jugend in einer Schulgemeinde habe ich meine Idee von der Selbstführung der Jugend.

Mein Gedanke war, in der Schule die junge Generation mit Ideen zu erfassen, die 80 Jahre vorher Fröbel begründet hatte. Lietz wollte von der Schule aus die junge Generation erfassen.

Ich darf vielleicht ganz kurz erwähnen, daß, als 1898 Lietz mit seiner Erziehungsarbeit begann, im selben Jahre in einer südafrikanischen Stadt der britische Major Baden-Powell durch Aufständische eingeschlossen wurde und dort die Jugend zu Spähern in Wäldern ausbildete und daraus den Grund legte zu seiner eigenen Boy-Scout-Bewegung, und daß im selben Jahre 1898 Karl Fischer aus Berlin-Steglitz die Wandervogelbewegung gründete.«[44]

Ganz offensichtlich versuchte Schirach in der Darstellung in der Hauptverhandlung all jene Jugendorganisationen, denen er angehörte, in die Nähe der Pfadfinder zu rücken, um den nationalsozialistischen Sonderweg in Richtung der Militarisierung von Kindern und Jugendlichen infrage zu stellen. Tatsächlich war aber der »Jungdeutschlandbund«, dem er im Alter von zehn Jahren beitrat, durchaus bereits seit seiner Gründung 1911 darauf angelegt, die städtische Jugend körperlich auf den Wehrdienst vorzubereiten. Dessen Gründer, Freiherr Colmar von der Goltz, plante einen »Volkskrieg«, d. h. einen Krieg, der von der Zivilbevölkerung selbst nach dem Ende der militärisch regulären kriegerischen Auseinandersetzungen und Kämpfe fortgeführt werden sollte.[45] Zu diesem Zweck wurden gemeinsam mit Kommunen und Sportvereinen eine Vielzahl von Sportplätzen ausgebaut und Sport- und Geländespiele veranstaltet. Es ist davon auszugehen, dass Schirachs Mitgliedschaft in diesem rechtskonservativen Jugendverband, dem 1914 750.000 Mitglieder[46] angehörten, durch seinen autoritären Vater organisiert wurde.

Subjektiv noch wirksamer wurde die von Baldur von Schirachs privatem Umfeld getragene, totale emotionale Ablehnung der Weimarer Republik durch den Selbstmord seines geliebten älteren Bruders Karl Benedikt, genannt »Buddabu«, der sich im evangelischen Internat Roßleben, einer Klosterschule, das Leben nahm. Es gibt keinen Hinweis darauf, dass die Eltern Baldur von Schirachs versuchten, ihm in dieser schwierigen Situation persönlich beizustehen: Die furchtbare Nachricht vom Suizid Karls überbrachte die Wirtschafterin des Haushalts in der Gartenstraße, Frau Junghans, die »ganz in Schwarz gekleidet und mit verweinten Augen« Baldur aus Bad Berka nach Hause holte.[47]

So kann es nicht verwundern, dass Baldur von Schirach in der Retrospektive auf seine Jugend – er war damals erst zwölf Jahre alt – diesen Selbstmord des 19-jährigen Abiturienten am 28. Oktober 1919 als Reaktion auf das Ende der Monarchie und als Verzweiflungstat gegen die neuen demokratischen und für seine Familie sozial unsicheren Verhältnisse deutete. Angeblich hatte Karl, der vermutlich Offizier beim Badischen Leibdragoner-Regiment werden wollte und den Baldur in seinen Memoiren als »Universalgenie« mit »außergewöhnlicher naturwissenschaftlicher Begabung« beschreibt, einen Abschiedsbrief hinterlassen, in dem er davon sprach, das »Unglück Deutschlands« nicht überleben zu wollen. Er, der zwölfjährige Schüler, hätte sich daraufhin – ganz im Sinne des späteren Totenkults der Hitler-Jugend – veranlasst gesehen, in die Fußstapfen des Bruders zu treten: »Durch Karls Tod hatte ich mehr verloren als einen Bruder. Er war für mich ein Mensch, zu dem ich aufblickte und dem ich nacheifern wollte. Ich rückte mit meinen zwölf Jahren an seine Stelle. Ich hatte ein Erbe angetreten, das mich zu besonderer Liebe zum Vaterland verpflichtete.«[48] Sohn Richard von Schirach hat diese Darstellung als Mythos entlarvt und diesen durch umfassende Recherchen fast zur Gänze dekonstruiert.[49] So hätte es keine Hinweise darauf gegeben, dass Karl tatsächlich an der Niederlage des Kaiserreiches innerlich zerbrochen wäre, wie dies Baldur von Schirach so selbstverständlich annahm.

Für das subjektive Empfinden des Zwölfjährigen mag dies aber eine reale Deutung und Erfahrung gewesen sein. Aus einem »Dreiviertel-Amerikaner« wurde ein »nationalistischer Deutscher«.[50] Es war wohl kein Zufall, dass ihn seine Eltern aus dem Waldpädagogium bald wieder nach Hause holten. Vielleicht fürchteten sie um den zweiten Sohn. Übrigens ist bemerkenswert, dass Baldur von Schirach zwar über seinen älteren Bruder Karl schreibt, aber seine um neun Jahre ältere Schwester Rosalind (1898–1981), die eine erfolgreiche Musikkarriere als Opernsängerin einschlagen sollte, nur beiläufig und nebenbei erwähnt.[51]

Die Dichterfürsten der Klassik werden als Schirmherren der nationalsozialistischen »Bewegung« missbraucht: Hitler mit Wilhelm Frick, Staatsminister für Inneres und Volksbildung, Fritz Sauckel, dem Gauleiter Thüringens, und seinem Adjutanten Wilhelm Brückner vor dem Goethe-Schiller-Denkmal in Weimar, 1931.

3. HIGH TEA MIT HERRN HITLER

Von der »Knappenschaft« zur SA

Der Zwölfjährige, der sich verpflichtet sah, das Erbe des Bruders hochzuhalten, musste aber zunächst noch in die Schule gehen. Tat er dies auch wirklich? Über den Schulalltag des jungen Baldur nach seiner Rückkehr von Bad Berka nach Weimar fehlen genauere Informationen, die Vermutung liegt nahe, dass er zu Hause unterrichtet worden ist. Nach eigener Dartstellung hat er als Externer am Realgymnasium in Weimar am Museumsplatz 3, dem heutigen Rathenauplatz, abgeschlossen. Zumindest nennt er diese Schule, an der er nach seinen eigenen Angaben zu Ostern 1927 das Abitur absolviert hätte.[52]

Sowohl in seinen Memoiren als auch im SA-Führerfragebogen aus 1932 ist er aber präziser, wenn es um seine politischen Aktivitäten geht. So erwähnt er sogar seine Mitgliedschaft bei der »Knappenschaft« (Preußenbund) in Weimar.[53] Der Preußenbund, genauer gesagt der »Bund der Kaisertreuen«, war eine 1913 etablierte konservativ-völkisch-nationalistische Organisation, die der Deutschnationalen Volkspartei nahestand und nach 1918 die Wiedereinführung der Monarchie forderte.[54] Dieser »Jugendwehrverband« wurde bereits vom Ministerium des Inneren am 30. September 1922 mit Hinweis auf § 1 der Verordnung zum Schutze der Republik verboten und war in Thüringen eine Nebenorganisation des Jungdeutschen Ordens.[55] Enttäuscht berichtet Schirach in seiner Autobiografie von einer kurzen Begegnung mit General Ludendorff, der am 20. Juli 1924 in Weimar eine Formation der Knappenschaft am Weimarer Flugplatz abschritt und im Nachhinein die mangelnde militärische Disziplin der jungen Burschen kritisierte. Auch wenn die Pseudouniformen der »Knappen« nicht wirklich beeindruckend waren – »graue Windjacken und Breeches, als Kopfbedeckung

Skimützen aus grauem Segeltuch, ›Hitler-Mützen‹ nannte man sie, seit am 9. November 1923 ein Mann namens Adolf Hitler an der Spitze ähnlich formierter Kolonnen zur Münchner Feldherrnhalle marschiert war«[56] –, so hatten sich die »Knappen« vom legendären Feldherrn des Weltkriegs doch mehr Zuwendung erwartet. Ludendorff, mit »gewaltigem, viereckigen Doppelkinn, bärbeißig, unbewegt, abweisend, herabgezogene Mundwinkel«, hielt es nicht einmal für notwendig, einige Begrüßungsworte an die Jungen zu richten. Er hatte, so das knappe Urteil Schirachs, der Jugend nichts mehr zu sagen.[57]

In seinem Buch *Hitler-Jugend* aus 1936 distanzierte sich Schirach explizit von dieser Wehrformation und behauptet, dass er diese ihm »lieb gewordene Wehrorganisation« mit vielen anderen Mitgliedern hätte verlassen müssen, weil er eine Rede für Adolf Hitler gehalten hätte.[58] Unbestritten ist, dass auch sein Chef Hans Severus Ziegler den Weg zu den Nationalsozialisten fand. Ziegler, dessen Mutter übrigens wie jene Schirachs ebenfalls Amerikanerin war – sie stammte aus der Familie des deutsch-amerikanischen Musikverlegers Gustav Schirmer –, wurde 1930 Referent im von Wilhelm Frick geleiteten Innen- und Volksbildungsministerium in Thüringen, obwohl die NSDAP nur zwei Abgeordnete stellte, aber die marginale bürgerliche Mehrheit unterstützte.

In Harald Sanders Itinerar Hitlers[59] sind das Datum des Besuchs in Weimar und der ungefähre Ablauf genau rekonstruiert worden. Hitler war am Sonntag, dem 22. März 1925, aus München kommend über Jena mit dem Zug am Saalebahnhof eingetroffen und von einem Parteimitglied per Auto über Isserstedt nach Weimar gebracht worden. Zu seiner Begrüßung war auch die »Knappenschaft« angetreten, darunter der 17-jährige Baldur von Schirach, für den zunächst das Auto des »Führers« interessanter war als der Mann selbst: »Und dann kam Hitler. Das heißt, ich bemerkte ihn zuerst gar nicht. Denn plötzlich fuhr ein Auto vor, wie ich es bis dahin nur im Bild gesehen hatte, ein Mercedes-Kompressor, sechssitzig, mit Speichenrädern. Der letzte Schrei. Ich war so fasziniert, daß ich kaum auf die Männer achtete, die diesem Wunder entstiegen.«[60]

Um 16.30 Uhr hielt Hitler im Saal des Schießhauses (1.000 Zuhörer), der bis auf den letzten Platz besetzt war, seine erste Rede in

Oben: Die Hauptangeklagten im Hitler-Prozess 1924 (von links nach rechts): Heinz Pernet, Friedrich Weber, Wilhelm Frick, Hermann Kriebel, Erich Ludendorff, Adolf Hitler, Wilhelm Brückner, Ernst Röhm und Robert Wagner.

Unten: Für Hitler schrieb er Gedichte »so schön wie Goethe«: der Schriftsteller und aggressive Antisemit Dietrich Eckart.

Dietrich Eckart

Weimar. Hans Severus Ziegler stellte den Redner kurz vor, dann ergriff Hitler das Wort – für den jungen Gymnasiasten Baldur von Schirach, der zusammen mit seinen Kameraden von der »Knappenschaft« als Saalschützer fungierte, ein Schlüsselerlebnis, das sein Schicksal bestimmen sollte: »An Einzelheiten aus dieser Hitler-Rede erinnere ich mich nicht. Ich weiß nur noch, daß ich beim Klang seiner Stimme aufhorchte. Es war eine ganz andere Stimme, als ich sie bisher von Rednern gehört hatte – von Lehrern, Pfarrern, Offizieren oder Politikern. Die Stimme war tief und rauh, resonant wie ein Cello. Ihr Akzent, den wir für österreichisch hielten – in Wirklichkeit war er niederbayerisch –, wirkte hier in Mitteldeutschland fremdartig und zwang gerade dadurch zum Zuhören.«[61] Auch Schirach konnte dieser markanten Stimme nicht entrinnen – die Rede Hitlers im Saal des Weimarer Schießhauses blieb für ihn zeitlebens die stärkste jemals vom »Führer« gehörte.

Ein zweites Mal an das Rednerpult an diesem Abend trat Hitler im Vereinslokal »Erholung« am Goetheplatz 11. Dazwischen ruhte er sich im Wohnhaus von Hans Severus Ziegler in der Johann-Albrecht-Straße 15 (heute Kantstraße) aus, die Wache vor dem Haus übernahmen auf Bitte Zieglers die »Knappen« Baldur von Schirach und sein Freund Hans Donndorf, der als Lehrling bei der Deutschen Bank tätig war. Die beiden Jungen hatten Glück: Als Ziegler und Hitler nach etwa einer Stunde die Wohnung verließen, standen sie plötzlich dem »Führer« gegenüber: »Hitler drückte uns lange die Hand, wobei er uns fest ansah.«[62] Ein unvergesslicher Moment – der intensive Augenkontakt mit seinem neuen Abgott versetzte den 17-Jährigen, glaubt man seinen Memoiren, in eine »patriotisch-lyrische Stimmung«, der sofort Ausdruck verliehen werden musste: Er eilte nach Hause und goss seine Empfindungen in glühende Verse:

Ihr seid viel Tausende hinter mir,
und ihr seid ich, und ich bin ihr.
Ich habe keinen Gedanken gelebt,
der nicht in euren Herzen gebebt.

Und forme ich Worte, so weiß ich keins,
das nicht mit eurem Wollen eins,
denn ich bin ihr, und ihr seid ich,
und wir alle glauben, Deutschland, an dich.[63]

Am nächsten Tag besuchte Hitler den bereits erwähnten völkisch-antisemitischen Schriftsteller Adolf Bartels in der Lisztstraße 11 und besichtigte das Goethe- und Schillerhaus sowie das barocke Wittumspalais und die Landesbibliothek. Im Goethehaus fiel auch laut Baldur von Schirachs Überlieferung der bekannte Ausspruch Hitlers: »Wissen S', der Dietrich Eckart hat Gedichte geschrieben, so schön wie Goethe.«[64] Der Schriftsteller und aggressive Antisemit Eckart fungierte als Herausgeber der Hetzpostille *Auf gut deutsch* einer »Wochenschrift für Ordnung und Recht«, in der er seinen abstrusen antisemitisch-völkischen und nationalistischen Ideen freien Lauf lassen konnte und unter dem selbsterfundenen Slogan »Deutschland erwache!« die Weimarer Republik bekämpfte. 1920 übernahm er auch die Chefredaktion des *Völkischen Beobachters*, des offiziellen Parteiorgans der NSDAP. Kurze Zeit nach dem Hitler-Putsch, am 26. Dezember 1923, verstarb er, nachdem er vorübergehend in Haft gewesen war. Hitler, der Eckart auch finanziell viel verdankte, widmete ihm den ersten Band von *Mein Kampf*.[65]

Schirachs Verse vom 22. März 1925 sorgten indes für Aufsehen: Ziegler, dem er das Gedicht zeigte, druckte es prompt in seiner Postille *Der Nationalsozialist* ab, andere NS-Zeitungen übernahmen die Verse. Ein Brief aus München von einem »gewissen Rudolf Heß« war die Folge: »Herr Hitler hat Ihr Gedicht in der Gauzeitung gelesen und schickt Ihnen zum Dank beiliegend sein Bild mit einer persönlichen Widmung.«[66] Der heroisch-patriotisch-leidenschaftliche Ton, der von Schirach angeschlagen wurde, kam offenbar bei Hitler gut an, das Pathetisch-Raunende des Gymnasialschülers mit der poetischen Begabung passte perfekt zu seiner Rhetorik. Das Gedicht, das Baldur von Schirach in der Retrospektive treffsicher als eines seiner »zahlreichen schlechten Gedichte«[67] bezeichnete, wurde übrigens von Gerhard Pallmann[68] vertont und fand Eingang in zahlreiche Liederbücher, auch in solche, die für Schulen gedacht waren. Schirach steckte das ihm von der NSDAP-Zentrale zugesandte Hitlerbild, aufgenommen vom Münchner Fotografen Heinrich Hoffmann, mit dem er in wenigen Jahren privat und geschäftlich eng verbunden sein sollte, in einen silbernen Rahmen und stellte es auf seinen Schreibtisch. Die Begeisterung für den Mann mit dem Bärtchen, zu dem ihm von Ziegler weitere Details zugespielt wurden, wuchs weiter, selbst die Eltern konnten ihn von seiner beinahe kultischen Verehrung für Hitler nicht abbringen.[69]

Ein halbes Jahr später, am Mittwoch, dem 28. Oktober 1925, kam Hitler wieder nach Weimar. Er hatte rasch erkannt, dass die Stadt Goethes und Schillers ein guter Boden für die auf Wählersuche befindliche NSDAP war. Diesmal kam er von Nürnberg mit dem Auto. Wieder redete er im Vereinslokal »Erholung«, diesmal vor 800 Teilnehmern, und besuchte dann die Lortzing-Oper *Der Wildschütz* im Nationaltheater – und nicht, wie sich Baldur von Schirach zu erinnern glaubte, die »Walküre« aus dem »Ring des Nibelungen«.[70] Diesmal übernachtete Hitler schon in einem besseren Hotel, dem »Hohenzollern« am Weimarer Bahnhof, und besuchte nach einem von Ziegler arrangierten kurzen Treffen mit Carl von Schirach und seinem Sohn Baldur im Nationaltheater den ehemaligen Generalintendanten zu Hause in der gemieteten Villa in der damaligen Gartenstraße 37. Man trank Tee und sprach über Theater und Musik. Hitler, der in Begleitung von Rudolf Heß gekommen war, wusste, typisch für einen musikinteressierten Laien, mit Aufführungslisten aus Wien zu glänzen und beeindruckte damit den Theaterchef a. D., der auch Opernregie geführt hatte. Der »Führer«, der seinen blauen »Standardanzug« mit weißem Hemd und schwarzer Krawatte trug, hatte inzwischen gelernt, sich in »besseren Kreisen« formvollendet zu bewegen: Er überreichte Frau Schirach Blumen und küsste ihr die Hand, er »hörte aufmerksam zu, fiel niemandem ins Wort. Es war eine völlig ungezwungene Teestunde.«[71] Der »exklusive Patrizier« und der dem Schützengraben des Weltkriegs entstiegene »Agitator der Münchener Biersäle«[72] fanden zusammen.

Auch für den Sohn des Hauses hatte der durchaus sympathische Gast einige Worte parat: »Er fragte mich, was ich werden wolle. Ich hatte damals noch anderthalb Jahre bis zum Abitur und wollte dann studieren. Hitler sagte: ›Wenn Sie studieren, dann kommen Sie doch zu mir nach München‹« – der Satz, der das Leben Schirachs bestimmen sollte.[73]

Typisch für Baldur von Schirach war, dass er trotz des positiven Eindrucks, den Hitler durch seine Opernkenntnisse bei Carl von Schirach hinterlassen hatte, vor allem auf die Einschätzung seiner Mutter hörte: »How well he behaves« und »At least a German patriot«.[74] Während des Besuchs hatte Hitler überdies ihre kostbaren Empiremöbel, die aus ihrer Aussteuer stammten, bewundert.

Im konservativ-nationalen Weltbild Carl von Schirachs hatte inzwischen auch die Ideologie des Nationalsozialismus ihren Platz gefunden, und so trat der ehemalige preußische Gardeoffizier der NSDAP bei. Am 6. Dezember 1926 wurde er mit der Mitgliedsnummer 48505 aufgenommen.[75] Zwölf Jahre später – inzwischen auf dem Posten des Intendanten am Deutschen Theater in Wiesbaden – wurde anlässlich seines 65. Geburtstages seitens des Reichsministeriums für Volksaufklärung und Propaganda rühmend festgehalten: »Von Schirach ist als Pg. Nr. 48505 und Träger des Goldenen Ehrenzeichens der drittälteste Parteigenosse unter den deutschen Bühnenleitern (nach Staatsrat Dr. Ziegler in Weimar und Intendant Robert Rode in Trier).«[76]

Wann sich sein Sohn Baldur von Schirach endgültig von der Knappenschaft trennte, ist unklar, der Abschied von »meinem alten Jugendbund« erfolgte wohl vor dem Abitur, das Engagement für Hitler wurde ihm von den ehemaligen Kameraden als »Verrat an der rein völkischen Sache« ausgelegt.[77] Seiner Erinnerung nach machte die Knappenschaft Saalschutzdienste für die NSDAP und andere rechte Parteien und Gruppierungen, um etwaige Übergriffe durch Kommunisten zu verhindern. Schirach berichtet in seiner Autobiografie zwar von keinen Vorfällen, zählt aber stolz seine Dienste bei rechtskonservativ-völkischen nationalistischen Rednern wie General Ludendorff, den Stahlhelmführern Franz Seldte und Theodor Duesterberg oder dem Medienmagnaten Alfred Hugenberg auf.[78] Letzterer gehörte der Deutschnationalen Volkspartei an, unterstützte und kontrollierte die rechtsgerichtete Presse und kooperierte mit der NSDAP.

Mit Schirachs Beitritt zur NSDAP knapp nach seinem 18. Geburtstag am 29. August 1925 (Mitgliedsnummer 17251) wurde er, wie sein Vater Carl, der Ortsgruppe Weimar/Thüringen zugeteilt, wo er den Beitrittsantrag in der »Gaugeschäftsstelle«, einem laut Schirach »schmalbrüstigen Laden in einer der billigsten Wohngegenden«, gestellt hatte. Der monatliche Parteibeitrag betrug 80 Pfennig, am Programm stand für den neuen Parteigenossen, der »felsenfest« daran glaubte, dass Hitler die Macht in Deutschland übernehmen würde, vor allem das Verteilen von Flugblättern. Da er früher als sein Vater der NSDAP beigetreten war, erhielt er bereits am 10. März 1933 das Goldene Ehrenzeichen für verdiente alte Parteimitglieder, Carl von Schirach wurde am 2. März 1934 geehrt.

1925 wurde der Gymnasiast Schirach auch Mitglied bei der SA in Weimar, galt 1926 aber aus unbekannten Gründen als beurlaubt und schien dann 1927 in den SA-Unterlagen wieder als SA-Mann (Sturm 1) in München auf. Zu Ostern 1927 legte er sein Abitur ab, die Entscheidung über seine Zukunft war im Prinzip bereits gefallen: Er war bereit, dem »Führer« weiter zu folgen: »Fest stand nur eins: Ich wollte nach München, denn dort war Hitler.«[79] Zu Ende ging es damit wohl auch mit den musikalischen Ambitionen des Abiturienten – Schirach hatte seit dem 25. September 1923 an der Staatlichen Musikschule von Weimar, heute die Hochschule für Musik Franz Liszt, als Gastschüler in der Klavierklasse von Hermann Oschmann studiert, allerdings, wie er selbst in seinen Erinnerungen einräumte, ohne allzu großen Fleiß zu zeigen. Wie aus seiner Studentenakte hervorgeht, wurde er am 31. Juli 1926 vom Unterricht abgemeldet.[80] Der Pianist Bruno Hinze-Reinhold, damals Rektor der Musikschule, erwähnt in seinen Lebenserinnerungen Vater Carl von Schirach als »hochmütigen Mann«, der später das Goldene Parteiabzeichen erhalten hätte. Sein »unseliger« Sohn Baldur, der in der Nazizeit eine »so schimpfliche Rolle« spielen sollte, machte als Gastschüler einen etwas »doven« Eindruck, hätte aber schon damals »aufreizende Gedichte« geschrieben.[81]

Zur ersten großen Herausforderung für den jungen SA-Mann wurde im Juli 1926 der 2. Reichsparteitag der NSDAP in Weimar. Auf seinem Fahrrad »raste« Schirach zwischen Bahnhof und Stadt,

»Hitler schien uns in jenen Augenblicken mehr zu sein als ein Politiker«: der »Führer« am Reichsparteitag in Weimar 1926. Noch marschieren viele im bürgerlichen dunklen Anzug in Hitlers Reihen, bald werden nur mehr braune Uniformen zu sehen sein.

zwischen Massenquartieren in Wirtshaussälen und Privatunterkünften hin und her, um den Wünschen der teilnehmenden Parteigenossen nachzukommen. Erstmals erlebte er auf der Bühne des Nationaltheaters das Ritual der »Fahnenweihe«: »Die Fahnen und Standarten neuaufgestellter SA-Einheiten weihte Hitler, indem er das neue Tuch mit der Blutfahne berührte. Für uns junge Menschen war das ein sakraler Akt. Hitler schien uns in jenen Augenblicken mehr zu sein als ein Politiker.«[82] Schirach erinnerte sich auch an den Auftritt des kahlköpfigen »Judenhassers« Julius Streicher, der seine Zuhörer mit einer Flut von antisemitischen Schimpfwörtern und Drohungen überschüttete – für Schirach in der Retrospektive ein »peinlicher Zwischenfall«. Die braven Weimarer Bürger hätten darüber nur »befremdet« die Köpfe geschüttelt, den »jugendlichen Glauben« Schirachs konnte der rabiate Auftritt des Gauleiters aus Nürnberg allerdings nicht erschüttern. Er hätte das nur für »Schönheitsfehler« gehalten, denn: »Nationalsozialismus – das hieß für mich Hitler, die Kameradschaft der Gleichgesinnten, die Gemeinschaft von hoch und niedrig, arm und reich.«[83]

Zwei zentrale Fragen stellen sich an dieser Stelle, die auch Baldur von Schirach in seinen Erinnerungen thematisiert. Wie gelang es Adolf Hitler, ehemalige politische und kulturelle Eliten aus dem Kaiserreich, die nach wie vor einen bürgerlich-konservativen elitären Lebensstil pflegten, für die NSDAP zu gewinnen? Manche wie etwa Carl von Schirach traten der NSDAP bald bei und bürgten mit ihrem Namen für eine offen antisemitische und antimoderne völkische Kulturorganisation, den »Kampfbund für deutsche Kultur«. Damit unterstützten sie sichtbar und nachhaltig den kulturellen Deutungsmachtanspruch der NSDAP in der für die deutsche Elitengesellschaft so wichtigen nationalen Kultur.

Carl von Schirach gehörte 1929 zu den 54 Erstunterzeichnern des Gründungsaufrufes für die Schaffung des »Kampfbundes für deutsche Kultur« – eine Initiative, die auf den rassistischen NS-Ideologen Alfred Rosenberg zurückging und ein wichtiges Netzwerk zur Vorbereitung der kulturellen Hegemonie der NSDAP nach 1933 werden sollte. Weitere Unterzeichner waren Adolf Bartels, das Verlegerehepaar Hugo und Elsa Bruckmann, das seinen politischen Salon in München Hitler und anderen NSDAP-Funktionären zur Verfügung gestellt hatte, aber auch Winifred Wagner und Eva Chamberlain, die Witwe des antisemitisch-völkischen Ideologen Houston Stewart Chamberlain.[84]

Baldur von Schirach weicht in seinen Memoiren der Frage nach den antidemokratischen Trends dieser genannten Eliten vor 1918 nicht aus und reproduziert ihre Rechtfertigungsargumente wie die Angst vor sozialer Deklassierung nach 1918 oder vor der Machtübernahme durch die Kommunisten und Sozialisten. Betrachtet man jedoch die Berufskarriere Carl von Schirachs genauer, so kann von einem sozialen Abstieg nicht die Rede sein, da er nach seiner Entlassung vom Weimarer Hoftheater 1919 einen Prozess gegen das Land Thüringen gewann und eine Pension erhielt. Auch im Privatleben sind keine Einschnitte zu erkennen: Carl von Schirach behielt eine Theaterloge, und auch der Haushalt der Familie konnte mit Wirtschafterin und Hauspersonal auf herrschaftlichem Niveau weitergeführt werden.

Die Angst vor der undeutschen Moderne brach über Weimar nicht erst mit dem Aufstieg der NSDAP, sondern bereits vor 1914 herein. Sie führte schon vor 1914 zu einem Erfolg der Antimoderne, wie die erwähnte Debatte um Harry Graf Kesslers modernes Mustertheater für Weimar zeigt.

Bereits vor 1914 wurde radikal antisemitisch polemisiert und die Demokratie verhöhnt. Gegen Ende des Ersten Weltkriegs 1917 steigerten sich diese autoritären und radikalen Tendenzen. Lange vor dem für Deutschland extrem ökonomisch und vor allem letztlich psychologisch belastenden Friedensvertrag von Versailles traten die zuvor skizzierten Netzwerke, zu denen auch Carl von Schirach gehörte, gegen einen Friedensschluss auf. Mit der Errichtung einer parlamentarischen Demokratie, die Carl von Schirach und viele in seinem Umfeld bereits vor 1919 vehement abgelehnt hatten und die noch dazu »Weimarer Republik« genannt wurde, schien auch der Alleinvertretungsanspruch für die deutsche Klassik in der Stadt von Goethe und Schiller infrage gestellt.

Daher war es kein Zufall, sondern Ausdruck dieser antidemokratischen, autoritären Entwicklung in den Kulturnetzwerken Weimars, dass die Nationalsozialisten bereits vor 1933 eine Regierungsbeteiligung in Thüringen hatten. Harry Graf Kessler[85], der ehemalige ehrenamtliche

Direktor des Museums für Kunst und Kunstgewerbe, bezog klar Stellung gegen einen Erlass des Thüringer Volksbildungsministeriums vom April 1930, in dem es unter dem Titel »Wider die Negerkultur« hieß: »Seit Jahren machen sich fast auf allen kulturellen Gebieten in steigendem Maße fremdrassige Einflüsse geltend, die die sittlichen Kräfte des deutschen Volkstums zu unterwühlen geeignet sind. Einen breiten Raum nehmen dabei die Erzeugnisse ein, die, wie Jazzband- und Schlagzeug-Musik, Negertänze, Negergesänge, Negerstücke, eine Verherrlichung des Negertums darstellen und dem deutschen Kulturempfinden ins Gesicht schlagen. Diese Zersetzungserscheinungen nach Möglichkeit zu unterbinden, liegt im Interesse der Erhaltung und Erstarkung des deutschen Volkstums. Eine gesetzliche Grundlage hierfür bieten die Bestimmungen der §§ 32, 33 a, 53 Abs. 2 der Gewerbeordnung.«[86]

Es war dann letztlich auch der Nationalsozialist der ersten Stunde und spätere Intendant des Nationaltheaters in Weimar, Hans Severus Ziegler, der die Ausstellung »Entartete Musik« 1938/39 initiierte.[87] Diese antisemitische Hetzausstellung gegen Repräsentanten moderner Musik – die meisten von ihnen auch jüdischer Herkunft – wurde im Rahmen der Reichsmusiktage Düsseldorf gezeigt und war eine Art auf Musiker bezogene Kopie der Ausstellung »Entartete Kunst« aus 1937. Die Ausstellung »Entartete Musik« wurde anschließend in Weimar, München und Wien gezeigt.

»Ich las es und wurde Antisemit«

Schirach nannte beim Kriegsverbrecherprozess in Nürnberg – übrigens gegen den Willen des Vorsitzenden, der an derartigen Hintergrundinformationen nicht interessiert war – drei Bücher, die ihn geprägt hätten: *Grundlagen des 19. Jahrhunderts* des »Bayreuther Denkers«, wie ihn Schirach beschrieb, Houston Stewart Chamberlain, Adolf Bartels'[88] *Weltgeschichte der Literatur* und Henry Fords *Der internationale Jude.* Bartels' Werk relativierte er umgehend, indem er behauptete, dass es »keine ausgesprochen antisemitische Tendenz« hätte, sich jedoch »der Antisemitismus wie ein roter Faden hindurchzog«. Das ausschlaggebende antisemitische Buch, das ihn und seine Kameraden beeinflusste, wäre Fords *Der internationale Jude* gewesen: »Ich las es und wurde Antisemit. Dieses Buch hat damals auf mich und meine Freunde einen so großen Eindruck gemacht, weil wir in Henry Ford den Repräsentanten des Erfolges, den Repräsentanten aber auch einer fortschrittlichen Sozialpolitik sahen. In dem elenden, armen Deutschland von damals blickte die Jugend nach Amerika, und außer dem großen Wohltäter Herbert Hoover war es Henry Ford, der für uns Amerika repräsentierte.«[89]

Hier wandte Schirach ebenfalls eine Strategie der Umdeutung an wie im Falle der rechtskonservativ-völkischen und teilweise antisemitischen Jugendwehrverbände, denen er angehört hatte und die er mit den Pfadfindern des britischen Generals Robert Baden-Powell verglich. Dabei erwähnte er nicht, dass es sich bei Baden-Powells Boy Scouts nicht um eine britisch-nationalistische, sondern um eine internationale Jugendbewegung handelte – 1929 beispielsweise nahmen 50.000 Pfadfinder aus 72 Ländern an dem Weltpfadfindertreffen (»Jamboree«) in England teil.[90] Zwar existierten aufgrund der militärischen Erfahrungen Baden-Powells bei den Pfadfindern in einigen Bereichen paramilitärische Strukturen, etwa in der Ausbildung zum Spurenleser oder Meldegänger, jedoch fehlte der aggressiv völkisch-rassistische Grundton, der in den zuvor genannten deutschen Verbänden durch aktive oder pensionierte Militärs an die Jugendlichen vermittelt wurde. Dennoch wird bis heute heftig über die Frage nach dem Ausmaß von Militarismus gegenüber dem Pazifismus in den ursprünglichen Ideen Baden-Powells gestritten, der auch als angeblicher Antisemit von Michael Rosenthal angegriffen wurde.[91]

Schirach erkannte selbst in Nürnberg 1946 und auch später in seinen Memoiren 1967 nicht, dass bereits vor 1914 der Antisemitismus sowie die Rassenlehre stark in den deutschen Eliten verankert gewesen war und insbesondere auch die Armee und das Offizierskorps durchdrungen hatte. So pflegte Kaiser Wilhelm II. einen intensiven Kontakt mit dem britischen Schriftsteller und Kulturphilosophen Houston Stewart Chamberlain[92], der bekanntlich Richard Wagners Schwiegersohn gewesen war, und machte dessen 1899 in zwei Bänden erschienenes, antisemitisch-rassistisches Werk *Die Grundlagen des neunzehnten*

Wegbereiter und Förderer Hitlers: der Ur-Germane und Antisemit Stewart Houston Chamberlain und seine Frau Eva (oben, mit dem Dirigenten Arturo Toscanini 1931 in Bayreuth) und der Verleger Hugo Bruckmann mit seiner Gattin Elsa, einer gebürtigen Prinzessin Cantacuzène. Im Münchner Salon der Bruckmanns knüpfte der junge Baldur von Schirach wichtige Kontakte.

Jahrhunderts zur Pflichtlektüre in der Oberlehrerausbildung bzw. an Lehrerseminaren.[93] Das nach seiner Übersiedlung von Dresden nach Wien 1896/97 in der k.u.k. Metropole verfasste Buch wurde später zum zentralen Referenzwerk[94] für rassentheoretische und deutsch-völkische Auseinandersetzungen in der nationalsozialistischen Bewegung. Bereits vor 1914 erfuhr das 1.200-seitige Erfolgsbuch eine breite Rezeption innerhalb des Bildungsbürgertums – jüdische Weltverschwörungstheorien, welche die angebliche Weltherrschaft der Juden erklärten, waren ebenso gern gelesene Thesen wie Chamberlains Suche nach dem »Urarischen« oder »Urgermanischen«.

Auch Adolf Bartels' zweibändige Literaturgeschichte war bereits vor 1914 fertiggestellt worden. Unter dem Titel *Geschichte der deutschen Literatur* erschien sie erstmals 1901/02 und wurde bis 1940 mehrfach in hohen Stückzahlen aufgelegt. 1906 hatte Bartels bereits äußerst aggressiv gegen ein Heinrich-Heine-Denkmal in Hamburg polemisiert.[95]

1910 wurde Bartels, den Kurt Tucholsky später boshaft als »Clown der derzeitigen deutschen Literatur« und »im Irrgarten der deutschen Literatur herumtaumelnden Pogromdeppen«[96] bezeichnete, Vorsitzender des »Deutschvölkischen Schriftstellerverbandes«, seit 1914 forcierte er die »reinliche Scheidung« der nach rassistischen Kriterien durchgeführten Trennung von Schriftstellern nach Juden und Nichtjuden.[97] Bei der ersten öffentlichen Versammlung des von Bartels mitinitiierten Deutschen Studentenverbands Leipzig agitierte er gegen die »geheime Judenherrschaft« und attackierte sowohl Liberale als auch Sozialdemokraten, in denen er von Juden gestützte bzw. gegründete Parteien erblickte.[98] Walter Goetz analysiert in der *Deutschen Biographie* Bartels' Werke konzise: »Die ›Geschichte der deutschen Literatur‹ und die ›Einführung in die Weltliteratur‹ (3 Bände, 1913) zeigen ihn als einseitigen Parteigänger des Rassenprinzips und des Antisemitismus; von da an sind seine zahlreichen Arbeiten zumeist nicht Wissenschaft, sondern Propaganda zugunsten eines rein völkischen Schrifttums.[99]

Schon vor 1914 war er in seinen Publikationen als prononcierter Antisemit hervorgetreten, wie die Pamphlete *Heine-Genossen. Zur Charakteristik der deutschen Presse und der deutschen Parteien* (1907), *Judentum und deutsche Literatur* (1912) oder *Deutsch-jüdischer Parnaß* (1912) zeigen.

In seiner Denkschrift *Der Siegerpreis* zu Beginn des Ersten Weltkrieges im August 1914 forderte er bereits die dauerhafte Besetzung Polens und des westlichen Russlands und »Vorposten an Düna und Dnjepr und am Schwarzen Meer.«[100]

Der Weimarer Nationalsozialist, HJ-Gebietsführer und Freund Baldur von Schirachs, Rainer Schlösser (1899–1945), der als »Reichsdramaturg« bei Goebbels Karriere machen sollte, beschrieb die Rolle von Adolf Bartels für die nationalsozialistische Literaturpolitik präzise: Bartels habe in der »Literaturbetrachtung das nationalsozialistische Prinzip vorweg genommen«.[101]

Volkhard Knigge, Direktor der Gedenkstätte Buchenwald in Weimar, legt in seinem *ZEIT*-Artikel *Professor Bartels' Bücher* die Wechselwirkung zwischen dem ursprünglich völkisch-rassistischen Antisemitismus[102] und dem Nationalsozialismus klar und unmissverständlich dar: »Antisemitismus mit Bartels, das war keine Sache für knüppelschwingende Fanatiker, sondern eine wissenschaftlich begründete kulturelle Notwendigkeit für belesene, vaterlandsliebende Patrioten. Die Weimarer Botschaft lautete: ›Wer in unserer Zeit nicht Antisemit ist, der ist auch kein guter Deutscher.‹«[103]

Die Aussage Schirachs, dass er zwar die antisemitischen Schriften von Chamberlain und Bartels gelesen habe, aber erst durch Henry Fords Buch *Der internationale Jude. Ein Weltproblem* (Leipzig 1922) zum NS-Antisemiten wurde, kann nicht stimmen. Der rassistische Antisemitismus war gerade im Weimarer Umfeld von Schirach längst angekommen und hatte sich mit konservativ-nationalistischen antidemokratischen Positionen aus der Zeit vor 1918 zu einem gefährlichen politischen Konglomerat verbunden. Es war kein Zufall, dass Hitler so früh in Weimar auch in den Kreisen bürgerlicher Eliten wie der Schirachs akzeptiert wurde und der junge Sprössling ein glühender Hitler-Verehrer wurde. Adolf Bartels, der mit der Familie Schirach gut bekannt war, soll Sohn Baldur auch Privatunterricht gegeben haben – vermutlich zur Geschichte der deutschen Literatur.[104]

HENRY·FORD
Der internationale Jude
2
Hammer-Verlag/Leipzig

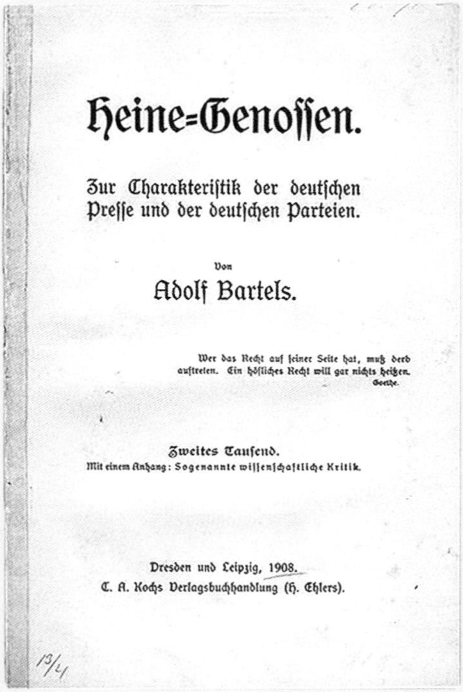
Heine=Genossen.

Zur Charakteristik der deutschen Presse und der deutschen Parteien.

Von

Adolf Bartels.

Wer das Recht auf seiner Seite hat, muß derb auftreten. Ein höfliches Recht will gar nichts heißen.
Goethe.

Zweites Tausend.
Mit einem Anhang: Sogenannte wissenschaftliche Kritik.

Dresden und Leipzig, 1908.
C. A. Kochs Verlagsbuchhandlung (H. Ehlers).

In Nürnberg 1946 ein wichtiger Eckpunkt in Schirachs Verteidigungslinie: Die Lektüre von Henry Fords antisemitischer Hetzschrift »Der internationale Jude« und der Schriften des Weimarer Judenhassers Adolf Bartels (unten rechts) hätten ihn zum Antisemiten gemacht. Der Kommentar von Hans Frank dazu: »Er wollte, daß jeder glauben solle, er sei bloß ein irregeführter unschuldiger Junge gewesen. Er hat fast so getan, als sei Henry Ford für Auschwitz verantwortlich!« (Gustave M. Gilbert, Nürnberger Tagebuch, 346).

Ein Schnappschuss des Schwiegervaters Heinrich Hoffmann: Henriette und Baldur von Schirach kurz nach der Hochzeit im März 1932.

4. ES GEHT VORWÄRTS!

Der Aufstieg zum Studentenführer

Adolf Hitler hatte den Gymnasiasten Baldur von Schirach zwar nach München eingeladen, aber nicht auf ihn gewartet. So galt es, den Kontakt zum »Führer« neu herzustellen – wie sich zeigte, keine einfache Aufgabe. Rudolf Heß wimmelte den zudringlichen Studiosus, der um einen Termin bei Hitler bat, ziemlich ungnädig ab, und selbst Elsa Bruckmann scheiterte mit ihren Bemühungen. Schirach erkannte, dass er Hitler mit einer neuen Aufgabe konfrontieren und für sich gewinnen musste. Und dann war da auch das Studium, das er ganz nach den eigenen Vorlieben und Interessen gestaltete. Seine erste Bleibe in München bezog er in der Franz-Josef-Straße in Schwabing, eine »zünftige Studentenwohnung«.[105]

Schirachs eigenen Eintragungen im SA-Führerfragebogen vom 13. März 1931[106] zufolge habe er in München vier Semester Germanistik, Anglistik und Kunstgeschichte studiert; laut den Unterlagen der Ludwig-Maximilians-Universität (LMU) sogar fünf Semester – vom Sommer-Halbjahr 1927 bis inklusive Sommer-Halbjahr 1929.[107] Die Studentenkartei vermerkt nur das Studium der Germanistik, das auch sein Schwerpunkt gewesen sein dürfte. Über etwaige Prüfungserfolge lässt sich anhand der Unterlagen im Archiv der LMU München keine Aussage treffen. Baldur von Schirach sah, wie er in seinen Memoiren festhält, seine Universitätszeit eher als Nebenbeschäftigung an, im Zentrum stand bereits seine Parteiarbeit für die nationalsozialistische Bewegung.[108]

In Erinnerung geblieben sind ihm Vorlesungen über englische Literatur bei Max Förster, einem auch international bekannten Experten für altenglische Philologie, und in Kunstgeschichte bei Wilhelm Pinder. Der aus Kassel stammende Kunsthistoriker war ein betont völkischer Gelehrter[109], der unverhohlen die Stärkung der deutschen

Nation durch die Rückeroberung der von Slawen eingenommenen »östlichen Wohnsitze« propagierte und über das »germanische Blut- und Geschichtserbe« referierte. Schon 1930 attackierte Pinder öffentlich den Kustos in der Pinakothek August Liebmann Mayer als »Kunstjuden«. Mayer wurde nach 1933 entlassen und nach seiner Flucht nach Frankreich 1944 ins Vernichtungslager Auschwitz deportiert und dort ermordet. Nach der »Machtergreifung« der Nationalsozialisten engagierte sich Pinder offen für den Nationalsozialismus und Adolf Hitler, wurde aber trotz Aufnahmeantrag niemals Mitglied der NSDAP.

Schirach frequentierte eigenen Angaben zufolge auch das Goethe-Kolleg bei Hans Heinrich Borcherdt, der als außerordentlicher Professor für Neuere Deutsche Literatur seit 1926 auch das Institut für Theatergeschichte in München leitete. Wie Baldur von Schirachs Vater war er nicht nur Sohn eines Offiziers, sondern trat auch dem antisemitischen »Kampfbund für deutsche Kultur« bei, dies aber erst 1931. Borcherdt galt unter den NS-Hochschulfunktionären noch 1937 als Anhänger der Bayerischen Volkspartei, der zudem noch mit der »Tochter eines bayerischen Ministers der Systemzeit« verheiratet war.[110]

Letztlich gab es keine aktuellen Bedenken gegen ihn, und er erhielt auch eine Reisegenehmigung, um am 2. März 1937 im Deutschen Klub in Wien, einem elitären Netzwerk von Nationalsozialisten, Deutschnationalen und Antisemiten, über den »Staatsgedanken des deutschen Idealismus« vorzutragen.[111] Borcherdt wurde 1942 auf eine ordentliche Professur in Königsberg berufen.

Schirach junior meinte im übrigen mit selbstbewusster Überheblichkeit auch als Mitglied der Shakespeare-Gesellschaft in Weimar alle bekannten Anglisten Deutschlands schon gekannt zu haben.[112]

In seinen Erinnerungen nennt Schirach weitere beeindruckende Wissenschaftler, die er in den Salons der Familie des Geheimrats Schick und vor allem durch den Salon der Bruckmanns kennengelernt hatte. Dazu gehörten beispielsweise der Romanist Karl Vossler, der Historiker Hermann Oncken und der Ägyptologe Wilhelm Spiegelberg, die kurz auch politisch zugeordnet werden sollen.

Vossler, ein bedeutender Romanist, ist die große politische Ausnahme in der hier referierten Liste. So sprach er sich als Rektor 1926/27

Professoren an der LMU München, an die er sich später noch erinnerte: der Anglist Josef Schick (oben), der deutsch-jüdische Ägyptologe Wilhelm Spiegelberg (Mitte) und der Kunsthistoriker und Antisemit Wilhelm Pinder.

für die Gleichstellung der jüdischen Studentenverbindungen aus und ließ bei Feiern das bei Rechtskonservativen und Nationalsozialisten verpönte schwarz-rot-goldene Reichsbanner hissen.[113] 1930 ging er sogar so weit, öffentlich zu fragen: »Wie werden wir die Schande des Antisemitismus los?«[114] Er wurde 1937 vom NS-Regime zwangspensioniert.

Es ist wohl anzunehmen, dass Schirach Vossler im Salon von Geheimrat Josef Schick, der wie sein Vater aktives Mitglied der Deutschen Shakespeare-Gesellschaft war[115], kennengelernt hat. Schick selbst hatte zwei Jahre in England studiert und war ein ausgezeichneter Mathematiker und habilitierter Anglist. Von 1896 bis zu seiner Emeritierung 1925 lehrte er an der LMU München. Er war ein weitgereister Gelehrter, der auch 1911/12 an der Columbia University in New York unterrichtet hatte und mit einer Engländerin verheiratet war. Trotz seines hohen Alters – Schick wurde 1859 in Rißtissen bei Ulm geboren –, meldete er sich freiwillig zum Kriegseinsatz im Ersten Weltkrieg und war durchaus deutschnational eingestellt.[116] Schick wohnte in der Ainmillerstraße 4 in München und lud auch den jungen Baldur von Schirach zu diversen Treffen in seine Wohnung ein.

So berichtete Victor Klemperer in seinem *Revolutionstagebuch* 1919 über einen Besuch mit seiner Frau Eva Schlemmer, einer Konzertpianistin, bei Schick, dessen Vorlesungen er schon 1902 gehört hatte. Da aber nur dessen Frau, Mary Schick, geborene Butcher, zu Hause war, entwickelte sich ein Gespräch zwischen den beiden Frauen, bei dem Frau Schick meinte: »... ob wir denn wirklich dächten, daß die Engländer den Krieg gewollt hätten? So wenig wie die Deutschen, so wenig wie die Franzosen seien sie blutgierig gewesen, niemand, nein niemand habe dieses Morden auf dem Gewissen außer ganz allein die Juden, denen allein er Gewinn gebracht habe. Wir sahen die alten Damen in schweigender Verblüfftheit an, sie nahm es für Mitgefühl und predigte weiter über die schwesterliche Verbundenheit aller weiblichen Herzen.«[117] Der habilitierte Romanist Klemperer, der konvertierter Jude war, registrierte den Antisemitismus im Hause Schick bereits um 1919.

Der Historiker Hermann Oncken, der zwar vaterländisch eingestellt war und 1915 bis 1918 im badischen Landtag als nationalliberaler Abgeordneter tätig war, passte eigentlich so wie Vossler nicht in das antisemitisch-völkische und antidemokratische Umfeld Schirachs. Oncken galt als »Vernunftrepublikaner«. Gleichzeitig votierte er wie viele andere bereits vor 1933 für den »Anschluss« Österreichs an das Deutsche Reich und wäre deswegen 1923 fast an die Universität Wien gegangen.[118] 1929 hielt er in Berlin eine Gedenkrede »aus Anlass des 10-jährigen Bestehens der Weimarer Verfassung«.[119] Oncken versuchte, den Brückenschlag zwischen Sozialdemokratie und dem Bürgertum, aber auch zwischen Kaiserreich und Weimarer Republik zu propagieren. Damit wollte er die Studenten für den demokratischen Nationalstaat, die Weimarer Republik, gewinnen – durch eine Art »organische Verbindung« zwischen »deutscher Vergangenheit und deutscher Zukunft«.[120] Nach 1935 überwarf er sich mit den Nationalsozialisten, deren antisemitisch-rassistisches Geschichtsbild er nicht teilte, und wurde daher zwangspensioniert.[121]

Die letzte interessante Persönlichkeit aus seiner Studienzeit war der deutsch-jüdische Ägyptologe Wilhelm Spiegelberg, der zum Protestantismus übergetreten war und seit 1923 den Lehrstuhl für Ägyptologie in München leitete.[122] Er ist der einzige Wissenschaftler jüdischer Herkunft, den Schirach in seinen Memoiren nennt. Spiegelberg, der 1930 nach einer Operation verstarb, fühlte sich voll assimiliert und zeigte sich »bestürzt« über das »auffällige, oft herausfordernde Gehaben mancher Juden« auf der Straße und beklagte das Make-up und die »übertriebene« Kleidung jüdischer Frauen.[123]

Baldur von Schirachs intellektuelles Netzwerk in und außerhalb der Ludwig-Maximilians-Universität in München verstärkte den Weimarer Grunddiskurs in Richtung Antisemitismus, Deutschnationalismus und Demokratiefeindlichkeit, trotz der genannten zwei Ausnahmen Oncken sowie vor allem Vossler. Kaum vorstellbar, dass Schirach wirklich von Vossler beeindruckt war.

Aber noch wichtiger für Ausbau und Festigung der politischen Netzwerke aus Familie und Weimarer Umfeld waren die intensiven Kontakte, die der junge NS-Karrierist im Salon von Elsa und Hugo Bruckmann knüpfte.[124] Elsa Bruckmann, geboren 1865 im oberösterreichischen Traundorf bei Gmunden, war die Tochter des ehemaligen königlich-bayerischen Ulanenoffiziers Fürst Theodor Cantacuzène und damit Nachkommin eines alten griechisch-byzantinischen Fürstengeschlechts. Ihre Mutter Caroline Gräfin Deym von Střitež stammte aus böhmisch-österreichischem Uradel. Die »Prinzessin« hielt sich 1893/94 als Gast der jüdischen Familie Todesco in Wien auf und lernte hier den jungen »Buben« Hugo von Hofmannsthal kennen.[125] Mit ihm stand sie bis 1924 in teilweise engem Kontakt, die schwärmerische Beziehung zu ihm sollte der Dichter später als »Flirtation« abtun.

Nachdem sie 1898 im Alter von 33 Jahren den bürgerlichen Münchner Kunstbuchverleger Hugo Bruckmann geheiratet hatte, eröffnete sie im Jänner 1899 im Neubau des Bruckmann-Verlags in der Nymphenburgerstraße 86 ihren Münchner Salon mit einem Leseabend Chamberlains. Elsa Bruckmann war eine sehr kunstsinnige und belesene Frau, die Abende in ihrem Salon – ab 1909 im Prinz-Georg-Palais am Karolinenplatz 5 – wurden zu einer Art von Netzwerktreffen zwischen Künstlern, Literaten, Theaterleuten und Wissenschaftlern, aber auch Politikern und antisemitischen und deutschnationalen Ideologen wie eben Chamberlain. Unter der bunten Schar ihrer Gäste befanden sich so bekannte Persönlichkeiten wie Rainer Maria Rilke, Heinrich Wölfflin, Rudolf Kassner, Hermann Graf Keyserling, Karl Wolfskehl, Ludwig Klages, Harry Graf Kessler, Alfred Schuler, Georg Simmel, Hjalmar Schacht und ihr Neffe Norbert von Hellingrath. Sie alle wetteiferten miteinander auf der Suche nach den Leitlinien und maßgeblichen Inhalten der Moderne in der Phase der ersten Turboglobalisierung.

Während des Ersten Weltkriegs radikalisierte nun dieser bürgerliche Netzwerkknoten den bereits vor 1914 vorhandenen aggressiven Deutschnationalismus und völkischen Antisemitismus: Die Suche nach einem starken Mann, der Deutschland, aber auch Europa, aus der Krise und Bedeutungslosigkeit führen könnte, trat in den Vordergrund. Dadurch sollte auch die Frage nach der Moderne endgültig geklärt und entschieden werden. So war es kein Zufall, dass Hugo Bruckmann ein früher Verehrer des italienischen faschistischen Diktators Benito Mussolini war – wie übrigens kurze Zeit auch Hugo von Hofmansthal. Dieser entwickelte letztlich seine eigene autoritäre Ideenwelt mit dem Modell einer »konservativen Revolution«, die er bei einem Vortrag in München 1927 vorstellte.

In der großzügigen Wohnung der Bruckmanns am Karolinenplatz 5 stellte Elsa Bruckmann am 23. Dezember 1924 den erst zwei Tage vorher aus der Festungshaft entlassenen gescheiterten Putschisten Adolf Hitler erstmals ihren Gästen aus der bürgerlichen Gesellschaft Münchens vor. Begeistert erinnerte sich später die Verlegergattin: »Nun trat mir – in der bayerischen kurzen Wichs und gelbem Leinenjöpperl – Adolf Hitler entgegen: einfach, natürlich und ritterlich und hellen Auges!«[126]

In diesem kulturellen Umfeld – Elsa und Hugo Bruckmann hatten inzwischen die Vorzeige-NSDAP-Mitgliedsnummern 91 und 92 erhalten – schaffte es Baldur von Schirach, seine persönliche Nähe nicht nur zu Adolf Hitler zu vertiefen. Später zog er aus seiner Studentenwohnung in der Franz-Josef-Straße in Schwabing in eine komfortablere Wohnung bei den Bruckmanns in der Leopoldstraße 10 um, die ihren Salon Anfang 1931 vom Karolinenplatz hierher verlegt hatten. Im dritten Stock des großzügigen Gründerzeitbaus gelegen, bot sich von seinem neuen Zuhause der Blick auf das Münchner Siegestor.

Die Bruckmanns kannten Baldur von Schirachs Onkel, Friedrich Wilhelm von Schirach, Rittmeister a. D., der nach dem gescheiterten Putschversuch von Hitler und Ludendorff beim Prozess aussagen musste. Als Bezirksführer bei den Vaterländischen Verbänden Münchens hatte er Informationen über den geplanten Marsch auf Berlin des Reichsstaatskommissars Gustav von Kahr sowie zur Verhaftung von General Ludendorff.[127] Friedrich Wilhelm von Schirach, der noch im selben Jahr des Prozesses 1924 starb, war in München ein Begriff – auch als Komponist.

Ein zufälliges Zusammentreffen mit Hitler Mitte November 1927 – an den Hochschulen stand die Wahl der »Allgemeinen Studentenausschüsse« bevor – wurde zum Auslöser für die Karriere Schirachs als Studentenvertreter: Nach einigem Hin und Her ließ sich der »Führer«, der seinen jungen Adepten zu einem Gespräch mit in die Wohnung in der Thierschstraße 41 genommen hatte, zu einem Auftritt vor Studenten im Festsaal des Hofbräuhauses überreden – er würde aber nur kommen, so die Bedingung, wenn der Saal »gut gefüllt« wäre. Schirach hielt Wort: Am 21. November 1927 war der Saal »so überfüllt, daß die Studenten auf den Kachelöfen hockten«.[128] Hitler musste sein Versprechen einlösen und sprach zum Thema »Der Weg zu Freiheit und Brot«, der Auftritt wurde zu einem triumphalen Erfolg, und Schirach hatte von nun an bei Hitler einen Stein im Brett: Er war der Mann, der ihm die Studenten gebracht hatte. 1930 konnte Hitler, der anfangs bezüglich der Studenten so skeptisch gewesen war, in der NS-Wochenzeitung *Die Bewegung* schreiben: »Nichts gibt mir mehr Glauben an den Sieg unserer Idee als die Erfolge des Nationalsozialismus auf der Hochschule.«[129]

Im Februar 1928 wurde Baldur von Schirach Hochschulgruppenführer des Nationalsozialistischen Deutschen Studentenbundes (NSDStB) in München und leitete daneben auch noch einen SA-Trupp. Ab Juli 1929 übernahm er die Führung des NSDStB. Er gründete überdies 1929 den *Akademischen Beobachter*, eine Zeitschrift, die im Dezember 1929 eingestellt und durch die Wochenschrift *Die Bewegung* ersetzt wurde, die ebenfalls nicht lange existierte (bis Mai 1931).[130]

Hinter diesen nüchternen Daten zur erfolgreichen Parteikarriere verbergen sich heftige Auseinandersetzungen zwischen Wilhelm Tempel (1905–1983), dem Mitbegründer des NSDStB 1926, der die Reichsleitung übernommen hatte, und Schirach, der, wie erwähnt, die Münchner NSDStB-Hochschulgemeinde (HGM) leitete, die in der kurzen Zeit seit der Gründung bereits drei »HGM-Führer« verbraucht hatte.[131] Während der Jurastudent Tempel und seine Gruppe eher auf Aktivismus setzten und sich als »Jugend- und Wehrbewegung« verstanden, die aber abseits von einigen Großversammlungen nicht wirksam wurde, wollte Schirach die kaum sichtbare HGM zu einem »geistigen Mittelpunkt im akademischen Leben Münchens« machen. So ließ er neue Klubräume mit einem Empfangsraum, einer Bibliothek, einem Schlafzimmer für sich selbst, Wohnräume für drei weitere HGM-Funktionäre und einem »Damenzimmer« einrichten.[132] Dahinter steckte aber ein massiver strategischer Konflikt, denn Schirach wollte – ähnlich wie die Parteispitze – die NSDAP öffnen und durchaus bürgerliche Kreise ansprechen. Die Gruppe um Tempel hingegen zielte eher auf proletarische bzw. kleinbürgerliche und ökonomisch nicht so erfolgreiche Schichten.

Dazu gehörte unter anderem auch die zeitgleich im Mai 1928 erfolgte Gründung des »Kampfbundes für deutsche Kultur«, dem auch Schirachs Vater und die Bruckmanns als Proponenten angehörten. Tempel versuchte Schirach loszuwerden und enthob ihn seines Amtes. Längst hatte dieser aber nicht nur die Unterstützung Hitlers, sondern auch jene von Alfred Rosenberg und Joseph Goebbels und ließ sich im Juli 1928 zum neuen Reichsführer des NSDStB wählen.[133] Da die Fraktionen in sich total zersplittert waren, entschied Schirach die Wahl mit sechs von 17 Stimmen nur knapp für sich, vier Delegierte votierten für den Dresdner Hochschulgruppenführer Herbert Knabe. Hitler hatte angeblich bei dieser Wahl den Kieler Vertreter Dr. Joachim Haupt forciert und Schirach nur als Stellvertreter gesehen, doch Haupt bekam nur drei Stimmen.[134] Tempel selbst hatte zu sehr die Positionen des linken Otto-Strasser-Flügels vertreten, die der Münchner Parteizentrale, aber auch Goebbels in Berlin ein Dorn im Auge waren. Das eigentliche Ziel Hitlers zu diesem Zeitpunkt war bereits die Machtergreifung auf möglichst breiter sozialer Basis und unter Einschluss bürgerlicher Kreise.

Neben der Hinwendung der Studentenbewegung zu konservativ-bürgerlichen Schichten versuchte Schirach, der selbst keiner schlagenden Studentenverbindung (Korporation) angehörte, den NSDStB in Richtung traditioneller Korporationen zu öffnen.

Trotz des sehr glücklichen und knappen Erfolges in der Wahl zum Studentenführer nahm Schirach 1928 eine kurze Auszeit von der Politik, um mit seiner Mutter in die USA zu reisen und sie bei Verwandtenbesuchen in Philadelphia und New York zu begleiten. Dort erhielt er sogar von seinem Onkel Alfred E. Norris ein Angebot, in dessen Bank in Manhattan einzusteigen.[135] Schirach hatte jedoch längst Gefallen an der Politik gefunden und war trotz des schwachen Wahlergebnisses der NSDAP bei der Reichstagswahl vom 20. Mai 1928 – die NSDAP erreichte nur 2,6 Prozent und zwölf Mandate – nach wie vor ein Anhänger Adolf Hitlers.

Insgesamt gesehen agierte der NSDStB unter Schirachs Führung als Mitgliederorganisation vorerst nicht besonders erfolgreich: 1933 waren nur 4,8 Prozent der Studenten beim Bund organisiert.[136] Bei einigen Wahlen konnte der NSDSTB aber durchaus größere

Stimmenzuwächse verzeichnen – etwa an den Universitäten in Greifswald und Erlangen im Wintersemester 1929/30 mit mehr als 50 Prozent, in Kiel erlangte der NSDStB beachtliche 33 Prozent.[137]

Doch Schirach war, das sollte sich bald zeigen, an klassischer Hochschulpolitik nicht wirklich interessiert, sondern versuchte, die Studenten als Wählergruppe insgesamt für die NSDAP zu erobern. So organisierte er eine Großveranstaltung, um Adolf Hitler in das akademische Milieu einzuführen. Inzwischen hatte er auch selbst schon einige Erfahrung als Redner gesammelt und inszenierte sich durchaus bereits als »Diva«: So gab es bei manchen Veranstaltungen sogenannte »Bedingungen für Schirach-Versammlungen«: »Es ist dafür zu sorgen, daß Pg. von Schirach nach der Rede nicht von jedem Pg., der hierzu Lust verspürt, befragt werden kann [...] Pg. von Schirach ist stets in einem Hotel unterzubringen. Unterkunft im Privatquartier bedarf ausdrücklicher vorheriger Zustimmung.«[138]

Trotz der ideologischen Nähe blieben viele »Alte Herren« in den Korporationen, die den politischen Parteien im Allgemeinen grundsätzlich ablehnend gegenüberstanden, auf Distanz zur NSDAP-Führung. Auch mit Schirach gab es immer wieder Konflikte, da er selbst keiner Verbindung angehörte. Schirach gelang es aber trotzdem, immer mehr junge Korporierte auf die Seite der NSDAP zu ziehen, 1929 hatte der NSDStB bereits in 170 Verbindungen Mitglieder. In den Jahren 1930/31 eroberte der NSDStB an elf Universitäten die absolute Mehrheit und wurde an zehn Hochschulen stärkste Fraktion.

Im Zeitraum Herbst 1930 bis Frühjahr 1931 gab es dann einen massiven Konflikt in München zwischen dem »Münchner Studenten-Convent« und Schirach, aber auch der NSDAP-Reichsleitung: Wilhelm von Holzschuher, der Sekretär des Untersuchungs- und Schlichtungsausschusses der NSDAP, war Mitglied der schlagenden Burschenschaft »Corps Franconia« und lehnte die Duellforderung eines anderen Mitglieds in diesem Corps ab. Schirach wurde – nach eigenen Angaben[139] – ebenfalls zum Duell gefordert, da er das Corps kritisiert hatte. Angeblich nahm Schirach die Forderung an, bestand aber auf Pistolen.

Gleichzeitig versuchte seine spätere Frau Henny Hoffmann durch direkte Intervention bei Hitler, dieses Duell zu verhindern.

Oben: Kultstätte: Der Ehrensaal der SA mit der »Blutfahne« in der Geschäftsstelle der NSDAP in der Münchner Schellingstraße 50. Foto: Heinrich Hoffmann.

Unten: Eva Braun im »Photohaus Hoffmann« 1930. Braun war seit 1929 bei Hoffmann angestellt und lernte über ihn Hitler kennen. Offiziell blieb sie bis 1945 Angestellte des Unternehmens Hoffmann. Foto: Heinrich Hoffmann.

Schirach wiederum stoppte die Publikation des Duellverbots durch Hitler im *Völkischen Beobachter*, dem Zentralorgan der NSDAP, um in den Kreisen der waffentragenden Corps sein Gesicht zu wahren. Letztlich wurde diese Auseinandersetzung aber auf höchster Ebene und durch das Einschreiten von Hitler und seinem Stellvertreter Rudolf Heß niedergeschlagen.[140] Schirach wurde aber zu einer bedingten Strafe von sechs Monaten Festungshaft verurteilt, da er gegen § 201 des Strafgesetzbuches »Annahme einer Herausforderung zum Zweikampf mit tödlichen Waffen« verstoßen hatte. Diese heute absurd klingende Duell-Geschichte und die Reaktion des Staates darauf sind ein anschauliches Beispiel für die rückwärtsgewandten Diskussionen in der Weimarer Republik, die letztlich von den eigentlichen Problemen und den Zielsetzungen der NSDAP in Richtung totaler Machtergreifung ablenkten. Gleichzeitig symbolisieren sie den Versuch, die traditionellen Eliten wie die Corps für den Nationalsozialismus zu gewinnen.

Zwar gab es durchaus noch starke interne Widerstände, die sogar in einer von 31 Gruppen unterzeichneten Denkschrift endeten, in der Schirachs charakterliche und organisatorische Fähigkeiten massiv bezweifelt wurden. Diese Intrige organisierte sein Stellvertreter Reinhard Sunkel (1900–1945), der Reichsorganisationsleiter des NSDStB. Hitler schätzte aber Schirachs Fähigkeit, neue bürgerliche Wählerschichten anzuziehen und unter den Studenten Unterstützung zu finden. Daher stellte sich Adolf Hitler ostentativ und mit klaren Worten bei der Versammlung von Studentenführern hinter Baldur von Schirach: »Seit Pg. von Schirach die Führung des Studentenbundes hat, hat er in diesem Sinne unschätzbare Dienste dadurch geleistet, daß in Zeiten allgemeiner Depression und Stagnation immer dieser große Antrieb hineinkam: Es geht vorwärts!

Wenn der Theoretiker sagt, die NSDAP sei eine oberflächliche Partei, dann kann ich ihm nur antworten: Sie sind eben nur ein Theoretiker. Es handelt sich um eine Feldschlacht und nicht um das Betreiben kriegswirtschaftlicher Studien. Wir haben keine Zeit, Führer zu erziehen, die geistig hoch gebildet sind, denn wir befinden uns in einem Riesenschwung … Pg. von Schirach hat verstanden, auf was es ankommt:

ausschließlich auf die grandiose Massenbewegung ... Herr Sunkel[141], ich bin jetzt das alte Frontschwein, das für seinen Kameraden eintritt und ihn auf Hieb und Stich deckt!«[142]

Nach dieser Rede bei der 5. Führerringsitzung am 2. Mai 1931[143] brach die Berliner Kritik, die Reinhard Sunkel forciert hatte, endgültig zusammen, der »Rebell« Sunkel wurde aus dem NSDStB ausgeschlossen.

Schirach hatte nicht nur Sunkel kaltgestellt und durch die Ernennung zum Organisationsleiter neutralisiert, sondern reklamierte auch den Erfolg seines zweiten Gegners, des aus Hamburg stammenden Diplomlandwirts Walter Lienau (1906–1941), für sich. Lienau war – obwohl NSDStB-Funktionär – in Graz beim 14. Deutschen Studententag zum Vorsitzenden gewählt worden. Schirach meldete Hitler diesen Erfolg, der angeblich nur deswegen zustande kam, weil er verzichtet hatte, selbst anzutreten. Schirach hätte aber gar keine Chance gehabt, gewählt zu werden, da er kein Corps-Student war. Lienau hingegen war zeitweise aktives Mitglied beim Kösener Corps Isaria München gewesen.[144] Zwar hatte der NSDStB damals nur viertausend Mitglieder, aber bereits 60.000 Wähler unter den rund 120.000 Anhängern der Deutschen Studentenschaft.[145] Lienau seinerseits versuchte aber aus Konkurrenzgründen dennoch, Schirach loszuwerden, beschwerte sich bei Heß und stellte am 22. Oktober 1931 sogar einen Ausschlussantrag[145], zog sich dann aber aus der Hochschularbeit zurück. So verwirrend waren damals die diversen internen Intrigen in der nationalsozialistischen Studentenorganisation, die Schirach aber geschickt für sich ausnützen konnte.[146]

Ein Duell, das nicht stattfindet

Schirach überlebte politisch auch eine weitere, selbst verschuldete Auseinandersetzung, die fast mit einem Duell geendet hätte – und das noch dazu mit einem alten Freund und Kameraden aus der Zeit der Knappenschaft in Weimar: Hans Donndorf. In der Silvesternacht 1929/30 hatte Schirach die Frau aufgesucht, die Donndorf, inzwischen

SA-Mann und Angestellter der großherzoglichen Schatullenverwaltung, heiraten wollte, eine gewisse Elfriede M., und mit ihr geschlafen. Auf die heftigen Vorwürfe seines Weimarer Jugendfreundes reagierte Schirach mit einem Schreiben in zynisch-herablassendem Ton:

»Du bist scheinbar erzürnt, weil das kleine Mädchen, das Du als Madonna verehrt hast, eine höchst gewöhnliche kleine Katze ist. Daß Du diese Deine Enttäuschung so ungerecht in einen Groll gegen mich verwandelst, ist nun sehr töricht. Schließlich war es ihre Sache und Angelegenheit des Gewissens, ob sie Dir treu war oder nicht. Du warst mit ihr nicht verlobt, so war zwischen ihr und mir keine Schranke. Ich möchte nicht durch diesen Brief den Anschein erwecken, als legte ich der Episode irgendwelche tiefere Bedeutung bei. Für mich war das kleine Mädchen (ich habe sogar ihren Namen vergessen!) eine amüsante Nichtigkeit. Auch für Dich hoffe ich, daß Du so reif werden mögest, daß Du eines Tages über die ganze Angelegenheit so herzlich lachen kannst wie ich.«[147]

Donndorf beschimpfte Schirach daraufhin als »Judenjüngling«, dieser wiederum forderte im Gegenzug für diese Beleidigung Genugtuung durch ein Pistolenduell mit dreimaligem Kugelwechsel, das aber zwischen Parteiangehörigen verboten war. Donndorf revanchierte sich mit einem Parteigerichtsverfahren, bei dem ein weiterer alter Bekannter aus Weimar, Hans Severus Ziegler, Stellvertretender Gauleiter in Thüringen aus dem Weimarer Netzwerk, gegen Schirach aussagte. Die Beziehung zwischen den beiden war aufgrund »mancherlei Motive«, die nicht näher ausgeführt wurden, getrübt, sodass Ziegler Schirach schließlich vorwarf, seine Machtstellung in der Partei in »abwegiger Weise« zu missbrauchen.[148] Letztlich musste Schirach, der gegen Donndorf noch eine »Verrufserklärung« angestrengt hatte, auf einen Vergleich eingehen, da er überdies in Parteikreisen der Feigheit beschuldigt wurde, nachdem er sich bei einer von angeblich kommunistischen Jugendlichen gestürmten Versammlung an der Universität Jena in ein Hinterzimmer geflüchtet hatte.

In der Retrospektive lassen sich alle diese Vorhaltungen und Gerüchte nicht mehr verifizieren, aber in der Dichte zeigen sie doch, dass Schirach in dieser Frühphase seiner Karriere ein selbstbewusstes

Das palastartige Wohnhaus des Malers Franz von Defregger in der Münchner Königinstraße 31: Die Schirachs wohnten hier ab 1932 im Parterre.

und auch herrisches Auftreten hatte und einen aufwendigen Lebensstil führte – und das, obwohl er, wie er selbst 1931 in seinem SA-Führerfragebogen angab, auf »Aufwandsentschädigungen« der SA bzw. NSDAP angewiesen war. Bereits damals fuhr er immerhin einen Mercedes-Benz 8/38 – unklar ist aber, ob die viertürige Limousine oder das fünfsitzige Spezial-Cabriolet.

In seiner Münchner Studentenzeit wohnte Baldur von Schirach, wie erwähnt, in einer Dreizimmerwohnung bei Hugo Bruckmann, der auch Major der Reserve war, in der Leopoldstraße 10[149], 1932 war er dann in der Königinstraße 31 gemeldet.[150] Schirach logierte hier im Parterre des palaisartigen Wohnhauses des erfolgreichen Osttiroler Genre- und Historienmalers Franz Defregger, das der Architekt des Neuen Rathauses in München, Georg Hauberrisser, geplant hatte. Im ersten Stock hatte der Maler Carl Theodor von Piloty eine opulente Wohnung mit kleinformatigen Repliken seiner großen Museumsgemälde – wie etwa des berühmten »Seni vor der Leiche Wallensteins« –, die auch Adolf Hitler in Schirachs Wohnung bewunderte, in der sich ebenfalls Piloty-Kopien befanden. Schließlich erwarb auch der »Führer« selbst eine dieser Repliken.[151]

Der Kämpfer und das Opfer

Gerne inszenierte sich Baldur von Schirach auch in der Rolle des verfolgten Nationalsozialisten. So nützte er seine Verhaftung bei einer Auseinandersetzung nach einer Anti-Versailles-Kundgebung an der Universität Köln, um sich als Opfer der Weimarer Republik zu stilisieren. Er sei nur deshalb verurteilt worden, weil er gegen Frankreich (d. h. gegen den Friedensvertrag von Versailles, Anm. d. Verf.) gekämpft hätte. Geschickt nützte er den Auftritt vor Gericht – der Staatsanwalt hatte vier Monate Gefängnis gefordert – zu einer Anklage gegen die Republik: »Es steht in ihrer Macht, mich vier Monate festzuhalten und einzusperren, das wird aber an meinem Kampf, der gleichzeitig der Kampf des jungen Deutschlands ist, nichts ändern können. Nach Ablauf dieser vier Monate werde ich von Neuem den Kampf gegen

Versailles auf die Fahnen der deutschen Hochschulbewegung schreiben, und Nichts wird mich daran hindern können.«[152] Nach acht Tagen in Einzelhaft erhielt Schirach eine dreimonatige Gefängnisstrafe auf Bewährung. Auch ein Jahr später, am 13. April 1932, berichtete noch das *Tagblatt* in Linz von diesem Prozess im Juli 1931, um zu zeigen, wie die SA Richter unter Druck setzen konnten. 1931 waren nach einer Enthüllung der *Rheinischen Zeitung* in Köln per Standartenbefehl sämtliche verfügbaren SA-Männer in Zivil zum Gericht als Zuhörer und zur Demonstration von Macht bestellt worden.

Hier zeigte Schirach – wie viele andere junge Männer seiner Generation, die nicht im Ersten Weltkrieg gedient, aber die Propaganda darüber bereits wahrgenommen hatten – ein typisches Verhaltensmuster: Sie suchten ständig den Kampf – hier konkret den »Kampf gegen Frankreich«. Dies ging bei Baldur von Schirach so weit, dass er selbst gegenüber dem Hamburger Gauleiter und ehemaligen Frontsoldaten Albert Krebs, als ihm dieser einen Fehler in der Kriegsdarstellung aus dem Ersten Weltkrieg nachwies, auf die Schulter klopfte und selbstbewusst meinte: »Glauben Sie mir nur, lieber Doktor Krebs! Das ist doch so gewesen, wie ich es sagte!«[153] Krebs nannte Schirach 1959 in seinem Buch über die Frühzeit der NSDAP einen zu jungen »überzüchteten Intellektuellen und Ästheten«[154], der sich damals innerhalb der NSDAP noch nicht wirklich ideologisch festgelegt hatte.

Sinnbildlich für die permanente Sehnsucht, den Ersten Weltkrieg zu wiederholen und selbst erleben zu wollen, waren die in dieser Zeit entstandenen Gedichte Schirachs, die eine metaphysische Verbindung zwischen der Nachkriegsgeneration und den Gefallenen des Ersten Weltkrieges herstellen sollten:

Als wir noch Kinder, dröhnten die Kanonen,
und manches Kinderlachen brach entzwei,
kam eine Meldung von den Todeszonen:
»Dein Vater starb, damit die Jugend frei!«

Oben: Aus der Umgebung Hitlers war Schirach bald nicht mehr wegzudenken: Begeisterte Begrüßung durch NS-Anhänger bei einem Auftritt 1930.

Unten: Urlaub vom »Führer«: Henriette und Baldur von Schirach bei einem Spaziergang in den Tiroler Bergen.

Wehe dem Sohn, der das je kann verwinden
Und nach so großem Preis vom Kampfe schwieg!
Wir wollen unsres Daseins Sinn verkünden:
Uns hat der Krieg behütet für den Krieg!«[155]

Baldur von Schirach ging aus den vorhin skizzierten Konflikten gestärkt hervor, hatte er doch Hitlers eindeutige und in dieser Form ungewöhnlich starke Unterstützung erhalten. Meist ließ Hitler gerne seine Funktionäre in Konkurrenz gegeneinander um die Gunst des »Führers« wetteifern und traf häufig erst spät Personalentscheidungen.

Entscheidend für Hitlers Hilfe war sicherlich auch der Umstand, dass sich Schirach im Umfeld der Salonnière Elsa Bruckmann bewegte, die zur Irritation von Joseph Goebbels starken Einfluss auf den Parteivorsitzenden ausübte.[156]

Vorbildlich mit Scheitel und Braunhemd: Reichsjugendführer Baldur von Schirach. Kohlezeichnung von Karl J. Böhringer, Bayerische Staatsbibliothek.

5. EIN BRAUCHBARER JUNGE, FÄHIG UND KLUG

Schirachs Kampf um die Vorherrschaft in der NS-Jugendbewegung und die Arbeit am Führermythos

Baldur von Schirach sah sich nicht als Mann der zweiten Reihe und arbeitete unermüdlich an seinem weiteren Aufstieg. Bereits 1929 ging er gegen den ersten Reichsführer der Hitler-Jugend (HJ), Kurt Gruber (1904–1943), in die Offensive und versuchte – im Hintergrund gestärkt durch die Öffnung des NSDStB in Richtung rechter, bündischer Jugendorganisationen bzw. der Korporationen –, ihn durch einen Vertrauensmann zu ersetzen. Typisch dabei war das Verhalten Hitlers in derartigen Machtkämpfen: Er wollte letztlich sehen, wer sich von seinen Gefolgsleuten als der Stärkere behaupten würde. Durch die Gründung von Schülerbünden versuchte Schirach zumindest im Bereich der jüngeren Jugendlichen, der HJ Konkurrenz zu machen. Aufgrund intensiver Bemühungen und einer Vortragsreise, die ihn an neunzehn Universitäten führte, setzte sich Schirach vorerst durch.

Mit Joseph Goebbels gewann Schirach überdies einen wichtigen Verbündeten in der höchsten Ebene der Parteihierarchie. Am 7. August 1928, in der heißen Phase des Machtkampfes zwischen Gruber und Schirach, schrieb der Berliner Gauleiter begeistert in sein Tagebuch: »Die Hitler-Jugend kommt nun in Schuß. Ebenso der Studentenbund, mit dessen Reichsführer v. Schirach ich gestern eine lange Besprechung hatte. Ein feiner Kerl. Edelmann. Fähig und klug.«[157]

Goebbels trat auch ein Jahr später, am 4. Juli 1929, bei einer Versammlung in Hamburg mit Schirach als Vorredner auf und wurde spontan bei der Nachfeier zum Ehrenmitglied des Studentenbundes ernannt.[158] Wenige Tage nach dieser Hamburger Veranstaltung sprach in Berlin auch Hitler auf einer Versammlung des NSDStB. Die einstündige Rede wurde, so das Urteil Goebbels', zur »vernichtenden Abrechnung mit dem System«.[159] Hitlers Propagandachef war so von Schirach angetan, dass er mit ihm, dem Zeichner der *Kampfzeit* Hans Schweitzer[160] und dem NS-Dichter Heinrich Anacker einen gemeinsamen Lyrikband mit dem Titel *Der unbekannte S.A. Mann. Ein guter Kamerad der Hitlersoldaten!* plante. Letzten Endes erschien das Buch, aus dem der folgende Appell zur Zertrümmerung der Demokratie stammt, anonym: »Steht auf, Ihr jungen Aristokraten eines neuen Arbeitertums! Ihr seid der Adel des »Dritten Reichs«! Was Ihr mit eurem Blut sät, das wird als herrliche Ernte aufgehen! Ballt die Fäuste! Strafft die Stirnen! Leistet und arbeitet. Der Kampf wird Entscheidung sein für die neue Aristokratie! Zertrümmert die Gleichheit der Demokratie, die dem jungen Arbeitertum den Weg zur geschichtlichen Vollendung versperrt. Demokratie ist Selbstmord an Stirn und Faust. Protestiert gegen die Gleichheit! Wehrt Euch dagegen, mit jedem Trottel auf eine Stufe gestellt zu werden!«[161]

Anknüpfend an den Mythos des »Unbekannten Soldaten« aus dem Ersten Weltkrieg sollte ein neuer Mythos des unbekannten SA-Mannes geschaffen werden, der gegen die Demokratie und für den Nationalsozialismus ohne Gedanken an eine Belohnung oder seine Sicherheit bis zum Tod kämpft.

Schirachs weitere Treffen mit Goebbels 1930 fanden in Gegenwart einer jungen, 17-jährigen Frau an seiner Seite statt: »Henny Hoffmann, die Tochter des Leibfotografen und privaten Freundes von Adolf Hitler, Heinrich Hoffmann.« Die beiden jungen Leute lernen sich im Frühling 1930 in der Redaktion der Studentenbund-Zeitschrift kennen. Henriette, die ehrenamtlich beim Versand der Zeitschrift und beim Verteilen von Flugblättern mithalf, erinnerte sich später: »Eines Tages rannte ein junger Mann in hellem Anzug die Treppe herauf, den Yankee Doodle pfeifend; er war eben aus Amerika zurückgekommen, er war der Chef, Herausgeber und Redakteur, der Führer des Studentenbundes, Redner bei den Astawahlen (sic! AStA-Wahlen) und eigentlich stud. phil., dreiundzwanzig Jahre alt, Baldur von Schirach.«[162] Der junge »Chef« erzählte bei Kaffee und Apfelkuchen von Amerika und so kam man sich rasch näher – aus der Sicht von Goebbels, der ständig Frauen bedrängte, war »die kleine Hoffmann … ein reizendes Ding«.[163] Gemeinsam besuchten sie eines Abends ein »romantisches Konzert« mit Werken von Schumann und Schubert.[164] Im Jänner 1933, wenige Tage vor der Machtübernahme Hitlers, wurde das erste Kind der Schirachs, Tochter Angelika Benedikta, geboren.

Durch Henriette Hoffmann baute Schirach eine ganz persönliche Nähe zu Hitler auf, noch enger als über seine Weimarer Verbindungen oder den Salon der Bruckmanns. Auch politisch stellte sich Schirach damals früh auf die richtige Seite: für Hitler und gegen Gregor Strasser, den mächtigen Reichsorganisationsleiter der NSDAP, dessen sozialrevolutionären und antikapitalistischen Ideen von Hitler abgelehnt wurden. Goebbels hielt ihn bereits für einen »brauchbaren Jungen«.[165] Am 31. März 1932 heirateten Baldur von Schirach und Henriette Hoffmann. Adolf Hitler und SA-Chef Ernst Röhm fungierten als Trauzeugen, die Feier fand in Hitlers Münchner Privatwohnung statt.

Bei seinen Versuchen, sich in Hitlers Umgebung unentbehrlich zu machen, kam der ambitionierte und umtriebige Studentenführer Ernst »Putzi« Hanfstaengl, dem Auslandspressechef des »Führers«, in die Quere. Wie Hanfstaengl später in seinen Memoiren berichtete, nahm Schirach, der sich 1930 bei ihm um die Stelle eines »Adjutanten« beworben hatte, wegen seiner »schnoddrigen Art« aber abgelehnt worden war,[166] dabei wenig Rücksicht auf die vorgesehene Kompetenzverteilung: »Eine ziemlich strapaziöse Prüfung des Himmels war für mich auch Baldur von Schirach, der von sich aus Unterhaltungen Hitlers mit Engländern und Amerikanern in die Wege leitete und sie dann dolmetschte oder sich in meine Gespräche mit Ausländern einmischte, um meine bewußt auf Moderato gestimmten Darlegungen mit dem Furioso seines jugendlichen Radikalismus zu übertönen.« So erwähnt Hanfstaengl ein Gespräch mit dem britischen Konservativen Robert Boothby, einem Vertrauensmann Winston Churchills, bei dem sich Schirach zu der Bemerkung hinreißen ließ: »Und wir Studenten wollen überhaupt keine Juden als Lehrer!«[167] Glaubt man Hanfstaengl, so spielte Schirach später bei der Entfernung des Auslandspressechefs aus seinem Amt eine gewisse Rolle: »Eine noch direktere Warnung kam von einer angesehenen Parteigenossin. Sie und ihre Familie waren über das Auftreten Baldur von Schirachs zunehmend empört. So nahm sie sich eines Tages ein Herz und suchte mich auf, um zu erzählen, Schirach habe einmal etwas zuviel getrunken und ihr nahegelegt, sich von mir fernzuhalten; ich sei auf der schwarzen Liste und würde bald beseitigt werden.«[168]

1932 publizierte Schirach im Vorfeld der letztlich erfolgreichen Reichstagswahlen vom 31. Juli 1932[169] gemeinsam mit seinem Schwiegervater Heinrich Hoffmann, dem »Photoberichterstatter der Reichsleitung der NSDAP«, ein sehr erfolgreiches Propagandabuch, das anhand von hundert Fotos von Hoffmann sowie Texten und Bildunterschriften von Schirach den Mythos Hitler nachhaltig in breite Gesellschaftsschichten kommunizierte. *Hitler wie ihn keiner kennt. 100 Bilddokumente aus dem Leben des Führers* wurde eine der erfolgreichsten Imagebroschüren Hitlers, die vielfache Auflagen erfuhr. 1935 waren bereits 420.000 Stück – den Angaben im Impressum zufolge – gedruckt worden:

Es folgten weitere aufwendig illustrierte Propagandabroschüren mit Geleitworten von Baldur von Schirach wie *Der Triumph des Willens. Kampf und Aufstieg Adolf Hitlers* (1933), *Jugend um Hitler* (1935) oder *Hitler in seinen Bergen* (1935). Der Berliner Zeitgeschichte-Verlag Wilhelm Andermann, in dem diese bebilderten Broschüren erschienen, gründete im Herbst 1932 überdies mit »Der braune Buchring« eine eigene Buchgemeinschaft, die 1938 immerhin 70.000 Mitglieder zählte. Er schuf sich damit eine zusätzliche Vertriebsmöglichkeit.[170]

Baldur von Schirach, der sich seit dem Frühjahr 1930 im Umfeld von Henny Hoffmann aufhielt und ihre private Nähe zu Hitler zu nutzen wusste, schaffte es bereits 1931, sich aus dem umkämpften Intrigenfeld der Studentenbewegung und Hitler-Jugend abzusetzen. Entscheidend für seine weitere Karriere wurde, so Schirach, ein privates Abendessen mit Hitler im Oktober 1931. Er hatte den »Führer« zu sich in die Wohnung eingeladen, in seinen Erinnerungen[171] präsentiert er zwei Varianten dieses Treffens, das ein Meilenstein für seine weitere politische Karriere werden sollte – letztlich führte, so Schirachs Darstellung, dieses Abendessen mit dem »Führer« zu seiner

Ein Antlitz -

Es handelt sich hier nicht um eine psychologisch-gelehrte oder eine phrenologische Studie. Wir sind nach 14 Jahren seines Kampfes um die Macht und 3 Jahren seines Aufbauwerkes in der Persönlichkeit des Führers so verankert, mit seinem Antlitz so innerlich verbunden, auch der rauheste und härteste seiner Kämpfer, wie ein Sohn mit dem Antlitz des Vaters. Wir können das Antlitz des Führers nicht anders sehen, als wie das ganze deutsche Volk es sieht: mit dem Herzen. In unserem Herzen aber ist, wenn sein Bild vor uns aufsteigt, in welcher Form und aus welcher Zeit es auch sein mag, nichts als rückhaltlose Bewunderung, bedingungslose Anerkennung seiner beispiellosen Leistung und aus ihr heraus Hingabe ohne Grenze.

Es hat nie ein Bildnis gegeben, das in Millionen und aber Millionen Herzen, in den Herzen dreier lebenden Generationen eines ganzen Volkes, vom Kinde bis zum Greise, so tief und beherrschend eingebrannt war und ist und bleiben wird, wie das des Führers. Sein Antlitz leuchtet in uns als die Erfüllung der Sehnsucht nach irdischer Vollendung Sein Antlitz steht vor uns als das Antlitz des Schöpfers einer neuen deutschen Welt, des Erweckers des deutschen Volkes, des Erretters der göttlichen Idee und der in ihr wurzelnden Kultur vor der Zerstörung durch das entgötterte, materialistisch-jüdisch-bolschewistische Chaos.

Wir sind besessen vom Werk des Führers, von seiner alle überragenden Persönlichkeit, von seinem Genie. Wir sind besessen von seinem Antlitz. Und wir kämpfen mit ihm dafür und glauben es, weil wir es wollen nach

1916

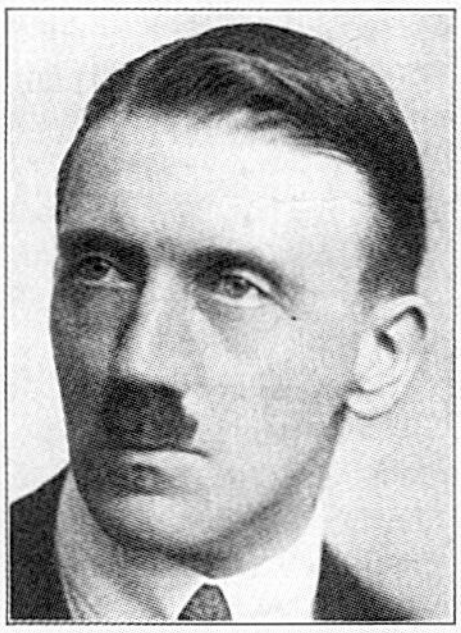
1921

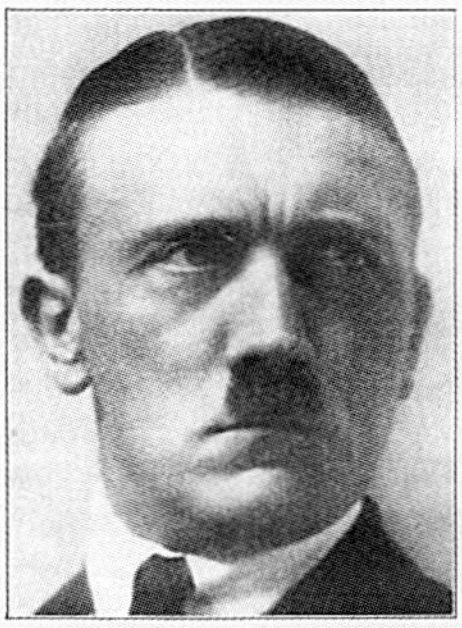
1923

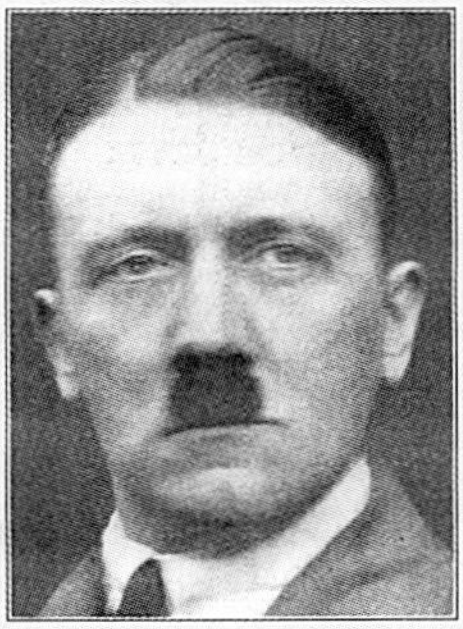
1924

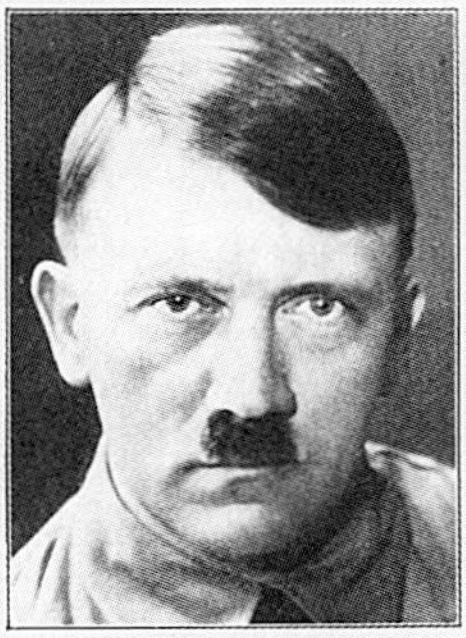
1929

1930

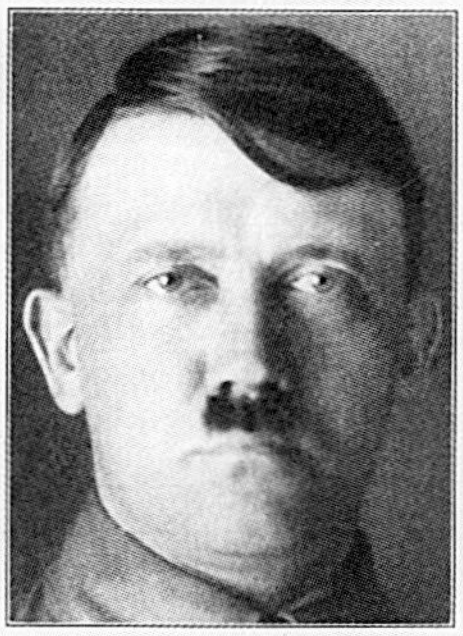
1931

1932

Stolz kann Schirach 1936 eine erste Bilanz seiner Arbeit ziehen: Noch nie hätte sich ein Bild »so tief und beherrschend« in »Millionen und aber Millionen Herzen« eingebrannt wie das Antlitz Hitlers. Seite aus dem 1939 von Heinrich Hoffmann herausgegebenen Sonderheft »Adolf Hitler. Ein Mann und sein Volk« mit einem Text von Baldur von Schirach.

Beim Hochzeitsessen in der Wohnung Hitlers am Prinzregentenplatz war die Stimmung nicht gerade ausgelassen (oben). Angeblich mokierte sich der »Führer« über den großen Rinderbraten, den die Köchin servierte. Unten: Henriette »Henny« Hoffmann, hier in Badekleidung, ist neunzehn, als sie Baldur von Schirach heiratet. Fotos: Heinrich Hoffmann.

Ernennung zum Reichsjugendführer am 30. Oktober 1931. Schirachs stetige Arbeit war also erfolgreich gewesen und er konnte Hitler überzeugen, dass sein Konkurrent Kurt Gruber trotz diverser Aufmarscherfolge der Hitler-Jugend nicht der richtige Mann für die Mobilisierung der deutschen Jugend war. Hitler selbst hatte Zweifel, ob der proletarische Kurt Gruber aus Sachsen reichsweit eine anerkannte Figur der HJ werden könnte. Insgesamt war die NSDAP in Sachsen »nationalrevolutionär« ausgerichtet.[172] Gruber sah die Wurzeln der HJ im Arbeitermilieu, in direkter Konkurrenz mit Sozialdemokraten und Kommunisten: »Diejenigen, die heute noch [...] als Marxisten demonstrieren, machen es entweder aus Dummheit oder aus Gewohnheit [...] heute marschiert eine andere Armee auf den Straßen. Die braunen Bataillone der nationalsozialistischen Freiheitsbewegung. Schaffende deutsche Arbeiterjugend, die unter den blutroten Hakenkreuzfahnen [...] sich auf ihre völkische und rassische Kraft besonnen hat, und bereit ist, die Herrschaft des Untermenschentums auf der Straße zu brechen.«[173]

Trotz des Erfolges der NSDAP bei den Reichstagswahlen am 14. September 1930, als sie mit 107 Reichstagssitzen und 6,4 Millionen Stimmen zweigrößte Fraktion wurde, blieb die »Bündische Jugend«[174] bei 50.000 Mitgliedern, die HJ lediglich bei 18.000 Mitgliedern.[175] Nach seiner Ernennung zum Reichsjugendführer erhielt Baldur von Schirach den Rang eines Gruppenführers der SA. Am 29. Oktober 1931 war bereits der Rücktritt des sozialrevolutionär bewegten Gruber, der in die Reichsleitung der NSDAP weggelobt wurde, bekannt gemacht worden. Doch vorerst sollte Schirach nicht direkt die HJ leiten, sondern erhielt innerhalb der obersten SA-Führung eine neue Dienststelle als »Reichsjugendführer« (R.J.F.) und unterstand der Obersten SA-Führung. Die HJ sowie der NS-Schülerbund blieben vorläufig unter der Führung von Theodor Adrian von Renteln, einem Deutsch-Balten, der seit 1917 in Deutschland lebte und Gruber nachfolgte.

Die Begeisterung des Berliner Gauleiters Joseph Goebbels für Schirach riss indes nicht ab, am 22. November 1931 notierte er in sein Tagebuch: »Schirach ist da. Nobler, tapferer Junge. Und voll Geist, mit bravem Charakter.«[176]

Zwar war die HJ auch 1932 – trotz des Zuwachses auf 40.000 Mitglieder – noch ein kleiner Jugendverband in Deutschland, verglichen mit zwei Millionen Mitgliedern in Sportjugendverbänden, einer Million Kinder und Jugendliche in Katholischen Jugendverbänden oder 600.000 Mitglieder, die in Evangelischen Jugendverbänden organisiert waren – selbst der Kommunistische Jugendverband (55.000), die Bündische Jugend (70.000), die Sozialistische Arbeiterjugend (90.000) und die Gewerkschaftsjugend (400.000) wiesen zumindest auf dem Papier mehr Mitglieder auf.[177]

Im Verlauf des Jahres 1932 baute Schirach seine privaten und politischen Beziehungen zu Adolf Hitler und anderen Spitzenfunktionären der NSDAP weiter aus. Schirach hatte nicht zufällig sein erstes Quartier in München in der Schellingstraße 29 bezogen, wo er in seiner Wohnung die Geschäftsstelle des Nationalsozialistischen Studentenbundes eingerichtet hatte. Weitere Mieter in dem Haus waren 1932 der erwähnte Theodor Adrian von Renteln und Kurt Gruber.[178] Ganz in der Nähe, in den Hinterhofräumen der Schellingstraße Nr. 50, hatte sich die Reichsgeschäftsstelle der NSDAP etabliert, gegenüber befanden sich die Redaktion und Druckerei des *Völkischen Beobachters*, auf Nr. 62 die »Osteria Bavaria«, das von Hitler bevorzugte Restaurant.[179] Schirach wusste – auch aufgrund seiner adelig-großbürgerlichen Herkunft –, wie wichtig die logistische Nähe zu den Schaltstellen der politischen Macht war.

In der Geschäftsstelle des Studentenbundes traf er wie erwähnt auch erstmals seine spätere Ehefrau Henny Hoffmann, die für ihn ganz den »mondänen« Mädchentyp verkörperte: »Kastanienbrauner« Bubikopf, ein für damalige Verhältnisse ungewöhnliches Make-up, modische Pullover und kurze, enge Röcke, Seidenstrümpfe und hochhackige Schuhe – der junge Gefolgsmann des »Führers« war fasziniert.[180]

Über Heinrich Hoffmann, Hitlers Freund und Fotograf, der ein Quasi-Monopol auf Porträtbilder und meist inszenierte Privataufnahmen von Adolf Hitler hatte, lernte er schließlich Henny persönlich näher kennen. Bei Hoffmann, der ein international bestens ausgebildeter und vernetzter Fotograf war und zahlreiche Persönlichkeiten geschickt vor der Kamera in Szene setzte, traf Schirach eine weitere »Schöne« – es war Eva Braun, die Hoffmanns Postkartenabteilung betreute und später zur Geliebten Adolf Hitlers werden sollte.

Nach der Hochzeit mit Henriette Hoffmann am 31. März 1932 und einem Skiurlaub in Tirol bezog das junge Paar eine luxuriöse Wohnung in der Königinstraße 31 am Englischen Garten, die es mit finanzieller Unterstützung des wohlhabenden Schwiegervaters Heinrich Hoffmann finanzieren konnte.

Bereits zwölf Tage nach der Hochzeit besuchte Hitler am Abend Schirach in seiner Wohnung – um über die Affäre Röhm zu sprechen, dessen intimer Briefwechsel mit dem ebenfalls homosexuell veranlagten Mediziner Dr. Karl-Günther Heimsoth in Kopie dem sozialdemokratischen Publizisten Helmuth Klotz zugespielt und veröffentlicht worden war. Noch versuchte Hitler, Röhm zu halten, der über ausgezeichnete Kontakte zu rechtskonservativen und bürgerlichen Parteikreise verfügte. Zur Lösung des »Problems« Ernst Röhm, der eben für ihn als Trauzeuge fungiert hatte, konnte Schirach wohl kaum etwas beitragen. Heimsoth, der publizistisch für die Rechte der Homosexuellen eingetreten war, verschwand im März 1934 auf mysteriöse Weise, nachdem ihn die Gestapo in »Schutzhaft« genommen hatte.

Im Mai 1932, im Alter von 25 Jahren, wurde Schirach von Hitler zum Reichsleiter der NSDAP für Jugenderziehung ernannt. Dieser übernahm im Juni die Führung der HJ und zog sich gleichzeitig vom Studentenbund, der ihn eigentlich nie wirklich interessiert hatte, zurück.

Schirach versuchte einerseits – zur Stärkung der emotionalen Bindung der Mitglieder –, bündische Elemente in die Jugendarbeit der HJ einzubringen, andererseits wurde die Brutalität des Straßenkampfes weiter in die HJ hineingetragen, die immer wieder den Saalschutz übernahm und auch bei Demonstrationen aktiv war.[181] 1932 kamen bei derartigen Aktivitäten 21 Jugendliche der HJ ums Leben – für Schirach der Anlass, dazu in Schriften und Reden einen neuen Blutopfermythos zu entwickeln. Als typisches Beispiel dafür mag folgendes Gedicht Schirachs gelten, verfasst auf den 15-jährigen Hitlerjungen Herbert Norkus, der am 24. Jänner 1932 beim Verteilen von NS-Flugblättern in Berlin-Moabit von jungen Kommunisten zusammengeschlagen und erstochen worden war:

Gemeinsam mit Schwiegervater Heinrich Hoffmann arbeitete Schirach erfolgreich am Image des »Führers«: Der von ihm eingeleitete Band »Hitler wie ihn keiner kennt. 100 Bild-Dokumente aus dem Leben des Führers« (unten links) und ähnliche Nachfolgewerke fanden zu Hunderttausenden Verbreitung.

Mein Herz brennt heiß und Deine fahle Hand
und Deine Stille stört mir jede Stunde,
und Deine Augen, die ich nie gekannt,
sind stets vor mir. Ich bin von Dir gebannt,
Du Ewiger. Du sprichst mit stummem Munde.
O bleib mit mir, Geläuterter, im Bunde
und quäle mich, dass ich nichts andres weiss,
als Deine Größe bis zum tiefsten Grunde
in Not und Kampf und mit der Todeswunde.
Und was ich tue, sei auf Dein Geheiss [...][182]

Zum dritten Jahrestag des Mordes an dem Berliner Hitlerjungen, am 24. Jänner 1935, hielt Schirach bei einer Fahnenweihe für das »Deutsche Jungvolk« auf der ostpreußischen Marienburg eine Gedenkansprache, in der er Selbstlosigkeit und Treue als Grundtugenden der nationalsozialistischen Jugend einforderte.[183]

Nach dem deutlichen Wahlerfolg bei den Reichstagswahlen am 31. Juli 1932 wurde Schirach trotz seiner Jugend eines der 230 Mandate der NSDAP anvertraut, die zur stärksten Partei in der Geschichte der Weimarer Republik geworden war. Nur 75 Mandate fehlten auf die absolute Mehrheit. Die NSDAP hatte 37,3 Prozent der Stimmen erzielt, die Sozialdemokratische Partei Deutschlands (SPD) 21,6 Prozent und die Kommunistische Partei Deutschlands (KPD) 14,3 Prozent. Die NSDAP hatte übrigens den höchsten Adelsanteil unter ihren Abgeordneten – mit Schirach weitere elf Abgeordnete aristokratischer Herkunft, die Deutschnationale Volkspartei (DNVP) stellte nur neun.[184] Auch im Preußischen Landtag waren zehn Adelige in der NSDAP-Fraktion vertreten.

Aus seiner Ablehnung der parlamentarischen Demokratie machte Schirach keinen Hehl. In einer Rede am 31. Mai 1932 in der Grazer Industriehalle vor Tausenden Anhängern der NSDAP umriss er bereits vor den Wahlen – ausgehend von einer sehr dramatischen Schilderung des

Mordes an dem Hitlerjungen Herbert Norkus – unmissverständlich das eigentliche politische Ziel: Selbst der Eintritt in eine Koalitionsregierung »sei aber nur der Anfang. Das wirkliche Ende heißt: Die nationalsozialistische Diktatur«.[185] Bemerkenswert die eher untypische Schlussbemerkung Schirachs, die offensichtlich auf das katholische Publikum in der Steiermark ausgerichtet war: »Mit uns kämpfen nicht die Lebendigen und die Toten, sondern Gott im Himmel. Dieser Gott wird es fügen, daß wir sagen können, wir sind nicht Österreicher, nicht Reichsdeutsche, nicht Sudetendeutsche usw., wir sind das deutsche Volk.«[186]

»Ihr seid das kommende Volk«: Der Reichsjugendtag in Potsdam

Trotz des Wahlerfolges vom 31. Juli war die NSDAP 1932 finanziell ziemlich schlecht ausgestattet, sodass nicht einmal mehr ein Reichsparteitag ausgerichtet werden konnte. Baldur von Schirach, der in seiner Funktion als Studentenführer Hitler schon einmal mit einer großen Veranstaltung an der Universität München überrascht hatte, bot Hitler als Ersatz einen »Reichsjugendtag« in Potsdam an.

Das obligatorische Abzeichen, das Teilnehmer von Großveranstaltungen der NSDAP erwerben konnten, hatte Adolf Hitler selbst einmal in der Wohnung von Schirach für den geplanten Reichsparteitag entworfen, und Schirach hatte einfach die Inschrift in »NS Reichsjugendtag 1932« geändert. Hitler war anfangs zwar skeptisch, aber Schirach versuchte durch umfangreiche Werbemaßnahmen und den Verkauf von Abzeichen und anderen NS-Devotionalien die Veranstaltung zu finanzieren. Das Plakat für den Reichsjugendtag entwarf der bekannteste Gebrauchsgrafiker und Reklamegestalter der Zeit, Ludwig Hohlwein[187] aus München, der bereits um 1930 für den antisemitischen Bund der Frontsoldaten »Der Stahlhelm« gezeichnet hatte.[188]

Wenige Wochen vor der Großveranstaltung in Postdam besuchte Schirach Hitler in seinem seit 1932 permanent gemieteten Appartement im alten Berliner Hotel »Kaiserhof«, um den Ablauf persönlich zu besprechen. Hitler hatte im obersten Stockwerk eine ständige Suite bezogen und blickte von seinem Fenster direkt auf sein politisches Ziel: die Reichskanzlei. Auch Schirachs geschäftstüchtiger Schwiegervater Heinrich Hoffmann, der wie immer die Nähe Hitlers suchte, hatte sich in diesem Hotel einquartiert.[189]

Schirach hielt Wort: Zwischen 50.000 bis 70.000 Jugendliche der Hitler-Jugend und des Bundes Deutscher Mädel (BDM) füllten am 1. Oktober 1932 das Stadion Luftschiffhafen, in dem einst die riesigen Zeppeline gelandet waren. Potsdam war an diesem Tag zu einem Hexenkessel geworden, Kampflieder und HJ-Gesänge, Trommeln und Pfeifen der Musikzüge übertönten selbst den Verkehrslärm der zahlreichen LKW und Busse, die allmählich die Zugänge zur Stadt verstopften. Schirachs Stellvertreter und Organisationschef Karl Nabersberg hatte es nicht leicht, den Überblick über das Geschehen zu bewahren. Letzten Endes spielten das organisatorische Chaos und die logistischen Mängel keine Rolle, die Lichtinszenierung in der Nacht klappte bestens, das totale Massenerlebnis gelang. Im Rahmen der Eröffnungsfeierlichkeiten sprach Schirach einleitende Worte, bevor Hitler unter exzessivem Jubel seine Rede begann. Rhetorisch geschickt fasste er die zentralen Leitlinien seiner Zielsetzungen für die Instrumentalisierung der Jugend in Deutschland zusammen:

»Der Deutsche muß es wieder lernen, sich über Stand, Konfession und Gesellschaftsklasse hinweg als einiges Volk zu fühlen. Unser Volk stürzte von seiner stolzen Höhe, weil es dies alles vergaß, und ihr, meine deutschen Jungen und Mädel, sollt es in der nationalsozialistischen Bewegung wieder lernen, euch als Brüder und Schwestern einer Nation zu fühlen. Ihr sollt über die Berufsstände und Gesellschaftsschichten hinweg, über alles, was euch zu zerreißen droht, die deutsche Gemeinsamkeit suchen und finden [...]

Die nationalsozialistische Jugenderziehung soll nicht einer Partei, sondern dem deutschen Volk zum Wohle gereichen, wie ja auch die nationalsozialistische Bewegung einmal Deutschland sein soll, und das einheitliche Bekenntnis der opferfreudigen deutschen Jugend zur Idee des Nationalsozialismus gibt hierfür den klaren Beweis. Mögen die anderen spotten und lachen, ihr werdet einmal Deutschlands Zukunft sein.

Das »totale Massenerlebnis«: Der »I. Nationalsozialistische Reichsjugendtag« am 1. Oktober 1932 im Stadion Luftschiffhafen in Potsdam wurde trotz organisatorischer Mängel zum Triumph für Baldur von Schirach. Unten: Bild aus dem HJ-Propagandastreifen »Unsere Fahne flattert uns voran«.

Letztes Mal in Potsdam
REICHSJUGENDTAG 1932
Nieder mit dem Nazijugendtag

Das junge Deutschland marschiert!
I. Nationalsozialistischer
Reichsjugendtag Potsdam
Riesenkundgebung der nat.-soz. Jugend
im Potsdamer Stadion Luftschiffhafen
Baldur von Schirach
Adolf Hitler spricht
Zapfenstreich
Riesenfeuerwerk

Ihr seid das kommende Volk und auf euch ruht die Vollendung dessen, um was wir heute kämpfen…

Der Nationalsozialismus gestaltete eine »Volksgemeinschaft«, die vom Kind an beginnt und beim Greise endet. Niemand kann diese gewaltige Symphonie des deutschen Lebens zum Schweigen bringen.«[190]

Dieses Konzept der klassenübergreifenden »Volksgemeinschaft« war die Basis für eine totalitäre Herrschaft, die im blutigen Zweiten Weltkrieg, im Genozid an den Juden und Jüdinnen und in der Verfolgung und Vernichtung vieler weiterer Opfergruppen endete – ohne, dass es aus der deutschen Gesellschaft heraus eine breite Widerstandsbewegung gegeben hätte.

In seinen Memoiren beschrieb Schirach seine Rolle im Zusammenhang mit der Ausrichtung des Ersten Reichsjugendtages in Potsdam 1932 und bei der Konstruktion des Führermythos um Hitler wie folgt: »So habe ich aus ehrlicher Überzeugung an der Entstehung jenes Führermythos mitgewirkt, für den das deutsche Volks so empfänglich war. Diese grenzenlose, fast religiöse Verehrung, zu der ich ebenso beigetragen habe wie Goebbels, Göring, Heß, Ley und zahlreiche andere, hat in Hitler selbst den Glauben gefestigt, dass er mit der Vorsehung im Bunde sei.« Gleichzeitig relativierte Schirach seine Verantwortung, indem er Hitler als »im Grunde gütigen Menschen, der sich zur Härte zwingen muß«, beschrieb. [191]

In dem Zusammenhang ist nochmals auf Schirachs nach 1945 meist völlig unterschätzte Bedeutung als Publizist und Propagandist des Führermythos von Adolf Hitler hinzuweisen – gemeinsam mit seinem Schwiegervater Heinrich Hoffmann hatte Schirach mit kurzen, ausgefeilten Texten die Ikonografie des »Führers« inhaltlich umrahmt und Stück für Stück, Foto für Foto, den Mythos Hitler verbalisiert. Der Fotoband *Hitler, wie ihn keiner kennt* mit Texten von Schirach erreichte laut Zeitgeschichte-Verlag bereits 1940 die 400.000er Druckauflage. *Jugend um Hitler* lag 1943 bei insgesamt 260.000 Gesamtauflage und *Hitler in den Bergen* kam bis 1942 auf 200.000 Exemplare.

Zwar war die NSDAP bei den Reichstagswahlen vom 6. November 1932 nicht mehr so erfolgreich wie im Vergleich zu den Juli-Wahlen

»Führer«, Fahne, Vaterland: Offen wird der Anspruch der Hitler-Jugend auf Totalität zelebriert, Schirach ist immer dabei. Bilder aus dem 1934 produzierten HJ-Propagandastreifen »Unsere Fahne flattert uns voran«.

1932 und verlor 4,2 Prozent (= zwei Millionen Stimmen), blieb aber mit 33,1 Prozent trotzdem stärkste Partei, gefolgt von der SPD mit 20,4 Prozent und leichten Verlusten (–1,2 Prozent). Die drittplatzierte Partei, die KPD, gewann 2,6 Prozent bei insgesamt 16 Prozent Stimmenanteil.

In der brodelnden internen Auseinandersetzung zwischen dem NSDAP-Reichsorganisationsleiter Gregor Strasser, der einen prononciert antikapitalistischen und sozialrevolutionären Kurs verfolgte und immer wieder ideologische, aber auch strategische Konflikte mit Hitler austrug, hatte sich Schirach längst auf die Seite des »Führers« geschlagen. Trotzdem blieb er in der Zeit der Ernennung Hitlers zum Reichskanzler durch Paul von Hindenburg eine unbedeutende, passive Randfigur. Strasser hatte zuvor versucht, in Abstimmung mit dem amtierenden Reichskanzler der Weimarer Republik, Kurt von Schleicher, einige Ministerposten in der Regierung für die NSDAP zu bekommen, doch Hermann Göring, Joseph Goebbels und letztlich auch Adolf Hitler selbst setzten alles auf eine Karte und strebten die Kanzlerschaft an. Nach dem totalen politischen Rücktritt Gregor Strassers, dem Reichskanzler Kurt von Schleicher die Vizekanzlerschaft angeboten hatte, am 8. Dezember 1932 übernahm Robert Ley dessen Organisationsagenden. Die Spaltung der nationalsozialistischen Reichstagsfraktion in einen linken (Strasser-)Flügel und einen rechten um Hitler, Göring und Goebbels wagte Strasser letztlich nicht.

Zu Robert Ley hatte Schirach hingegen sehr gute Beziehungen: Schon in der »Kampfzeit« hatte der Kölner Gauleiter Ley nach der Verurteilung Schirachs und acht Tagen Untersuchungshaft vor dem Gerichtsgebäude eine Demonstration mit Tausenden NSDAP-Parteigängern organisiert.

Nachdem Hitler in einer Koalitionsregierung mit der Zentrumspartei und Vizekanzler Franz von Papen mit nur zwei weiteren NSDAP-Ministern zum Reichskanzler ernannt worden war, organisierte Baldur von Schirach eine größere Geldspende eines unbekannten Industriellen, um das Haus am Kronprinzenufer 10 in Berlin für die Reichsjugendführung zu erwerben. München war mit der Übersiedlung Hitlers nach Berlin für Schirach uninteressant geworden, als

Oben: Die »braune Revolution« trägt das Antlitz der Jugend: Baldur von Schirach mit »Stürmer«-Herausgeber Julius Streicher beim Aufmarsch der Hitler-Jugend am Reichsparteitag in Nürnberg 1933.

Unten: Das Hakenkreuz machte sich auf der ehemals großherzoglichen Bühne breit: Schiller-Feier im Deutschen Nationaltheater 1934.

geschickter Netzwerker wusste er um die Bedeutung der räumlichen Nähe zu den zentralen Entscheidungsträgern der NSDAP.

Seit Jänner 1933 gab Schirach zweimal im Monat die Zeitschrift *Wille und Macht. Führerorgan der nationalsozialistischen Jugend* heraus, deren »Hauptschriftleitung« auch bald am Kronprinzenufer 10 ihren Sitz hatte. 1938 betrug die Auflage laut Verlagsangabe 60.000 Exemplare. Ab 1937 erschien im Zentralverlag der NSDAP, Franz Eher Nachf. GmbH, herausgegeben von der Reichsjugendführung, *Der Pimpf. Nationalsozialistische Jungenblätter*, eine Zeitschrift, die bereits seit 1935 unter dem Namen *Morgen* existiert hatte. Die Auflage betrug zwischen 46.000 Exemplaren 1937 und 120.000 Exemplaren 1939. Kriegsbedingt wurde die Zeitschrift am 1. September 1944 eingestellt. Eine weitere Redaktion in der Villa am Kronprinzenufer betreute bis zu seiner Einstellung 1935 das amtliche Organ der Reichsjugendführung und des Reichsnährstandes für Landjugendfragen, *Jugend am Pflug*. Die Zeitschrift *Das deutsche Mädel* (früher *Die Mädelschaft*) hatte in Schirachs Haus ebenso ihren Redaktionssitz wie *Musik in Jugend und Volk* und *Die Spielschar. Zeitschrift für Feier- und Freizeitgestaltung*.

Schirach stand als Reichsjugendführer an der Spitze eines Pressekonzerns, der verschiedenste Bereiche der Jugendarbeit bis hin zu Jugendmusik beeinflussen konnte und dies auch tat. Sein Hauptinteresse aber galt dem »Leitorgan« *Wille und Macht*, wobei es bald nach Strassers Rücktritt zu Konflikten mit Goebbels kam, der die gesamte interne Propaganda kontrollierte. So kritisierte der katholische HJ-Führer Hermogenes Ziesché aus Breslau 1934 den Beitrag »Die Bedeutung der religiösen Frage für Jugend und Arbeitertum«[192] von Ernst Graf zu Reventlow in Heft 15 von *Wille und Macht*. Dieser vertrat radikal antiklerikale Thesen und wollte die Jugend außerhalb der Kirche aufwachsen lassen. Ziesché meinte sogar, dass durch eine derartige Argumentation jüdische liberale Ideen wieder Platz gewinnen würden. Goebbels störte die antikirchliche Debatte innerhalb der HJ nur aus strategischen Gründen, [193] da er in anderen Zusammenhängen sogar eine Intervention des Papstes befürchtete.[194] Daher versuchte er, Schirach, aber auch Rosenberg einzubremsen. Vor dem Hintergrund der bevorstehenden Saar-Abstimmung forderte er: »Der Kampf um die Saar hat begonnen.

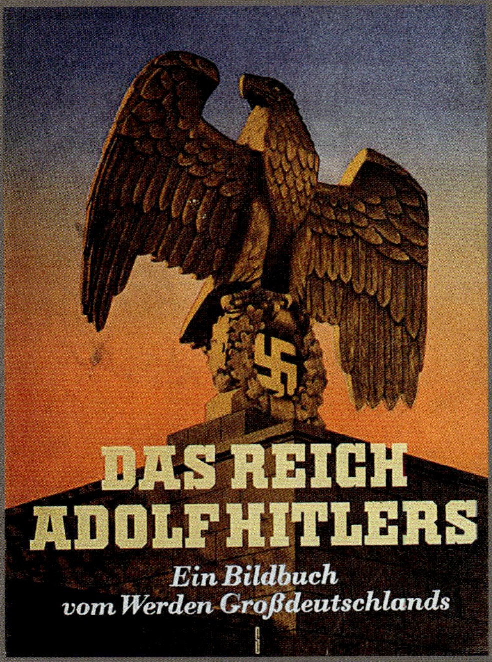

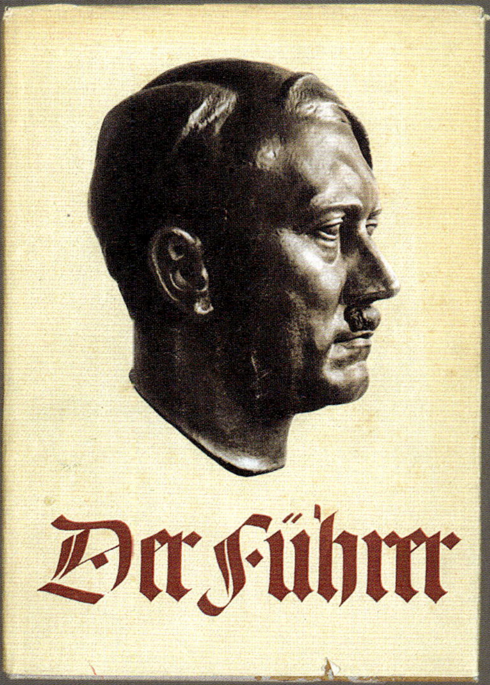

Beispiele für von Reichsjugendführer Schirach herausgegebene Propagandaschriften: die HJ-Zeitschrift »Wille zur Macht«, die Broschüre »Das Reich Adolf Hitlers«, ein »Bildbuch vom Werden Großdeutschlands« (oben rechts), und der von Eberhard Wolfgang Moeller verfasste Band »Der Führer« (1938). Moeller war Gebietsführer im Stab der Reichsjugendführung, sein Buch stieß auf das Missfallen Alfred Rosenbergs. Schirach lobte das Werk öffentlich 1939 als :»unvergleichliches und unvergängliches Epos«.

Wir werden ihn gewinnen. Nur muß (sic!) Schirach und Rosenberg kurz treten in der Konfessionsfrage. Bis wir's haben.«[195]

Die Beziehungen zwischen Schirach und Goebbels wurden nicht nur durch diese Strategiedebatte bezüglich des Verhältnisses zur katholischen Kirche gestört, sondern auch durch eine höchst private Affäre. Henriette von Schirach hatte bei Hitler – so die Vermutung von Goebbels[196] – wegen seiner Affären mit anderen Frauen interveniert. Ehefrau Magda hatte daraufhin einen Termin beim »Führer« erhalten, und beschwerte sich über ihren Mann.

Nach der Bestellung Hitlers zum Reichskanzler intensivierte Schirach die Werbung für die HJ, wobei neben den diversen üblichen Fahrten und Zeltlagern spezielle Freizeitprogramme angeboten wurden, die u. a. für die Sondereinheiten Flieger-, Nachrichten-, Motor- und Reiter-HJ warben.

Aber auch mit Gewalt wurden in der Organisation der traditionellen Jugendorganisationen neue Fakten geschaffen: Am 5. April 1933 ließ Schirach die Geschäftsstelle des »Reichsausschusses der Deutschen Jugendverbände« in Berlin durch eine HJ-Einheit besetzen. Daraufhin stattete ihn der Reichstag auf Vorschlag Hitlers am 10. Juni 1933 als »Reichsjugendführer des Deutschen Reiches« mit neuen Sondervollmachten aus: »Der Jugendführer des Deutschen Reiches steht an der Spitze aller Verbände der männlichen und weiblichen Jugend, auch der Jugendorganisationen von Erwachsenen-Verbänden. Gründungen von Jugendorganisationen bedürfen seiner Genehmigung.«[197]

Mit Verordnung vom 23. Juni 1933 wurden mit Weisung des Reichsjugendführers Schirach rückwirkend per 17. Juni alle Jugendverbände – von der Freischar Junge Nation über den Deutschen Pfadfinderbund bis hin zum erwähnten Reichsausschuss der deutschen Jugendverbände – aufgelöst; aus dem »Reichsausschuss« wurde der »Jugendführerrat«, dessen Leitung Baldur von Schirach übernahm.[198] Innerhalb von knapp zwei Jahren erfolgte die Liquidierung aller übrigen Jugendverbände – gemäß der Devise, die Schirach bereits nach dem Verbot aller Parteien außer der NSDAP im Juli 1933 ausgegeben hatte: »Wie die NSDAP nunmehr die einzige Partei ist, so muß die HJ die einzige Jugendorganisation sein.«[199]

Im Reichstag trug Schirach als Abgeordneter alle politischen Winkelzüge Hitlers und der NSDAP mit. Nach dem Reichstagsbrand vom 27. Februar 1933, den die NSDAP sofort in eine kommunistische Verschwörung umgedeutet hatte, waren Tausende Kommunisten und Sozialdemokraten verhaftet worden und durch die »Verordnung des Reichspräsidenten zum Schutze von Volk und Staat« wurden die Grundrechte bis auf Weiteres außer Kraft gesetzt. Trotz der Terrorwelle und der Neuwahlen am 5. März 1933 schafften die NSDAP mit 43,9 Prozent der Stimmen und die DNVP mit acht Prozent zwar eine Regierungsmehrheit, verfügten jedoch nicht mehr über eine Zweidrittelmehrheit.

Mit dem Ermächtigungsgesetz vom 24. März 1933, dem sogenannten »Gesetz zur Behebung der Not von Volk und Reich«, sollte das Parlament endgültig als Legislativorgan beseitigt werden. Die 81 Abgeordneten der KPD waren bereits in Haft oder geflohen oder in der Illegalität, nur die 94 SPD-Abgeordneten stimmten gegen dieses »totale« Ermächtigungsgesetz, mit dem Hitler die gesetzgebende Gewalt vollständig übertragen wurde.

Rückblickend gesehen, markierte dieses Gesetz für Schirach das Ende der Weimarer Republik und den Beginn einer totalitären Herrschaft.[200] Wie alle anderen Reichstagsabgeordneten im »Braunhemd« sang auch Schirach nach der Abstimmung begeistert das »Horst-Wessel-Lied« – ein Kampflied mit einem Text aus der Feder eines bekannten Berliner Sturmführers der SA, der 1930 infolge einer durch einen Kommunisten zugefügten Schussverletzung verstorben war. Unterlegt wurde der Text mit einer Marine-Melodie aus dem 19. Jahrhundert, das »Horst-Wessel-Lied« avancierte rasch zur zweiten Nationalhymne, ohne dass dies je formal vom Reichstag beschlossen worden war:

Die Fahne hoch!
Die Reihen dicht geschlossen!
SA marschiert
Mit ruhig festem Schritt
Kam'raden, die Rotfront
Und Reaktion erschossen,
Marschier'n im Geist
In unser'n Reihen mit.

Mit diesem Kampflied wurde ganz bewusst ein Gegenstück zur »Internationale«, dem Kampflied der sozialistischen Arbeiterbewegung, geschaffen, die als Text bereits 1871 entstanden war und 1888 vom belgischen Sozialisten und Komponisten Pierre Degeyter eine Melodie erhalten hatte. Gleichzeitig wurde mit dem »Horst-Wessel-Lied« symbolisch auch eine weitere Verklammerung von NSDAP und Staat erreicht.

Das politische Lied war ein wichtiges Inszenierungsmittel bei der Entwicklung der Massenparteien seit der zweiten Hälfte des 19. Jahrhunderts und spielte bei den Aufmärschen und der laufenden Parteiarbeit der NSDAP und SA eine ebenso wichtige Rolle wie bei der HJ.

Baldur von Schirach nütze seine politische Stellung auch für seine schriftstellerischen Ambitionen aus und lieferte zahlreiche Lied- und Propagandatexte. Zentrale Themen Schirachs waren dabei die durch Fahnentreue symbolisierte, kompromisslose Kampfbereitschaft, Todesverachtung sowie die absolute Loyalität gegenüber dem »Führer« Adolf Hitler. Diese Motive bestimmten auch seinen Text für das 1933 veröffentlichte HJ-Fahnen-Lied:

1. Vorwärts! vorwärts! schmettern die hellen Fanfaren,
Vorwärts! Vorwärts! Jugend kennt keine Gefahren.
Deutschland, du wirst leuchtend stehn,
mögen wir auch untergehn.
Vorwärts! vorwärts! schmettern die hellen Fanfaren,
Vorwärts! Vorwärts! Jugend kennt keine Gefahren.
Ist das Ziel auch noch so hoch,
Jugend zwingt es doch!
Unsre Fahne flattert uns voran.
In die Zukunft ziehn wir Mann für Mann.
Wir marschieren für Hitler durch Nacht und durch Not
mit der Fahne der Jugend für Freiheit und Brot.
Unsre Fahne flattert uns voran.
Unsre Fahne ist die neue Zeit.
Und die Fahne führt uns in die Ewigkeit!
Ja! Die Fahne ist mehr als der Tod![201]

Oben: Besuch beim »Führer«: Hitler-Jugend auf dem Obersalzberg, im Hintergrund das Haus Wachenfeld. Farbdruck nach einem Aquarell.

Unten: Das HJ-Liederbuch »HJ singt« von Erwin Schwarz-Reiflingen erschien 1934 im Verlag B. Schott's Söhne, Mainz. Der Umschlag wurde von Ludwig Hohlwein entworfen.

Das Kampflied der HJ, dessen Melodie vom bekannten Filmkomponisten Hans-Otto Borgmann stammte, wurde erstmals im Propagandafilm *Hitlerjunge Quex* verwendet.[202] Joseph Goebbels legte noch kurz vor der Filmpremiere selbst Hand am Drehbuch an, um den Propagandafilm noch wirksamer zu machen: »Danach zu Hause, H. Junge Quex'. z. T. sehr stark. Aber es wird zu viel geredet. Die Dialoge sind ganz unwahr. Ich werde noch einige streichen.«[203] Die Film avancierte nach einer gelungenen Premiere zum Kassenschlager, wie Goebbels auch mit entsprechendem Eigenlob für seine – letztlich nur marginalen – Änderungen in seinem Tagebuch festhielt: »Hitlerjunge Quex im Ufa-Palast ganz großer Erfolg. Nach meinen Änderungen wirkt der Film fast wie neu. Hitler, Göring alles da. Das Publikum ist ganz hingerissen.«[204]

Am Beispiel dieses Filmes lässt sich zeigen, wie geschickt die manipulierende Medienvielfalt von der NS-Propaganda genützt wurde: Sie formte bewegtes Bild, Musik und Text zu einer Einheit mit klaren ideologischen Grundaussagen. Schirach wurde nicht nur als Textdichter, sondern auch als »Protektor« des Films ins Zentrum gerückt, wie das Filmplakat mit prominenten Darstellern wie Heinrich George zeigt:

Der Film kam im September 1933 in die Kinos und sollte von der gesamten HJ gesehen werden. Auch hier spielte ein »Märtyrer« aus der Kampfzeit vor 1933 die Hauptrolle. Sein Beispiel sollte von den Hitlerjungen auch in Zukunft totale Kampfbereitschaft einfordern – ohne Rücksicht auf das eigene Leben.

Bereits in der Probezeit als »Pimpf« musste das HJ-Fahnen-Lied auswendig gelernt werden und war Bestandteil bei allen offiziellen Aufmärschen und Feiern. Es musste auch im Bund Deutscher Mädel gesungen werden.

Bemerkenswert ist jedoch, dass die in Kleingruppen noch existierende, mit drakonischen Maßnahmen verfolgte Jugendopposition trotzdem versuchte, durch ein Spottlied mit derselben Melodie nicht nur das HJ-Kampflied, sondern insbesondere ihren »Führer« Baldur von Schirach lächerlich zu machen:

Oben links: Indoktrination ab dem Kindesalter: »Der Pimpf«, Dezemberheft 1938. »Hauptschriftleiter« der »Nationalsozialistischen Jungenblätter« war Herbert Reinecker (1914–2007), der später als Autor der Fernsehserie »Derrick« bekannt wurde.

Unten rechts: Plakat zur Erstaufführung des Propagandastreifens »Hitlerjunge Quex« am 11. September 1933. Schirach hatte das »Protektorat« über die Herstellung des Films übernommen.

Brüder, Brüder, laßt uns die Flammen bewahren,
Brüder, Brüder, wehret den stumpfen Barbaren,
Nirgends laßt den Baldur ran,
Daß er nichts zertrampeln kann.
Laßt ihn trügen, werben mit lockenden Klängen,
Laßt ihn lügen, hetzen, drohen und bedrängen,
Steht er heut auch noch so hoch,
Einmal kippt er doch.

Unser Baldur flattert uns voran,
Unser Baldur ist ein dicker Mann,
Wir marschieren trotz Schirach,
durch Nacht und Verbot,
Und wir schern uns den Teufel um Neid und Verbot.
Unser Baldur flattert uns voran,
Unser Baldur meint die neue Zeit,
Doch wir halten uns wachsam und trotzig bereit,
Unser Bund gilt uns mehr als der Tod.[205]

Trotz dieser Persiflage auf Baldur von Schirach – das Absingen derartiger Parodien war nicht ungefährlich und konnte zur Verfolgung durch die Gestapo führen – war sein politischer Höhenflug in der NS-Bewegung scheinbar nicht zu bremsen. Wie andere NS-affine Schriftsteller – unter ihnen etwa Hanns Johst, Hans Friedrich Blunck, Hans Baumann, Curt Langenbeck oder Hans Grimm – gehörte Schirach zu den Nutznießern der hohen, politisch geförderten Auflagen seiner Bücher und Texte. Zwar berichtete Baldur von Schirach ausführlich über Hitlers Tantiemen aus *Mein Kampf* und über dessen diverse Honorare für Artikel,[206] verschwieg aber die eigenen Tantiemen für die zahlreichen Publikationen[207] und Texte, die mangels Quellen auch nicht vollständig rekonstruiert werden können. Aufgrund der vorher genannten hohen Auflagen seiner Bücher und auch der Geschäftstüchtigkeit seines Schwiegervaters ist von durchaus beträchtlichen Erträgen aus diesen Texten und Herausgeberschaften auszugehen. Da er als

Beruf »Schriftsteller«anführte, könnte er die Steuerprivilegien für Kulturschaffende in Anspruch genommen haben.

Gleichzeitig proklamierte Baldur von Schirach 1933 das Bild einer neuen deutschen Jugend, »die nicht Profit will, nicht Eigennutz, sondern Dienst und Opfer für die Gemeinschaft leistet [...] Keine Jugend mit neuen Rechten – eine Generation der harten Pflichterfüllung«.[208]

Weder Hitler, auf den die Hitler-Jugend eingeschworen wurde, noch Schirach lebten nach diesem Motto, sondern pflegten einen luxuriösen Lebensstil und hatten ein bedeutendes Vermögen aus ihren politischen Funktionen erwirtschaftet – Hitler natürlich ein wesentlich größeres als Schirach.

Adolf Hitler selbst beteiligte sich bei der emotionalen Aufladung der Jugendbewegung, die seinen Namen trug, während des Nürnberger Parteitags von 1935: Die Bergfilmerin und Regisseurin Leni Riefenstahl hat in ihrem auch künstlerisch geschickt gedrehten und montierten Propagandafilm *Triumph des Willens* diese Parteiveranstaltung als eine perfekt inszenierte Massenkundgebung nochmals in pathetisch überhöhter Form dokumentiert. Am Vormittag des 14. September 1935 nützte der »Führer« die Anwesenheit von 54.000 Hitler-Jungen im Nürnberger Stadion, um sie erneut für den bevorstehenden Kampf in die Pflicht zu nehmen, und formulierte den bis heute viel zitierten programmatischen Satz: »In unseren Augen, da muss der deutsche Junge der Zukunft schlank und rank sein, flink wie Windhunde, zäh wie Leder und hart wie Kruppstahl.«[209]

Diese Metapher, die auch heute noch immer wieder zitiert wird, hatte Hitler bereits in *Mein Kampf* zur Beschreibung seiner Vorstellung von einem idealen Parteikämpfer verwendet, wobei in seiner Kampfschrift der militärische Aspekt noch deutlicher hervorgehoben wurde.[210]

Bei dieser Rede in Nürnberg fungierte Baldur von Schirach nur als Begrüßungsredner, der den Auftritt des »Chefs« vorbereitete, und entsprach damit eher dem vorher zitierten Spottlied.

Dennoch: Baldur von Schirach hatte durch die ideologisch umfassende zentralistische Reorganisation der Jugendbewegung und die Zerschlagung jeglicher Opposition in diesem Bereich einen bedeutenden Beitrag zur Stabilisierung der NS-Herrschaft geliefert. Besonders wichtig – und meist nicht berücksichtigt – ist die starke emotionale Bindung, an Adolf Hitler persönlich, die Schirach in Reden und Texten immer wieder den HJ-Angehörigen näherbrachte.

Die US-amerikanische Schriftstellerin und Philosophin Susan Sontag stellte bereits 1975 in ihrem Essay »Faszinierender Faschismus«, den sie als Reaktion auf Leni Riefenstahls Fotobuch über die Nuba und die Publikation *SS Regalia* von Jack Pia verfasste, fest: »Zur faschistischen Ästhetik gehört zwar auch ein so spezielles Loblied auf die Primitiven, wie es uns in den *Last oft he Nuba* begegnet; sie geht aber doch weit darüber hinaus. Allgemeiner gesprochen ist sie Ausfluß (und Rechtfertigung) eines besonderen Interesses an Situationen, in denen Beherrschung, Unterwerfung, außergewöhnliche Anstrengung und das Ertragen von Schmerzen zum Ausdruck kommen. Diese Ästhetik propagiert zwei scheinbar gegensätzliche Eigenschaften: Ichbezogenheit und Untertanengeist. Die Beziehungen zwischen Herrschaft und Versklavung kommen in einem charakteristischen Gepränge zum Ausdruck: Vereinigung von Menschengruppen zu Massenansammlungen; Umformung von Menschen zu Objekten; Multiplikation oder Reproduktion von Objekten; und das Zusammenscharen von Menschen/Objekten um eine allmächtige, hypnotische Führerfigur odermacht. Im Mittelpunkt faschistischer Dramaturgie steht das orgiastische Wechselspiel zwischen machtvollen Kräften und ihren einheitlich gekleideten, zu immer größeren Massen anschwellenden Marionetten. Faschistische Choreographie variiert zwischen pausenloser Bewegung und erstarrten, statischen, ›virilen‹ Posen. Faschistische Kunst glorifiziert die Unterwerfung, feiert den blinden Gehorsam, verherrlicht den Tod.«[211]

Scharfsinnig beschreibt Susan Sontag damit die Mechanismen, die bei den heroisch-pathetisch inszenierten HJ-Veranstaltungen zum Tragen kamen. Das letzte Ziel dieser Massenerlebnisse war die totale Unterordnung unter den »Führer« und die Bereitschaft, diese absolute Gesinnungstreue auch mit seinem Leben zu bezahlen – eine Botschaft, die auch Schirach immer wieder in dem Heldenkult um die »Fahne« der NSDAP und die »Märtyrer« der HJ, die im Straßenkampf vor 1933 ums Leben gekommen waren, bediente.

Im Alltag jedoch versuchte Schirach gleichzeitig, das Gefühl der scheinbar unabhängigen Selbstorganisation zu bestätigen, obwohl die HJ – wie auch andere Organisationen der NSDAP – ganz eng an die SA und die Parteiführung gebunden war. Damit entstand aber das Gefühl der besonderen Bedeutung der Jugendlichen, die HJ-Funktionäre wurden den älteren Parteigenossen gleichgestellt. Das Motto »Jugend führt Jugend« funktionierte aber nur in einem vorgegebenen, engen ideologischen Korsett.

Dieser psychologische Mobilisierungsfaktor ist ein wesentliches Element der Herrschaftsstabilisierung und wirkte übrigens auch in Österreich innerhalb derselben Altersgruppe nach. Die NSDAP galt als eine jugendliche Bewegung. 1935 war die Mitgliederzahl in Deutschland bereits auf 3,5 Millionen angewachsen.[212] Auch in Österreich, wo die NSDAP aufgrund von blutigen Terrorattentaten seit 12. Juni 1933 verboten war und nach einem gescheiterten Putschversuch im Juli 1934, bei dem der autoritär regierende Bundeskanzler Engelbert Dollfuß ums Leben kam, hielt der Zulauf gerade unter jungen Menschen weiterhin an.

1935 war Hitlers Herrschaft gefestigt, die Opposition ausgeschaltet. Jetzt konnten die Nationalsozialisten die Ausweitung ihrer Macht vorantreiben. Kurz zuvor hatten sie die Allgemeine Wehrpflicht wieder eingeführt – und damit das letzte Hemmnis aus der Zeit des Versailler Friedensvertrages beseitigt, mit denen die Siegermächte des Ersten Weltkrieges ein militärisches Wiedererstarken Deutschlands verhindern wollten. Und Hitlers Worte an die Jugendlichen in Nürnberg hatten Folgen: 1936 wurde die Hitler-Jugend per Gesetz zur einzigen Jugendorganisation in Deutschland, 1939 wurde die Mitgliedschaft Pflicht. Fast acht Millionen Jugendliche ab dem zehnten Lebensjahr marschierten seitdem in Uniformen, exerzierten auf Schulhöfen und nahmen an Schießübungen und Fahnenappellen teil – einzig mit dem Ziel, einmal »flink wie Windhunde, zäh wie Leder und hart wie Kruppstahl« zu werden und in einem möglichen Krieg zu töten und – wenn es das Schicksal wollte – auch für den »Führer« zu fallen.

Am 1. Dezember 1936 stand Baldur von Schirach am Höhepunkt seiner bisherigen politischen Karriere im NS-Regime: Mit

Die »virile Pose« (Susan Sontag) als Mittelpunkt faschistischer Dramaturgie: HJ-Bildpostkarte nach einem Aquarell von R. Bormeister.

dem Inkrafttreten des »Gesetzes über die Hitler-Jugend« wurde Schirach als »Jugendführer des Deutschen Reichs« die Aufgabe der Erziehung der gesamten deutschen Jugend innerhalb der Hitler-Jugend übertragen. Er hatte nun die Stellung einer Obersten Reichsbehörde mit dem Sitz in Berlin inne und war dem »Führer« und Reichskanzler unmittelbar unterstellt.[213]

In §2 dieses Gesetzes wurde unmissverständlich der totalitäre ideologische Anspruch festgeschrieben: »Die gesamte deutsche Jugend ist außer in Elternhaus und Schule in der Hitler-Jugend körperlich, geistig und sittlich im Geiste des Nationalsozialismus zum Dienst am Volk und zur »Volksgemeinschaft« zu erziehen.«[214] Damit hatte die HJ 1936 mit einem Schlag rund sechs Millionen Mitglieder und Schirach konnte ein umfassendes nationalsozialistisches Erziehungsprogramm umsetzen. Gleichzeitig gab es im Vorfeld und nach der Gesetzverkündung intern bei zahlreichen Gebietsführern Vorbehalte. Sie befürchteten, von einer freiwilligen Elite-Jugendorganisation, die auf einem Auswahlverfahren und der Freiwilligkeit beruhte, über Nacht zu einer Art »Massenstaatsjugend« geworden zu sein.[215] Formal blieb die HJ eine Gliederung der NSDAP, praktisch entwickelte sie sich aber zu einer Staatszwangsjugend unter der ideologischen Kontrolle der NSDAP. Schirach erhielt etatmäßig die Stellung eines Staatssekretärs, der Rechtsverordnungen erlassen konnte. Zwangsmitgliedschaft in der HJ gab es bis März 1939 noch keine. Für Schirach war der »Fortschritt« allerdings evident: Auf der HJ-Führertagung 1937 in Königsberg konnte er erklären, dass das HJ-Gesetz ein »neuer Abschnitt in der Erziehungsgeschichte der Menschheit« sei.[216]

Schirach wehrte auch gekonnt Versuche anderer NS-Organisationen wie des Nationalsozialistischen Reichsbunds für Leibesübungen (NSRL) oder der Deutschen Arbeitsfront (DAF) sowie des Reichsarbeitsdienstes (RAD) ab, Einfluss auf die Jugendarbeit zu nehmen.[217] Mit den massiv steigenden Mitgliederzahlen wuchs auch an fünf Dienststellen in Berlin eine HJ-Verwaltung, die mehr als 1.000 Mitarbeiter und Mitarbeiterinnen in zwölf Fachämtern und 19 Führungsdienststellen beschäftigte. 1936 bereits gelang es der HJ-Bürokratie, die an Größe durchaus einem Ministerium entsprach, fast 95 Prozent des

Geburtsjahrganges 1926 – d. h. beinahe alle zehnjährigen Kinder im Jungvolk oder bei den Jungmädeln zu organisieren. Insgesamt waren bereits drei Viertel aller potentiellen Jugendlichen und Kinder in der HJ erfasst worden.[218]

Bemerkenswert in dieser Phase um 1935–1937 ist auch der Versuch der HJ-Führung, die Wehrmacht trotz enger Kontakte und eines prominenten Verbindungsoffiziers zum Oberkommando der Wehrmacht, Oberstleutnant Erwin Rommel, letztlich möglichst auf Distanz zu halten. Getreu dem Prinzip der Erziehung der Jugend durch sich selbst sollten die Militärs nicht direkt die paramilitärische Ausbildung der Hitler-Jugend übernehmen, sondern nur die HJ-Führer ausbilden. Diese würden dann selbst die Basis für die nachfolgende militärische Grundausbildung zum Soldaten schaffen. Vor allem politisch sollte der künftige junge Rekrut bereits weltanschaulich fest am Boden der NSDAP stehen: »Keinem jungen Menschen wird eine Militärwaffe, ein Gewehr 98[219], ein Maschinengewehr [...] in die Hand gegeben. Wir wollen das nicht. Das ist nicht jugendlich. Wir wollen keine Ausrichtung einer Jugend auf das Töten hin. [...] [S]ie muß nur erzogen werden, das Land zu verteidigen. Aber die Waffe gehört erst in die Hand des Mannes.«[220]

Im Rahmen des Reichsführerlagers 1937 in Weimar wurde ein Vertrag ausgearbeitet, den Hartmann Lauterbacher, HJ-Stabsführer und Stellvertreter Schirachs, mit Rommel verhandelte. Schirach kümmerte sich selten um derartige mühevolle formale Details. Obwohl Lauterbacher den Vertragsentwurf Rommels zur Gänze abgelehnt hatte, konnte der erfahrene militärische Stratege diesen Schirach zur Unterschrift unterjubeln. Schirach konnte dann nach Intervention Lauterbachers bei Hitler gerade noch eine Sistierung des Vertrages erreichen, wurde aber vom »Führer« heftig kritisiert.[221] In der Folge wurde Rommel nach diesem Vertrauensbruch als Verbindungsoffizier zur Wehrmacht abgelöst.

Diese Haltung in Richtung Eigenständigkeit der HJ gegenüber der Wehrmacht sollte sich aber bereits Anfang 1941 radikal ändern: Das bisherige »Amt für körperliche Ertüchtigung« wurde in »Amt Wehrertüchtigung« umbenannt und im Folgenden immer wieder auf die konkrete Kriegs- und Kampftauglichkeit in der Ausbildung, Freizeit und der Propaganda hingearbeitet.[222]

Inzwischen hatte Baldur von Schirach, der erfolgreich die Hitler-Jugend- und BDM-Mitglieder Geld für die Jugendorganisation sammeln ließ, bereits persönlich aus seinen Buchtantiemen und politischen Funktionen genügend Geld lukriert, sodass er im März 1936 das Schloss Aspenstein in Kochel am See kaufen konnte. Dieses repräsentative Anwesen war 65 Kilometer von München entfernt und relativ nahe zum Berghof Adolf Hitlers gelegen. Zuvor bewohnten Henriette und Baldur von Schirach auch ein Jagdhaus in Urfeld am Walchensee, das ihnen ebenfalls gehörte.

Peitschenhiebe für Manfred von Brauchitsch

In Kochel am See kam es im März 1936 zu einem handfesten Skandal, als der bekannte und überaus populäre Autorennfahrer Manfred von Brauchitsch und sein Bruder Harald im Gasthaus des »Hotels Post und Jäger« die Ehefrau Schirachs beleidigten und angeblich unter Alkoholeinfluss lauthals brüllten: »Während der Reichsjugendführer in der Welt herumfährt, amüsiert sich seine Frau hier auf ihre Weise.«[223] Henriette von Schirach fuhr am nächsten Tag in das Hotel, schlug Manfred von Brauchitsch ins Gesicht und verlangte eine Entschuldigung. Schirach erfuhr von diesem Vorfall zehn Tage später und suchte die Brüder Brauchitsch mit einigen HJ-Führern in ihrer Berliner Wohnung auf. Schirach beschuldigte sie, dass sie »keine Ehrenmänner seien, weil sie eine anständige deutsche Frau beleidigt« hätten.[224]Als Manfred von Brauchitsch Schirach vorschlug, »mit der Waffe Genugtuung zu geben«, lehnte dieser ein Duell mit Pistolen ab und »züchtigte« an Ort und Stelle die Gebrüder Brauchitsch mit einer Hundepeitsche. Zuvor war die Mutter von Brauchitsch in der Wohnung weggesperrt worden. Der Versuch des Anwalts der Brüder Brauchitsch, des Rechtanwalts Dr. von Birckhahn, beim Reichstagspräsidenten die Aufhebung der Immunität Schirachs zur Einleitung eines Strafverfahrens zu erlangen, scheiterte.

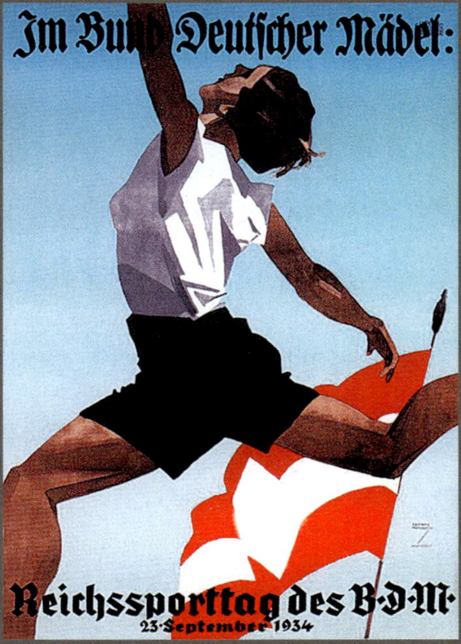

»Flink wie Windhunde, zäh wie Leder und hart wie Kruppstahl« – fast acht Millionen Jugendliche marschieren, trainieren und arbeiten für das Ideal, das Hitler vorgegeben hat und Schirach exekutiert. Plakate für die Reichsberufs-Wettkämpfe 1934 und 1935 sowie zum BDM und dem Reichsporttag des BDM 1934.

Diese Auseinandersetzung dokumentiert Schirachs rückwärtsgewandte Ehrbegriffe, gleichzeitig schadeten sie seiner Reputation innerhalb der NSDAP keineswegs. Schirach stand am Höhepunkt der innerparteilichen Macht – im Jänner 1936 überlegte Hitler sogar in einem Gespräch mit Propagandaminister Goebbels, entweder den Gauleiter von München, Adolf Wagner, oder Baldur von Schirach zum Nachfolger des Reichsministers für Wissenschaft, Erziehung und Volksbildung, Bernhard Rust, zu machen.[225] Hitler war mit Rust unzufrieden und kritisierte dessen Konflikt mit Robert Ley, dem Leiter der DAF.

Schirach wiederum hatte über die HJ Reichsberufswettkämpfe, die auch Goebbels begeisterten, einen guten Draht zu Ley aufgebaut. So schrieb er im Februar 1935 in sein Tagebuch: »Sportpalast H.J. Reichsberufswettkampf eröffnet. Ein schönes deutsches Werk. Schirach spricht gut. Leys alter Traum. Ich bin in bester Form. Die Jugend rast. Ich gehe ganz hoch auf. Ein erquickender Abend. Ich bin ganz beseligt. Vor der Jugend reden, das ist ein Genuß.«[226]

Bereits am 1. Reichsberufswettkampf 1934 in Berlin hatten 500.000 Jugendliche teilgenommen, die Organisationsarbeit leiteten Obergebietsführer Artur Axmann und für die DAF Robert Ley. Damit erhielt Schirach eine besondere öffentliche Medienbühne, die das Konzept der nationalsozialistischen »Volksgemeinschaft« in der Arbeitswelt von jungen Menschen sichtbar umsetzte.

1935 propagierte die UFA-Tonwochenschau bereits: »Eine Million deutscher Jungen und Mädchen beteiligen sich am Reichsberufswettkampf, den der Reichsjugendführer im Transformatorenwerk der A.E.G eröffnete.«[227]

Adolf Hitler nutzte diese Großveranstaltungen, um sich in der Folge bei einem Empfang in der Reichskanzlei mit den Siegerinnen und Siegern propagandistisch in Szene zu setzen.

Oben: Die Hitler-Jugend entwickelte sich de facto zu einer Staatszwangjugend, die 1936 etwa 95 Prozent aller zehnjährigen Kinder in ihren Reihen organisierte.

Unten: Die ursprünglich angestrebte Eigenständigkeit der HJ gegenüber der Wehrmacht musste im Krieg bald aufgegeben werden, der Einsatz an den Fronten wurde Realität.

Der Reichsjugendführer und seine Jungs: Auf der Zeppelinwiese am Reichsparteitaggelände in Nürnberg 1938 inszenierte sich Schirach als »einer von ihnen«.

6. ERZIEHUNG ZUR REVOLUTION

Die Hitler-Jugend und der Griff nach der Schule

Mit dem bereits zitierten Reichsgesetz über die Hitler-Jugend vom 1. Dezember 1936 erhielt die HJ-Führung letztlich den Auftrag, sich als dritte Erziehungsinstanz neben Eltern und Schule zu etablieren. Schon zuvor wurden Lehrinnen und Lehrer angewiesen, die Werbung zu Jungvolk und HJ zu unterstützen.[228] Bereits im August 1933 wurden Schulen in Preußen beispielsweise von Bernhard Rust angewiesen, für die HJ-Dienste pro Woche zwei Nachmittage ohne Aufgaben und Unterricht frei zu räumen. Das betraf sogar die 4. Klassen der Grundschulen – so in Thüringen am Mittwoch- und Samstagabend.

Schirach selbst propagierte gleichzeitig einen völlig neuen Typus von HJ-Führer und forderte in einer Rede im Nationaltheater zu Weimar 1936: »Der Jugendführer und Erzieher der Zukunft wird Priester des nationalsozialistischen Glaubens und ein Offizier des nationalsozialistischen Dienstes sein.«[229]

Trotz zahlreicher öffentlicher Kooperationsbezeugungen zwischen Rust und Schirach explodierte der Konflikt im Jänner 1937, als Hitler Ley und Schirach beauftragte, NS-Schulen zu organisieren. Rasch entwickelten beide ein Konzept für die neuen Adolf-Hitler-Schulen, ohne Zugriffsmöglichkeit durch die staatliche Unterrichtsverwaltung. Rust war wütend und protestierte energisch.[230] Schirach hingegen replizierte kühl, ebenso wie Ley, dass diese Schulen der HJ unterstanden. Im Oktober 1941 entschied dann Hitler auf Initiative Schirachs, dass das Abschlusszeugnis der Adolf-Hitler-Schulen dem Reifezeugnis der höheren staatlichen Schulen gleichwertig sei. Ziel der

Adolf-Hitler-Schulen, die in allen 32 Gauen mit einer Schule vertreten sein sollten, aber letztlich nur mit zwölf Einrichtungen vertreten waren, war es, die »politischen, wirtschaftlichen und verwaltungstechnischen« Leitungskader aus der Gruppe der 12- bis 18-Jährigen auszubilden.[231]

Geschickt lancierte Schirach über seine HJ-Pressekanäle 1938 eine Kampagne, die die HJ als einige Kraft für eine »wirkliche Reform« des Schulwesens präsentierte und gleichzeitig eine »Neuordnung der Fragen der Gesamterziehung« ankündigte.[232] Fast hätte es Schirach geschafft, alle Erziehungs- und Ausbildungskompetenzen zu bündeln, da wenige Monate vor Kriegsbeginn 1939 Vertreter der Wehrmacht »eine einheitliche Ausrichtung des gesamten Erziehungssystems auf die Landesverteidigung« forderten und sogar Göring schon Ende 1938 die »äußerste Zusammenfassung aller Kräfte für die Wehrhaftmachung Deutschlands« angekündigt hatte.[233]

Tatsächlich wurde nach dem Überfall auf Polen im Umfeld des Ministerrates für die Reichsverteidigung über die Ernennung Schirachs zum Reichserziehungsministers gesprochen, wobei unklar war, ob mit dem Hochschulbereich oder ohne. Schirach hatte aber die Wirkungsmacht des Nationalsozialistischen Lehrerbundes unterschätzt, der sich gegen die Kritik der HJ gegen die zu wenig ideologisch agierenden Lehrer ebenso heftig wehrte wie das Reichserziehungsministerium. Gleichzeitig forderte die HJ immer vehementer auch neue ideologische Lehrer, und Schirach propagierte die »Selbstverantwortung der Jugend in der Schule«.[234]

Letztlich verhinderten aber die Kriegsereignisse eine derart radikale Reform, da selbst die Ideologen in der HJ, wie etwa der Obergebietsführer Helmut Stellrecht, die Stärke des Unterrichtsapparates des Reichserziehungsministeriums anerkannten und die Spitzen der NSDAP gerade im Krieg keine Irritation im Erziehungs- und Unterrichtsbereich hervorrufen wollten.

Regionale empirische Studien im Deutschen Reich zeigen auch, dass sich der ursprüngliche Konflikt zwischen HJ und Lehrer- und Lehrerinnenschaft mit der Dauer des Krieges abschwächte und vor allem im Bereich der Höheren Schulen deutlich stärker war als im Bereich der Volksschulen.[235] In vielen Fällen entwickelte sich auch eine verordnete

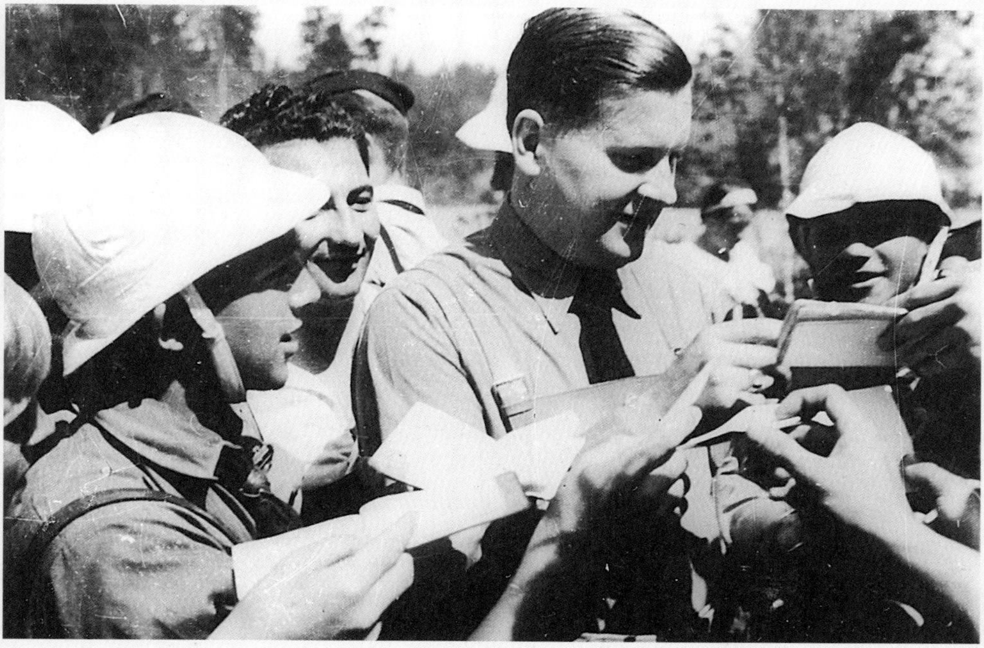

HJ-Lager in Lenggries 1937: Der Reichsjugendführer beim Schreiben von Autogrammen (oben) und bei der Begrüßung der angetretenen Formationen (unten links).

Schirachs Stellvertreter Hartmann Lauterbacher, ein gebürtiger Tiroler und später Gauleiter von Süd-Hannover-Braunschweig, trat 1946 als Entlastungszeuge für seinen ehemaligen Chef auf. Die heftige Kritik an Hitler verzieh er Schirach allerdings nicht.

Kampfgemeinschaft – beispielsweise bei der »erweiterten Kinderlandverschickung«, d.h. der Evakuierung von Kindern und Jugendlichen aus bombengefährdeten Großstädten in ländliche Gegenden 1940–1945. Diese wurde von der HJ federführend organisiert, die wiederum von den Lehrern und Lehrinnen unterstützt wurde.

Gleichzeitig befeuerten HJ-Führer den starken Trend zur Denunziation in der deutschen Bevölkerung, auf die letztlich 60 bis zu 80 Prozent der Gestapo-Verhaftungen zurückzuführen sind – beispielsweise wenn unter Gymnasiasten oder Lehrlingen Fragebögen verteilt wurden, ob Eltern, Lehrer oder die Arbeitgeber die HJ-Dienstpflichten behinderten.[236] Vor allem die fanatisierten HJ-Führer blieben bis Kriegsende eine für viele Lehrer und Lehrerinnen gefährliche Spitzelgruppe, wie Volksgerichtsverfahren aus dem Jahr 1944 zeigen.

Die neue Diplomatie des HJ-Führers

Ein für Baldur von Schirach ganz wichtiger Bereich waren die internationale Präsenz der HJ und die Verflechtung mit anderen Jugendorganisationen in Europa. Bereits vor der nationalsozialistischen Machtergreifung hatte die *Opera Nazionale Balilla,* die faschistische italienische Jugendbewegung unter der Leitung von Renato Ricci, eine Deutschlandreise mit 200 bis 300 Mitgliedern der 14- bis 17-jährigen Burschen geplant. [237] 1933 wurde die Reise schließlich mit mehr als 400 »Avanguardisti« organisiert. Ausführlich wurde über diesen Besuch in den Zeitungen berichtet. Schirach hielt die Kontakte mit Italien vorsichtig am Laufen. Am 1. Mai 1935, dem »Nationalen Feiertag des Deutschen Volkes«, organisierte er zum Auftakt der Feiern zum ehemaligen Tag der Arbeit in Berlin eine große Veranstaltung mit Reden von Hitler und Goebbels am Sportfeld. An dieser Großveranstaltung nahm eine italienische Delegation unter der Führung von Ricci teil und es wurde eine Machtdemonstration der HJ, die selbst den erfolgsgewohnten Propagandaminister Goebbels beindruckte: »Morgens holen Ricci und Schirach mich zu Hause ab. Ich bin noch so müde. Aber wir unterhalten uns auf das Beste. Dann zum Sportfeld. Ein überwältigendes

Bild. 150.000 Teilnehmer. Und eine tolle Stimmung. Zuerst sprechen Schirach und ich. Dann kommt der Führer und erhält einen stürmischen Empfang. Er spricht sehr zu Herzen gehend zu der Jugend. Eine schöne und ergreifende Feier.«[238]

Im Vorfeld der Planung der Olympischen Spiele in Berlin wurden die Gespräche 1934 wieder aufgenommen. Hartmann Lauterbacher, Stabsführer der Reichsjugendführung, finalisierte die Verhandlungen zur engeren bilateralen Zusammenarbeit zwischen den Jugendverbänden mit Renato Ricci. Als Höhepunkt reisten 450 Hitlerjungen aus 25 Gebieten der HJ zwischen 15. und 25. September 1936 nach den Olympischen Spielen in Berlin nach Rom und defilierten vor Benito Mussolini. Schirach konferierte bei diesem Aufenthalt begeistert mit Mussolini, Außenminister Galeazzo Ciano, Minister Dino Alfieri und Jugendführer Ricci. Zwar dominierte bei Ricci und Schirach die Sorge von der anderen Jugendbewegung ideologisch und praktisch in den Schatten gestellt zu werden, gleichzeitig stand aber das Interesse als faschistische zentrale Jugendorganisationen enger zu kooperieren im Vordergrund. Im Zuge der nachfolgenden Verhandlungen wurde sogar ein »Deutsch-Italienisches Institut für Jugendführung« in Rom gegründet, um italienischen Jungfaschisten das deutsche Modell näherzubringen. Der propagandistische Höhepunkt – passend zur Proklamation der Achse Berlin-Rom – war die Parade von 12.000 Balilla-Jugendlichen während einer Deutschlandreise im Juni 1937 vor Adolf Hitler, der mit einer martialischen Rede die Zukunft voraussagte: »Es ist uns ein beglückendes Gefühl, zu wissen, daß in Italien ebenso wie bei uns ein Land in Wehr und Waffen aufgebaut ist [...] Auch das ist etwas, was uns verbindet: Eine Jugend, die Ideale hat und die bereit ist [...] für sie in den Tod zu gehen.«[239]

In den Jahren zuvor pflegten die Nationalsozialisten auch mit England Friedenskontakte über Jugendorganisationen: Hartmann Lauterbacher, Schirachs Stellvertreter, traf auf Vermittlung des damaligen Deutschen Botschafters in London, Joachim von Ribbentrop, sogar den Gründer der Pfadfinderbewegung Robert Baden-Powell und lud ihn zu einem Treffen mit Adolf Hitler ein. Baden-Powell zeigte sich durchaus gesprächsbereit, wie der britische Geheimdienst MI5 dokumentierte:

Lauterbacher's visit was a success, especially his interviews with Baden-Powell leading to removal on bar on wearing uniforms in Germany for English groups.[240] Der Britische Geheimdienst MI5 beobachtete auch einzelne HJ-Radfahrgruppen in England und dokumentierte selbst deren Esseneinladungen wie jene in Spalding durch den dortigen Rotary Klub.[241] Ob sie als mögliche Spione unterwegs waren, wie der *Daily Herald* im Mai 1937 unter Berufung auf eine deutschsprachige Zeitung in Prag berichtete, und sich genaue Notizen zum geografischen Umfeld ihrer Fahrradtouren machten sowie Brücken und Flüsse beschrieben[242], lässt sich nicht mehr feststellen. Sogar die befreundete Regierung in Ungarn war irritiert von solchen »Fahrten« deutscher Jugendlicher und beschwerte sich über »diesen geheimen Beobachtungsdienst«. Schirach stellte dies 1935 in Abrede, nachdem Außenminister Konstantin von Neurath in einer Note gebeten hatte, Hitler persönlich von dieser ungarischen Beschwerde zu unterrichten.[243]

1936 bis 1938 wurden auch die Kontakte zu Frankreich intensiviert, um die Friedensbereitschaft Hitler-Deutschlands zu unterstreichen – das ging Reichspropagandaminister Goebbels jedoch zu weit, der Anfang 1938 intervenierte: »Es wird zu viel von deutsch-französischer Verständigung gefaselt. Vor allem von Schirach und der H.J. Ich lasse das etwas abstoppen.«[244]

Schirach selbst reiste in den Jahren 1936 bis 1938 viel in seiner Funktion als Reichsjugendführer und dokumentierte in der Retrospektive vor allem seine Treffen mit dem faschistischen Diktator Benito Mussolini am 22. September 1936 im Palazzo Venezia in Rom sowie 1937 mit Kemal Atatürk in der Türkei.[245] Von letzterer Begegnung berichtete Schirach an Hitler, und Goebbels zeigte sich begeistert: »Wahre Wunderdinge. Schirach ist von Kemal Atatürk besonders herzlich empfangen worden. Der Führer meint, die Türkei wolle zu uns wieder ein besseres Verhältnis. Ich kann das nur bestätigen. Das Spiel mit Moskau ist nur Zweckmäßigkeit.«[246]

Im Vorfeld seiner Nahostreise konferierte Schirach am 27. November 1937 in Bukarest mit dem bulgarischen Ministerpräsidenten Georgi Kjosseiwanoff. Einen Besuch in Athen am 29. November 1937 und ein Treffen mit dem griechischen Diktator Ioannis Metaxas

Begrüßung von Hitlerjungen im Athener HJ-Heim, 1937: Foto: Presse-Illustrationen Heinrich Hoffmann (oben links).

Schirach sah sich schon als »europäischer HJ-Diplomat«: bei einem Empfang in den Räumen der Deutsch-Französischen Gesellschaft mit Georges Scapini, dem Vorsitzenden des *Comités France-Allemagne*, und Hanns Oberlindober, dem Leiter des Kriegsopfer-Amtes (oben rechts).

Mit dem italienischen Staatssekretär und Balilla-Führer Renato Ricci bei der Besichtigung der Wanderausstellung »Gebt mir vier Jahre Zeit!«, 3. Mai 1937.

erwähnt er hingegen in seinen Erinnerungen nicht. Dabei überbrachte er Geschenke und zeichnete den Führer der Nationalen Jugendorganisation EON *(Ethniki Organosis Neoleas)* und Kronprinz Paul von Griechenland mit goldenen Medaillen aus.[247]

In der eineinhalbstündigen Audienz mit dem türkischen Diktator Kemal Atatürk wäre dieser, so Schirach, vor allem an Informationen über die Hitler-Jugend interessiert gewesen. Tatsächlich ging es aber in Ankara wie in Bagdad, wo er König Ghasi traf, um handfeste geostrategische Interessen. Schirach soll in einem Bericht an Goebbels, der von der britischen Zeitung *News Review* veröffentlicht wurde, bei seinem Besuch im Irak 1937 deutlich gemacht haben, dass all jene deutschen Staatsbürger, die in einem arabischen Land die Hitler-Regierung kritisieren würden, entlassen werden müssten. Gleichzeitig stellte er deutsches Geld und deutsche Waffen für arabische Staaten in Aussicht.[248] Zu einer diplomatischen Aufregung kam es in Paris, als nach einer Zwischenlandung des Reichsjugendführers in Damaskus angeblich ein »arabischer Klub mit deutschem Geld ins Leben gerufen worden ist, welcher das Ziel verfolgte, die arabische Bevölkerung gegen die französische Mandatsherrschaft aufzuwiegeln«.[249]

Ob tatsächlich nach einem Besuch Schirachs bei Reza Schah von Persien ein Büro für die »Kultur der Gedanken« nach dem Vorbild des Reichsministeriums für Volksaufklärung und Propaganda gegründet worden war, lässt sich nicht verifizieren.[250] Über den Besuch im Dezember 1937 wurde nach einem Treffen Schirachs mit Kulturminister Hekmat jedenfalls ausgiebig in der persischen Presse berichtet. Bei offiziellen Zeremonien grüßten iranische Jugendliche mit dem Hitler-Gruß.[251] Am Tag der Rückkehr Schirachs nach Berlin berichteten iranische Zeitungen unter dem Titel »Der Westen und der Osten«. Die Botschaft war eindeutig: Großbritannien und Frankreich, die Länder des »alten Westens«, benötigten eine Wiedergeburt nach dem persischen Modell, das die Perser inzwischen zu ihren arischen Wurzeln zurückgeführt habe. Nur Deutschland repräsentiere den wahren Westen. Das zeige sich an der wirtschaftlichen, technologischen und militärischen Stärke der Deutschen, wohingegen der alte Westen durch falsche Ideen wie Aufklärung, liberale kapitalistische Demokratie und Kommunismus geprägt sei.[252]

Baldur von Schirach erwähnte diesen Austausch in seinen Erinnerungen mit keinem Wort. Auch sein ehemaliger Pressemann Günter Kaufmann berichtete nur, dass Schirach Firdusi, einen persischen Dichter, zitieren konnte.[253] Kaufmann verschwieg aber die Tatsache, dass der persische Dichter immer wieder verwendet wurde, um die enge Verbindung des nationalsozialistischen Deutschlands mit den alten Kulturen des Orients zu dokumentieren. So gab es 1934 in Berlin eine Firdusi-Feier, bei der neben Schirach auch Alfred Rosenberg, der Berliner Oberbürgermeister Heinrich Sahm und der Reichsstudentenführer Andreas Feickert referierten.[254]

1938 erklärte Schirach zum »Jahr der Verständigung« für die HJ. Das Auslandsamt des Reichsjugendführers hatte für 1938 52 deutsch-internationale Lager, 345 Gruppenfahrten der HJ ins Ausland, Skilager, Sportveranstaltungen und Austauschtreffen vorgesehen.[255] Lauterbacher hatte als Geschäftsträger des Auslandsamtes des Reichsjugendführers geschickt dieses Netzwerk organisiert, das 1942 in Italien, Ungarn, Rumänien, Bulgarien, der Slowakei, aber auch in besetzten Ländern wie Frankreich, den Niederlanden, Norwegen, Dänemark und im sogenannten »Reichskommissariat Ostland« aktiv war.

Nachdem er Kontakte über Mittelsmänner nach England und Frankreich gesucht hatte, plante Schirach bereits 1938 die Gründung einer Art Dachvereinigung, der vergleichbare Jugendorganisationen angehören sollten. Dabei sollten die Verbindungen nach Italien besonders wichtig werden. Im Juni 1938 traf Schirach Mussolinis Schwiegersohn und Italiens Außenminister Ciano, mit dem er sich auch persönlich gut verstand, und Achille Starace, den faschistischen Parteisekretär, um eine intensivere Zusammenarbeit zu verhandeln.[256] Zum Reichsparteitag in Nürnberg kamen nicht nur Jugenddelegationen aus befreundeten Staaten wie Italien, Bulgarien, Ungarn, Rumänien, Spanien, sondern auch aus Griechenland, der Türkei, Jugoslawien, Finnland, dem Iran und Irak, Dänemark und Portugal. Schirachs »Reisepolitik« war also durchaus erfolgreich gewesen. Die Kooperation mit dem Auswärtigen Amt funktionierte bei diesem Projekt inklusive der Finanzierung und in weiterer Folge wurden sogar »Beauftragte des Jugendführers des Deutschen Reiches« bestellt.

Im Juli 1938 traf er in Bled den jugoslawischen Ministerpräsidenten Milan Stojadinović und den Prinzregenten Paul von Jugoslawien. Vor dem Hintergrund des erfolgten »Anschlusses« Österreichs an das nationalsozialistische Deutschland und der bevorstehenden Zerschlagung der Tschechoslowakei galt das Treffen als ein strategisch wichtiger Besuch, bei dem Jugoslawien die freundschaftlichen Beziehungen mit Deutschland betonte – selbst im Falle eines Durchmarsches der Wehrmacht durch Ungarn.[257] 1939 nahm er überdies am Feiertag der rumänischen Staatsjugend in Bukarest teil.

Die engen Beziehungen zu Italien kühlten mit der Ablösung von Ricci als Jugendführer aber merklich ab. Mit dessen Nachfolger Achille Starace, einem brutalen Parteifunktionär, der einige Zeit hindurch sogar zweiter Mann nach Mussolini war und bereits im Abessinienkrieg Kriegsverbrechen begangen hatte, funktionierte die Kooperation trotz zweier Treffen mit Schirach im Jahre 1938 nicht wirklich gut.

Gleichzeitig wurden die organisatorischen Probleme mit der nunmehr zu einer Massenjugendbewegung angewachsenen Hitler-Jugend immer größer, und sollten nach Kriegsbeginn 1939 völlig aus dem Ruder laufen. Als Folge von Kriegsbeginn und nächtlicher Verdunkelung stieg die Jugend- und Jugendbandenkriminalität deutlich an.[258] Auf einer eigenen Konferenz über Jugendfragen versuchte der Reichsverteidigungsrat Ursachenforschung zu betreiben und Lösungsansätze zu entwickeln, doch Schirach wurde zunehmend aus dem Entscheidungsprozess herausgehalten.

In dieser Situation akzeptierte Hitler Schirachs Wunsch, freiwillig in die Wehrmacht einzutreten, und so rückte der Reichsjugendführer im Dezember 1939 beim Infanterie-Lehrregiment in Döberitz westlich von Berlin ein. Die laufenden Geschäfte bei der HJ-Führung führte jener Mann fort, der bereits bisher für organisatorische Ordnung und Ruhe gesorgt hatte: Hartmann Lauterbacher. Der gebürtige Tiroler aus Reutte und gelernte Drogist, war bereits seit 1923 in die NS-Jugendarbeit – damals in Kufstein – involviert.[259] Er setzte seine politische Karriere in Braunschweig erfolgreich fort und wurde 1934 zum HJ-Stabsführer und Stellvertreter des Reichsjugendführers ernannt. Lauterbacher betreute auch die internationalen Kontakte der HJ und intensivierte unter anderem die Beziehungen zur italienischen faschistischen Jugendorganisation *Opera Nazionale Balilla*. 1936 wurde er auch Mitglied des Reichstages und geriet zunehmend – auch aufgrund seiner guten Auslandskontakte – mit Schirach in ein deutliches Konkurrenzverhältnis. Schirach wollte den erfolgreichen Organisator Lauterbacher verhindern, um als Reichsleiter noch mehr Einfluss auf die HJ nehmen zu können. Er wandte sich daher – ohne Abstimmung mit seinem Stellvertreter – am 5. April 1940 direkt an Adolf Hitler und bat in einem Schreiben, Lauterbacher »seinem Wunsch entsprechend für den Wehrdienst« freizugeben. Gleichzeitig sollte Artur Axmann, der seit November 1939 als Infanterist eingerückt war, freigestellt werden und als relativ junger 27-jähriger HJ-Führer probeweise das Amt des Reichsjugendführers übernehmen.[260] Schirach selbst war bereits 33 Jahre alt, Lauterbacher 31. Lauterbacher wurde im wahrsten Sinne des Wortes von Schirach per Pressemitteilung zur Wehrmacht geschickt und die Rückberufung Axmanns sofort publik gemacht. Bereits am 3. Mai wurde Axmann in sein Amt eingeführt und Lauterbacher rückte als Rekrut bei der SS-Leibstandarte »Adolf Hitler« in Berlin-Lichterfelde ein.

Ein Held in Frankreich

Am 10. Mai 1940 begann die Offensive gegen Frankreich. Schirachs Einheit nahm am Durchbruch bei Sedan teil und binnen acht Wochen wurde aus dem Gefreiten von Schirach ein Leutnant, noch dazu in weiterer Folge mit dem Eisernen Kreuz II. Klasse dekoriert. Laut Schirachs Selbstdarstellung habe er Hitler davon überzeugt, dass das motorisierte Infanterie-Regiment »Großdeutschland« unter Führung von Oberstleutnant Gerhard Graf von Schwerin, dem Schirach angehörte, an der Spitze des erfolgreichen Vorstoßes eingesetzt worden war.

In der konkreten Darstellung der Kriegserfahrungen blieb Schirach in seinen Memoiren sehr zurückhaltend, schilderte nur das starke britische Artilleriefeuer zum Schutz des Rückzuges des britischen Expeditionskorps bei Dünkirchen, dann den Rückzug seines Regiments nach schweren Verlusten und den nachfolgenden Einsatz beim

»Schütze Schirach« (oben links und Mitte) besteht die »oft harten und anstrengenden Gefechte« im Westen mit Bravour und wird mit dem Ehrenkruz zweiter Klasse ausgezeichnet.

Spaziergang mit Hitler im Führerhauptquartier Tannenberg am 1. Juli 1940 (oben rechts), der »Führer« verteilte die Ämter an seine Paladine neu: im Bild unten mit Josef Bürckel, Hans Heinrich Lammers, Martin Bormann, Robert Wagner, Adolf Hitler und Baldur von Schirach (von links).

Durchbruch der Weygand-Linie.[261] Schirach war zuerst Melder der IV. Kompanie, später Führer eines Maschinengewehrzuges. Sein Lebenslauf zur Amtseinführung als Reichsstatthalter in Wien enthält eine ausführlichere Beschreibung seiner soldatischen Karriere, die er durchaus mit heldenhaften Zügen zu verbrämen wusste.[262]

Das 1. Bataillon des motorisierten Infanterie-Regiments »Großdeutschland« war an zwei Massakern an schwarzafrikanischen Soldaten der französischen Armee (»Tirailleurs«) und deren Offizieren beteiligt.[263] Eine Begebenheit, die Schirach verschwieg.

In der Wehrmacht kamen dieser Kurzeinsatz an der Westfront und die rasche Beförderung sowie die Auszeichnung nicht gut an, wie Abhörprotokolle von Kriegsgefangenengesprächen zeigen: » Na! Was sie da machen. Euer Gauleiter BALDUR und SCHIRACH. Der Mann ist ein halbes Jahr Soldat, und hat sein E.K.2 und ist Leutnant. Der Mann redet zur deutschen Jugend und ist Reichsjugendführer. Ich meine, wenn der an die Front gegangen wäre und hätte sich auf ehrliche Art und Weise durch persönlichen Einsatz, sagen wir, ein Ritterkreuz geholt, indem er seine 10 oder 12 Panzer vernichtet hätte, dann kann er sich vor die Front hinstellen mit gutem Recht und kann sagen: Er, als Vorbild deutsche Jugend so und so, und bestimmt müsste man ihm da folgen. Aber so, Menschenskind, hat er sich auf weiss der Teufel welche Art und Weise das E.K.2 ergaunert, an der Westfront, ist im halben Jahr zum Leutnant avanciert und ist danach wieder abgehauen unter dem Motto: er ist ›unabkömmlich‹. Ich garantiere, es ist doch jeder zu ersetzen und dieser Spund, Menschenskind, der ist doch noch als Gauleiter zu ersetzen bei euch in der OSTMARK.«[264]

Ende Juni wurde Schirach von Hitler ins Führerhauptquartier »Tannenberg« in der Nähe von Freudenstadt im Schwarzwald beordert. Hier eröffnete ihm der »Führer«, dass man ihn für eine neue Aufgabe brauche und er als Reichsstatthalter nach Wien gehen müsse.[265] Was Schirach in seinen Memoiren nicht erwähnt ist, dass auch der abgelöste Josef Bürckel sowie Minister Hans Heinrich Lammers, Hitlers Sekretär Martin Bormann und Gauleiter Robert Wagner ebenfalls anwesend waren, wie Fotografien beweisen. Schirach versuchte ein exklusives Treffen zu suggerieren, dabei wurden gleichzeitig andere Personalentscheidungen getroffen.

Hitlers Vertrauter in Wien: Baldur von Schirach in der Uniform des Reichsstatthalters: Foto: Heinrich Hoffmann.

7. MEIN GAU, MEIN WIEN

Als Gauleiter und Reichsstatthalter in Wien 1940–1945

Mein Gau, mein Wien, das wird in meinem zukünftigen Leben der Gegenstand meiner Gedanken und Studien, meiner Sorgen und meiner Treue sein. Hier sehe ich mein neues Lebenswerk.

Baldur von Schirach
in seiner Antrittsrede am 10. August 1940

Gattin Henriette, inzwischen Mutter von drei Kindern, konnte ihr Glück kaum fassen: »Ich gestehe, daß ich den ganzen Krieg vergaß bei der Vorstellung, in Wien leben zu dürfen«, berichtete sie in ihren Erinnerungen.[266] Ihr vordringlichstes Anliegen: die Wahl des neuen Wohnsitzes in der ostmärkischen Metropole. Hitler hatte das Belvedere des Prinzen Eugen empfohlen, die Stadt Wien schlug für ihren neuen Herrn die kaiserliche Hofburg vor, die Schirachs entschieden sich dann doch für die geräumige Villa auf der Hohen Warte 52–54, die schon Vorgänger Josef Bürckel bewohnt hatte. Umgeben von einem großen Garten, versprach sie für die Familie das richtige Zuhause zu werden.

Aus der Perspektive Baldur von Schirachs bedeutete die neue Aufgabe in Wien letztlich eine politische Zurücksetzung. Er, der stets bemüht gewesen war, nahe bei Hitler und den NSDAP-Zentralstellen zu sein und deshalb die HJ-Verwaltung von München nach Berlin verlegt hatte, sah sich nun an den Rand des Reiches abgeschoben. Die Beförderung auf den Posten in Wien war sichtbares Zeichen seines politischen Bedeutungsverlustes. Er hatte als Reichsjugendführer die Auseinandersetzung um die Oberhoheit über den gesamten Unterrichtsbereich gegen Erziehungsminister Rust verloren, wohl weil er in den entscheidenden Tagen zu Kriegsbeginn nicht mehr direkt zu Hitler mit seinen Vorstellungen durchdringen konnte. Noch am 6. September 1939 hatte Goebbels in seinen Tagebüchern festgehalten: »Schirach soll nun die Schulen übernehmen und Rust ein reines Wissenschaftsministerium bilden. Am besten wäre es, er ginge ganz in Pension.«[267]

Ein zweites neues Problem war eine direkte Folge des Krieges, nämlich die zunehmende Jugendkriminalität. Nach den ersten Feldzügen der Wehrmacht war klar geworden, dass die HJ nicht imstande war, in dieser Extremsituation die Kontrolle über alle Jugendlichen aufrecht zu erhalten. Masseneinziehungen zur Wehrmacht und Verdunkelungsverordnungen schufen ein Klima, die Disziplinlosigkeiten der Jugendlichen, die häufig ein Protest gegen den Krieg und das Regime waren, begünstigte.

Dazu kamen organisatorische Mängel und die Tatsache, dass fast 90 Prozent der HJ-Führer eingezogen worden und viele von ihnen in den ersten Kriegsmonaten gefallen waren. Die ideologische Dauerpropaganda mit dem HJ-Märtyrer-Totenkult und dem Heldentod für den »Führer« hatte seine Opfer gefordert. Auf den internen Tagungen zur Jugendkriminalität, die der Chef der Sicherheitspolizei und des Sicherheitsdiensts (SD) Reinhard Heydrich im Auftrag von Reichsführer-SS Heinrich Himmler und Hermann Göring leitete, gab auch Hartmann Lauterbacher zu, dass ein »geregelter HJ-Dienst [...] völlig ausgeschlossen war«.[268] Insgesamt war aber auch die Führungsspitze um den preußischen Ministerpräsidenten und Generalfeldmarschall Göring vorerst ziemlich hilflos und griff zum Mittel von Rundfunkansprachen an die deutsche Jugend. Reichsleiter Alfred Rosenberg, der »Beauftragte des Führers für die gesamte geistige und weltanschauliche Schulung und Erziehung der NSDAP«, sollte für diese Rundfunkpropaganda die prominenten Redner organisieren. Letztlich gelang es ihm damit aber, was Schirach bisher immer verhindern konnte, zumindest zeitweise Zugriff auf die ideologische Arbeit in der HJ zu bekommen und die »Kriegserziehungsarbeit« voranzutreiben. Dem musste Schirach im März 1940 sogar schriftlich zustimmen. Frühere hochfliegende Pläne des Reichsjugendführers, wie noch im September 1939 die Gründung eines

»Reichsinstituts für nationalsozialistische Jugendarbeit«, waren Vergangenheit. Obergebietsführer Helmut Stellrecht, den Schirach aus der Reichsjugendführung verdrängt hatte, wurde Stabsleiter bei Rosenberg.

Schirach gelang es aber zumindest, von Hitler die schriftliche Zusicherung zu erhalten, als Reichsleiter weiterhin »für die Deutsche Jugendbewegung ausschließlich verantwortlich« zu sein und auch eine Art Aufsichtsmandat über die HJ-Führung als »Beauftragter für die Inspektion der gesamten Hitler-Jugend« zu erhalten.[269] Kryptisch dabei war der Zusatz: »auch im staatlichen Bereich«.[270] Ob er damit auch seinen Anspruch auf Kontrolle des Erziehungswesens aufrecht halten wollte, bleibt offen. Zumindest konnte er, wie bereits erwähnt, Axmann als seinen Nachfolger im exekutiven Bereich der HJ durchsetzen. Gleichzeitig wurde auch mitgeteilt, dass Hartmann Lauterbacher, der bisherige Vertreter Schirachs als Reichsjugendführer, zum stellvertretenden Gauleiter von Süd-Hannover-Braunschweig und Josef Bürckel, der ehemalige Wiener Gauleiter und Reichsstatthalter, zum Chef der Zivilverwaltung im besetzten Lothringen ernannt worden waren. Der am 1. Juli 1940 ebenfalls im Führerhauptquartier Tannenberg anwesende Robert Wagner wurde Reichsstatthalter und Gauleiter des Elsass.

Der bisherige Gauleiter und Reichsstatthalter in Wien, Josef Bürckel, hatte mit seinen Erfahrungen als »Reichskommissar für die Rückgliederung des Saarlands« die Volksabstimmung über den »Anschluss« Österreichs im April 1938 perfekt vorbereitet. Bürckel war am 23. April 1938 zum Reichskommissar für die Wiedereingliederung Österreichs in das Deutsche Reich bestellt worden. Bei seiner Bestellung war Hitler einer einfachen Philosophie gefolgt: Er wollte jemanden, »der selbst auf die Gefahr, sich unbeliebt zu machen, mit radikaler Konsequenz und nicht mit dem Wiener Gemurksel ans Werk« ging.[271] Im März 1939 hatte Bürckel die Position des Reichsstatthalters übernommen und war Gauleiter von Wien sowie Reichsverteidigungskommissar im Wehrkreis XVII geworden. Der Bäckerssohn aus der Südpfalz kam jedoch in Wien nicht gut an. »Dieser Mann war uns dem Blute und dem Geiste nach vollkommen fremd. Auch seine Art und sogar seine Stimme war unserer völlig zuwider«, schrieb der christliche

Gewerkschafter und Wiener Vizebürgermeister Lois Weinberger in seinen Erinnerungen.[272]

Mit besonderer Härte ging Bürckel gegen Juden und Jüdinnen vor, aber auch gegen österreichische NSDAP-Funktionäre, die als korrupt und intrigant galten und überdies schon vor 1938 einen schlechten Ruf in Berlin hatten, da sie ständig untereinander zerstritten waren. Überdies war die österreichische NSDAP auch beim Versuch eines Putsches gegen das autoritäre Dollfuß-Regime, bei dem der Kanzler ermordet wurde, gescheitert. Entsprechend negativ war bei vielen illegalen Parteigenossen die Stimmung. Goebbels stellte nach Gesprächen bei einem Wien-Besuch am 14. Juni fest: »Noch lange mit unseren Leuten palavert. Bürckel macht hier in Wien schwere Fehler. Ein kleiner pfälzischer Schulmeister als Nachfolger der Habsburger. Das ist ein bißchen wenig. Die Leute hier sind ein wenig unglücklich. Und das mit Recht.«[273]

Die Aufgabe, der sich Bürckel gegenübersah: Möglichst rasche, mit antisemitischer Propaganda forcierte Vertreibung der jüdischen Bevölkerung und staatlich kontrollierter Vermögensentzug zugunsten des Deutschen Reiches sowie Zerschlagung etwaiger Oppositionsgruppen aus dem Dollfuß-Schuschnigg-Regime. Aufgespürt und zerschlagen werden sollten auch die wenigen nach den Kanzlerdiktaturen noch vorhandenen sozialdemokratischen und kommunistischen Widerstandsnetzwerke. Während in der Literatur von einem »Modell Wien« gesprochen wird[274], würde ich eher von einem »Modell Bürckel« sprechen, in dem aber besonders viele aus Österreich stammende Nationalsozialisten als »Eichmann-Männer« führend mitwirkten.

Dabei bediente sich Bürckel auf Führungsebene vor allem altreichsdeutscher Nationalsozialisten und Experten und reorganisierte die zerstrittene NSDAP mit harter Hand, was ihm deutlich mehr Kritik eintrug als der rassistisch motivierte, penibel organisierte Raubzug. Genau hier sollte Schirach ansetzen und die ehemals österreichischen NSDAP-Funktionäre und Mitglieder besser integrieren.

Bemerkenswert ist es, wie sich Schirach vor dem Hintergrund der steigenden Aversion gegen altreichsdeutsche Parteigenossen nunmehr den Wienern präsentierte: In seinem für die Presse bestimmten Lebenslauf im NS-Gaupressearchiv Wien stand die Begegnung mit Hitler

Oben: Der Wechsel im Amt des Reichsstatthalters am 10. August 1940 wurde im Wiener Konzerthaus pompös inszeniert: Rudolf Heß verlas die Grußbotschaften des Führers an Josef Bürckel und Baldur von Schirach, die Wiener Philharmoniker spielten die Coriolan-Ouvertüre von Ludwig van Beethoven. Foto: Hoffmann.

Unten links: Autogramme des neuen Reichsstatthalters sind bei den Wiener Jugendlichen noch begehrt.

Unten rechts: Sie schieden in gutem Einvernehmen: Schirach und sein Amtsvorgänger Josef Bürckel, der in Wien nur wenige Sympathien für sich gewinnen konnte.

1925 in Weimar im Zentrum. Weiter wurde behauptet, dass er im Alter von 16 Jahren im November 1923 den Ludendorff-Hitler-Putschversuch in München miterlebt hätte, was nicht den Tatsachen entspricht. Hingegen war, wie erwähnt, sein Onkel Friedrich Wilhelm am Rande in die Münchner Ereignisse verwickelt. In weiterer Folge wird Schirach als »der jüngste Mitarbeiter des Führers« tituliert, dann werden seine Verdienste um die »Revolutionierung der Jugend« groß herausgestellt.

Anschließend wird Schirachs Erfolgsgeschichte als Reichsjugendführer präsentiert – unter der Schlagzeile »Von 40.000 zu 10 Millionen Mitgliedern«. Fast ebenso viel Raum nahm unter dem Titel »Sänger und Kämpfer« seine literarische Tätigkeit ein. »Es war keine Zeit für Literaten, für weltferne Dichter oder romantische Sänger«, sondern für »politische Dichtung«, in der sich die »Sprache des Volkes« offenbarte.

Geschickt wusste Schirach auch seine Herausgeberschaft beim Lyrik-Bändchen *Die Fahne der Verfolgten,* das Gedichte illegaler österreichischer Hitlerjungen versammelte, zu berücksichtigen.

Nach einer ausführlichen Schilderung des zuvor bereits geschilderten relativ kurzen Fronteinsatzes endete diese Darstellung mit einer klaren Kampfansage gegen das bisherige Regime Bürckel und dem Ziel, innerhalb der »Neuordnung Europas« Wien den »zweiten Platz« zu sichern. Zu diesem Zweck zitierte Schirach auch Hitlers berühmtes 1938er-Zitat, das aber keineswegs den politischen Absichten des »Führers« entsprach: Wien sollte keine besondere Rolle unter den deutschen Großstädten spielen – ganz im Gegenteil:[275]

Wie sagte doch Adolf Hitler ?

> **"Diese Stadt ist in meinen Augen eine Perle.**
> **Ich werde sie in jene Fassung bringen,die**
> **dieser Perle würdig ist, und sie der Obhut**
> **des ganzen Deutschen Reiches, der ganzen**
> **deutschen Nation anvertrauen.".**

Nach seiner Ernennung zum Reichsstatthalter und Gauleiter in Wien durch Adolf Hitler am 7. August 1940 traf Baldur von Schirach am

9. August in Wien ein und übernahm zuerst im Ratsherrensaal des Rathauses die Funktion des Gauleiters. Am 10. August erfolgte im Konzerthaussaal die auch intensiv kommunizierte Einführung in das Amt des Reichsstatthalters von Wien.[276] Der *Völkische Beobachter* feierte in seiner Wiener Ausgabe auf der Titelseite Schirach als erfolgreichen »Jugendführer«, als »Kämpfer und Revolutionär«, der sich mit zwei dringenden Problemen auseinandersetzen müsse: dem kulturellen und dem sozialen. Im Artikel klang das Scheitern Bürckels in diesen Fragen an, die der »Künstler und Sozialist«, wie Schirach offen bezeichnet wurde, lösen sollte.[277]

»Mein Gau, mein Wien, das wird in meinem zukünftigen Leben der Gegenstand meiner Gedanken und Studien, meiner Sorgen und meiner Treue sein. Hier sehe ich mein neues Lebenswerk.«[278] Mit diesen Worten leitete Baldur von Schirach die Rede im Konzerthaus anlässlich seiner Ernennung zum Reichsstatthalter und Gauleiter Wiens ein. Darin zielte er weiter auf die Idee der »Volksgemeinschaft« ab und betonte die Bedeutung der Arbeiterschaft für das nationalsozialistische Deutschland sowie »die Liebe zu dieser gesegneten und begnadeten Stadt mit ihren unermeßlichen kulturellen Schätzen, ihrer stolzen Vergangenheit und noch stolzeren Gegenwart«.[279]

Die Amtsübergabe nahm der Stellvertreter des »Führers«, Rudolf Heß, vor, den Schirach bereits lange kannte. Schon beim ersten Besuch Hitlers im Haus des Vaters von Schirach in Weimar war er anwesend gewesen. Einerseits bewunderte der junge Schirach Heß als Frontoffizier und Jagdflieger des Ersten Weltkriegs, andererseits hielt er ihn für einen »Kräuterapostel«, dessen »Lieblingsthemen Naturheilkunde, Yoga und Reformernährung« wären.[280] Der realpolitische Einfluss von Heß war als »Stellvertreter des Führers« in der Tat gering – am Tag der Aggression gegen Polen am 1. September 1939 nannte Hitler im Falle seines Todes Göring als seinen ersten Nachfolger, erst dann folgte Heß.

Bereits in seiner ersten vertraulichen politischen Rede am 14. August vor Gauamtsleitern und Kreisleitern wurde klar, dass Baldur von Schirach eine andere Politik betreiben würde als sein Vorgänger Josef Bürckel, sowohl was seine eigene Stellung als auch jene der NSDAP in Wien betraf. Im Zimmer des Gauleiters im ehemaligen

Die Übergabe des Reichsgaues Wien an Baldur von Schirach

In festlicher und eindrucksvoller Feier vollzog am vergangenen Wochenende der Stellvertreter des Führers, Reichsminister Rudolf Heß, die Uebergabe der Aemter des Reichsstatthalters und Gauleiters von Wien an den Reichsjugendführer Baldur von Schirach und sprach dem scheidenden, zu neuen Aufgaben berufenen Gauleiter Joseph Bürckel, der in Würdigung seiner Verdienste um diese Stadt zum Ehrenbürger von Wien ernannt wurde, den Dank des Führers für sein vorbildliches Wirken aus.

Wien, die Stadt, in der der Führer seine Jugend verlebte, das ewige Bollwerk deutscher Kultur an der Ostgrenze des Reiches, ist in der Person des neuen Reichsstatthalters und Gauleiters aufs neue mit der deutschen Jugendbewegung, die mit Stolz des Führers Namen trägt, verbunden, deren kultureller Sendung sich auf dem Boden dieses alten deutschen Kulturzentrums neue Kräfte erschließen werden.

Oben: Die Jugend Wiens grüßt den Stellvertreter des Führers ◆ Links von oben nach unten: Der Stellvertreter des Führers verliest die Handschreiben des Führers an den scheidenden und an den neuen Gauleiter ◆ Nach dem scheidenden Gauleiter hielt Baldur von Schirach seine Antrittsrede, die ausklang in den Worten: „... eines wird uns in unserer Arbeit miteinander untrennbar verbinden: Die Liebe zu dieser gesegneten und begnadeten Stadt mit ihren unermeßlichen kulturellen Schätzen, ihrer stolzen Vergangenheit und ihrer noch stolzeren Gegenwart." ◆ Der Stellvertreter des Führers verläßt nach der feierlichen Kundgebung mit Reichsstatthalter Gauleiter Baldur von Schirach und Gauleiter Bürckel das Konzerthaus ◆ Rechts: Reichsstatthalter und Gauleiter Baldur von Schirach dankt in der 5. Ratsherrnsitzung dem scheidenden Gauleiter Joseph Bürckel für seine Verdienste um die Stadt ◆ Aufnahmen: Presse-Hoffmann

Schirach, Der blendend aussehende junge Nazi, den die Wiener aufgrund seiner feudalen Attitüde bald »Baron« nannten, wusste, was man von ihm hören wollte, und so sprach er in seiner Antrittsrede von seiner »Liebe zu dieser gesegneten und begnadeten Stadt« und ihrer »stolzen Vergangenheit und noch stolzeren Gegenwart«. Über das, was er einem Teil ihrer Bewohner antun wollte, zog er es vor noch zu schweigen. »Wiener Illustrierte«, 31. August 1940.

Parlamentsgebäude erklärte er in dieser Rede, dass die Reichsstatthalterei am Ballhausplatz von ihm als eine Art historischer Ort gesehen werde. Schirach demonstrierte das später auch bei Besuchen von anderen NSDAP-Politikern am Ballhausplatz, denen er erklärte, er sitze im Zimmer von Metternich, und zwar neben dem Saal, in dem der Wiener Kongress 1814/15 stattgefunden habe.[281] Das Parlamentsgebäude erklärte er zum »Gauhaus« der NSDAP, in dem er Parteiangelegenheiten bearbeiten werde. Gleichzeitig verkündete er, dass er nur zwei Stabsstellen mit Mitarbeitern aus dem »Altreich« besetzen werde – ein kritischer Seitenhieb auf Bürckel, der zahlreiche »altreichsdeutsche« Mitarbeiter nach Wien mitgebracht hatte. Als unpopuläre Themen nannte er das Wohnungswesen und Ernährungs- und Kohlefragen.[282] Auch forderte er dazu auf, Kritik über die Ursachen von negativen Entwicklungen im sozialen und wirtschaftlichen Bereich an ihn direkt heranzutragen:

Bereits am 14. April 1939 hatte Thomas Kozich, der damalige Vizebürgermeister Wiens, der Kanzlei des »Führers« die Gründe für das Wohnungsdefizit, das sich zwischen 120.000 bis 130.000 Wohnungen bewegte, dargelegt: Demnach hätten bereits 1938 70.000 Wohnungen gefehlt, was im Hinblick auf 15.000 NSDAP-Mitglieder, die vor 1936 vor dem Dollfuß- und Schuschnigg-Regime ins »Altreich« geflohen waren und nun mit ihren Familien zurückkehren wollten, ein Problem darstellen würde.[283]

Da es aufgrund des Aggressionskrieges keine wirklich ernsthaften Wohnbauprogramme gab, erbte Schirach dieses Problem und Hitler ließ ihm im November 1941 durch seinen Sekretär Martin Bormann bestellen, daß »Ihre Aufgabe in Wien nicht in der Schaffung neuer Wohnviertel« läge, »sondern in der ›Bereinigung‹ der bestehenden Verhältnisse. Zunächst seien in Verbindung mit Reichsführer-SS Himmler baldigst alle Juden abzuschieben, anschließend alle Tschechen und sonstigen ›Fremdvölkischen‹, die eine einheitliche politische Ausrichtung und Meinungsbildung der Wiener Bevölkerung ungemein ›erschwerten‹«.[284] Hitler glaubte, mit dieser unmenschlichen Zwangsmaßnahme 400.000 bis 500.000 Wohnungen für die »Volksgemeinschaft« freimachen zu können.

Schirachs engster Mitarbeiter im Pressebereich wurde Gebietsführer Günter Kaufmann, der ehemalige Leiter des Presse- und Propagandaamtes der Reichsjugendführung, den Schirach zum persönlichen Referenten bestellte. Als persönlichen Mitarbeiter für alle kulturellen Angelegenheiten holte er den bisherigen Chefdramaturgen der Städtischen Bühnen in Bochum, Walter Thomas, nach Wien.[285] Seinen Wunschkandidaten, den Reichsdramaturgen Rainer Schlösser, hatte Goebbels nicht nach Wien gehen lassen.

Neben den klar innerparteilichen neuen Signalen intensivierte er auch die bilateralen Kontakte. Sein erster Besuch galt dem nahen Pressburg in der faschistischen Slowakei, wo bereits am 19. Oktober 1940 ihm zu Ehren ein »Baldur-von-Schirach-Platz« präsentiert wurde.[286] Auch ein alter Bekannter, der ehemalige Jugendführer des faschistischen Italiens und nunmehrige italienische Korporationsminister Renato Ricci, besuchte Schirach. Am 26. Oktober 1940 konnte er bereits Joseph Goebbels auf dem Ostbahnhof begrüßen.

Goebbels hatte Schlösser bereits im September 1940 nach Wien geschickt, um die Lage auf dem Kultursektor zu sondieren, mit einem kritischen Gesamtbefund des Erbes von Bürckel, den aber Schirach öffentlich immer lobte: »Dr. Schlösser berichtet von Wien: er ist froh, bald wieder nach Berlin zurückkehren zu können. Schirach muß in Personalfragen sehr behutsam vorgehen. Er respektiert die Rechte unseres Ministeriums sehr loyal. Drewes mischt sich etwas viel in Wiener Musikverhältnisse ein. Er versteht noch nicht den Unterschied zwischen Führen und Verwalten. Wer führen will, muß sich von den Lappalien der Verwaltung fernhalten, sonst leidet die Klarheit der Führung darunter. Schlösser erfüllt den ihm von mir gegebenen Auftrag sehr präzise. In Wien herrschen noch Intrigen und Ressorteitelkeiten vor. Schirach muß dazu ein schreckliches Erbe von Bürckel liquidieren, der in Wien nicht einen einzigen Freund zurückgelassen hat.«[287] Goebbels zeigte sich in weiterer Folge sehr optimistisch und meinte, dass jetzt die Zusammenarbeit mit Schirach gut funktionieren werde.[288]

Goebbels, der mit der Entscheidung, Schirach nach Wien zu schicken, sehr zufrieden war, hatte bereits in Berlin mit Kaufmann dessen

Agenden als Leiter des wiederum Goebbels zugeordneten Reichspropagandaamts besprochen: »Er ist sehr anstellig und intelligent, aber auch noch etwas sehr jung. In Wien wird er einen sehr umfangreichen Pflichtenkreis zu erfüllen haben. Vor allem soll er die Reibungen zwischen Berlin und Wien beseitigen. Dazu ist er wohl der richtige Mann. Er kennt Schirach gut und mich auch ganz leidlich. Also soll er beginnen.«[289]

Der erste Besuch des Reichspropagandaministers bei Schirach vom 16. bis zum 28. Oktober 1940 verlief sehr freundschaftlich. Goebbels zeigte sich begeistert, als ihm Schirach erklärte, er säße in Metternichs ehemaligem Zimmer – obwohl bis heute nicht klar ist, wo dieser Raum tatsächlich gewesen ist. Goebbels bewunderte weiters den Marmorsaal, in dem der Wiener Kongress stattgefunden hatte, und bezeichnete die »Ecke«, in der »Dollfuß erschossen« worden war, als geschichtsträchtigen Raum.[290] Tatsächlich war Dollfuß an dieser Stelle auf einem Sofa verblutet, da die Putschisten ärztliche Hilfe verhindert hatten.

Bei der Amtseinführung von Günter Kaufmann erklärte Goebbels sogar, dass die Reichstheaterwochen nur mehr in Wien stattfinden würden. Ein Tschaikowsky-Konzert mit Wilhelm Furtwängler, den Wiener Philharmonikern und dem Pianisten Emil von Sauer begeisterte ihn ebenso wie eine *Don Giovanni*-Aufführung in der Wiener Staatsoper, die der von Goebbels bestellte neue Direktor Heinrich Karl Strohm selbst inszeniert hatte. Auch die Originalpartitur des *Frühlingsstimmen-Walzers* von Johann Strauß, die ihm Schirach als Geschenk überreichte, sowie zwei Kostümentwürfe von Alfred Roller nahm Goebbels mit Freude aus Wien mit. Nur Furtwänglers Wunsch, Nachfolger Peter Raabes als Präsident der Reichsmusikkammer zu werden, missfiel dem allmächtigen Propagandaminister.

Sehr geschickt nützte Schirach das vielfältige Angebot aus Kunst und Kultur, um seine Gäste zu beeindrucken. Hier konnte er sich aufgrund seiner Herkunft und Weimarer Vergangenheit wesentlich besser in Szene setzen und versuchte so, die Risse im Selbstverständnis ehemals österreichischer und altreichsdeutscher NSDAP-Mitglieder zu schließen und auch das Wiener Selbstwertgefühl zu heben. Gleichzeitig ging es immer auch um die entsprechende Selbstinszenierung.

Insgesamt gesehen versuchte Schirach in den ersten Reden deutlich zu machen, dass er die Kritik an Bürckels Regime auf allen Ebenen wahrgenommen hatte. Hitler selbst bezog seine Informationen über die zunehmend tiefe Abneigung gegen Bürckel auch in NSDAP-Kreisen von einer Freundin seiner Geliebten Eva Braun, der Münchnerin Marianne (Marion) Schönmann, geborene Petzl (1899–1981).[291] »Frau Marion«, NSDAP-Mitglied seit 1931, war oft am Berghof zu Gast und eine Bekannte von Erna, der zweiten Frau von Heinrich Hoffmann. Ihre Tante war die in Wien und München bekannte Sängerin Luise Perard-Petzl, ein Onkel der Generalarzt in Wien, Dr. Arthur Zimmer. Immer wieder polemisierte Frau Schönmann gegen Bürckel.[292]

Diese Linie – nämlich im Unterschied zu Bürckel Verständnis für die Wiener Parteigenossen zu zeigen – setzte Schirach sogar noch ein Jahr später fort. In einer weiteren Rede vor politischen Leitern am 5. Oktober 1941 versuchte Schirach durch offene Kritik an dem Verhalten von »einigen Altreichsdeutschen hier in dieser Stadt«, das »so widerwärtig und schlecht gewesen« sei, Verständnis für die Wiener Parteigenossen zu zeigen. Einen »lang anhaltenden« Applaus erhielt er, als er hinzufügte: »Diese Stadt braucht in dieser Hinsicht nichts zu lernen, sondern sie gibt ein Beispiel. Es sind politische Spießbürger und Reaktionäre, die hierher kommen und meinen, sie könnten dem Reichsgau Wien beibringen, wie man zum Führer steht. Allerdings sind diese Menschen Einzelerscheinungen.«[293]

»Erweiterte Kinderlandverschickung«

Am 29. September 1940 wurde Baldur von Schirach in Berlin von Hitler auch formell als »Reichsstatthalter von Wien« vereidigt. Bei dieser Gelegenheit beauftragte ihn Hitler mit der Gesamtleitung einer Aktion, die Martin Bormann bereits am 27. September in einem streng vertraulichen Rundschreiben an alle Gauleiter kommuniziert hatte und das Ziel verfolgte, »die Jugend aus Gebieten, die immer wieder nächtliche Luftalarme haben, auf der Grundlage der Freiwilligkeit in die übrigen Gebiete des Reiches« zu schicken.[294]

In den ländlichen Gegenden sollten die Kinder nicht nur vor britischen Bombenangriffen geschützt sein, es sollte, fernab der Schulen und Eltern, auch die Umerziehung im Sinne der nationalsozialistischen Ideologie vorangetrieben werden. Gestartet wurde das Programm der sogenannten »Erweiterten Kinderlandverschickung« (KLV) im Oktober 1940 in den Großstädten Berlin und Hamburg, die am stärksten vom Luftkrieg bedroht waren.

In seinen Memoiren nahm Baldur von Schirach für sich in Anspruch, die KLV bereits ab 1933 erfunden zu haben. Tatsache ist jedoch, dass bereits im Ersten Weltkrieg die »Reichszentrale Landaufenthalt für Stadtkinder e.V.« ab 1916/17 Kinderlandverschickungen organisiert hatte, die nach 1918 fortgesetzt wurden. Auch kirchliche Organisationen wie die Caritas spielten hierbei eine Rolle. Seit 1933 bot die Nationalsozialistische Volkswohlfahrt (NSV) Kinderlandverschickungen zur kostenlosen Erholung für sechs Wochen in ländlichen Gegenden an und betrieb auch entsprechende Propaganda dafür. 1940 wurde u. a. berichtet, dass 1933 bereits 150.000 Kinder zu »ländlichen Pflegeeltern« gebracht worden waren, 1940 nahmen schon 350.000 dieses Angebot in Anspruch.[295]

Mit der Bestellung Schirachs übernahmen HJ-Funktionäre die Gesamtorganisation der KLV; ausgenommen waren Kinder unter zehn Jahren, die weiterhin von der NSV betreut wurden. An der Spitze stand der Stabsführer der HJ, Helmut Möckel, der seit 1937 auch die HJ-Heimbautätigkeit leitete. Zunehmend sollten die Kinder nicht mehr wie bisher zu Pflegeeltern – teilweise gemeinsam mit ihren Müttern – kommen, sondern in eigens eingerichteten KLV-Lagern untergebracht werden, wo ihnen in Zusammenarbeit mit dem Nationalsozialistischen Lehrerbund ein provisorischer Unterricht erteilt werden sollte. In der Erinnerung der Kinder häufig vergessen sind die von den KLV-Leitern durchgeführte Zensur der Korrespondenz mit den Eltern sowie die permanente ideologische Indoktrination durch die HJ. Entsprechend durchdacht war der Tagesablauf strukturiert, wobei ausschließlich Kernfächer von Lehrern und Lehrerinnen unterrichtet wurden, die zunehmend von der HJ unterwandert waren: »7.00 Wecken, Waschen, Bettenbauen, Stubendienst, Gesundheitsappell;

8.00 Flaggen- bzw. Morgenappell; 8.15 Frühstück; 8.45–13.00 Unterricht; 13.00–15.00 Mittagessen, Bettruhe oder Freizeit; 15.00–18.00 Hitler-Jugend-Dienst mit Sport, Werkarbeit, Bildbandvorführung, Singen, Musik, Geländespielen, Wanderungen usw. Einmal wöchentlich ist Heimnachmittag. Sonst wird der Nachmittag und die Zeit nach dem Abendessen mit Schulaufgaben, Putz- und Flickstunden, Schreib- und Lesestunden ausgefüllt. 21.00 Zapfenstreich, so daß eine zehnstündige Nachtruhe gewährleistet ist. An den Sonntagen finden [HJ-]Morgenfeiern statt.«[296]

Schirach brachte sich nach den ersten Planungsideen vor allem in die propagandistische Umsetzung ein, um dieses Programm, das nicht unumstritten in der deutschen Bevölkerung war, bekannt zu machen – so mit einer großen Pressekonferenz am 31. März 1941 in Berlin und einer Ausstellung »Jugend im Reich« in der Berliner Nationalgalerie am 12. Jänner 1942. Dabei wurde aber nicht thematisiert, dass nach wie vor auch private Kinderverschickung zu Verwandten ebenso wichtig war und auch das Programm der NSV weiterlief. Rund ein Drittel der Kinder wurde in KLV-Lager unter HJ-Kontrolle und -Organisation geschickt. Viele davon befanden sich auch im besetzten Protektorat Böhmen und Mähren, zu Ende des Krieges vor allem in den Alpen- und Donaugauen und in Bayern. 1944 waren 850.000 Kinder und Jugendliche, Buben und Mädchen, in KLV-Lagern untergebracht, sie wurden von 6.800 Lehrkräften unterrichtet und von 4.500 HJ-Lagermannschafts-Führern und BDM-Mädel-Führerinnen ideologisch und organisatorisch kontrolliert. Weitere 13.000 administrative Kräfte sowie 2.100 Ärzte und Ärztinnen, 1.000 Feldschere (d. h. Krankenpfleger) und 850 Krankenschwestern waren in die Aktion involviert.[297] Die letztlich zu geringe Anzahl an HJ-Leitungspersonal behinderte offensichtlich eine wirklich intensive ideologische Indoktrination der Kinder und Jugendlichen abseits der Pflichtabläufe, führte aber zeitgleich zu übertrieben harter körperlicher Ausbildung. Die Lehrer und Lehrerinnen kontrollierten den Unterricht, HJ und BDM die außerschulischen Aktivitäten.

Erweiterte Kinderlandverschickung: Schirach, der die Idee für diese Aktion für sich reklamierte, besucht ein Kinderlandverschickungsheim im Kreis Weimar, Sommer 1942.

Bei der Verabschiedung eines Sonderzuges der Kinderlandverschickung, 1941 (unten).

Schirachs »Europäischer Jugendverband« und die HJ-Europaidee

Im Spätsommer 1942 kursierte in Wien ein boshafter Witz: »Wissen S', warum die Panzer an der Wolga net weiterroll'n? Warum? – Nun, weil sie den Sprit für Baldurs Kinderfest haben abgeben müssen.«[298] Unverblümt ließ er durchblicken, was man von der Idee des Reichsstatthalters, einen »Europäischen Jugendkongress« zu veranstalten und einen »Europäischen Jugendverband« zu gründen, wirklich hielt. Schirachs Generalkulturreferent Walter Thomas, der den Vergleich zu Musils »Parallelaktion« im *Mann ohne Eigenschaften* zog, erinnerte sich später mit beißendem Spott an die pompösen Vorbereitungen: »Die Auswirkungen dieses gewaltigen Räderwerkes zitterten bis in die entlegensten Kanzleizimmer der staatlichen und kommunalen Verwaltung und der Verkehrsdezernate. Wochenlang bebte die Stadt im Wirbel dieser riesenhaften Apparatur.«[299]

Schirach ließ sich jedoch trotz aller Kritik nicht aufhalten. Konsequent nützten Axmann und er auch in Wien weiterhin ihre alten internationalen Netzwerke mit faschistischen Jugendorganisationen in Europa. Er wollte im Bereich der internationalen Politik – zum großen Missfallen von Außenminister Joachim von Ribbentrop und dem Auswärtigen Amt – sichtbar bleiben. Bereits während der Winterkampfspiele der HJ Ende Februar und Anfang März 1941 in Berlin sowie in Garmisch-Partenkirchen plante der Reichsstatthalter von Wien gemeinsam mit Artur Axmann, eine Dachorganisation faschistischer Jugendorganisationen zu gründen. Ziel war es letztlich auch, den nationalsozialistischen Führungs- und Herrschaftsanspruch in Europa zu vertiefen und diesen nicht nur auf militärische Besetzung bzw. Allianz zu reduzieren. Die alten Seilschaften aus der Zeit vor 1939 wurden jetzt wieder aktuell.[300]

Nach Vorarbeiten von Axmann bei Gesprächen mit Mussolini in Rom verkündete Schirach erstmals bei den 5. Sommerkampfspielen der HJ in Breslau am 28. August 1941 seine Idee, gemeinsam mit dem faschistischen Italien und zwölf anderen Ländern einen »Europäischen Jugendverband« ins Leben zu rufen. Ein Jahr später, zwischen dem

14. und 18. September 1942, wurde dieser Verband tatsächlich in Wien gegründet, wobei diese lose Vereinigung weder in die internen Abläufe der nationalen Jugendorganisationen einwirken, noch eine paneuropäische Union darstellen sollte.[301] Die offiziellen Veranstaltungen der »Wiener Kongress-Operette«, wie Walter Thomas den Jugendkongress polemisch nannte, fanden alle im »Gauhaus« statt.

Es war nicht zu übersehen, dass es im Zuge der Gründung des Europäischen Jugendverbandes zwischen italienischen und deutschen Funktionären zu einem permanenten Kräftemessen um Gleichrangigkeit kam. Aus diesem Grund wurde letztlich eine Doppelpräsidentschaft von Reichsjugendführer Artur Axmann und dem Generalkommandanten der *La Gioventù italiana del littorio*[302] (GIL), Aldo Vidussoni, etabliert sowie eine Doppelehrenpräsidentschaft, die Schirach und Minister Ricci innehatten.[303]

Der Leiter der finnischen Delegation, Probst V. Louhivuori, brachte die zentrale gemeinsame Intention dieses Verbandes auf den Punkt: »Der Blick der Jugend Europas ist von der strengen Wirklichkeit des Krieges erhellt. Dieses und auch die mit Blut geweihte Waffenbrüderschaft bürgt dafür, daß aus dem soeben herrschenden Krieg ein neues Europa erstehen wird, welches – nachdem die im Krieg entstandenen Wunden geheilt sind, seinen Völkern eine friedvolle und glücklichere Heimat bieten wird.«[304]

In dieselbe Richtung einer militärischen Allianz stimmten auch die anderen Vertreter ein. Neben dem neuen Präsidenten des Jugendverbandes, dem spanischen Staatsjugendführer José Antonio Elola-Olaso, der über die Person Kaiser Karls V. die Allianz Spaniens mit dem Heiligen Römischen Reich herstellte, beschwor der kaiserliche japanische Gesandte Sakuma den »Heldengeist des japanischen Volkes« und den »Samurai-Geist«, der in der Forderung gipfeln würde: »Sterben für Volk und Vaterland«. Ein hoher Beamter des Unterrichtsministeriums in Brüssel, der flämische Schriftsteller Filip De Pillecyn, verwies auf das »Ringen der flämischen Jugend um die neuen Erziehungsideale«, und ein niederländischer Professor namens Captayn wurde deutlich und stellte fest, dass die holländische Jugend, »die sich zum Nationalsozialismus bekennt [...], nach einer neuen Weltanschauung« suche. Auch

Tido J. Gašpar, der Chef des slowakischen Propaganda-Amtes, stellte sich hinter das neue Gemeinschaftsideal.[305] Der Landesleiter der ungarischen militärischen Jugendertüchtigung, Feldmarschallleutnant Vitéz Alois von Béldy, unterstrich die zentrale Bedeutung militärischer nationaler Erziehung, während Piero Barlani Dini vom Generalkommando der GIL auf Benito Mussolinis und Adolf Hitlers Aufruf verwies, die Jugend solle »verantwortungsbewußt den blutigen und heiligen Kampf auf[zu]nehmen, um sich selbst und die Zivilisation zu verteidigen«.[306] Auch die anderen Verbündeten des NS-Regimes argumentierten mit vergleichbaren Zielsetzungen, wie die bulgarische Staatsjugend Brannik oder die Hlinka-Jugend in der Slowakei und Vertreter von Jugendorganisationen aus Dänemark, Kroatien, Norwegen und der Wallonen.[307] Portugal, Tschechien, Lettland und Estland hatten Beobachter nach Wien gesandt. Schirach gelang es jedoch nicht, die führenden Vertreter des NS-Regimes zu der Gründungstagung nach Wien zu holen. Immerhin nahmen Reichsorganisationsleiter Ley und die Gauleiter Bracht, Hanke, Jury, Bohle und Uiberreither an der Eröffnung teil. Dabei mahnte Schirach »nationales Bewußtsein als Ehrenpflicht« ein und dekretierte »das neue Ideal der Jugend: Pflicht«.[308]

Gleichzeitig machte er in einer offensiv antisemitisch-rassistischen Agitation das Judentum für die Krise Europas und vor allem Deutschlands nach Ende des Ersten Weltkrieges verantwortlich: »Von dem Schicksal der Weltkriegsjugend kann sich nur der einen Begriff machen, der die Schreckenszeit der jüdisch-kommunistischen Unruhen miterlebt hat. Béla Kun in Ungarn, die Münchner Räterepublik der Juden Eisner und Levine-Nissen, die kommunistischen Mörderbanden eines Max Hoelz in Mitteldeutschland kennzeichnen die Entwicklung, in der wir uns damals befanden. Es waren Offiziere des Weltkrieges, Freikorpskämpfer und nationale Helden, die diesem Spuk ein Ende bereiteten. Was sie taten, vollbrachten sie aus Pflichtgefühl gegenüber ihren Völkern, indem sie dem Auftrag ihres Gewissens gehorchten. Das Judentum aber setzte sich in den Besitz aller Instrumente, die zur Beeinflussung der öffentlichen Meinung dienen, der Presse, des Funks und des Films, und drang darüber hinaus in alle Regierungen der europäischen Staaten ein.

Die Nachkriegszeit war für ganz Europa eine Epoche skrupelloser jüdischer Geldgeschäfte, eine Hoch-Zeit des jüdischen Schiebertums. Damals hat das Judentum mit allen ihm zur Verfügung stehenden Mitteln versucht, die gesunde Jugend zu verderben. Alle Ideale, die unserm Kontinent heilig sind, wurden öffentlich beschmutzt, lächerlich gemacht und als unzeitgemäß verworfen! Durch die korrupten Gazetten kursierte das jüdische Wort ›Es gibt kein dümmeres Ideal als das des Helden‹. Der jungen Generation wurde dafür schrankenlose Freiheit im sexuellen Genuß gepredigt. Je grauer der Alltag wurde, um so strahlender entwickelte sich das Nachtleben. Der amerikanische Film und die amerikanische Revue, drüben von Juden geschaffen, hier von Juden importiert, appellierten immer von neuem an die Sinne halb-wüchsiger Jugend, diese verderbend und in den Strudel des Chaos hineinziehend, aus dem sie nie mehr zu ihrer Nation zurückgekehrt sind. Wo immer der Jude versucht hat, ein Volk in seiner nationalen Substanz zu zersetzen, hat er das durch die Erweckung der niedrigsten Instinkte, durch die Propagierung einer ungezähmten Geschlechtsgier und Verächtlichmachung jeder sittlichen und ethischen Zucht getan.

Nationales Bewußtsein ist uns Ehrenpflicht.

Was einst in den Tälern der Provence erklang und bis auf unsre Zeit ein Hohe Lied Europas und damit seiner Kulturvölker geblieben ist, das Lied der Minne als Ausdruck jener höheren Regung, die uns von Juden und nordamerikanischen Jazzbandnegern unterscheidet, kann von Menschen jüdischen Geistes nie verstanden werden. Dem Juden ist das Ethos fremd.

Die antike Welt, das, was wir unter Griechenland und Rom, unter italienischer Renaissance, deutscher Klassik und Klassizismus begreifen, ist der jüdischen Empfindungswelt so entgegengesetzt, daß wir in diesem Kreise ruhig bekennen dürfen: Jeder Jude, der in Europa wirkt, ist eine Gefahr für die europäische Kultur. Wenn man mir den Vorwurf machen wollte, daß ich aus dieser Stadt, die einst die europäische Metropole des Judentums gewesen ist, Zehntausende und aber Zehntausende von Juden ins östliche Getto abgeschoben habe, muß ich antworten, ich sehe darin einen aktiven Beitrag zur europäischen Kultur. Wenn man mir sagt, wie können Sie Herrn Israel Löwenstein in das Getto

PORTUGAL. Ueber eine halbe Million junger Portugiesen marschieren schon heute in den Reihen der „Mocidade". Die disziplinierten „Grünhemden" sind aus dem öffentlichen Leben nicht mehr fortzudenken. Arbeit und Pflichterfüllung ist ihnen oberstes Gebot — verkörperte Abkehr von der demokratischen Vergangenheit des Landes

EUROPAS NEUE JUGEND MARSCHIERT

ZUR GRÜNDUNG DES EUROPÄISCHEN JUGENDVERBANDES IN WIEN

Links: DEUTSCHLAND. Im Kriegseinsatz der Hitlerjugend beweisen die deutschen Jungen und Mädel, daß sie das Gesetz des Krieges verstanden haben. Während heute alle siebzehnjährigen Jungen in den Wehrertüchtigungslagern der Hitlerjugend eine umfassende vormilitärische Ausbildung genießen, leisten die Jüngeren wichtige Hilfsdienste. Die Mädel finden wir im Ost- und Fabrikeinsatz, in der Nachbarschafts- und Geschäftshilfe, in Kindergärten und bei der Verwundetenbetreuung, beim Bahnhofsdienst des DRK., bei der Straßenbahn, Reichspost und im Schalterdienst von Behörden. In den Erntewochen gehen sie dann alle gemeinsam hinaus auf die Dörfer, um das Brot des Winters bergen zu helfen. Das Führerkorps der Hitlerjugend aber steht zu 95 Prozent an der Front

Von links nach rechts: SPANIEN. Ende Dezember 1940 verkündete der Caudillo durch Gesetz die Schaffung einer spanischen Jugendfront (Frente de Juventudes), der die bestehenden Jugendverbände angeschlossen wurden. Natürlichkeit, Einfachheit und Frömmigkeit fordert General Franco von den Mitgliedern der Jugendfront, aus der sich die künftige Führerschaft der Partei und des Staates rekrutieren soll ◆ BULGARIEN. Brannik — Wächter im Volk! Brannik: Ziel und Aufgabe der bulgarischen Staatsjugend, die durch eine straffe vormilitärische Erziehung der Jungen und eine umfassende Sozialarbeit der Mädel für ihre Aufgaben geschult werden ◆ UNGARN. Schon der Name „Levente", Symbol des jungen Kriegers und Ritters, umreißt das innere Gesetz der ungarischen Staatsjugend. Sie entstand nach dem Weltkrieg, um im stillen die Jugend zu Soldaten zu erziehen. Noch heute ist ihr vornehmstes Ziel, der männlichen Jugend eine gründliche vormilitärische Erziehung zu geben, während die junge Ungarin auf sozialem Gebiet arbeitet ◆ DÄNEMARK. Dänemarks „National Socialistisk Ungdom" wuchs als Kampftruppe der dänischen Nationalsozialisten in ihre große Aufgabe hinein, die ganze dänische Jugend unter einem Banner zu einen. Ihr Führer, von Schulburg, hat als Kommandeur des Freikorps „Danmark" im Osten sein Leben für das neue Europa gegeben

»Europas neue Jugend marschiert«: Während der Holocaust und der Aggressionskrieg der Nationalsozialisten zahlreiche Opfer forderten, feierte Schirach die Gründung des »Europäischen Jugendverbandes« – Berlin reagierte auf die ehrgeizige »Parallelaktion« des Reichsstatthalters mit Totschweigen. »Wiener Illustrierte«, 16. September 1942.

des Ostens verbannen, das bedeutet doch für diesen Mann, der mehr als hundert deutsche Bücher gekauft hat und damit als Kulturträger zu bezeichnen ist, eine furchtbare Strafe, muß ich erwidern, für mich wäre es keine Strafe, wenn ich aus einem fremden Land ausgewiesen würde, um zusammen mit deutschen Volksgenossen an einem andern Ort in einer rein deutschen Gemeinschaft zu leben. Ich würde mit allen Mitteln danach streben, an einem Transport teilzunehmen, der mich als Deutschen zu meinen deutschen Brüdern führt.

Können Sie sich vorstellen, daß ein Italiener, ein Ungar, ein Rumäne, ein Finne, ein Slowake, ein Kroate anders denkt? Ist nicht für uns alle – und ich meine damit alle Nationen, die uns die Ehre geben, sich heute hier zu versammeln – das Bewußtsein der Zugehörigkeit zur eigenen völkischen Gemeinschaft so stark, daß wir es geradezu als eine Ehrenpflicht ansehen würden, gemeinsam mit den andern Menschen unsres Volkes Glück und Leid zu teilen, auch wenn wir dafür ein Anwaltsbüro oder eine Fabrik in der Fremde aufgeben müssen? Wir sind eben durch unsern nationalen Charakter bestimmt. Der Jude aber ist international.«[309]

Dieses bewusst ausgewählte, lange Zitat unterstreicht die antisemitische Gedankenwelt, in der Schirach seine Vorstellungen von Jugend- und Kulturarbeit aufbaute. Ganz offen rechtfertigte er die Deportationspolitik von Juden und Jüdinnen und erklärte die künftige Basis des neuen nationalsozialistischen Europas, eines Europas ohne Juden und Jüdinnen. Aus militärischer Sicht schien die deutsche Wehrmacht unbesiegbar zu sein, gerade hatten Truppen die Wolga südlich von Stalingrad erreicht und das Afrika-Korps und italienische Truppen standen in Ägypten zehn Kilometer vor El Alamein.

Gleichzeitig versuchte das Generalsekretariat für die Gründung des Europäischen Jugendverbandes auch eine weitere Mobilisierung der Mädchen für den indirekten Kriegseinsatz mit einer Leistungsaufstellung zum Thema »Das deutsche Mädel im Kriege«.[310] Alle Kräfte sollten gebündelt werden, der »totale Krieg« begann sich bereits abzuzeichnen.

Und Schirach plante bereits für die Zeit nach dem Krieg: Das neue Europa sollte unter Hegemonie des nationalsozialistischen

Deutschlands stehen. Diesen Grundgedanken galt es zu rechtfertigen: nationale Souveränität im Rahmen nationalsozialistischer ideologischer Rahmenbedingungen. Dazu gehörten der Antisemitismus und die Zerstörung der parlamentarischen Demokratie und des Liberalismus sowie der Aufklärung. An ihre Stelle sollten das Führerprinzip, die Diktatur und völkisch-rassistische »Volksgemeinschaften« treten – ausgeschlossen waren Juden und Roma.

Bei der Abschlusskundgebung am Heldenplatz erklärte der nunmehrige Ehrenpräsident des Europäischen Jugendverbandes, Reichsleiter Baldur von Schirach, am 18. September 1942[311] gegen 21 Uhr in Anwesenheit des ehemaligen Jugendführers Renato Ricci und des Führers der NS-Parteiorganisation Robert Ley und des SA-Stabschefs Lutze: »Für Adolf Hitler leben wir, für Adolf Hitler kämpfen wir!«

Nach den offiziellen Veranstaltungen stürzten sich viele der rund 10.000 Jugendlichen in das durchaus bewegte Wiener Nachtleben. Carl Diem, der ehemalige Cheforganisator der Olympischen Spiele in Berlin, beschrieb die in den Zeitungen, aber auch in den wissenschaftlichen Publikationen meist nicht berücksichtigte »Hinterbühne« der militärisch korrekten HJ-Veranstaltungsfassaden offen und kritisch: »Zwei Waggons Blumen, ein Waggon Gänse rollten von Holland nach Wien, um die Jugendführer zu ›ersetzen‹. Die Mannequins wurden zum Tanze aufgeboten und die Bordelle für die hohen Gäste polizeilich sichergestellt, es sei aber über die Preishöhe der Freuden zu Mißhelligkeiten gekommen, man hatte dafür kein Bon- und Markenheft. Eine Woche lang genossen die Teilnehmer in vollen Zügen. Der Sekt floß, die Gänse brutzelten … Von den Beleidigungen zwischen Ungarn, Rumänen und den deutschen Mittelsmännern abgesehen.«[312] Letztlich hatten schon im Vorfeld die Berliner Zentralstellen den Stab über das Treffen gebrochen: Ribbentrop versuchte, die Teilnahme ausländischer Staatsmänner und Diplomaten zu verhindern, und Goebbels sperrte die Berichterstattung über die Konferenz – zumindest außerhalb des Einflussbereichs von Schirach in Wien. Goebbels erklärte dann auch auf der Ministerkonferenz vom 18. August 1942, »daß sich die Pimpfe in nutzlosem Geschwätz ergangen hätten. Der Minister sagt, ihm komme die Tagung in Wien wie eine Jugendkirmes vor.«[313]

Oben: Eine »politische Demonstration des jungen Europa«: Der italienische faschistische Jugendführer Aldo Vidussoni und »Ehrenpräsident« Baldur von Schirach unterzeichnen am 14. September 1942 im »Gauhaus« die Gründungsakte des Europäischen Jugendverbandes.

Unten: Schirach ganz in staatsmännischer Pose: Treffen am 13. September 1942 mit der Falange-Führerin Pilar Primo de Rivera.

Der Propagandaminister ließ seinen Ärger über den Europäischen Jugendkongress auch Schirachs engen Vertrauten Günther Kaufmann spüren, der sich über die Obstruktionspolitik des Auswärtigen Amtes beschwerte: »Im Übrigen aber bedeute ich Kaufmann sehr energisch, daß das neue Europa nicht durch Schwätzereien von Jugendführern in Wien herbeigeführt wird, sondern durch den Kampf der deutschen Wehrmacht, der auf seinem dramatischen Höhepunkt steht.«[314]

Goebbels erkannte aber, dass Schirach hier ein wichtiges Thema zur Absicherung der nationalsozialistischen deutschen Dominanz in Europa angesprochen hatte, und der Propagandaminister erklärte daher auch seine Vorstellungen, die Diskussion zu kanalisieren. Er diskutierte »zwei Möglichkeiten der Neuordnung Europas, und zwar die paneuropäische, die selbstverständlich von uns verworfen werde, und die Bildung einer Zentralgewalt, die mit magnetischer Kraft die übrigen Staaten anziehe«.[315]

Schirachs Konzept ging zwar in dieselbe Richtung, war aber Goebbels zu diffus und letztlich auch zu wenig durch die italienische Achse auf das nationalsozialistische Deutschland konzentriert. In Berlin wurde Schirach vorgeworfen, ideologische Elemente der »Bündischen Jugend«[316] einfließen zu lassen und demokratische Strukturen vorzusehen, was jedoch keineswegs stimmte. Hingegen hatte er zugestimmt, dass jede Nation eine Stimme hatte und beispielsweise erst in 13 Jahren wieder eine Jahrestagung ausrichten konnte. Diese Gleichstellung war aber keineswegs im Sinne von Hitler und Goebbels, denn hier vertrat Schirach de facto das Konzept »Europa der Nationen«.[317]

Hitlers Telegramm auf die Grußbotschaften von Schirach und Ricci war nichtssagend im Vergleich zu Mussolinis eher blumigen Formulierungen. Fast zur gleichen Zeit hatte Hitler auch seinen Chefideologen Alfred Rosenberg, der auch auf die Wiener Veranstaltung von Schirach hinwies, durch Martin Bormann in die Schranken weisen lassen, da dieser eine Ausstellung zum Thema »Kampf um Europa« plante. Bormann teilte in einer telegrafischen Nachricht Rosenberg Hitlers dezidiertes »Nein« knapp mit: »der fuehrer ist auch ueber die geplante ausstellung ›kampf um europa‹ genau unterrichtet worden, er ist der auffassung, dass selbst ganz abstrakte themen, die das thema europa anschneiden oder aufwaermen, uns hoechst unerwuenscht sein muessen. Churchill wuerde bestimmt thema wie inhalt einer solchen ausstellung gegen deutschland in erheblichstem masse ausnutzen …«[318]

Hätte Bormann gewusst, dass trotz des Verbots der Europa-Ausstellung von Rosenberg, Schirach bei der Österreichischen Nationalbibliothek und im Staatsarchiv eine Schau »Europäische Dokumente« im Prunksaal der ÖNB am Josefsplatz in Auftrag gegeben hatte, wäre der Skandal wohl perfekt gewesen. Anhand von 200 seltenen Urkunden und Buchunikaten, die teilweise aus den Depots zum Schutz vor Bombenangriffen außerhalb Wiens geholt wurden,[319]präsentierten die Nationalbibliothek und das Staatsarchiv eine habsburgische Geschichte Europas mit Einschüben aus der großdeutschen/preußischen Geschichte wie einer Gutenbergbibel oder einem Schreiben König Friedrichs II. an Kaiser Joseph II. Im Gauhaus, d. h. im Parlamentsgebäude am Ring, wurde eine Monumentalplastik der »Europa« von Professor Drobil und dem Bildhauer Josef Franz Riedl aufgestellt.

Das Auswärtige Amt behinderte nicht nur die Durchführung des Kongresses von Schirach, sondern sorgte durch eine Mitteilung des Unterstaatssekretärs Martin Luther an den Gesandten Emil von Rintelen vom 14. September 1942, die mit »Geheim. Persönlich-Eigenhändig« als besonders vertraulich klassifiziert war, für eine direkte Intervention des Reichsaußenministers Ribbentrop bei Bormann und Lammers.[320] Schirach wurde hier auch namentlich angeführt und Bormann kritisierte, dass man bisher nicht gegen dessen außenpolitische Eskapaden eingegriffen habe. Mit dem Europäischen Jugendkongress hatte aber Schirach endgültig den Bogen überspannt, und das Reichsaußenministerium hatte seine Hegemonialmacht geschickt sogar gegen Parteiinteressen verteidigt, indem Bormann und Lammers die Gauleiter und vor allem Schirach an die Kandare nahmen.

Die europäischen Aktivitäten der HJ wurden in der Folge unterbunden und auf der Basis eines Führerbefehls vom 4. November 1942 auch alle Auslandsbeauftragten der HJ zurückberufen. Wirklich nachhaltige Aktivitäten setzte der Jugendverband nicht mehr, scheinbar war die Opposition zu groß bzw. übernahm das Auswärtige Amt europolitische Initiativen.

Wohl nicht ganz zufällig findet sich im Staatsarchiv in Wien aus den Akten im Hauptbüro Schirach eine Verfügung Hitlers aus dieser Zeit, dass »bei der Pflege zwischenstaatlicher Beziehungen durch Parteistellen niemals vergessen werden darf, daß die Grundlagen und Erkenntnisse der nationalsozialistischen Weltanschauung dem Wesen des deutschen Blutes entsprechen und daher auf fremdes Volkstum nicht übertragen werden können … Die NSDAP und ihre Organisationen haben daher keine europäische oder weltumfassende Missionsaufgabe zu erfüllen. Das Gebiet der Außenpolitik ist nicht geeignet zu Experimenten und persönlichen Bestrebungen.«[321]

Zwar gab es noch vereinzelt 1943 interne deutsch-italienische Kontakte bezüglich eines Folgekongresses in Italien, zu einem zweiten internationalen Kongress kam es jedoch nie. Am 8. Dezember 1942 fand in Madrid eine Sitzung der Arbeitsgemeinschaft »Jugend und Familie« statt, an der allerdings nur mehr rund die Hälfte der Nationen teilnahm.[322]

Im Gaupressearchiv Schirachs findet sich dann nur mehr ein Hinweis auf den Europäischen Jugendverband: Bei einem Empfang wallonischer Jugendführer durch Schirach und HJ-Hauptsturmführer Hans Lauterbacher Ende Februar 1944 erinnerte der Reichsleiter daran, dass dessen Gründung »im Bewußtsein der Schicksalsgemeinschaft, Kameradschaft und Ebenbürtigkeit der Jugend der nationalen Völker unseres Kontinents« hier in Wien erfolgt sei. Betreut wurden die wallonischen Jugendführer von Hans Lauterbacher, der schon an der Organisation des Treffens 1942 mitgearbeitet hatte und sich nunmehr der Gebietsführung der HJ in Wien und damit verbunden den »Kriegsaufgaben der Hitler-Jugend«[323] widmen sollte. Hans Lauterbacher war der Bruder von Hartmann Lauterbacher und hatte zuletzt 1943 in der Leibstandarte »Adolf Hitler« an der Ostfront gekämpft.

Eine zweite internationale Aktivität unter der Schirmherrschaft von Schirach ist für Anfang Dezember 1941 dokumentiert: Reichspressechef Otto Dietrich hielt eine antisemitische Brandrede gegen den »jüdischen Mißbrauch des Nachrichtenwesens« in England, Frankreich und zuletzt in den USA und kündigte in Anwesenheit von Repräsentanten der Presse aus Deutschland, Italien, Ungarn, Rumänien, Bulgarien, Slowakei und Kroatien die Gründung einer »Union Nationaler

Journalistenverbände« und eines »Instituts zur Erforschung des internationalen Pressewesens« an.[324] Der *Völkische Beobachter* in Wien titelte vollmundig mit »Neue Presse-Ära im neuen Europa« – gleichzeitig war die Botschaft des Präsidiums der neuen Union, die Maximilian du Prel, den Leiter des Amtes Parteipresse der NSDAP, zum Generalsekretär bestellt hatte, klar: Man »richtete seinen besonderen Gruß an alle jene Journalisten, die im Kampf gegen den demokratischen und bolschewistischen Weltfeind mit der Waffe in der Hand an der Front stehen. Die in der Union zusammengeschlossenen verantwortungsbewußten Journalisten sehen in diesen Schriftleitersoldaten die tapferen Vorkämpfer ihrer journalistischen Ideale.«[325]

Damit war die reduzierte nationalsozialistische Europaidee klar definiert – Hitler-Deutschland, Italien und die verbündeten Staaten bildeten das »neue Europa«. Letztlich ging es dabei aber nicht um eine freie professionelle Presse, sondern um Propaganda, um den Krieg zu gewinnen. Im April 1942 tagten dann auch bereits 300 Journalisten aus fünfzehn Ländern in Venedig, Spanien und das besetzte Norwegen wurden ebenfalls aufgenommen.

Schirach stellte dann 1942 für diese internationalen Aktivitäten vor allem prächtige Räume zur Verfügung und so konnte die »Union Nationaler Journalistenverbände« im Palais Schönborn, dem ehemaligen Palais Batthyány, in der Renngasse 4 in der Innenstadt Wiens, einziehen. Präsident dieser Union war SA-Obergruppenführer Wilhelm Weiß, Hauptschriftleiter des *Völkischen Beobachters.* Fast zeitgleich wurde ein Institut für Zeitungswissenschaften an der Universität Wien gegründet.[326]

Sehr schnell vernetzten sich auch diese beiden »europäischen« Verbände. Für die Union erklärte Giuseppe Tassinari nach Abschluss der Gründungsveranstaltung des Europäischen Jugendverbandes mit der Schlagzeile »Jugend und Presse in einer Front«, dass »die antibolschewistische und antidemokratische Presse des neuen Europa, die an den Sieg glaubt und für eine höhere soziale Gerechtigkeit kämpft, in der Jugend den besseren Teil ihrer selbst findet«.[327]

In weiterer Folge gelang es dieser Union der »Schriftleitersoldaten« auch, das Auswärtige Amt zu gewinnen, und so konnte bei der zweiten Tagung in Wien 1943 von Paul Schmidt, dem engen Mitarbeiter und Übersetzer von Reichsaußenminister Ribbentrop, ein Unterstützungstelegramm verlesen werden. Die antisemitische Agitation übernahm diesmal der Pressechef des königlich-bulgarischen Pressedienstes, Gesandter Serafimoff, der darauf verwies, dass die bulgarische Presse seit fast hundert Jahren »judenfrei« sei.[328]

Entsprechend schnell agierte auch der Europäische Jugendverband, der sich das Logo in Form einer bildlichen Darstellung von Europa auf dem Stier gab: In einer gemeinsamen Aussendung attackierte man die USA unter dem Titel »Die Antwort der Jugend Europas an Roosevelt« mit kurzen Propagandastatements der Jugendbewegungen aus Belgien (Flamen und Wallonen getrennt), Kroatien, Niederlande, Norwegen und Frankreich.[329]

Der Mann, der sich mit dem Wind drehte: Colin Ross

Bereits 1933 hatte Baldur von Schirach den bekannten Reiseschriftsteller, -filmer und Vortragenden Dr. Colin Ross (vielfach auch »Roß« geschrieben) kennengelernt.[330] Ross bereiste mit seiner Frau Dr. Lisa Ross (geborene Peter) und seinen Kindern, der Tochter Renate (geb. 1915) und dem Sohn Ralph Colin (geb. 1923), die Welt und berichtete darüber unter Verwendung aller verfügbaren Medien.[331] Zwischen 1910 und 1945 publizierte er rund 1.200 Zeitungs- und Zeitschriftenartikel, verfasste 35 Bücher, drehte sechs Filme und hielt zahlreiche Vorträge.[332] Er hatte seinen Militärdienst als Einjährig-Freiwilliger im Rahmen der Bayerischen Feldartillerie absolviert, danach begann er in Berlin Maschinenbau und Hüttenkunde zu studieren, entschied sich letztlich aber für Studien aus Nationalökonomie und Geschichte in München und Heidelberg.

Mit seinen Berichten vom Balkankrieg zwischen dem Osmanischen Reich und Bulgarien 1913 war er eine journalistische Berühmtheit geworden und setzte diese Karriere nach einem Abstecher zum Mexikanischen Bürgerkrieg 1913 im Ersten Weltkrieg fort, in dem er nicht nur publizierte, sondern auch als Oberleutnant an der russischen Front kämpfte und verwundet wurde. In weiterer Folge arbeitete er für die Propaganda-Abteilung der Obersten Heeresleitung. 1918/19, an der revolutionären Wende vom Kaiserreich zur Weimarer Republik, versuchte er sich auf höchster Ebene als Berater in militärischen Fragen. Nach kurzer Tätigkeit im Vollzugsrat der Arbeiter- und Soldatenräte und dem vergeblichen Versuch, in der Armee der jungen Republik Karriere zu machen, wanderte er nach Südamerika aus und forcierte seine journalistische Karriere als Reiseschriftsteller, zuerst auf der Basis seiner Südamerika-Zeitungsartikel. Auch als Reisefilmer war er erfolgreich und drehte mit einer Bamberg-Askania-Kamera u. a. den Film *Mit dem Kurbelkasten um die Welt* (1926). Einige seiner Filme wurden von der deutschen UFA produziert und waren auch beim Publikum erfolgreich.

Schon 1919 hatte er gegen die politischen Parteien und die parlamentarische Demokratie Stellung bezogen, aber nach einer Reise durch die Schweiz, Frankreich, Spanien und Großbritannien im September 1931 publizierte er in seinem Buch *Der Wille der Welt* erste, durchaus subtil formulierte, totalitäre politische Vorstellungen. In einem unpublizierten Manuskript, das auch seine Frau Lisa bearbeitete, entwickelte er kurz vor der Machtübernahme Hitlers bereits konkrete Vorstellungen über eine totalitär konzipierte, nationale deutsche Diktatur, aber auch über seine Hoffnung auf ein deutsch-französisch dominiertes Paneuropa.[333] Die NSDAP nahm in seiner Vision eine Vorreiterrolle ein, dennoch hoffte Ross auf eine Einheitspartei aus allen politischen Richtungen, die eine nationale Diktatur errichten würde. Schon im November 1933 berichtete er aus Chicago seinem politischen Mentor, dem Geopolitiker General a. D. Karl Haushofer, der ihn auch mit den NSDAP-Spitzen bekannt machte, dass er eine »Weltphilosophie des Nationalsozialismus« anstrebe.[334]

1933 traf Colin Ross erstmals mit Baldur von Schirach zusammen, ab 1935 waren die Familien in München direkte Nachbarn, da ihre Wohnungen nebeneinander lagen. 1937 wirkte Ross an einem deutsch-französischen Jugendaustausch der Hitler-Jugend mit, an dem auch der 14-jährige Sohn von Ross, Ralph Colin, teilnahm. Sowohl Hitler als auch der französische Präsident Albert Lebrun empfingen aus diesem

Oben: Der Krieg ist das Gesprächsthema Nummer eins: Colin und Lisa Ross (ganz rechts) zu Besuch bei den Schirachs auf Schloss Aspenstein, um 1942. Im September 1942 lud Schirach Ross zu einem Vortrag anlässlich des Europäischen Jugendkongresses nach Wien ein, wo er über die »Welt von morgen« sprach.

Unten: Es galt noch zu kurbeln: Colin Ross drehte seine erfolgreichen Reisefilme mit einer Bamberg-Askania-Kamera.

Anlass jeweils eine Gruppe von je 21 Jugendlichen aus Deutschland und Frankreich.

Auf Einladung Schirachs nahm Ross an der Reichsführertagung 1937 in Weimar teil und scheute sich nicht, in seinem Zeitungsbericht über die Veranstaltung – wenn auch über Umwege – Goethe mit Schirach gleichzusetzen: »›Mir ist als stünde der alte Goethe am Fenster des Schlosses und blicke auf uns herab‹, sagte Baldur von Schirach.

›Nein, für mich ist es der junge Goethe‹, entfährt es dem jungen, schönen Mädchen neben ihm, das Deutschlands Mädelschaft führt … ›Sie haben beide recht‹, muß ich denken, der Mann und das Mädchen. Sie sind unter uns, der alte und der junge Goethe.«[335] In einem gleichzeitigen Bericht über das Konzentrationslager Buchenwald rechtfertigte er die strenge Inhaftierung politischer Gegner und bezeichnete sie als »politische Notwendigkeit«.[336]

Ein Jahr später, 1938, traf Ross den neuen Außenminister Joachim von Ribbentrop und versuchte ihn von einer Unterstützung für die deutsch-amerikanischen Vereine zu überzeugen, da auch in den USA der »Rassegedanke« immer wichtiger werde, und bemühte sich, diplomatische und finanzielle Unterstützung für eine geplante Amerika-Reise zu bekommen. Ernst Wallenberg, der ehemalige Chefredakteur der *B.Z. am Mittag*, der als Jude aus Deutschland in die USA vertrieben worden war, beschrieb Ross – meiner Meinung nach sehr zutreffend – als politischen Konjunkturritter: »*This man rides always with the wind, and he changed from democracy in 1918 to communism denying his officers qualification, emphasising the same in 1932, changing from hundred percent pro-jewish to hundred percent antisemitic as you will see by this impudent article about New York.*«[337] In zahlreichen Vorträgen verteidigte Ross geschickt den Nationalsozialismus und Adolf Hitler und rechtfertigte die antijüdische Politik des »Dritten Reichs«. Für den 12. März 1940 gelang es Colin Ross sogar, einen Termin bei Hitler in der Neuen Reichskanzlei in Berlin zu bekommen, um ihm seine geopolitischen Vorstellungen auf der Basis seines Buches *Unser Amerika* zu präsentieren.[338] Diesen Besuch beim »Führer« ließ er – marketingtechnisch geschickt – in den Zeitungen ankündigen[339]: In völliger Überschätzung der Interessen und Möglichkeiten der Immigration aus Deutschland, vermeinte

Ross in den deutschen Organisationen in den USA eine einflussreiche Lobby zu erkennen. Gleichzeitig versuchte er, Hitlers militärstrategische Konzentration auf die Bedeutung Großbritanniens im Krieg in Richtung USA umzulenken. Ross' Theorien zufolge würde eine verstärkte Einwanderung von Juden aus Deutschland und Europa in den USA den Antisemitismus verstärken. Gleichzeitig sollte Deutschland die US-Einflusssphäre im Westen akzeptieren und entsprechende Signale aussenden, um deren Akzeptanz für ein deutsch dominiertes Mitteleuropa zu erhalten. Hitler deutete in diesem Gespräch auch seine menschenverachtenden Vorstellungen über die »Judenfrage« an, die er eigentlich als »Raumproblem« ansah und gleichzeitig aus seiner Sicht zu wenig Platz für die damalige Deportierungs- und Ghettoisierungspolitik zur Verfügung stand.[340] Dies war eine klare Aussage Hitlers, der damit schon indirekt den nächsten Schritt, die Shoa, signalisierte, was aber damals Ross nicht erkannte.

Selbst Goebbels war noch 1942 nach einem Gespräch mit Ross nach dessen Nordafrikareise begeistert und nannte ihn in seinem Tagebuch einen »sehr scharfen und objektiven Beobachter«.[341] Die Einschätzung von Ross, dass die militärische Stärke der USA den Krieg entscheiden würde, wies er jedoch zurück. Für Goebbels würde die Entscheidung im Krieg gegen die Sowjetunion fallen, aber er würde Ross gerne stärker für die NS-Propaganda im neutralen Ausland einsetzen.

Wenige Wochen später referierte Ross auf Einladung von Reichsstatthalter Schirach vor dem politischen Führerkorps im »Gauhaus« in Wien und präsentierte Afrika als »Ergänzungsraum Europas« sowie als »Rohstoff- und Raumreserve«.[342] Gleichzeitig griff er die USA und Roosevelt an und thematisierte erneut die Gefahr, die von den USA auf das nationalsozialistische Deutschland ausgehen würde.

Auf dem Europa-Jugendkongress Schirachs 1942 referierte Colin Ross am 16. September in der Akademie der Wissenschaften über das Thema »Die Welt von morgen« und änderte dabei seine geostrategische These. Nunmehr drohe die Gefahr für das nationalsozialistische »Großeuropa« nicht von den Völkern Asiens wie den Japanern oder Chinesen, sondern von den »Völkern der zentralasiatischen Steppe[,] den Bolschewisten«.[343] Auch die bei Ross übliche antisemitische Polemik gegen die USA und sein rassistisches hierarchisches Denken wurden bei diesem Vortrag groß in der Wiener Ausgabe des *Völkischen Beobachters* hervorgehoben: »Colin Roß kennzeichnete sodann das Wesen des Dreiecks Roosevelt – Churchill – Stalin als die Exponenten des Materialismus, streifte in diesem Zusammenhang die verhängnisvolle Rolle des Judentums und fuhr fort: ›Die neue Welt bricht an wie der neue Tag. Sie wird eine natürliche Hierarchie der Rassen und Völker und in ihrem Rahmen der Gruppen und Einzelindividuen bringen. Das Heraufziehen dieser Hierarchie ist heute schon klar als schicksalshaft zu erkennen. Aus ihr folgert der Ablauf der britischen Weltherrschaft ebenso wie das Mißlingen des Versuches, an ihre Stelle eine bolschewistische oder amerikanische zu errichten.‹«[344]

Tragisch war der Tod von Ross und seiner Frau Lisa zu Kriegsende. Ross sah sich immer mehr als propagandistischer Kämpfer des Nationalsozialismus. Daran änderte auch der Tod seines Sohnes Ralph Colin während des Angriffs auf die Sowjetunion 1941 nichts: Der junge Soldat wurde beim Baden tödlich von einem Blitz getroffen. Noch im selben Jahr trat Colin Ross der NSDAP als Mitglied bei. 1943 wurde er Leiter des Amerika-Komitees im Auswärtigen Amt. Am 23. Juli 1943 legte er dort einen »Feldzugsplan für den ideologischen Krieg« vor.[345] Immer wieder sah er sich als ideologischer Vordenker des Nationalsozialismus und interpretierte den Krieg letztlich als ideologische Auseinandersetzung.

1944 diskutierte Ross – laut Schirachs Angaben – mit dem Wiener Reichsstatthalter privat die Verfolgung und Vernichtung der Juden, nachdem Schirach infolge der Posener Tagung der Reichs- und Gauleiter und der dortigen Rede Himmlers das ganze Ausmaß des Genozids an der jüdischen Bevölkerung Europas zu erahnen schien. 1946 behauptete er beim Nürnberger Prozess, Ross wollte damals eine Denkschrift zur Ausreise aller ungarischen Juden und Jüdinnen entwickeln und diese mit Außenminister Ribbentrop zur Vorlage bei Hitler besprechen – eine Behauptung, zu der es aber keinen schriftlichen Beleg gibt.

In den Interviews von Jochen von Lang mit Schirach präsentierte dieser eine andere Version, die angeblich an sein Gespräch mit Ross 1944 anknüpfte: Über die Vermittlung des Roten Kreuzes sollten alle im deutschen Machtbereich befindlichen Juden und Jüdinnen »dem amerikanischen Präsidenten […] angeboten«[346] werden. In seinen Memoiren führte Schirach dann noch eine dritte Reaktion auf die Himmler-Rede 1944 an – Ross war empört und meinte angeblich: »Wir müssen uns der Person des Führers bemächtigen, der Mann ist wahnsinnig.«[347] Versuche, Göring in einem Vier-Augen-Gespräch zum Staatstreich zu motivieren, scheiterten laut Schirach.

Kurz vor der Kapitulation Deutschlands sah Ross – wie Hitler, Goebbels und viele andere NS-Funktionäre – nur den gemeinsamen Suizid mit seiner Frau als Ausweg. In der Holzhütte der Schirachs in Urfeld am Walchensee, wo Ross und seine Frau Lisa nach der Zerstörung ihrer Wohnung in der Münchner Königstraße untergekommen waren, nahmen beide am 29. April 1945 Zyankalikapseln ein, dann erschoss Ross seine Frau und setzte seinem Leben mit einem Schuss ein Ende. Vermutlich fürchtete er die Rache der alliierten Soldaten.[348] Der Physiker Werner Heisenberg, Nobelpreisträger von 1932, und seine Frau Elisabeth, die ebenfalls in Urfeld Unterschlupf gefunden hatten und mit dem Ehepaar Ross befreundet waren, nahmen von den Toten Abschied: »Die Leichen sind im Wohnzimmer ausgebreitet, in dem wir sie gelegentlich besucht hatten, eingewickelt in Segeltuch bis auf die Gesichter. Das Gesicht von Colin Ross sieht sehr kantig aus und doch ruhig und friedlich. Dieses Gesicht macht einen tiefen Eindruck auf mich, aber ganz allgemein ist diese Zeit so befrachtet mit Spannungen und Ereignissen, daß selbst der Tod mich nicht mehr sehr bewegt.«[349]

Die privaten Treffen zwischen Ross und Schirach seit 1933/34 sind nicht gut dokumentiert. Was die Darstellung der Familie Ross in Henriette von Schirachs Memoiren betrifft, so reflektieren sie die persönliche Nähe der beiden Familien mit eher als strategisch zu bezeichnenden Erinnerungslücken, was beispielsweise die vermeintliche Herkunft von Ross' Frau Lisa betraf. Ob Baldur von Schirach hier bewusst das falsche Gerücht einer jüdischen Abstammung weiter tradierte, kann nur vermutet, aber nicht bewiesen werden. Sicherlich faszinierten Schirach die weltgewandten und ideologisch durchaus rassistischen Einschätzungen von Colin Ross, der in seinen diversen Reisebeschreibungen eigentlich immer von der Überlegenheit der »weißen Rasse« schwärmte. In seinen

Referaten und Texten über die USA nahm die deutsche Einwanderung wie erwähnt eine überhöhte zentrale und sehr positive Stellung ein. Auch diese Darstellung passte perfekt zur Familiengeschichte der Schirachs, die sich trotz mehrfacher Auswanderung in die USA immer als Deutsche verstanden wissen wollten.

Katharina Dobbs, Schirachs unbekannte Geliebte

Sie wurde von allen, die von ihr gewusst haben mögen, diskret verschwiegen, dennoch gab es sie wohl: die Geliebte. Auf die Spur zu ihr führen die Memoiren des Holocaustüberlebenden und Regisseurs Imo Moszkowicz (1925–2011), des Schwiegersohns des steirischen Gauhauptmanns Armin Dadieu, der sie nach dem Krieg in Südamerika persönlich kennen lernte[350]: »Daß ich in Chile dem ehemaligen Adjutanten von Hermann Göring[351] begegnen sollte und der ehemaligen Geliebten von Baldur von Schirach, war nicht zu ahnen. Katharina Dobbs spielte die Marion und war eine aufmerksame Freundin, die mich Jahre später nach Brasilien holte, um dort das deutschsprachige Künstlertheater pro Arte São Paulo zu gründen, das ich dann leitete.«

Katharina Dobbs, geboren am 7. Dezember 1920 in Rottenmann in der Steiermark, stammte aus der ersten Ehe ihrer Mutter Käthe, geborene von Kaler-Laurenheim mit William Dobbs, der 1926 verstorben war. Schon ihre Mutter Käthe Dobbs hat 1931/32 am Reinhardt Seminar in Wien Schauspiel studiert. Sie heiratete 1934 den Verwaltungsrat Ing. Wilhelm Künstler aus Aussig an der Elbe, nachdem sie im Burgtheater und auch in einer Nebenrolle bei den Salzburger Festspielen aufgetreten war.

In den Jahren 1941 bis 1943 inskribierte ihre Tochter Katharina an der Staatsakademie für Musik und Darstellende Kunst in Wien Schauspiel.[352] 1943 bekam Katharina eine kleine Rolle in der Verfilmung von Richard Billingers Schauspiel *Gabriele Dambrone* als Komtesse Clementine von Roggenbühl und debütierte am Linzer Landestheater im August 1943 als Hero in Franz Grillparzers *Des Meeres und der Liebe Wellen*. Nach der Premiere verwies die Musikberichterstatterin,[353] die

Die junge Schauspielerin Katharina Dobbs, geboren 1920 im steirischen Rottenmann, war offenbar einige Zeit lang die Geliebte des Reichsstatthalters. Angeblich wusste Henriette von Schirach über die Affäre ihres Mannes Bescheid. Das Porträt oben entstand in Argentinien, jenes in der Mitte in Graz 1946/47. Das Foto unten zeigt Katharina Dobbs in der Rolle der Marion in Büchners Drama »Dantons Tod« im Theater Marconi in Buenos Aires.

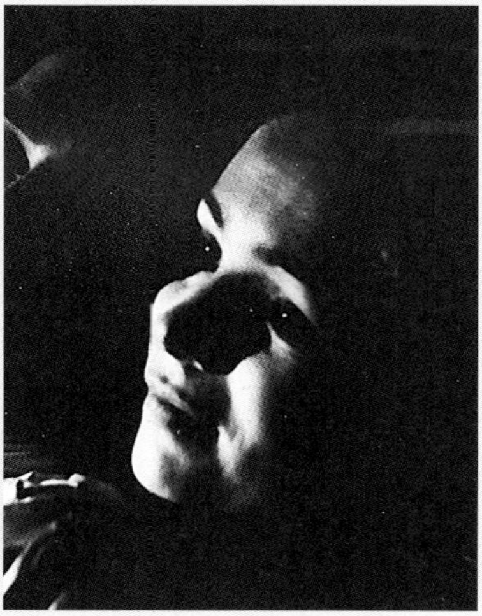

ihr »schlichtes und verinnerlichtes Spiel und ausdrucksvollen Vortrag« attestierte, nicht nur auf ihre Ausbildung am »Schönbrunner Seminar« und der Schule Ackermann in Berlin, sondern auch darauf, dass sie »früher hauptamtliche BDM-Führerin« gewesen war. 1943 hielt sich die junge Schauspielerin öfter in Berlin auf und legte bei der Reichstheaterkammer eine Prüfung ab. Im Berliner Staatstheater sollte sie in demselben Stück Grillparzers als Janthe auftreten. 1944 war sie vorübergehend in Pfullingen, Klostergarten 28, wohnhaft. Nach 1945 tauchte sie – diesmal als Katharina Dobbs – im Städtischen Schauspielhaus Tübingen auf. Mit ihrem ersten Mann, dem Adjutanten des Reichsmarschalls Hermann Göring, Egon Keutmann, hatte sie den Sohn Christoph, der 1945 geboren wurde. Am 28. Februar 1948 kam sie mit einem Schiff in Buenos Aires an.[354] Zu diesem Zeitpunkt war sie aber bereits geschieden. Sie war dann noch zweimal verheiratet und ist in Köln verstorben.[355]

Eine weitere Bestätigung für den Hinweis von Imo Moszkowicz, dass Katharina Dobbs die Geliebte von Baldur von Schirach war, konnte nach einem Gespräch mit Christine von Unruh gefunden werden. Tatsache ist, dass sie in kurzer Zeit in der Endphase des Nationalsozialismus eine sehr rasche Karriere als Schauspielerin machte – alles deutet darauf hin, dass die aufstrebende Aktrice im Hintergrund wohlwollende Unterstützung erfuhr.

A b s c h r i f t!

Der Reichsminister und Chef
der Reichskanzlei

Berlin W 8, den 3.12.40
Voßstr.6.

R k. 789 B g

G e h e i m!

An

den Reichsstatthalter in Wien
Herrn Gauleiter von S c h i r a c h
W i e n

Sehr verehrter Herr von Schirach!

Wie mir Reichsleiter Bormann mitteilt, hat der Führer auf einen von Ihnen erstatteten Bericht entschieden, daß die in dem Reichsgau Wien noch wohnhaften 60 000 Juden beschleunigt, also noch während des Krieges, wegen der in Wien herrschenden Wohnungsnot ins Generalgouvernement abgeschoben werden sollen. Ich habe diese Entscheidung des Führers dem Herrn Generalgouverneur in Krakau sowie dem Reichsführer SS mitgeteilt und darf Sie bitten, gleichfalls von ihr Kenntnis nehmen zu wollen.

Heil Hitler!
Ihr sehr ergebener
gez.Dr.Lammers

Abschriftlich:
1. an ::-:: Dr.Dellbrügge ::-::
2. Reg.Präs. J u n g

Eine der ganz wenigen Weisungen Hitlers in Bezug auf die Verfolgung der Juden: Das Schreiben von Hans Heinrich Lammers vom 3. Dezember 1940 an Schirach war in Nürnberg 1946 ein wichtiges Beweisstück.

8. »SONDERAKTION«

Deportation und Ermordung der jüdischen Bevölkerung Wiens

Als Chef der Zivilverwaltung, der sich mit der bereits erwähnten Wohnungsnot auseinandersetzen musste, wusste Baldur von Schirach zweifellos über die Deportationen der verbliebenen Wiener Juden und Jüdinnen gut Bescheid. Bei einem privaten Essen für den Generalgouverneur der besetzten polnischen Gebiete Hans Frank in der Wohnung Adolf Hitlers in Berlin am 2. Oktober 1940, an dem auch Schirach, Gauleiter Koch und Martin Bormann teilnahmen, berichtete Frank über die Judenpolitik im Generalgouvernement. Das Protokoll der Sitzung, angefertigt von Martin Bormann, hielt fest: Schirach »bemerkte, daß er immer noch 50000 Juden in Wien habe, die Dr. Frank übernehmen müsse. Parteigenosse Dr. Frank sagte, das sei unmöglich«.[356] Letztlich wurde er aber bei diesem Gespräch überstimmt und musste mehr Juden und Jüdinnen aus Wien aufnehmen.

Zwei Monate nach diesem Treffen gab es eine der ganz wenigen direkten Weisungen Hitlers in Bezug auf die Verfolgung der Juden: Am 3. Dezember 1940 teilte der Chef der Reichskanzlei, Reichsminister Hans Heinrich Lammers, Schirach den Deportationsbefehl mit. Dieser hatte selbst bereits zuvor darauf gedrängt, in dieser Hinsicht aktiv werden zu können, wie aus dem Schreiben Lammers deutlich wird:

Die Schirach beim Nürnberger Prozess vorgelegten Dokumente beweisen auch, dass laufend Informationen, u. a. auch von Reinhard Heydrich, über die Deportation und Ermordung der jüdischen Bevölkerung Wiens an sein Büro gelangten. Er verantwortete sich damit, dass er die betreffenden Schriftstücke nicht zur Kenntnis genommen habe, anderenfalls hätte er sie abgezeichnet:

»MR. DODD: Werfen Sie einen Blick auf Dokument 3921-PS, das Beweisstück US-872 wird. Es ist ein Bericht über die Evakuierung der Juden und besagt, daß 50000 Juden in das Gebiet Riga-Minsk verschickt werden sollten. Sie erhielten als Reichsverteidigungskommissar eine Durchschrift dieses Berichtes. Wenn Sie sich die letzte Seite ansehen, werden Sie dort die Paraphe Ihres Hauptmitarbeiters, des SS-Mannes Dellbrügge, und auch den Empfangsstempel Ihres eigenen Büros finden.

VON SCHIRACH: Ich sehe nur, daß Dr. Dellbrügge den Vorgang zu den Akten geschrieben hat. Es stehen die Zeichen dabei z. d. A., zu den Akten.

MR. DODD: Und er hat Sie nicht von diesem Bericht über die Juden unterrichtet? Obwohl Sie darüber mit Hitler gesprochen hatten, daß Sie aus Ihrem Gebiet deportiert werden sollten; ich nehme also an, daß Ihr Hauptmitarbeiter sich nicht die Mühe machte. Ihnen davon etwas zu sagen. Wollen Sie, daß wir das so verstehen?

VON SCHIRACH: Ja.

MR. DODD: Nun, sehen Sie sich ein weiteres Dokument an, das etwas Licht auf diese Sache werfen wird. Es liegt schon als US-808 vor. Es sagt Ihnen, was mit den Juden in Minsk und Riga geschah; und das Dokument gelangte auch in Ihr Büro, wenn Sie sich daran erinnern. Vielleicht ist es gar nicht nötig, Ihnen das noch einmal zu zeigen. Sie erinnern sich an das Dokument. Es ist einer der monatlichen Berichte von Heydrich, worin er sagt, daß 29000 Juden in Riga gewesen wären, die auf 2500 reduziert worden seien, und daß 33210 von der Einsatzgruppe erschossen worden sind. Erinnern Sie sich daran?

VON SCHIRACH: Ich habe während der vergangenen zwei Tage mir diese Monatsberichte genau angesehen. Die Monatsberichte, dazu muß ich grundsätzlich hier folgendes feststellen, tragen auf dem Deckblatt unten rechts eine Initiale, die Dr. Fsch. etwa lautet. Das sind die Initialen von Dr. Fischer. Sie sind oben abgezeichnet nicht von mir, sondern mit vom

Regierungspräsidenten, mit dem Zusatz ›zu den Akten‹. Wenn ich sie gelesen hätte …

MR. DODD: Ich behaupte nicht, daß Ihre Paraphe auf einem derartigen Dokument stand, aber ich behaupte, daß diese Dokumente in Ihre Organisation und in die Hände Ihres Hauptmitarbeiters gelangten.

VON SCHIRACH: Ich muß aber hier feststellen, wenn sie mir vorgetragen sind, befindet sich ein Vermerk darauf ›dem Reichsleiter vorgetragen‹, und der vortragende Referent zeichnet diesen Vermerk ab. Wenn ich davon Kenntnis genommen habe, sind meine eigenen Initialen drauf mit einem ›K.g.‹, zur Kenntnis genommen.

MR. DODD: Ja. Ich möchte Sie daran erinnern, daß das Datum dieses Berichts Februar 1942 ist, und außerdem möchte ich Sie daran erinnern, daß Heydrich Ihnen darin sagt, wie viele Juden in Minsk getötet worden sind.«[357]

Auch aus der Perspektive von Wilhelm Bienenfeld, eines Überlebenden des Ältestenrates der Israelitischen Kultusgemeinde Wien, war klar, dass Schirach voll informiert war:

»Dass Schirach von allen diesen Anordnungen Kenntnis haben musste, ergibt sich schon daraus, dass bei ihm interveniert wurde, allerdings fast immer ohne Erfolg. Jedenfalls ist es sicher, dass die ganzen Maßnahmen auf dem Gebiet der Auswanderung nach dem Westen, der Verschickungen nach Polen erst unter Schirach begonnen und unter seiner Ägide durchgeführt wurden. Dass er von diesen Maßnahmen wissen musste, halte ich für selbstverständlich, weil es jedes Kind in Wien gesehen und gewusst hat, das Abtransportieren der Juden nach Polen geschah in aller Öffentlichkeit. Die Wagen standen vor den Häusern, während die dazu bestimmten Leute den Abtransport durchführten. Es sah dies jeder Vorübergehende. Wie es den Leuten dann in Polen ergangen und was mit ihnen geschehen ist, wurde auch in Wien bekannt. Selbstverständlich wurde auch der Versuch unternommen,

Oben: Die Deportation der jüdischen Bevölkerung aus Wien. Im Hof des »Sammellagers« Kleine Sperlgasse 2 a werden Gepäckstücke der Opfer verladen.

Mitte: Leitete ab 1941 die »Zentralstelle für jüdische Auswanderung«: SS-Hauptsturmführer Alois Brunner organisierte kompromiss- und gnadenlos die »Evakuierung« der Juden und Jüdinnen.

Unten: Der Aspangbahnhof im 3. Wiener Gemeindebezirk. Von hier fuhren die Todeszüge zu den Ghettos und Vernichtungslagern.

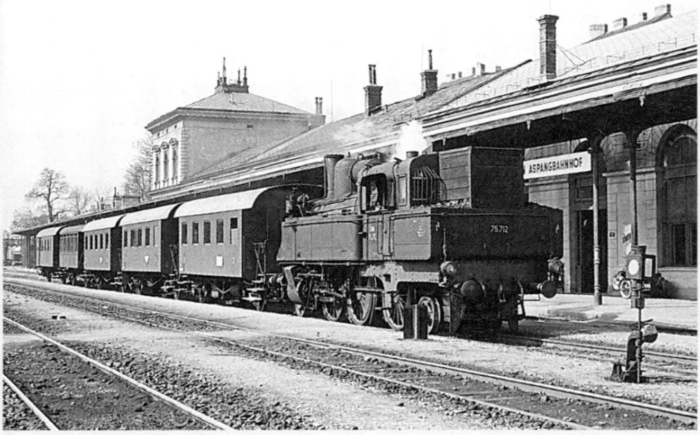

durch Interventionen bis zum Reichsstatthalter das Los der Verschickten zu mildern. Richtig ist allerdings, dass wir bis zum Reichsstatthalter nicht vordringen konnten, weil er es ja abgelehnt hat, mit einem Juden zu sprechen.«[358] Schirachs Behauptung bei den Nürnberger Prozessen, zuerst von Colin Ross vom Genozid an Juden und Jüdinnen erfahren zu haben,[359] stellte er in seinen Erinnerungen richtig und verwies auf die zweite Posener Rede von Himmler vor den Reichs- und Gauleitern am 6. Oktober 1943, datierte sie aber falsch mit 29. Mai 1944.[360] Hier legte Himmler ohne Umschweife die Ermordung des gesamten europäischen Judentums dar:

»Ich bitte Sie, das, was ich Ihnen in diesem Kreise sage, wirklich nur zu hören und nie darüber zu sprechen. Es trat an uns die Frage heran: Wie ist es mit den Frauen und Kindern? – Ich habe mich entschlossen, auch hier eine ganz klare Lösung zu finden. Ich hielt mich nämlich nicht für berechtigt, die Männer auszurotten – sprich also, umzubringen oder umbringen zu lassen – und die Rächer in Gestalt der Kinder für unsere Söhne und Enkel groß werden zu lassen. Es mußte der schwere Entschluß gefaßt werden, dieses Volk von der Erde verschwinden zu lassen. Für die Organisation, die den Auftrag durchführen mußte, war es der schwerste, den wir bisher hatten. [...] Ich habe mich für verpflichtet gehalten, zu Ihnen als den obersten Willensträgern, als den obersten Würdenträgern der Partei, dieses politischen Ordens, dieses politischen Instruments des Führers, auch über diese Frage einmal ganz offen zu sprechen und zu sagen, wie es gewesen ist. – Die Judenfrage in den von uns besetzten Ländern wird bis Ende dieses Jahres erledigt sein. Es werden nur Restbestände von einzelnen Juden übrig bleiben, die untergeschlüpft sind.«[361]

Tatsächlich hatte Schirach aber bereits bei einem geschlossenen Vortrag des Gauleiters des Warthelands Arthur Greiser für das Führungskorps des Gaus Wien am 12. Mai 1942 von den Vernichtungsaktionen erfahren. Dieser Vortrag im Großen Sitzungssaal II des »Gauhauses« in Wien dauerte fast eine Stunde und 40 Minuten. Zehn Tage zuvor hatte Greiser an Himmler rapportiert, dass rund 100.000 Juden und Jüdinnen unter seiner Verantwortung umgebracht worden waren.[362] Zum ersten Mal wird hier aus dieser Rede Greisers, die bisher im Original nicht bekannt war, aus dem Bestand des NS-Gaupressearchivs Wien an der Fachbibliothek Zeitgeschichte der Universität Wien, zitiert:[363]

> Nun werden Sie mit Recht fragen,warum heute in dem Ghetto und auch ausserhalb,nur mehr so wenig Juden sind, und da sage ich Ihnen als Nationalsozialist : Diese Frage kann ich in einem solchen Kreis nicht im einzelnen beantworten. Ich kann sie nur dahingehend beantworten, dass die Juden selbstverständlich auch weniger werden,bis auf die 45.000, die tatsächlich arbeiten - und die Wiener Juden, die wir in der Zwischenzeit bekommen haben,die haben auch bereits den Arbeitseinsatz gesehen. Ich kann Ihnen versichern, dass Ihre ehemaligen Mitbürger dieser schönen Stadt in der Zwischenzeit sehr gut gelernt haben, Strohschuhe - das sind Postenschuhe für unsere Wehrmacht - und andere schöne Dinge zu machen. Ein Teil von ihnen wollte durchaus nicht im Ghetto bleiben,weil es ihnen dort nicht gefallen hat und wollten sich mit ihrem Judengott besser stellen und aussöhnen, und wir haben auch dazu die Hand geboten und haben........(Grosse Heiterkeit und starker Beifall)

Arthur Greiser ließ in seiner Wiener Ansprache keinen Zweifel daran, dass von den ursprünglich 800.000 Juden und Jüdinnen im Ghetto Litzmannstadt nur die 45.000 Arbeitssklaven und -sklavinnen am Leben bleiben sollten. Schon im ersten Teil seiner Rede hatte er unmissverständlich die Unterjochung und Verfolgung der rund 3,6 Millionen Polen und Polinnen begründet. Wenige Tage zuvor hatte er an Himmler geschrieben, um nach der Bestätigung der »Sonderbehandlung« von rund 100.000 Juden die Tötung von 35.000 an Tuberkulose erkrankten Polen vorzuschlagen,[364] was Himmler jedoch ablehnte.[365]

Während Baldur von Schirach in seinen Gesprächen mit dem Journalisten und Autor Jochen von Lang eine betroffen machende Rede Greisers erwähnt, so zeichnet das Transkript der bisher unveröffentlichten Rede, das schallende Heiterkeit und starken Beifall des NS-Führerkorps dokumentiert, ein anderes Bild: Die Wiener Parteigenossen unterhielten sich beim zynischen Vortrag Greisers bestens. Auch eine angebliche mündliche Weisung des Reichsstatthalters an Dellbrügge, die Transportkapazitäten zu reduzieren, lässt sich nicht nachweisen, die Transporte in den Tod aus Wien Richtung Minsk und Izbica gingen jedenfalls ohne Pause weiter.[366] Insgesamt wurden zwischen November 1941 und Oktober 1942 in zehn Transporten rund 10.000 Menschen aus Wien nach Maly Trostinec bei Minsk unter qualvollen Bedingungen deportiert und in der »Blagowtschina«, einem Waldstück beim Dorf Maly Trostinec, erschossen oder in Gaswagen ermordet. Nur 17 Menschen überlebten. An keinem anderen Ort starben in der Shoa mehr Österreicherinnen und Österreicher. 2019 wurde ein Denkmal mit den Vornamen der Opfer errichtet, ein Projekt, das eine Wiener Privatinitiative um Waltraud Barton mehr als zehn Jahre lang engagiert durchzusetzen versuchte.

Der engste Mitarbeiter Baldur von Schirachs im Verwaltungsbereich war Regierungspräsident SS-Brigadeführer Hans Dellbrügge (1902–1982), ein Jurist aus dem Reichsministerium für Inneres, der 1940 als Hauptabteilungsleiter im Reichskommissariat Norwegen Erfahrungen gesammelt hatte. Dellbrügge schrieb 1944 an den Leiter des Reichssicherheitshauptamtes Ernst Kaltenbrunner, um ungarische Juden und Jüdinnen für »kriegswichtige Arbeiten der Stadt Wien« zu bekommen. Auch Bürgermeister Hanns Blaschke, ebenfalls SS-Brigadeführer, intervenierte und konnte Kaltenbrunner dazu bewegen, »einige Evakuierungstransporte« nach Wien/Strasshof zu leiten.

»Es handelt sich zunächst um 4 Transporte mit etwa 12000 Juden, die bereits in den nächsten Tagen in Wien eintreffen. Nach den bisherigen Erfahrungen werden bei diesen Transporten schätzungsweise etwa 30 % (im vorliegenden Fall etwa 3600) an arbeitsfähigen Juden anfallen, die unter Vorbehalt ihres jederzeitigen Abzuges zu den in Rede stehenden Arbeiten herangezogen werden können. Daß nur ein

Der Osten, die großdeutsche Aufgabe

Gauleiter des Warthegaues, Artur Greiser, sprach in Wien

Auf Einladung des Reichsleiters Baldur von Schirach sprach am Dienstag abend im Gauhaus der Gauleiter des Warthegaues, Reichsstatthalter **Artur Greiser** in einer fast zweistündigen Rede vor dem Führerkorps des Reichsgaues Wien

(Lichtbild Atlantic)
Gauleiter Artur Greiser.

daß nach dem Sieg der deutschen Waffen der Volkstumskampf überhaupt erst beginnen werde, der nur dann erfolgreich bestanden werden könne, wenn es der Partei gelingt, das gesamte deutsche Volk für dieses wichtige Problem zu mobilisieren.

Nach einem Rückblick auf den unter der Polenherrschaft geführten Entdeutschungsprozesses lenkte der Gauleiter den Blick in die Gegenwart und bezeichnete als die Zielsetzung seiner Arbeit und Aufgabe, dieses Land wieder deutsch zu machen. Der Redner führte eine Reihe bemerkenswerter Beispiele an, die erkennen ließen, daß die Partei zur Lösung dieser vordringlichen Fragen Mittel und Wege gefunden hat. Die Partei hat hier neue und erstmalige Aufgaben erhalten, die schlechthin als **großdeutsche Aufgabe** bezeichnet werden müssen.

Der Gauleiter gab dann einen kurzen Querschnitt durch die vordringlichen Projekte, die in der Zukunft im Warthegau in Angriff genommen werden müssen, wobei er von einer gewaltigen Aufforstung, einer umfassenden Verkehrserschließung, einer ausreichenden Energieversorgung und einer neuartigen Städte- und Dorfplanung sprach.

Unter Hinweis auf die besondere Struktur der Ostgebiete fuhr Gauleiter Greiser fort: Der deutsche Osten soll einmal dem deutschen Frontkämpfer gehören. Für Tausende von Frontsoldaten ist Grund und Boden zur Verfügung, stehen Höfe frei, sind Handwerksbetriebe, Verwaltungsstellen usw. da, die besetzt werden müssen. Auf diese Weise will der Warthegau in allererster Linie seinen Dank jenen Männern

Arbeitern, sondern auch gegenüber den Angestellten im Altreich. Für sie gilt ab 1. Juli 1942 ein **Beitrag von 10 v. H.** des monatlichen Arbeitsentgeltes, wovon der Dienstgeber die Hälfte zu tragen hat. Ebenso hoch wurde der Beitrag für die Angestellten im Sudetengau festgesetzt, während für die Angestellten im Altreich nur ein Beitrag von 5'6 v. H. (wie für die Arbeiter) zu entrichten sein wird.

Dieser Unterschied ist wohlbegründet. Die Angestellten in den Alpen- und Donau-Reichsgauen und die Angestellten im Sudetengau haben, soweit sie schon 60 Monate vor dem 1. Jänner 1939 versichert waren, **weit höhere** Anwartschaften erworben, als solche den Angestellten im Altreich zustehen. Der Grundbetrag aus der österreichischen Angestelltenversicherung ist bis zu 50 Reichsmark im Monat höher als der Grundbetrag nach Reichsrecht. Der Steigerungsbetrag war nach österreichischem Recht nach der Dauer der Versicherung von 1/2 v. H. bis 1 1/2 v. H. gestaffelt, während er nach Reichsrecht während der ganzen Versicherungsdauer nur ungefähr 1/2 v. H. beträgt.

Zur Wahrung dieser höheren Anwartschaft und deren Steigerung im ungefähren bisherigen Ausmaß wurde schon bei Einführung der reichsrechtlichen Sozialversicherung in den Alpen- und Donau-Reichsgauen ein höherer Beitrag für die Angestellten festgesetzt, als bei gleichhohem Einkommen die Angestellten im Altreich zu bezahlen hatten. Dieser bisherige Beitrag belief sich durchschnittlich auf 8 v. H. des monatlichen Gehaltsbezuges, so daß sich die gegenwärtige Steigerung nur auf 2 v. H. belauft.

Mehr Zahlung, mehr Leistung

Für die Beitragszahlung in Höhe von 10 v. H. wird aber auch ein höherer Steigerungsbetrag gewährt. Er **beträgt** 1'2 v. H. der Beitragsgrundlage, während die Angestellten im Altreich nur auf einen Steigerungsbetrag in Höhe von 0'7 v. H. der Beitragsgrundlage Anspruch haben. Der Beitragsunterschied einschließlich der Erhöhung findet daher seinen gleichwertigen Ausgleich.

Dazu ist noch zu bemerken, daß die Ange-

4

Das Kleine Blatt Donnerstag, 14. Mai 1942

Oben: »Aufbauarbeit« und »vordringliche Zukunftsaufgaben«: Artur Greiser, der Gauleiter des Warthegaus, verabsäumte es nicht, in seiner zynischen Rede vor der »Führerschaft des Reichsgaues Wien« auch den Genozid an der jüdischen Bevölkerung zur Sprache zu bringen. »Kleines Blatt«, 14. Mai 1942.

Unten: An keinem anderen Ort starben in der Shoa mehr Österreicher und Österreicherinnen: der Blagowtschina-Wald bei Maly Trostinec in der Nähe von Minsk. Die Gedenkstätte erinnert an die rund 10.000 Opfer.

gut bewachter, geschlossener Arbeitseinsatz und eine gesicherte lagermäßige Unterbringung in Betracht kommen kann, liegt auf der Hand und ist unbedingte Voraussetzung für die Bereitstellung dieser Juden.

Die nichtarbeitsfähigen Frauen und Kinder dieser Juden, die sämtlich für eine Sonderaktion bereitgehalten und deshalb eines Tages wieder abgezogen werden, müssen auch tagsüber in dem bewachten Lager verbleiben.«[367]

Der Begriff »Sonderaktion« in diesem Schreiben stellte ein Codewort der SS für die Ermordung der arbeitsunfähigen Frauen und Kinder dar. Nach dem »Ja« aus Berlin wurden im Sommer 1944 insgesamt 15.011 jüdische Männer, Frauen und Kinder aus der »Einwaggonierungszentrale« Debrecen nach Strasshof verbracht. Die Fahrt ins Marchfeld dauerte mehrere Tage und wurde für die in den Viehwaggons zusammengepferchten Menschen zur Hölle. 80 bis 100 Menschen drängten sich in einem Waggon zusammen, alles, was sie hatten, waren zwei Kübel: einer mit Wasser, der andere für die Notdurft. Dem Schrecken der Fahrt folgte jener des »Durchgangslagers« (DULAG) in Strasshof. Die Holzbaracken waren überfüllt, es gab keine ausreichende Verpflegung, kranke Menschen mussten im Freien liegen. Die Ärztin Dr. Charlotte Wieser schilderte nach dem Krieg vor dem Volksgericht Wien die furchtbaren Zustände: »Als wir nach Strasshof kamen, wurden wir sogleich in die Desinfektion getrieben. Da uns unsere sämtlichen Kleidungsstücke und überhaupt unser ganzes Hab weggenommen wurde, mussten wir einen ganzen Tag splitternackt vor der SS herummarschieren.«[368]

Wie von Dellbrügge und Blaschke geplant, werden die ungarischen Juden vom Gauarbeitsamt als Arbeitskräfte an diverse Unternehmen, Gewerbebetriebe und Bauernhöfe vermittelt, Strasshof, das am 10. April 1945 von der Roten Armee befreit werden sollte, wurde zur Drehscheibe für die »Verteilung« der ungarisch-jüdischen Zwangsarbeiterinnen und Zwangsarbeiter. Nur etwa 3.000 Menschen überlebten den Alptraum.

Während sich Schirach in Nürnberg nicht daran erinnern konnte, dass er die Berichte über die Ermordung von Juden und Jüdinnen gelesen hatte, so war sein Gedächtnis ganz präzise, was eine Aussage

Oben: Der Oboist Armin Tyroler (links) und der Violinist Julius Stwertka (rechts), beide Angehörige der Wiener Philharmoniker, wurden deportiert und kamen in der Shoa ums Leben: Tyroler wurde zusammen mit seiner Frau im Oktober 1944 in Auschwitz ermordet, Stwertka starb im Dezember 1942 im Ghetto Theresienstadt. Seine Frau und seine Kinder wurden im Mai 1944 in Auschwitz ermordet.

Unten: NSDAP-Mitglied und SS-Angehöriger Wilhelm Jerger, Kontrabassist, Komponist und Dirigent und 1939 von Goebbels zum Vorstand der Wiener Philharmoniker ernannt, konnte die Deportation der Musiker nicht verhindern. Porträtzeichnung, 1938.

des Reichsführers-SS Heinrich Himmler Ende März 1945 betraf. Himmler war am Morgen des 28. März 1945 mit einem Sonderzug nach Wien gekommen und sollte hier nach dem Rechten sehen. Im Polizeipräsidium versammelte er die Offiziere der Waffen-SS zu einem letzten Appell und forderte weiter »Vertrauen« zum »Führer« und ein Aushalten bis zum Letzten. Insgeheim verfolgte der Reichsführer-SS jedoch noch ein anderes Ziel: Er dachte bereits an Verhandlungen mit den Westalliierten und benötigte dafür Geiseln. So bestellte er auch Franz Ziereis, den Kommandanten von Mauthausen, und die Leiter der einzelnen Nebenlager des KZ Mauthausen im Wiener Raum zu sich und wies sie an, alle in ihrem Befehlsbereich noch lebenden Juden zu sammeln – das betraf vor allem die ungarischen Juden und Jüdinnen, die beim Bau des »Südostwalls« zu Schanzarbeiten eingesetzt waren. Schirach zitierte Himmler relativ genau, so soll dieser gesagt haben: »Ich möchte, daß die Juden, die im Arbeitseinsatz sind, möglichst durch Schiffe oder Omnibusse bei bester Verpflegung, ärztlicher Versorgung und so weiter nach Linz oder Mauthausen [...] gebracht werden.« Franz Ziereis gegenüber soll sich Himmler wie folgt geäußert haben: »Passen Sie gut auf diese Juden auf und behandeln Sie sie gut, das ist mein bestes Kapital.«[369] Was Schirach dabei nicht erwähnte war, dass gleichzeitig der Befehl weiter bestand, keine Juden lebendig in die Hände der Roten Armee fallen zu lassen.[370] Der Befehl Himmlers hatte daher furchtbare Folgen: Tausende kamen auf den Todesmärschen Richtung Mauthausen ums Leben.

Obwohl sich Schirach 1942 öffentlich mehrfach mit der Deportation der verbliebenen Wiener Juden und Jüdinnen gerühmt hatte, schob er in Nürnberg 1946 jede Verantwortung auf Hitler, Himmler, die SS und das Reichssicherheitshauptamt ab. Gleichzeitig behauptete er immer wieder, seinen Adjutanten oder Mitarbeiter wie den Generalkulturreferenten Walter Thomas beauftragt zu haben, beim zuständigen SS-Hauptsturmführer Alois Brunner zu intervenieren, »um zu erreichen, daß für diese Personen eine Ausnahme gemacht würde«. Mehr konnte er nicht tun, da er annahm, dass diese Verschickung auch im Interesse des Judentums war, wie Schirach im Zeugenstand aussagte.[371]

Betrachtet man nun einzelne Fälle, so stellen sich diese Interventionen Schirachs durchaus ambivalent dar. So versuchte beispielsweise die Burgschauspielerin Margarethe Dux, verheiratete Bernhuber, über Intervention bei Schirachs Generalkulturreferenten Walter Thomas die Deportation ihrer jüdischen Stiefmutter Fanny Dux zu verhindern. »Liquidator« Alois Brunner[372] reagierte auf die Bitte empört, überließ es jedoch Schirach zu entscheiden, ob sie in Wien verbleiben oder zur »Wohnsitzverlegung«[373] in das Ghetto Theresienstadt gezwungen werden sollte. Fanny Dux, eine Lehrerin, wurde schließlich nach Theresienstadt deportiert, wo sie 1943 im Alter von 65 Jahren umkam.

In einem anderen Fall wandte sich der Dirigent Josef Krips, der als Halbjude stigmatisiert und mit einem Auftrittsverbot belegt worden war, auf Empfehlung des SS-Mitglieds und Vorstands der Wiener Philharmoniker Wilhelm Jerger an Schirach und bat, ins Ausland reisen zu dürfen, um dort seine Karriere als Dirigent fortsetzen zu können. Schirach lehnte das Gesuch jedoch ab und verwies Krips an die Reichskulturkammer.[374] Vergeblich hatten sogar der NSDAP-Parteigenosse Franz Schütz, der die Akademie für Musik und darstellende Kunst »arisiert« hatte, und der von Hitler besonders geschätzte Dirigent Clemens Krauss für Krips interveniert. Josef Krips musste bis Kriegsende in einem Rüstungsbetrieb schuften und hielt sich mit Privatstunden für Sängerinnen über Wasser.

Obwohl Schirach Schirmherr der Wiener Philharmoniker war, rührte er keinen Finger, um die Deportationen von fünf pensionierten und höchst verdienten Philharmonikern – Armin Tyroler, Viktor Robitschek, Max Starkmann, Moritz Glattauer und Julius Stwertka – zu verhindern. Vergeblich schrieb der Philharmoniker-Vorstand Jerger, selbst illegales NSDAP-Mitglied und SS-Mann, an Schirachs Generalkulturreferenten Walter Thomas und bat, die Künstler von der Deportation auszunehmen.[375] Alle fünf wurden deportiert und Opfer in der Shoa.

Nur in einem Fall kann ein verstärktes Engagement von Schirach nachgewiesen werden: Dieser betraf Alice Strauss, geborene von Grab-Hermannswörth, die jüdische Schwiegertochter des seinerzeit bedeutendsten lebenden deutschen Komponisten, Richard Strauss. Sie hatte bereits in Wien, wo sie und ihr Mann Franz Strauss lebten, am 12. November 1941 den Antrag für einen deutschen Pass ausgefüllt. Der Reichsstatthalter in Wien suchte per Fernschreiben an den Reichsminister des Inneren am 12. Jänner 1942 um eine »Ausnahmebewilligung für Frau Alice Sara Strauß« – ihr Pass sollte nicht mit einem roten »J«-Stempel, der Stigmatisierung für Juden, versehen werden.[376] Bereits vier Tage später wurde das Ansuchen abgelehnt, da Hitler keine Ausnahmen von den Nürnberger Gesetzen wünschte. Auch der Versuch des Regierungspräsidenten Hans Dellbrügge, in Wien für Alice Strauss eine Kennkarte ohne den Buchstaben »J« zu erhalten, wurde abgelehnt. Ihre Kinder, Richard und Christian, hingegen waren per Führerbefehl vom 22. April 1941 von diesen Stigmatisierungen ausgenommen worden. Im Jänner 1944 wurden jedoch Franz und Alice Strauss von Gestapo-Beamten verhaftet und im Hotel Metropol, dem gefürchteten Hauptquartier der Gestapo in Wien, verhört. Nach einer Intervention Schirachs (via Walter Thomas) bei der Gestapo wurden sie nach zwei Tagen freigelassen.[377] Walter Thomas hat in seinen Erinnerungen überliefert, wie sehr Richard Strauss unter dem Terror gegen seine Familie litt, die wie »aussätzig« behandelt würde.[378]

Richard Strauss war Schirach für seine umfassende Unterstützung unendlich dankbar und bezeichnete ihn gleich nach Kriegsende gegenüber dem Sohn von Thomas Mann, Klaus Mann, als einen *unusually decent chap*.[379]

Reichswirtschaftsminister Walther Funk (links) und Reichsstatthalter Baldur von Schirach bei der Eröffnung der Wiener Herbstmesse 1940. »Wiener Illustrierte«, 11. September 1940.

9. SKLAVENARBEIT

Besuch im KZ Mauthausen und wirtschaftspolitische Maßnahmen

Baldur von Schirachs Ehrgeiz beschränkte sich nicht nur auf die Fortsetzung der außenpolitischen Pläne aus seiner Zeit als Reichsjugendführer auf europäischer Ebene, sondern er versuchte auch die Bedeutung seiner neuen Funktion in Wien durch Etablierung wirtschaftlicher Netzwerke zu erweitern. Gerade dieser Bereich wird in der Literatur zu Schirach meist nur sehr kursorisch behandelt, ist aber ein wichtiger Faktor. Er selbst ignorierte das Thema in seinen Memoiren. Das zentrale Instrument für seine zentraleuropäischen wirtschaftspolitischen Strategien war die von seinem Vorgänger Josef Bürckel am 10. März 1940 unter dem »Präsidium des Reichskommissars« gegründete Südosteuropa-Gesellschaft (SOEG). Sie stand unter der Schirmherrschaft des Reichswirtschaftsministers Walther Funk und war der »Pflege und dem Ausbau der wirtschaftlichen und kulturellen Beziehungen zwischen Deutschland und den südosteuropäischen Staaten unter besonderer Berücksichtigung der Interessen der Ostmark und der Stadt Wien« gewidmet.[380] Sie erhielt als Startkapitel eine Million Reichsmark, teilweise aus dem Vermögen[381] des aufgelösten Deutschen Klubs, einem antisemitischen, deutschnationalen und letztlich nationalsozialistischen Elitennetzwerk vor 1938[382], aber auch aus anderen Quellen.

Schirach nutzte in den ersten Jahren vor allem die Wiener Herbstmesse als Ereignis, um sich auch öffentlich zu wirtschaftspolitischen Fragen zu äußern und bekannte Personen nach Wien zu holen: So beispielsweise Reichswirtschaftsminister Walther Funk am 1. September 1940 für eine große Rede im Konzerthaussaal. Schirach signalisierte deutlich, dass er eine Steigerung der ökonomischen Bedeutung Wiens anstrebe – in Anlehnung an die wirtschaftliche Bedeutung der Stadt zur Zeit der Habsburgermonarchie, ohne diese – da verfemt – direkt zu nennen: »Stets hat diese Stadt aus dem Gesetz ihrer natürlichen Lage heraus einen wirtschaftlichen Großraum erstrebt, blühte sie auf, wenn ihrem Betätigungsdrang keine Schranken gesetzt waren, sank sie ins Elend, wenn das Tor zum Südosten zugeschlagen oder der nordwestliche Weg in die Reichsmitte versperrt war.«[383]

Zuvor hatte Hermann Neubacher, Wiens Bürgermeister, in Berlin im Hotel Kaiserhof bereits die überregionale Bedeutung der Wiener Messe betont und die Beteiligung der Türkei, Italiens, der Schweiz, der Niederlande, der nordischen Staaten sowie von Ungarn, Rumänien und Bulgarien an dieser Wirtschaftskontaktbörse hervorgehoben.[384] Hier anknüpfend, suchte der Reichsstatthalter den Anspruch zu erheben, einen Beitrag zum »kommenden Europa« zu leisten und nützte dafür geschickt die zufällige Anwesenheit ausländischer Gäste. So fiel der Beginn der Herbstmesse 1940 mit den hektischen Verhandlungen zum Zweiten Wiener Schiedsspruch zusammen, wobei die ungarische Delegation von Ministerpräsident Graf Pál Teleki und Außenminister Graf István Csáky angeführt wurde, die rumänische von Außenminister Mihail Manoilescu. In Gesprächen mit dem deutschen Außenminister Ribbentrop und dem italienischen Außenminister Ciano versuchte man eine annehmbare Lösung für die wechselseitigen Gebietsansprüche zwischen Rumänien und Ungarn zu finden. Schirach spielte zwar keine Rolle bei den eigentlichen Geheimverhandlungen, zeigte aber im Umfeld des Treffens öffentliche protokollarische Präsenz. In diesem Zweiten Wiener Schiedsspruch, den die Delegationen am 30. August 1940 im Belvedere unterzeichneten, wurde Rumänien von Deutschland und Italien gezwungen, bedeutende Gebietsteile im Nordosten im Ausmaß von 43.492 km^2 an Ungarn abzutreten. Bei der Unterschriftsleistung erlitt Mihail Manoilescu eine Herzattacke.

Schirach verstand es auch sonst perfekt, zufällige Durchreisen von ausländischen Politikern zu Gesprächen und Empfängen zu nützen. Das galt etwa für den bulgarischen Landwirtschaftsminister Iwan Bagrianoff, mit dem er am 5. und 11. Oktober 1940 konferierte. Auch für die Frühjahrsmesse 1941 holte Schirach einen alten guten Parteifreund nach Wien, den Reichsorganisationsleiter und DAF-Chef Robert Ley, mit dem er 1937 die »Adolf-Hitler-Schulen« gegründet hatte. Ley war am 2. März 1941 sein Gast.

Das erste wirtschaftsstrategische Projekt, das Schirach in weiterer Folge über die Südosteuropa-Gesellschaft organisieren ließ, betraf das besetzte »Protektorat Böhmen und Mähren«. Nach Vorgesprächen Schirachs in Prag mit dem Reichsprotektor Freiherrn von Neurath fand im Dezember 1941 eine große Tagung der Südosteuropa-Gesellschaft und der Deutschen Gesellschaft der Wirtschaft in Böhmen und Mähren statt. Reichswirtschaftsminister Walther Funk, der Stellvertretende Reichsprotektor SS-Obergruppenführer Reinhard Heydrich und Reichsleiter Baldur von Schirach eröffneten dieses Netzwerktreffen.[385] Auch Staatspräsident Emil Hácha und Mitglieder der »Protektoratsregierung« nahmen an der Veranstaltung im Spanischen Saal der Prager Burg teil.

Schirach stellte bei seiner Rede nicht nur Wien ins Zentrum wirtschaftspolitischer Kompetenz im Donau- und südosteuropäischen Raum, sondern er erklärte auch, dass die »Reichsgruppe Industrie und der Mitteleuropäische Wirtschaftstag« die »Durchführung einer Gesamt-Industrieplanung für Südosteuropa« innehabe. Im »Einvernehmen mit diesen Stellen« hätte »die Gesellschaft (d. h. die SOEG, Anm. d. Verf.) einen Ausschuß für wirtschaftswissenschaftliche Planung gebildet, dem unter Führung der Südosteuropa-Gesellschaft sämtliche wissenschaftliche Institute, Wirtschaftsorganisationen und so weiter angehören« würden.[386]

Hinter dieser Ankündigung tobte aber eine heftige Auseinandersetzung zwischen dem Mitteleuropäischen Wirtschaftstag (MWT) und der SOEG.[387] Schon nach der Wiener Herbstmesse 1941 hatte Schirach geplant, gemeinsam mit Funk den MWT, den Interessenverband der führenden deutschen Konzerne, Banken und Wirtschaftsverbände, zur Auflösung zu zwingen und in die SOEG aufzunehmen. Gegen diesen Plan wehrte sich wieder das Auswärtige Amt. Vor allem Ulrich von Hassell hielt die SOEG für »praktisch sehr wenig brauchbar« und versuchte diesen Angriff »der Partei« abzuwehren.[388] Hassell, ein konservativer ehemaliger Diplomat, der seit 1933 NSDAP-Mitglied war, sollte später zu den militärischen Widerstandskämpfern vom Juli 1944 gehören und wurde hingerichtet. Er war Mitglied des Vorstands des MWT und ein Gegner der nationalsozialistischen Verfolgungs- und Vernichtungspolitik gegenüber den Juden.

Hassell stellte Schirach ein sehr schlechtes persönliches Zeugnis aus: »Schirach [...] (dem übrigens die Falschheit auf dem Gesicht steht) markiert den Großzügigen [...] Das Essen wurde aus einem Hotel geholt, sodass wir zweieinviertel Stunden gequält bei Tisch saßen und Schirach verzweifelt vor dem Käse die Tafel aufhob. Beim Empfang im Rathaus [...] gerierte sich Schirach mit der Tochter des ›Reichs-Trunkenboldes‹ Hoffmann als Souverän [...] Dafür nahm er nachher wie ein kleiner Spießer beim Essen neben seiner hohen Gemahlin Platz.«[389]

Bereits im Rahmen der Wiener Herbstmesse, bei der 13 Nationen ausstellten, signalisierte Schirach, dass er einen ost- und südosteuropäischen wirtschaftspolitischen Plan verfolgen würde: Neben dem Reichsfinanzminister Graf Schwerin von Krosigk und Unterstaatssekretär Generalmajor Adolf von Schell nahmen der bulgarische Landwirtschaftsminister Dmitri Kuscheff, der finnische Handelsminister Väinö Tanner, der griechische Wirtschaftsminister Hatzimichalis, der kroatische Minister für Forstwirtschaft und Bergbau Ivica Frković und der slowakische Wirtschaftsminister Gejza Medrický an diesem medial geschickt vermarkteten Wirtschaftstreffen teil. Die Wiener Ausgabe des *Völkischen Beobachters* titelte: »Wiener Messe – Ein Beweis unserer Selbstsicherheit. Feierliche Eröffnung durch Reichsleiter Baldur von Schirach«.[390]

1942 jedoch brach diese starke internationale wirtschaftsstrategische Ausrichtung ab, vielleicht auch, weil sich Schirach und sein Organisationsteam, das hinter all diesen Veranstaltungen stand, ganz auf den Europäischen Jugendkongress konzentrierten.

Nach dem tödlichen Attentat auf Heydrich, mit dem er eng im wirtschaftlichen Bereich kooperieren wollte, griff Schirach dann allerdings erneut die Deportationsvorstellungen Hitlers aus 1940/41 auf. Eine Rede vor Mitgliedern der Deutschen Arbeitsfront am 6. Juni 1942 im Wiener Konzerthaus wählte er für diesen großen, auf Medienwirksamkeit berechneten Auftritt. Zunächst beschuldigte er die »Hamsterer und Lebensmittelschieber«, dass sie die wirtschaftlichen militärischen

Erfolge gefährdeten und attackierte dann ganz konkret die »Asozialen aller Stände und Schichten unseres Volkes«, die sich an diesen Schiebungen beteiligt hätten, in erster Linie wären dies »jüdische und tschechische Elemente« gewesen.[391]

Anschließend wurde Schirach noch deutlicher: »Als ich im Jahre 1940 hierher kam, habe ich unserem Führer gesagt, daß ich meine Hauptaufgabe darin sehe, diese Stadt judenfrei zu machen. Ich kann Ihnen an diesem Abend sagen, dass wir noch im Herbst dieses Jahres 1942 das Fest eines judenreinen Wiens erleben. (lange anhaltender tosender Beifall). Was nun die Tschechen in dieser Stadt anbetrifft, möchte ich Ihnen folgendes erklären: Die Kugeln, die unseren Kameraden Heydrich getroffen haben, haben auch uns verletzt, denn diese Kugel galt uns allen. Ich erteile deshalb den mir nachgeordneten Dienststellen des Staates und der Partei den Befehl, nach der erfolgten Evakuierung der Juden sämtliche Tschechen zu entfernen (Das letzte Wort war dem Stenografen in dem einsetzenden und lange anhaltenden tosenden Beifall unverständlich).

Ich weiß nicht, wen sich diese Mordbuben als nächstes Opfer auserkoren haben. Vielleicht haben sie nun mich dazu ausersehen. (Rufe: Pfui!) Ich kann Ihnen nur mitteilen: Mich kann man nicht vernichten, denn ich bin eine Generation (stürmischer Beifall) und so wie ich diese Stadt judenfrei machen werde, so werde ich sie auch tschechenfrei machen! (lange anhaltender stürmischer Beifall)«.[392]

Einen Tag später wiederholte Schirach bei einer Sitzung der Wiener Ratsherrn diesen Deportationsvorschlag. Die öffentliche Debatte über die geplante Deportation von Wiener Tschechen wurde aber rasch von Bormann und auch Goebbels untersagt und es wurden alle Gauleiter angewiesen, die »Tschechenfrage« weder in internen Veranstaltungen noch in der Öffentlichkeit zu diskutieren.[393]

Noch 1939 – ein Jahr nach dem »Anschluss« an das nationalsozialistische Deutschland – gaben 56.284 Wienerinnen und Wiener trotz der extrem deutsch-völkischen, rassistischen Propaganda um die nationalsozialistische »Volksgemeinschaft« Tschechisch als Muttersprache an, 13.500 bekannten sich sogar zur tschechischen Nationalität.[394]

Wie Schirachs Generalkulturreferent Walter Thomas später in seinen Erinnerungen berichtete, war dem Reichsstatthalter die Rede vom 6. Juni selbst nicht ganz geheuer. Am Tag darauf lud Schirach in seine Villa auf der Hohen Warte einige Künstler ein, »man plauderte über französische Malerei und moderne Lyrik«. Nachdem die Gäste gegangen waren, hatte er noch eine Frage an seinen Kulturreferenten: »›Was sagt man zu meiner gestrigen Rede in Künstlerkreisen …?‹ Ich schwieg. Abends vorher hatten befreundete Schauspieler ihrer Empörung über die Rede Luft gemacht. ›Nun, keine Angst! Sie werden mich alle verfluchen, wie?‹ – ›Man ist entsetzt!‹ – ›Ich wußte es …‹ Er ging einige Schritte auf und ab. Indem er eine kleine Plastik, die neben dem ›Penseur‹ von Rodin auf seinem Schreibtisch stand, betrachtete, sagte er: ›Ja, diese Herren Künstler! Wenn man etwas sagt, dessen Hintergründe sie nicht verstehen, brechen sie über einen den Stab. Was muß der Politiker ›oft‹ sagen, wenn er auch ganz anders empfindet! … Aber es ist gut so!‹«[395] Schirach wollte damit zweifellos durchklingen lassen, dass er die Schärfe seiner Formulierungen aus einem politischen Kalkül heraus so gewählt hatte. Dazu passt auch die Aussage seines Adjutanten Gustav Höpken am 28. Mai 1946 in Nürnberg, der darauf hinwies, dass Schirach unmittelbar nach der Rede seinem Pressereferenten Günter Kaufmann die Weisung gegeben hätte, »jeden Punkt aus der Rede insbesondere an das DNB Berlin durchzutelephonieren«. Dazu habe Schirach die Bemerkung gemacht, dass er allen Grund habe, »Bormann gegenüber in diesem Punkt eine Konzession machen zu müssen.«[396]

Zumindest im Rahmen der SOEG gelang es Schirach ab 1942 nicht mehr, wirklich auf wirtschaftspolitische Entscheidungsprozesse Einfluss zu nehmen. Das hing nicht zuletzt auch mit der zentralen Rüstungspolitik von Albert Speer zusammen. Die SOEG war trotz aller möglichen Planungen und Utopien wirklich wohl nicht mehr als ein »Wiener Frühstücks- und Vortragsklub ohne wirtschaftliche Auswirkung«, wie der damalige MWT-Präsident Tilo von Wilmowsky, der nach dem 20. Juli ins KZ Ravensbrück gebracht wurde, in der Retrospektive nach 1945 feststellen sollte. Und selbst der Geschäftsführer der SOEG, August Heinrichsbauer, ein »Kampfgefährte« Funks, hielt die Gesellschaft am Ende des Tages für ein »Windei«.[397]

Ein zentrales Element der Wirtschaft auch in der »Ostmark« ab 1940/41 war die Ausbeutung von verschleppten Zwangsarbeiterinnen

Tagung der Südosteuropa-Gesellschaft in Prag im Dezember 1941: SS-Obergruppenführer Reinhard Heydrich, Reichswirtschaftsminister Walther Funk und Baldur von Schirach betreten den Spanischen Saal in der Prager Burg.

Unten: Polnische Zwangsarbeiter bei Straßenarbeiten vor dem »Gauhaus«.

Das »Schaubild der Woche« lehrt alltäglichen Rassismus: Polnische Zwangsarbeiter müssen ausgegrenzt bleiben.

und Zwangsarbeitern sowie von Sklavenarbeitern aus dem KZ-Lager Mauthausen und dessen Nebenlagern. Dazu kamen wie oben schon erwähnt Zwangsarbeit von ungarischen Juden und Jüdinnen, die Zwangsarbeit von Kriegsgefangenen sowie der Arbeitseinsatz von ausländischen Arbeitern und Arbeiterinnen aus befreundeten Staaten wie Bulgarien und der Slowakei.[398]

Schirach selbst besuchte während einer Tagung in Linz über Fragen und Themen der Landwirtschaft auf Einladung des Gauleiters von Oberdonau August Eigruber am 16. Februar 1943 das Konzentrationslager Mauthausen und das Nebenlager Gusen.[399] Ein Häftling des Krematoriumkommandos schilderte den Besuchs Schirachs, der auch das Krematorium »besichtigte«: »Ich weiß, daß Baldur von Schirach das Krematorium besichtigt hat. Wir mußten hierzu vorher alles aufräumen und reinigen. Für die Verbrennung der Leichen wurden 5 Särge herbeigeschafft, die Freigabescheine wurden gefertigt und die Urnen bereitgestellt. Im Beisein von Schirach wurden die Leichen verbrannt, die Asche in die betr. Urne getan und dann ordnungsgemäß verlötet. Es war alles ganz hygienisch, fand von Schirach. Die Vergasungsanlage wurde ihm nicht gezeigt. Es sind an diesem Tage normal verstorbene Leichen verbrannt worden.«[400]

Beim Nürnberger Kriegsverbrecherprozess erinnerte sich Schirach, der auch bereits 1935 das Konzentrationslager Dachau besichtigt hatte, nur in geschönter Form an diesen Tag, obwohl er mehr gesehen hatte, als vergleichbaren Besuchern gezeigt wurden. Auch datierte er den Besuch in das Jahr 1942 statt 1943:

> *VON SCHIRACH: Ich will zunächst meinen allgemeinen Eindruck schildern. Es war eine sehr große Lagerstadt. Ich habe gleich gefragt, wieviel Häftlinge sich dort befänden. Es wurde mir gesagt, ich glaube 20000 oder 15000, jedenfalls bewegte sich die Zahl zwischen 15000 und 20000. Ich fragte, was für Häftlinge das sind. Daraufhin ist mir geantwortet worden, etwas, was ich immer wieder bei Fragen über Konzentrationslager erfahren habe, daß zwei Drittel der Insassen Schwerverbrecher seien, die aus den Zuchthäusern und Gefängnissen dort zusammengeholt seien, um zu arbeiten. Das restliche Drittel solle sich zusammensetzen aus*

politischen Häftlingen und aus Hoch- und Landesverrätern, die ja im Kriege ganz besonders streng bestraft wurden.

Dr. SAUTER: Haben Sie sich in dem Lager überzeugt, wie die Häftlinge untergebracht waren und wie sie verpflegt wurden und dergleichen?

VON SCHIRACH: Ich habe eine Verpflegsausgabe gesehen und hatte den Eindruck, daß diese Verpflegung eine normale, ausreichende Lagerverpflegung war. Ich habe dann den großen Steinbruch besucht, den berühmten und jetzt berüchtigten Steinbruch, aus dem seit Jahrhunderten die Steine für Wien gebrochen werden. Es wurde nicht daran gearbeitet, es war schon Feierabend. Ich habe aber eine Steinmetzwerkstatt gesehen, in der noch gearbeitet wurde. Ich habe ein Gebäude gesehen, in dem sich eine geradezu hervorragend eingerichtete zahnärztliche Behandlungsstation befand. Diese Station wurde mir gezeigt, weil ich Ziereis (SS-Lagerkommandant Franz Ziereis, Anm. d. Verf.) nach der ärztlichen Versorgung fragte. Ich muß sagen, daß ich im allgemeinen bei diesem Lagerbesuch die Fragen stellte, die ich von meinen unendlich vielen Besuchen von großen Lagern in der Jugend und so weiter her gewohnt bin, also Verpflegung, Zahl der Untergebrachten, ärztliche Versorgung und so fort. Dann wurde ich in einen großen Raum geführt, in dem Häftlinge musizierten. Es war ein ganzes Symphonieorchester, was da zusammengestellt war, und es wurde mir gesagt, daß nach Feierabend die Häftlinge die Möglichkeit hätten, sich nun auf ihre Weise zu unterhalten, und in diesem Falle zum Beispiel fänden sich hier die Häftlinge zusammen, die musizieren wollten. Bei der Gelegenheit sang auch ein Tenor; daran erinnere ich mich besonders.
Dann habe ich gefragt nach der Sterblichkeit. Es ist mir dann ein Raum gezeigt worden, in dem drei Leichen waren. Ob ich ein Krematorium gesehen habe, kann ich auf meinen Eid nicht nehmen. Marsalek behauptet es. Es hätte mich nicht gewundert, wenn in einem so großen Komplex, fern ab von einer Stadt, ein Krematorium oder ein Friedhof sich befand, das war ja eigentlich eine Selbstverständlichkeit.

Dr. SAUTER: Herr von Schirach! Haben Sie bei Gelegenheit dieses offiziellen Besuches unter Führung des Lagerkommandanten Ziereis irgend

etwas erfahren von Mißhandlungen oder von Greueltaten oder von Folterungen, die vorgekommen sein sollen?
Sie können die Frage kurz beantworten; wahrscheinlich mit Ja oder Nein.

VON SCHIRACH: Wenn das der Fall gewesen wäre, hätte ich natürlich etwas unternommen. Aber ich hatte den Eindruck, daß alles in Ordnung war. Ich habe zum Beispiel mir Häftlinge angesehen, unter anderem erinnere ich mich, sah ich den bekannten Mittelstreckenläufer Peltzer, der ein berüchtigter Sittlichkeitsverbrecher war. Er war bestraft worden, weil er als Erzieher in einem Landerziehungsheim sich an unzähligen Jugendlichen laufend vergangen hatte.
Ich habe an Ziereis die Frage gestellt: »Wie kommt man denn aus dem Konzentrationslager wieder heraus? Entlassen Sie denn hier laufend auch Menschen?« Worauf er mir etwa vier oder fünf Häftlinge vorführen ließ, die nach seinen Angaben am nächsten Tage entlassen werden sollten. Er fragte die Häftlinge in meiner Gegenwart: »Habt Ihr schon alles gepackt?« oder: »Habt Ihr Euch vorbereitet für Eure Entlassung?«, worauf sie also strahlend das bejahten.[401]

Zu den Aspekten, die beim Nürnberger Kriegsverbrecherprozess nicht thematisiert wurden, zählte Schirachs aggressive Politik gegen »Asoziale«. Unmittelbaren Anlass dazu gab ein Fußballspiel: Am 17. November 1940 wurde er beim Match zwischen dem Wiener Fußballklub Admira und Schalke 04 im Praterstadion ausgepfiffen, aufgebrachte Admira-Anhänger beschädigten sein Auto mit Steinen und schnitten die Reifen auf – für den an Disziplin und Unterwürfigkeit gewöhnten Reichsstatthalter ein zweifellos schockierendes Erlebnis. Auch die Scheiben des Mannschaftsbusses des deutschen Meisters wurden eingeschlagen, zweihundert sogenannte »Asoziale« in der Folge verhaftet.[402] Die Zeitungen verschwiegen in ihren Spielberichten die Vorfälle, der *Völkische Beobachter* deutete nur an, dass »sich ein Teil der Zuschauer geradezu schandbar benommen hätte«, und es für diese »Haltung« keine Entschuldigung gebe und sie jedem »anständigen Sportsmann« ins Gesicht schlagen würde.[403] Nach Ansicht des Publikums wurde die überlegene Admira in diesem »Großkampf« durch die

Schiedsrichterleistung von »Herrn Schulz aus Dresden« um den Sieg betrogen, da ihr zwei angeblich reguläre Tore aberkannt wurden – die beiden Mannschaften trennten sich schließlich vor 52.000 Zuschauern 1:1. Diese sehr stark mit antideutschen und nicht primär antinationalsozialistischen Ressentiments aufgeladenen Ausschreitungen gegen die »Piefkes« endeten in gravierenden politischen Verfolgungs- und Strafmaßnahmen, die Schirach persönlich in die Wege leitete.

Schirach etablierte eine »Asozialenkommission«, da seiner Meinung nach die staatlichen Stellen zu wenig rigoros gegen die angeblich »500.000 Asozialen« in Wien vorgegangen wären.[404] Die Folgen für die betroffenen Menschen waren furchtbar. So gab es beispielsweise in Wien in der psychiatrischen Klinik Am Steinhof eine »Arbeitserziehungsanstalt für asoziale Frauen«. Die Einweisungen erfolgten häufig willkürlich aus politischen Gründen. Im Volksgerichtsprozess gegen den verantwortlichen ehemaligen Leiter Dr. Alfred Hackl im Oktober 1946 wurden auch die unmenschlichen »Behandlungsmethoden« offengelegt: »Die wissenschaftlichen Mittel, die dieser verantwortungsbewußte Arzt zur ›Erziehung‹ der weiblichen Häftlinge anwandte, waren dem Strafregister der deutschen Konzentrationslager entnommen: Nahrungsentzug, stundelange Freiübungen, bis die Frauen zusammenbrachen, und Absperrung in Betonzellen bei Wasser und Brot. Als Radikalmittel standen Apomorphin-Injektionen, die durch Brechreiz und schwere Erschöpfungszustände renitente Frauen gefügig machen sollten, auf dem Strafkodex des Lagers, das man nach Zuchthausmethode verwaltete.«[405] Diese brutalen und unmenschlichen Behandlungsmethoden standen am Ende der Schirachschen Strategie zur Verfolgung von »Asozialen« in Wien.

Schirach (Mitte) beharrt auf eine eigenständige Kulturpolitik: mit Gerhart Hauptmann (links von Schirach) und Richard Strauss (rechts) in der Ehrenloge des Burgtheaters bei der Festaufführung des Stückes »Florian Geyer« am 17. November 1942.

10. VERWIENERT

Vom jungen »Kronprinzen« zum Ablösekandidaten

Alles hatte so vielversprechend begonnen: Im September 1940 äußerten sich Mitarbeiter von Joseph Goebbels überaus lobend über die Durchsetzungsfähigkeit des neuen Mannes in Wien.[406] Schirach, der auch die Unterstützung von »Reichsdramaturg« Rainer Schlösser hatte, machte sich ans Werk. Er benützte die Amtseinführung von Heinrich Karl Strohm, der bereits Anfang Dezember 1939 als zukünftiger Leiter der Wiener Staatsoper vorgestellt worden war,[407] im September 1940, um seine kulturpolitischen Absichten erstmals öffentlich genauer darzustellen: »Es mag manchem seltsam erscheinen, mitten im Kriege sich in einem Opernhause zu versammeln und während der Kämpfe unserer Soldaten in einem Theater die Einführung eines neuen Direktors vorzunehmen. In einer Zeit, da die siegreichen Geschwader die britische Insel überfliegen [...] Deutschland ist mehr als ein Territorium und mehr als ein geographischer Begriff [...]. Das Großdeutsche Reich ist ebenso ein politisches, als ein Reich der Musik und ein Reich der Dichtung. Es ist nicht nur eine politische Großmacht, sondern auch eine Großmacht des Geistes, der Seele und des Gemütes; mehr noch, Deutschland ist eine Kulturmacht [...]. Mit dem Donner unserer Langrohre vermischt sich der Klang des Philharmonischen Orchesters. Mein Auftrag an ihn und an Sie alle, die Sie in diesem Kulturinstitut des Großdeutschen Reiches dienen, kann nur sein, aus der Wiener Staatsoper die erste Bühne des Deutschen Reiches zu machen.«[408]

Deutlicher hätte Schirach seinen Ehrgeiz nicht manifestieren können. Doch gleichzeitig bedeutete für ihn dieser »Kulturimperialismus« auch die Einordnung in die expansionistischen Kriegsziele Deutschlands und Einordnung der »Ostmark« in den Gesamtverband des »Dritten Reiches«. Bei letzterer Zielsetzung wurde er aber von vielen in Wien missverstanden. So publizierte Aurel Wolfram – der Schriftsteller und Philosoph war Kulturreferent im Reichspropagandaamt – nur wenige Wochen später, am 29. September 1940, im *Neuen Wiener Tagblatt* unter dem Titel »Wien – Refugium der deutschen Seele« einen »scharfen Artikel gegen Berlin, seine Lebensart und seine Bewohner«. Wolfram, der Wien als »Hauptstadt des inneren Reiches« sah, kritisierte insbesondere die gigantomanischen Ausbaupläne für Berlin und stellte ihnen die historisch gewachsene Metropole an der Donau entgegen.[409] Sein besorgter Appell »Hände weg für alle ehrgeizigen Städtebauer« hatte Konsequenzen: Wolfram wurde entlassen, verhaftet und blieb kurze Zeit im Gefängnis.

Schirach beschwerte sich über dieses Vorgehen bei Goebbels, der ihm postwendend im Tagebuch die zynische »Vollmacht gab, den Mann gleich seines Amtes zu entheben und ihn auf ein paar Tage in Gewahrsam zu nehmen. Das fehlte mir noch, daß nun meine eigenen Dienstorgane in Wien anfangen, gegen das Reich und gegen Berlin öffentlich zu stänkern. Es ist höchste Zeit, daß Wien nun wieder in Ordnung gebracht wird. Schirach ist auf dem besten Wege dazu.«[410]

Goebbels wollte aus diesem Grund auch einen neuen Reichspropagandaamtsleiter nach Wien schicken und entschied sich für den jungen HJ-Journalisten Günter Kaufmann, der sich als Chefredakteur des Schirach-Presseorgans *Wille und Macht* einen Namen gemacht hatte. Kaufmann entwickelte – in Anlehnung an die Ankündigung von Goebbels, dass die »Reichstheaterwoche« in Friedenszeiten regelmäßig in Wien stattfinden sollte – einige kulturpropagandistische Schwerpunkte in den Bereichen Theater, Wien-Film und Rundfunksendungen, die ihr Augenmerk auf Südosteuropa legten.[411]

Immer erkennbarer wurde die »neue« Aufgabe der Wiener Kulturverantwortlichen, die Moral der Bevölkerung auch während des Krieges hochzuhalten. Dies erklärt auch eine Weisung von Goebbels, Oper und Burgtheater für Wiener Arbeiter »in Waffenrock und in Zivil« für zwanzig Vorstellungen zur Verfügung zu stellen.[412] Die totale Unterordnung des gesellschaftlichen Lebens unter die Kriegsführung stellte den politischen Hintergrund dar, das *Neue Wiener Tagblatt* sah

Sonntags-Beilage

N E U E S W I E N E R T A G B L A T T

Wien – Refugium der deutschen Seele

„Vom wachen und vom weisen Blut" / Von Dr. Aurel Wolfram

„Dem deutschen Körper gab zum Kopfe Gott Berlin, als Herz doch legt er Wien, das herzliche, in ihn." So schrieb es einmal Justinus Kerner. Das ist wohl an die hundert Jahre her. Doch was er in dieses schlichte Bild faßte, es behielt seine Gültigkeit. Mit der Zeit ergab es sich, daß man kaum eine der beiden Städte ohne die andre denken konnte. Immer wieder fühlte man sich zu Vergleichen gedrängt. Durch die historische Entwicklung zu einer gewissen Gegensätzlichkeit bestimmt — hier die alte, mit reichen Ueberlieferungen ausgestattete Hauptstadt des Reiches von einst, dort die in der weit kürzeren Spanne geschichtlicher Bedeutung jung aufstrebende Metropole —, hat man sie oft als Rivalinnen betrachtet. Im politischen Kräftefeld Deutschlands und Europas tatsächlich wiederholt Gegenspielerinnen, haben sie doch

und ist hingerissen von dem, was sich begibt. Doch unwillkürlich stellt man die Frage: Wird das immer so gehen? In der ewig rotierenden Bewegung, die jedem das letzte absordert, wo bleibt da der Mensch aus Fleisch und Blut mit seiner Seele? Schon in den ganzen Lebensformen drückt sich ein eindeutiger Zug zum Kollektivistischen aus, sie wirken mehr oder minder unpersönlich, für den Gefühlsmenschen in ihrer zweckbetonten Nüchternheit mitunter drückend. Für alles, was Innigkeit, Gemüt, Seele heißt, besteht da auch nicht der kleinste Schlupfwinkel mehr.

Vergleichen wir damit Wien. Was ist da nicht schon gelästert worden über die Verkehrswidrigkeit dieser Stadt, die enggedrängten Straßen, den Mangel an richtigen Ausfallstoren…, über die Gelassenheit, das viele Zeithaben der

Wie aber Wien soviel anscheinend Unvereinbares harmonisch in sich schließt, ist es anderseits eben auch vielseitig genug, stets neue Ueberraschungen zu bieten. In der ganzen Lebensweise kommt dies zum Ausdruck. Man verklammt sich nicht an irgendwelche Prinzipien, man ist nie einseitig, borniert, doktrinär, sondern immer frohgelaunt, beweglich, aufgeschlossen, man bevorzugt das Improvisierende gegenüber der verstandesmäßigen Organisation, überläßt sich dem Instinkt lieber als dem Intellekt und fühlt sich am wohlsten dort, wo Zeit und Ewigkeit einander berühren, wo im vergnügten Schlürfen des Augenblicks am Becherrande auch der Wermutstropfen blinkt, ein leiser Mahner des Vergänglichen. Aus so seltsamem Widerspiel der Gegensätze steigt es dann warm zum Herzen auf. Stimmung, gewoben aus allen Zwischenschattierungen des

Oben: Der Artikel im »Neuen Wiener Tagblatt«, der dem Journalisten Aurel Wolfram die Anstellung kostete: Wien als »Refugium der deutschen Seele« kam in Berlin nicht gut an.

Mitte: »Grillparzer ist ein Wiener des größeren Reichs«: Die »Führerschaft« des »Reichsgaus Wien« lauscht den Worten Schirachs: Ansprache zur Eröffnung der Grillparzer-Festwoche im Wiener Rathaus 1941.

Unten: Die Preisträger des Grillparzer-Preises 1941: Schirach-Freund Josef Weinheber, die Lyrikerin Ina Seidel und Mirko Jelusich, der Präsident des »Wiener Dichterkreises« (von links).

auch dies mit der rosaroten Parteibrille: Mit derartigen Aktionen würde »Wien ein neues und starkes Kulturbewußtsein zurückgegeben« werden.[413]

Während sich Schirach allmählich dem traditionellen österreichischen Selbstverständnis als »Kulturgroßmacht« über den Umweg der Wiener Kultur anzupassen begann, versuchte Goebbels, der mit der von Schirach und seinen Mitarbeitern pausenlos wiederholten Formel von der »europäischen Sendung Wiens« absolut nichts anfangen konnte, den reinen Unterhaltungswert der Wiener Kulturszene zur Hebung der »Kampfmoral« zu steigern: »Wien muß eine Stadt der Kultur, des Optimismus, der Musik und der Geselligkeit werden. Darauf ist auch der Rundfunk auszurichten.«[414]

Goebbels will keine »Wiener Schlawiner«

Hitler machte Goebbels jedoch zwei Monate später, anlässlich eines gemeinsamen Besuchs in Linz am 14. März 1941 klar, dass er dort »ein neues Kulturzentrum« errichten lassen wolle: »Schon als Gegenpol gegen Wien, das allmählich etwas ausgeschaltet werden muß. Er mag Wien nicht, schon nicht aus politischen Zweckmäßigkeitsgründen. Ich erzähle ihm einige Sachen aus Wien, direkt reichsfeindlich, die ihn tief empören. Aber Linz ist sein Liebling [...]. Er will St. Florian auf seine Kosten umbauen ... Lange palavern wir noch mit den Linzern. Echte deutsche Männer. Keine Wiener Schlawiner.«[415]

Kurzfristig waren aber Hitler und Goebbels bereit, die hohen Kulturbudgets, die Schirach beantragte, zu genehmigen, denn die aktuelle Propagandawirkung nach innen und außen, die von der Wiener Hochkulturszene ausging, war ihnen doch wichtiger als kulturpolitische Visionen. Dazu gehörten auch Auslandsgastspiele von Staatsoper und Burgtheater in politisch heiklen Regionen; so zum Beispiel Gastspiele der Staatsoper und der Philharmoniker im Oktober 1940 in den »besetzten« Niederlanden oder im »Generalgouvernement«, wo die Staatsoper den kulturellen Rahmen zur Feier des ersten Jahrestages von dessen völkerrechtswidriger Errichtung gestaltete. In beiden Fällen war die polit-propagandistische »Feigenblatt-Funktion« zur Verdeckung des deutschen Aggressionskrieges mehr als deutlich.[416]

Schirachs Pläne für die Entwicklung seiner Wiener Position waren nicht von grundsätzlicher Sympathie für die »Ostmark« oder für die spezielle Rolle der Österreicher als »bessere Kulturdeutsche« getragen, sondern ihm ging es vielmehr um die sichtbare Manifestation seines Anspruches auf eine zentrale Führungsposition im »Dritten Reich«. Schirach wollte weiter nach oben und glaubte wohl, dies wäre auch von Wien aus möglich. Noch gab es keine massiven Konflikte zwischen Schirach einerseits und Hitler und Goebbels andererseits, die auch für kulturelle Weichenstellungen die zentrale Entscheidungsträgerebene bildeten.

Schirach setzte aber ab Jänner 1941 immer stärker auch in Berlin hör- und sichtbare Wien-Kulturakzente, ohne offen auszusprechen, dass es sich um zutiefst österreichische Kultursymbole handelte – zum Beispiel eine »Grillparzer-Woche« zwischen dem 15. und 22. Jänner anlässlich des 150. Geburtstags des Dichters. Geschickt suchte er in seiner Eröffnungsrede österreichische Kulturtraditionen und NS-Gedankentum zu verbinden: »Grillparzer ist ein Wiener des größeren Reichs« […] »die antike Welt feierte in Österreich Auferstehung.«[417]

In einer weiteren Rede anlässlich der zweiten »Kriegs-Kantate-Tagung der deutschen Buchhändler« beleuchtete Schirach neuerlich die militaristische Grundkomponente seiner Kulturoffensive: »Jeder deutsche Mensch besitzt die ›Zauberflöte‹ Mozarts und besitzt Weimar. Das ist es, was wir gegen den Feind zu verteidigen, was wir ihm gegenüber behaupten müssen und was in dieser gegenwärtigen Auseinandersetzung siegen muß.«[418]

Es ging Schirach keineswegs darum – wie viele in Wien glaubten –, gegen das nationalsozialistische Deutschland indirekt Widerstand zu leisten. Er versuchte vielmehr, eine Steigerung der Kampfkraft durch zusätzliche kulturelle Motivationen zu erzielen und ließ an seiner Identifikation mit dem nationalsozialistischen Aggressionskrieg keine Zweifel aufkommen. Dieser wurde von ihm allerdings auf einen »Verteidigungskrieg« zum Schutz der österreichischen bzw. Wiener Kulturgüter »umgepolt«.

Die zustimmenden Schlagzeilen zu Schirachs »Wiener Kulturprogramm« vom 7. April 1941 signalisierten, dass er den richtigen Weg gefunden hatte. So waren in den Zeitungen u. a. folgende Überschriften zu finden: »Wien als erste Theaterstadt des Reiches«, »Das Prinz-Eugen-Grab als Wallfahrtsstätte«, »Wiens große Mission«, »Kulturzentrum Wien«, »Wien – eine Hauptstadt der Arbeit und Kunst«, »Wien, die Kulturstadt«, »Wien hat eine neue kulturelle Aufgabe erhalten«, »Der große Auftrag«. Schirachs kulturpolitische Initiativen reichten von neuen Literaturpreisen (Grillparzer- und Raimund-Preis der Stadt Wien) über die Mozart-Woche des Deutschen Reichs vom 28. November bis 5. Dezember 1941 bis zur Wiedereröffnung gesperrter Theater.

Immer wieder wurden auch »verdiente Parteigenossen« mit diesen »Errungenschaften« betraut; so wurde den »alten« NSDAP-Kulturfunktionären Oskar Jölli und Robert Valberg, dem Landesleiter der Reichstheaterkammer, die Direktion der Volksoper bzw. des Bürgertheaters übertragen; Hermann Stuppäck war einer der Preisträger des ersten Raimund-Preises etc.

Zu dieser »Kulturinitiative« Schirachs zählte auch die »Erhebung der Staatlichen Kunstgewerbeschule und der Staatsakademie für Musik und darstellende Kunst zur Reichshochschule für angewandte Kunst bzw. Musik« am 5. November 1941 im Großen Musikvereinssaal.[419] Schirach hielt beim Festakt eine psychologisch sehr raffinierte Rede, die vor allem in Richtung Studentenschaft konzipiert war und – unter Hinweis auf HJ-Lager und Ausbildung, ein halbes Jahr Reichsarbeitsdienst und zumindest (in Friedenszeiten) zwei Jahre Wehrdienst – in der Feststellung gipfelte, »dass während des Studiums auf der Hochschule der deutsche Student die Freiheit erhält, die er braucht, um eine Persönlichkeit zu werden. Die akademische Freiheit ist kein Schlagwort des Liberalismus. Sie ist eine Errungenschaft des deutschen Geistes.«[420]

Diese Worte, die noch einen sachten Hinweis auf den Individualismus (»Der Gedanke ist einsam«) beinhalteten, sind sicherlich untypisch für den damaligen Überwachungs-, Zensur- und Disziplinierungsterror, der auch im Kulturbereich massiv spürbar war. Doch die scheinbare Liberalität hatte einen festen Platz in der verdeckten bzw. manchmal auch ganz offenen Militarisierung. Im Übrigen begannen

Tagesneuigkeiten

Reichsleiter von Schirach verkündet das Wiener Kulturprogramm

Appell der Kunstschaffenden im Wiener Burgtheater

MOZART WOCHE
DES DEUTSCHEN REICHES
Wien
vom 28. November bis 5. Dezember 1941
Schirmherrschaft
Reichsminister Dr. Goebbels.
Reichsleiter Baldur v. Schirach

Goebbels und Schirach übernahmen gemeinsam die Schirmherrschaft über die »Mozart-Woche des Deutschen Reiches« vom 28. November bis 5. Dezember 1941 (rechts). Bei einer groß angelegten Rede im Burgtheater am 6. April 1941 hatte Schirach verkündet: »Die neue Stellung Wiens verpflichtet uns zu kulturellen Leistungen außerordentlicher Art.« »Kronen-Zeitung«, 8. April 1941 (oben).

Unten: Hitlergruß für Wolfgang Amadeus Mozart: pompös inszenierte Kranzniederlegung vor dem Stephansdom zum 150. Todestag des Komponisten, die auch von der »Deutschen Wochenschau« ausgestrahlt wurde.

sich Schirachs Aussagen immer mehr den pseudorevolutionären Visionen der NS-Kulturprotagonisten der »Ostmark« nach dem »Anschluss« anzunähern. So bemerkte er anlässlich des 100-Jahr-Jubiläums der Wiener Philharmoniker, dass »hier in Wien alle Kunst zu Hause ist«.[421]

In Berlin hingegen manövrierte sich Schirach mit seiner massiven Betonung eines »Wiener Kulturimperialismus«, der in den Augen Hitlers, aber auch Goebbels' als »kulturelle Opposition« bzw. »Wiener Kunstliberalismus« gedeutet wurde,[422] immer mehr ins Abseits.

Goebbels, der das Geschehen in Wien mit Argusaugen beobachtete, hatte im Sommer 1942 auch den seiner Meinung nach »Schuldigen« für die ambivalente Kulturpolitik in Wien ausgemacht, wobei er von Heinz Tietjen, dem Generalintendanten der Preußischen Staatstheater, durch dessen trickreiche Intrigen bestärkt wurde: »Tietjen berichtet mir in diesem Zusammenhang auch von immer wiederkehrenden Versuchen der Wiener, Berlin als Kulturzentrum mehr zurückzudrängen. Der dortige Kultur-Generalreferent Thomas treibt eine ziemlich skrupellose Politik und nutzt die Notlage, in der wir uns durch eine verstärkte Einspannung in die Kriegsarbeit befinden, rücksichtslos aus. Ich werde deshalb meine kulturpolitische Linie gegen Wien, die ja immer eine reservierte war, noch stärker zur Ausprägung bringen.«[423]

Schirachs, aber auch Thomas' eigene Darstellung ihrer berlinfeindlichen Kulturaktivitäten trifft letztlich nur in Details zu. Zu einem wirklichen Eklat, der mit der Entlassung von Thomas endete, führte eigentlich erst die von Hitler angeordnete Schließung der Ausstellung »Junge Kunst im Deutschen Reich« 1943. Grundsätzlich hielt sich Schirach an den ideologischen Rahmen, versuchte ihn aber bis zum Äußersten auszureizen, scheute keine innerparteilichen Auseinandersetzungen und war daher in Randbereichen durchaus »verwundbar«. Was Goebbels und Hitler noch viel mehr störte, war der Umstand, dass Wien prominente Künstler anzog, die vor den Bombenangriffen aus Berlin flüchten wollten.

Bis heute wird Schirachs eigenwillige Kulturpolitik indirekt als Symptom des Widerstands gegen das »Dritte Reich« in Österreich dargestellt.[424] Sicherlich gab es etwa für die »Gerhart Hauptmann Woche« 1942 in Wien, die von Generalkulturreferent Walter Thomas organisiert worden war, Kritik aus Berlin, doch Hauptmanns Bedeutung für die nationalsozialistische Propaganda in Richtung deutscher Kultur blieb trotz manch ideologisch begründeter Kritik an dem Dichter unbestritten, wie die Aufführung seiner Werke in ganz Deutschland und in den »besetzten Gebieten« beweist.[425]

Subjektiv mag es stimmen, dass Schirachs ambivalente Kulturpolitik und scheinbare Liberalität, die auch durch seinen Ehrgeiz gespeist wurden, manchen Menschen als Opposition gegen die »deutschen Besatzer« erschienen. Die Wiener Kulturelite wusste die Zeichen, die er setzte, durchaus zu schätzen. Als gesamtgesellschaftliches Phänomen hingegen hat genau jenes Kulturverständnis dazu beigetragen, die eigene politische Verantwortung für Aggressionskriege und Holocaust zu verdrängen.

Dass sich die verantwortlichen Stellen in Berlin durchaus der Kriegswichtigkeit dieser spezifischen Form kulturpolitischer Beeinflussung bewusst waren – sozusagen, um die Moral halbwegs aufrecht zu erhalten –, bewiesen die beträchtlichen Budgetmittel, die Schirach als Reichszuschüsse in den Jahren 1941 bis 1943 erhielt, obwohl er die Kulturinstitutionen in Wien unmittelbar administrierte. Zur Förderung des Schrifttums wurden 1941 56.500 Reichsmark zugeschossen, für die bildende Kunst 275.500 und für die Musik 409.400.[426]

Deutlich zeigt sich, dass Schirach bestrebt war, die bildende Kunst in verstärktem Maße zu fördern. Ein großer Brocken fiel in den Budgetbereich »Renovierung des Künstlerhauses« bzw. in den Ankauf von Gemälden für diese Institution. Die Motivation für Schirachs Subventionskursänderung und für die Förderung der bildenden Kunst lag wohl nicht so sehr in seinem Kunstverständnis, als vielmehr in der Tatsache begründet, dass er sich in der Rolle des »Kunstmäzens« gefiel. Überdies eignete sich die bildende Kunst viel besser zur Repräsentation als beispielsweise die Literatur. Auch Hitler versuchte, dieses Image zu pflegen.

Noch Ende 1944 stellte er aus den »Haushaltsmitteln des Führers« Geld zur Renovierung von Wohnung und Atelier von Professor Fritz Klimsch zur Verfügung, dessen Gemälde Hitlers, aber auch Goebbels' Geschmack getroffen hatten. Beide erwarben eine Reihe von Bildern

(Hitler die »Ötztaler Bäuerin«, »Beim alten Getreidespeicher« sowie »Frühling im alten Gemäuer«, Goebbels »Die Stille im Raum«).[427]

In der Sparte Musik bekam die Gesellschaft der Musikfreunde einen großen Einzelposten zugesprochen, auch die Mozart-Woche wurde entsprechend finanziell unterstützt. Für 1942 erhielt Schirach noch insgesamt 445.000 Reichsmark, davon 20.000 für Schrifttum, 197.000 für bildende Kunst und 228.000 für Musik. Für 1943 waren immerhin noch 358.500 Reichsmark nach einem ähnlichen Schlüssel vorgesehen, wobei im Bereich der bildenden Kunst vor allem die Gesellschaft der bildenden Künstler besonders bevorzugt wurde (120.000 bzw. 100.000 Reichsmark) und in der Höhe der Subventionen der Gesellschaft der Musikfreunde fast gleichgestellt war (120.000 bzw. 1942 80.000 Reichsmark).[428] 1941 konnte Schirach Mehreinnahmen der Staatstheater in der Höhe von 800.000 Reichsmark für sein Kulturprogramm verwenden.[429]

Für das Budget 1942 stellte das Reichsministerium für Volksaufklärung und Propaganda noch 700.000 Reichsmark für die Staatstheater zur Verfügung (Staatsoper 201.000 Reichsmark, Burgtheater 134.300 Reichsmark, Akademietheater 22.000 Reichsmark, den Rest für Dekorationen).[430]

Das ordentliche Haushaltsbudget der Staatstheater betrug 1941 9,051.600 Reichsmark und sollte 1942 auf 7,484.350 gekürzt werden. Theaterzuschüsse aus Reichsmitteln gab es aber auch für die Wiener Volksoper (1940: 150.000 Reichsmark, 1941: 117.673 Reichsmark, 1942: 150.000 Reichsmark), Volks- und Raimundtheater, die beiden KdF-Bühnen (1940 bis 1943 jedes Jahr 400.000 Reichsmark), Theater in der Josefstadt (1940: 334.484 Reichsmark, 1941: 493.852 Reichsmark, 1942: 400.000 Reichsmark).[431]

Doch auf Dauer konnten Grillparzer-Woche, Mozart-Woche, die Wiederherstellung des Künstlerhauses, die Ausstellung »Das schöne Wiener Frauen-Bildnis«, Raimund-Woche und zahlreiche Förderungspreise für junge und »verdiente nationale« Künstler die Erkenntnis der militärischen Niederlage nicht verhindern. Schirachs Kulturoffensive bestand aus nationalsozialistischer Sicht ihre »Bewährungsprobe« nicht.

Die Wiederbelebung der »klassischen österreichischen Kulturtraditionen« über den Umweg der »Wiener Kultur«, die Schirach zumindest bis 1943 erfolgreich zur Erhaltung der nationalsozialistischen Herrschaft benützte und die 1944 im Zuge des »totalen Krieges« nicht fortgesetzt wurde, hatte in psychologischer Hinsicht deutliche Konsequenzen für die Nichtbewältigung der politischen Vergangenheit in Österreich. Das Publikum in Österreich entwickelte aufgrund des Drucks der Kriegsereignisse eine Art verdeckte Österreich-Identität durch die Flucht in »alt-österreichische«, meist konservative Kulturtraditionen.

Dabei wurde jedes Moment der Kollaboration mit nationalsozialistischen Ideologemen und Aktionen verdrängt, damit jede Form der kritischen Auseinandersetzung nach 1945 abgelehnt und der Nationalsozialismus zu einem rein »preußisch-deutschen« Problem reduziert, für das höchstens noch einige »illegale« Nationalsozialisten mitverantwortlich waren. Überspitzt formuliert könnte man sagen, dass die Schirachsche »alt-österreichische Hochkulturoffensive« und die Stärkung eines – in Wien zentrierten – Kulturbewusstseins maßgeblich mit dazu beigetragen haben, eine selbstkritische Aufarbeitung der eigenen, österreichischen Verantwortung am Faschismus, Nationalsozialismus und Zweiten Weltkrieg sowie am Holocaust zu verhindern.

Die konservative Hochkultur schuf nicht nur in Österreich selbst eine Reihe von Nischen, sondern war auch in der Emigration ein essenzielles Element zur Aufrechterhaltung einer österreichischen Identität. Dass jedoch über diesen Umweg der »Kulturtradition« die einst nationalsozialistischen Kulturschaffenden sozusagen in die Zweite Republik transferiert wurden – ohne sich mit ihrer künstlerischen Produktion während des »Dritten Reichs« auseinanderzusetzen –, gehört ebenfalls zu den Fehlentwicklungen österreichischer Kulturpolitik nach 1945.

Der Konflikt spitzt sich zu

Noch im März 1942 galt Schirach selbst in den Augen des hyperkritischen Propagandaministers Joseph Goebbels und trotz erster negativer innerparteilicher Debatten über seine Kulturpolitik als ein

Wiener Illustrierte

60. Jahrgang Nr. 3
Wien, 15. Jänner 1941

Preis 20 Pf.
Zuzüglich 2 Pfennig bei Hauszustellung

GRILLPARZER FESTWOCHE IN WIEN

Paula Wessely als Hero und Paul Hubschmid als Leander in „Des Meeres und der Liebe Wellen"
Aufnahme: Völkel

Für die Grillparzer-Festwoche wurde Starbesetzung aufgeboten: Paula Wessely als Hero und Paul Hubschmid als Leander in »Des Meeres und der Liebe Wellen«. »Wiener Illustrierte«, 15. Jänner 1941.

durchaus anerkannter junger Gauleiter. So waren insbesondere die Proteste anlässlich der Premiere der Gegenwartsoper *Johanna Balk* von Rudolf Wagner-Régeny an der Wiener Staatsoper im April 1941, bei der es zu Schreiduellen und Provokationen mit »alten Kämpfern« der NSDAP in Anwesenheit des Reichsstatthalters gekommen war, auch in Berlin kritisch registriert worden. Goebbels vermerkte in seinem Tagebuch: »Die Wiener Kulturpolitik geht hier und da auf Irrwegen. Sie ist noch zu jugendlich bestimmt und ohne Erfahrung. Schirach hat den wesentlichsten Vorrat seiner Erfahrungen in der Hitler-Jugend gesammelt. Aber auch hier wird er sehr bald die Eierschalen abwerfen. Sein Berater in kulturpolitischen Fragen, Thomas, hat manchmal personell und sachlich eine unglückliche Hand. So ist z. B. die Aufführung der [...] von Wagner-Régeny ein glatter Mißgriff gewesen.«[432]

Dennoch war der Propagandaminister bei der »Anschlußkundgebung« am Heldenplatz in Wien zufrieden: »Wien ist in der Tat eine Reichsstadt geworden. Wenn auch hier und da noch Unebenheiten auszugleichen sind, so ist das von untergeordneter Bedeutung. Wenn es hart auf hart geht, dann wird auch diese Zweimillionenstadt ihre Reichstreue beweisen.«[433] Auch teilte er grundsätzlich Schirachs Strategie, für den Verlust an politischer Größe in Wien den Kunst- und Kulturbereich als eine Art Ersatz auszubauen. Dies entsprach den ursprünglichen Zielvorgaben von Hitler. Nur Schirachs Nähe zu dem Komponisten und ehemaligen Präsidenten der Reichsmusikkammer Richard Strauss lehnte er ab und warnte ihn eindringlich davor. Gleichzeitig sollte aber auch im kulturpolitischen Sinne immer die Stellung Berlins als »die« Hauptstadt des Reiches unantastbar bleiben.[434]

Wie kleine Nadelstiche gelangten immer wieder Informationen über Schirach zu Goebbels, die als eine Art »Einmischung« in die »Führung der deutschen Kulturpolitik«[435] interpretiert werden konnten – so beispielsweise in der Rede zur 100-Jahr-Feier der Wiener Philharmoniker. Auch der Sicherheitsdienst (SD) des Reichsführers-SS lieferte stetig Material, etwa, dass Schirach bei Jubiläumsfeierlichkeiten für den Wiener Dichter Josef Weinheber nicht vom »Reich« gesprochen habe. Nur der Dichter selbst, der ein glühender Nationalsozialist geworden war, hätte die gesamtdeutsche Perspektive thematisiert. Goebbels' politisches Fazit über Wiens Kulturpolitik lautete nunmehr: »Die Entwicklung in Wien unter Schirach gibt zu großen Besorgnissen Anlaß. Schirach ist den Wiener Tücken in keiner Weise gewachsen. Er läßt sich umschmeicheln, ohne zu wissen und zu erkennen, was die Wiener eigentlich damit verfolgen.«[436]

Auch Hitler teilt diese Besorgnisse, wies aber Goebbels an, gegenüber Schirach »nichts verlauten zu lassen«.[437] Sein Glückwunschtelegramm zum 35. Geburtstag von Baldur von Schirach am 9. Mai 1942 wurde von manchen in Schirachs Umfeld fälschlicherweise als »Kronprinzentelegramm« gedeutet[438]; tatsächlich begann Hitler zu diesem Zeitpunkt, auf persönliche und letztlich auch politische Distanz zu Schirach zu gehen. Im *Völkischen Beobachter* wurde immerhin auf das »herzlich gehaltene Glückwunschschreiben des Führers«[439] hingewiesen. Diese innere Distanz zeigte sich auch in der Folge in der Nachfolgediskussion um den Gauleiterposten in München, der prestigeträchtiger als jener von Wien war.

Goebbels hatte bereits zuvor Schirach in einem direkten Gespräch in Berlin zurechtgestutzt, ohne dass es zu einem Eklat gekommen war. Eine Woche später, Ende Mai 1942, nahm Hitler das Thema »Wien« und Kulturpolitik wieder auf[440]: »Wien solle gegenüber Linz und Graz nicht bevorzugt werden, und er ist deshalb auch entschlossen, die kulturelle Hegemonie Wiens zu brechen. Er will nicht, daß das Reich zwei Hauptstädte besitzt, die miteinander konkurrieren. Wien soll vor allem auch keine hegemoniale Stellung den österreichischen Gauen gegenüber einnehmen. Wien ist nur eine Millionenstadt wie Hamburg, nicht mehr. Schirach befindet sich hier auf einem gänzlich falschen Wege. Er hat sich von der Wiener Atmosphäre, der Heurigenstimmung und dem sogenannten Wiener ›Hamur‹ sehr stark beeinflussen lassen.«[441]

Immer wieder gab es kleine Konflikte zwischen Schirach und Goebbels in dieser Frage um die kulturelle Bedeutung Wiens. Hitler steigerte sich bereits derart in die kulturpolitische Debatte hinein, dass er den Vorschlag ablehnte, Schirach als Gauleiter nach München als Nachfolger von Adolf Wagner, der einen Schlaganfall erlitten hatte, zu versetzen, da er sich in Wien zu sehr habe beeinflussen lassen.[442]

STAATSOPER

Dienstag, den 8. April 1941, 19½ Uhr

Im Abonnement II. Gruppe

Johanna Balk

Oper in drei Akten (vier Bildern)

Text von Caspar Neher — Musik von Rudolf Wagner-Regeny

Musikalische Leitung: Leopold Ludwig — Inszenierung: Oscar Fritz Schuh

Bühnenbild und Kostüm: Caspar Neher

Johannes Balk	Georg Monthy
Johanna Balk, seine Frau	Helena Braun
Agneta, ihre Tochter	Elisabeth Rutgers
Fürst Balthasar	Josef Witt
Graf Belten, sein Minister	Paul Schöffler
Frau Margareta Moeß	Dora With
Der Page	Ein Wiener Sängerknabe
Michael Weiß	Alfred Jerger
Bartholomäus, ein Häscher	Viktor Madin
Karl } Stallburschen	Hans Kres
Eugen } Stallburschen	Karl Nowak
Ein Diener	Hans Schweiger
Eine alte Frau	Martha Karl
Ein alter Mann	Anton Arnold
Ein Offizier	Willy Franter

Leibwache des Fürsten. Bürger von Altenstadt. Bauern. Diener. Die Stimmen der Häuser

Die Handlung spielt eines Sonntags im 17. Jahrhundert in Altenstadt

Nach dem zweiten Akt eine größere Pause

Kassen-Eröffnung vor 19 Uhr — **Anfang 19½ Uhr** — **Ende etwa 22 Uhr**

Während der Vorspiele und der Akte bleiben die Saaltüren zum Parkett, Parterre und den Galerien geschlossen. Zuspätkommende können daher nur während der Pausen Einlaß finden

---

Der Kartenverkauf findet heute statt für obige Vorstellung und für

Mittwoch,	9.	Ariadne auf Naxos . Najade: Felicie Mihacsek, Staatsoper München . Tenor und Bacchus: Max Lorenz . Im Abonnement II. Gruppe (Anfang 19½ Uhr)
Donnerstag,	10.	Parsifal . Theatergemeinde, Serie C, rote Mitgliedskarten, beschränkter Kartenverkauf (Anfang 18 Uhr)

Weiterer Spielplan:

Freitag,	11.	Geschlossen
Samstag,	12.	Parsifal . Parsifal: Max Lorenz . Im Abonnement II. Gruppe (Anfang 18 Uhr)
Sonntag,	13.	Der Rosenkavalier (Anfang 19 Uhr)
Montag,	14.	Fidelio . Florestan: Max Lorenz (Anfang 19 Uhr)

Kartenverkauf für alle Staatstheater (Staatsoper, Burg- und Akademietheater) an den Tageskassen: I, Bräunerstraße 14, an Werktagen von 9—18 Uhr, an Sonn- und Feiertagen von 9—17 Uhr und an der Abendkasse am Aufführungstage. Telephonische Bestellungen von Sitzen (ausgenommen Säulensitze) von RM. 3.— und höher ausschließlich unter Telephon-Nr. R-2-83-20 und R-2-90-63 von 8—18 Uhr

Elbemühl, Wien IX.

Sorgte für Proteste der »alten Kämpfer« und einen ersten Misston in der Beziehung zu Berlin: die Oper »Johanna Balk« von Rudolf Wagner-Régeny in der Inszenierung von Oscar Fritz Schuh. Die Uraufführung fand am 4. April 1941 an der Wiener Staatsoper statt.

Schirach profitierte durchaus von seinen offiziellen Beziehungen zu den Wiener Philharmonikern, die ihm auch am 27. März 1942 als große Auszeichnung den Ehrenring des Orchesters verliehen hatten. So erteilte der Philharmoniker Karl Johannis[443] Klaus von Schirach Geigen-Unterricht. Am 15. Dezember 1944 wurde überdies eine französische Violine aus dem Instrumentenbestand der Wiener Staatsoper an Baldur von Schirach verliehen – und seither nicht mehr zurückgestellt.[444] Wie auch andere Beispiele zeigen, bediente sich der Reichsstatthalter ohne Vorbehalte an öffentlichem Eigentum zu seinem privaten Vorteil.

Versuche des Sekundgeigers Johannis, diese privaten Kontakte seinerseits zu nützen und über Schirach bei Göring die Begnadigung seines Schwagers, des Juristen Hans Wölfel aus Bamberg[445], zu erreichen, der vom Volksgerichtshof in Berlin wegen »Wehrkraftzersetzung« zum Tode verurteilt worden war, scheiterten. Angeblich hätte Schirach persönlich dazu mit Göring telefoniert.[446]

Nachdem US-Präsident Franklin D. Roosevelt eine Rede an die Jugend gehalten hatte, wurde Schirach rasch beauftragt, eine Gegenrede im »Zeitfunk« und über Kurzwelle zu halten. Diese wurde selbst von Goebbels als »eine außerordentlich wirkungsvolle und gut fundierte Antwort« angesehen.[447] Für einen Moment schien der mächtige Einflüsterer Hitlers zufrieden gewesen zu sein. Die Nachrichten vom oben geschilderten »Europäischen Jugendkongreß« brachten allerdings Schirach erneute Kritik durch Goebbels ein: Vor allem befürchtete der Reichspropagandaminister, dass es durch den mehrfach öffentlich geäußerten Hinweis Schirachs auf die Deportation von Juden und Jüdinnen aus Wien in den Osten zu Pressekritik in neutralen Staaten kommen könnte.[448]

Noch genoss Schirach trotz seiner Wiener Kulturpolitik in Berlin hohes Ansehen, das insbesondere auf die gute Organisation der »Erweiterten Kinderlandverschickung« zurückzuführen war.[449] Aber die besonderen Wiener Ehrungen für den Schriftsteller und Dramaturgen Gerhart Hauptmann anlässlich seines 80. Geburtstags, die Goebbels für »übertriebene Lobhudeleien« hielt und der Goebbelschen Strategie entgegenliefen, motivierten den Reichspropagandaminister

Oben: 1942 passte Nobelpreisträger Gerhart Hauptmann nicht mehr in das vom Krieg bedingte Bild deutscher Kultur – Schirach bereitete ihm in Wien zum 80. Geburtstag dennoch einen großen Empfang.

Unten: Festkonzert des Kammerorchesters der Wiener Philharmoniker im Großen Festsaal der Wiener Hofburg anlässlich des II. Internationalen Kongresses der Union der nationalen Journalistenverbände im Juni 1943. Foto: Lothar Rübelt.

zu dem Plan, »daß die Extravaganzen Schirachs auf dem Kultursektor in Zukunft unterbunden werden« sollten.[450]

Schirach ließ sich nicht beirren – er fuhr selbst nach Breslau, um Hauptmann und seine Frau Margarete abzuholen. Inzwischen schickte Henriette ihre Köchin Rosa mit dem Bus nach Pressburg, wo es mehr zu kaufen gab als in Wien, und lud zu einem opulenten Frühstück mit »Kaviar, Hühnern und Fogosch« in die »arisierte« Villa auf der Hohen Warte, an dem neben dem Ehepaar Hauptmann auch Richard und Pauline Strauss teilnahmen.[451] Für das Ehepaar Hauptmann hatte man – als besondere Aufmerksamkeit – für den achttägigen Wien-Aufenthalt im Palais Pallavicini eine kleine Wohnung eingerichtet.

Goebbels hingegen hatte für den weißhaarigen Doyen der deutschen Literatur nur eine Ehrung in Breslau geplant. Pro Bühne war nur eine Neuinszenierung vorgesehen, wobei *Die Weber* verboten waren.[452] Schon 1936 hatte Goebbels die auch von Alfred Rosenberg immer wieder artikulierte Distanz des NS-Regimes gegenüber Hauptmanns Werken und seiner Nähe zur Moderne und Sozialkritik geäußert, aber letztlich einen Kompromiss gefunden, um seine Prominenz als Nobelpreisträger vereinnahmen zu können. 1942 passte Hauptmann aber nicht mehr in das Kriegsbild deutscher Kultur und deswegen sollte auch sein Geburtstag kaum erwähnt werden – vor allem durfte er nicht wie durchaus nach 1933 – »als Exponent der nationalsozialistischen Weltanschauung bezeichnet werden«.[453] Gleichzeitig wurde Adolf Bartels, der Literat der Weimarer Gruppe, zu der auch Schirachs Vater und Sohn gehörten, hoch gelobt, da er zufällig am selben Tag und im selben Jahr Geburtstag hatte wie Hauptmann.[454] Aber Bartels war unbekannt in Wien und Schirach wollte immer große Namen ins Zentrum seiner öffentlich propagierten Kulturpolitik stellen. Unter ihnen waren neben Gerhart Hauptmann und Richard Strauss die Nachwuchskünstler Werner Egk, Carl Orff und Rudolf Wagner-Régeny, um drei Komponisten stellvertretend zu nennen. Das Reichsministerium für Volksaufklärung und Propaganda wusste, dass Hauptmann kein Nationalsozialist war, auch wenn er sich öffentlich durchaus hinter das neue Regime gestellt hatte. Klaus Mann nannte ihn den »Hindenburg der deutschen Literatur«, ein geglückter Vergleich.

Der Bruch mit Hitler

1943 kam es in mehreren Schritten zum endgültigen Bruch zwischen Hitler und Goebbels einerseits und Baldur von Schirach andererseits. Ein erster Anlass für das wachsende Zerwürfnis war die bereits erwähnte Ausstellung »Junge Kunst im Deutschen Reich«, die vom Kunsthistoriker Wilhelm Rüdiger kuratiert wurde. Rüdiger hatte 1932 in München bei Wilhelm Pinder 1932 promoviert und trotz seiner Jugend – nicht zuletzt aufgrund seiner 1930 erworbenen NSDAP-Mitgliedschaft – schnell Karriere gemacht und nur elf Tage, nachdem Hitler 1933 die Macht in Deutschland ergriffen hatte, die Exponenten der Moderne im *Völkischen Beobachter* unter dem Titel »Die Bilanz eines Jahrzehnts: Kulturpolitisches Schreckenskabinett«[455] mit äußerster Heftigkeit attackiert. Rüdiger war in seinen Kunstkritiken, die er für den *Völkischen Beobachter* oder die Zeitung *Die Kunst des Deutschen Reiches* verfasste, ein kompromissloser Rassist und Antisemit: Während der kurzen Zeit als kommissarischer Leiter der Städtischen Kunstsammlungen Chemnitz organisierte er bereits im Mai 1933 eine Ausstellung über »entartete Kunst« unter dem Titel »Kunst, die nicht aus unserer Seele spricht«.[456]

1942 gestaltete Rüdiger für das »Europäische Jugendtreffen in Weimar« eine umstrittene Ausstellung, die nach einer Weile still und leise geschlossen wurde, weil einige Werke als »entartet« galten.[457] Rüdiger war durchaus aufgeschlossen für »arische« Künstler und Künstlerinnen, selbst wenn ihre Werke vom NS-Regime beschlagnahmt worden waren und als »entartet« eingestuft wurden. Schirach störte dies nicht und er holte die um »ostmärkische« Künstler erweiterte Ausstellung nach Wien. Sie zeigte Werke von Josef Hegenbarth, Josef Henselmann, Hanna Nagel, Carl Moritz Schreiner, Milly Steger oder Friedrich Vordemberge. Insgesamt wurden im Künstlerhaus 582 Bilder von 175 Künstlern ausgestellt.[458] Spitzelberichte des SD gelangten bis zu Goebbels, der aber vorerst keine »Haupt- und Staatsaktion« daraus machen wollte, auch wenn die Wiener Kunstausstellung als Gegenausstellung zur Münchner jährlichen Großausstellung verstanden wurde.[459]

Erst als ihn Adolf Hitler unerwartet am 21. März 1943 zum Abendessen rufen ließ und eine ganze Lawine an Kritik über Schirach ausgoss, bekam das Thema Kunstausstellung in Wien plötzlich Bedeutung: »Er ist außerordentlich ungehalten über die Ausstellung ›Junge Kunst‹, die Schirach in Wien veranstaltet hat«, notierte Goebbels in sein Tagebuch. Und weiter: »Er gibt mir den Auftrag, Wien zu bestandpunkten und eventuell, wenn sich solche Vorfälle wieder ereignen sollten, Wien die Kulturzuschüsse zu sperren. Der Führer betont noch einmal, wie recht er damit hat, Linz der Stadt Wien als Konkurrenz gegenüberzustellen. Es ist eigentlich die größte Unverschämtheit, daß Wien sich gegen die offizielle Kulturpolitik des Reiches wendet und dabei den größten Reichszuschuß für seine Kulturpolitik erhält. Der Führer erklärt, wenn sich das nicht ändere, so werde er Schirach der Hoheit über die Kulturpolitik entkleiden und einen Kulturbeauftragten durch mich in Wien einsetzen lassen.«[460]

Unter anderem hatte Adolf Ziegler, der Präsident der Reichskammer der bildenden Künste, einen höchst negativen Bericht über die Ausstellung verfasst und diese als »gemäßigte Form der Verfallskunst« disqualifiziert. Der Architekt und NS-Reichsbühnenbildner Benno von Arent war von Hitler selbst nach Wien geschickt worden und rapportierte entsetzt eine »liberalistische Schweinerei«.[461] Goebbels setzte gleich nach, indem er Hitler eine Rede Schirachs zur Kunstpolitik übermittelte, die den »Tendenzen« der Ausstellung »Junge Deutsche Kunst« entsprach.[462] Die Ausstellung wurde, wie erwähnt, frühzeitig nach vier Wochen geschlossen und zählte 9.000 Besucher und Besucherinnen. Die Klimt-Ausstellung zur selben Zeit zog 24.000 Menschen in ihren Bann und zeigte die Bandbreite Schirachschen Kunstgeschmacks.

Hitler hingegen hatte sich furchtbar über einen angeblich »grünen Hund« von Josef Hegenbarth echauffiert, der im Ausstellungskatalog aber nur schwarz-weiß abgedruckt war.

Gleichzeitig explodierte bei einem Treffen Hitlers mit Schirach auf dem Obersalzberg ein zweites Thema: Schirachs Versuche, die Verlegung von Rüstungsbetrieben nach Wien zu verhindern.[463] Bormann jedoch hatte auf Weisung Hitlers Schirach angewiesen, alle Maßnahmen des »totalen Krieges« auch in Wien umzusetzen.[464]

Trotz der massiven »Kopfwäsche« für Schirach zögerte Hitler noch mit dem vollständigen Bruch, obwohl sich Schirach zum Unterschied von den Gauleitern in Oberdonau August Eigruber und Sigfried Uiberreither in der Steiermark sowie Hugo Jury in Niederdonau gegen das von Goebbels und Albert Speer entwickelte Konzept des »totalen Krieges« gestellt hatte. Der Goebbels verhasste Kulturreferent Schirachs, Walter Thomas, sollte schließlich für die letztlich von Schirach zu verantwortende Kulturpolizik als Bauernopfer an die Ostfront geschickt werden. Thomas gelang es jedoch, dieses »Todesurteil« abzuwenden und durch eine militärärztliche Sichtungskommission einen Entlassungsbescheid zu bekommen.[465] Glaubt man Thomas, so war sich Schirach schon im Winter 1942/43 klar darüber, dass er seine »Wiener Spezialpolitik«, die von Hitler als »kulturelle Opposition« empfunden wurde, nicht mehr fortsetzen könne: »Sie wirkt herausfordernd und schafft mir nur noch mehr Feinde.«[466]

Am 7. Mai 1943 notierte Goebbels irritiert im Tagebuch, dass Hitler doch noch überlege, Schirach als Gauleiter nach München zu schicken, obwohl man Schirach jede politische Handlungsfähigkeit abspreche.[467] Doch schon am nächsten Tag wurde dieses Planspiel verworfen und der »Führer« teilte voll und ganz die Haltung Goebbels, wie dieser in seinem Tagebuch festhielt: »Von Schirach hat der Führer eine schlechte Meinung. Schirach ist in Wien verwienert worden. Er hat sich allzustark von der Wiener Atmosphäre anstecken lassen. Er hat kein politisches Fingerspitzengefühl bewiesen, ist auch kein ausgewachsener Nazi. Er fängt jetzt plötzlich an, in amerikanischem Tonfall zu sprechen und das R zu rollen wie ein Schauspieler. Er geht zu viel mit Künstlern um, und das bekommt ihm nicht gut. Jedenfalls hat der Führer nichts Großes mit ihm im Sinn. Er möchte ihn früher oder später in die diplomatische Laufbahn, die ja auch Schirach mehr gemäß ist, abdrängen.«[468]

Gerade in dem Moment, als Goebbels Signale aus Wien positiv kommentierte und sogar plante, bei klarer Unterordnung unter die Berliner Vorgaben »erneut ein Arbeits- und Freundschaftsabkommen« abzuschließen[469], platzte am Obersalzberg, in Hitlers privatem Refugium in Bayern, die Bombe: Dabei begann das private Abendessen

Oben: Der vorletzte Besuch der Familie Schirach beim »Führer« am Obersalzberg zu Ostern 1943: Auch Tochter Angelika Benedikta, damals elf Jahre alt, durfte mitkommen.

Unten: Der Spaziergang mit Hitler am 12. April 1943 ist für Schirach wenig erfreulich: Der »Führer« kritisiert die Wiener Kulturpolitik des Reichsstatthalters äußerst scharf.

am Fronleichnamstag, dem 24. Juni 1943, zu dem Eva Braun auch die Schirachs eingeladen hatte, gemütlich im Teehaus. Dort plauderten Heinrich Hoffmann, Goebbels und die Schirachs über Theater und Kulturfragen. Auch Marion Schönmann, die schon erwähnte Münchner Freundin von Eva Braun, führte das große Wort an diesem Abend und dürfte, Baldur von Schirach zufolge, immer wieder Gerüchte aus Wien dem »Führer« präsentiert haben.[470] Und dann brach es aus Hitler heraus und er griff Schirach, aber auch dessen Frau Henriette, die einst fast wie ein Patenkind gewesen war, an. Sie hatte aber »den Führer geradezu in Wut versetzt«, da sie »augenblicklich einen etwas kindisch-albernen, geistreichelnden Tränen-Stil« zeigte.[471] Hitler wurde immer aggressiver, und Henriette von Schirach, die den Tränen nahe war, bat ihn, ihren Ehemann nach München und stattdessen Paul Giesler aus München nach Wien zu entsenden. Hitler lehnte ihren Wunsch kategorisch ab.[472] Noch mehr als einen Monat später war Hitler empört über diesen Kaminabend.

Den auslösenden Moment für diese heftige Auseinandersetzung beschrieb Henriette von Schirach später in ihren Memoiren: Sie sei in Amsterdam bei Freunden gewesen und war durch Lärm auf der Straße geweckt worden. Juden und Jüdinnen wurden zusammengetrieben und deportiert. Ein SS-Soldat hatte ihr dann auch gestohlenen Schmuck jüdischer Frauen angeboten. Dieses Erlebnis berichtete sie Hitler am Berghof. Nach kurzem Schweigen hätte Hitler sie angeschrien: »Sie sind sentimental […] was gehen Sie die Jüdinnen in Holland an. Das sind alles Sentimentalitäten, Humanitätsduselei. Sie müssen hassen lernen …«[473] Henriette, so ihre Darstellung, »ließ ihn schreien« und lief in ihr Zimmer, ein Adjutant lief ihr nach und befahl ihr, sofort abzureisen. Um fünf Uhr früh holten die Schirachs ihren Sportwagen aus der Garage und fuhren ab, auf der Fahrt nach Wien wurde kein Wort gesprochen. Henriette von Schirachs Erkenntnis nach dieser turbulenten Nacht am Berghof: »Und nun wußte ich plötzlich, daß wir genau das Unrechte gemacht, getan, gewählt hatten. Das Falsche geliebt und das Falsche gehaßt.«[474]

Ihre Kritik dürfte aber nur Hitlers ohnehin schon schlechte Laune endgültig zum Kippen gebracht haben, denn seinem Luftwaffenadjutanten Nicolaus von Below zufolge ging das Zerwürfnis mit Schirach auf eine »lange und ausführliche Unterhaltung« an diesem Tag zurück, bei der es dieser gewagt hatte, »sehr unzweideutig« darauf hinzuweisen, dass der Krieg auf »irgendeine Weise« beendet werden müsse. Hitlers Antwort dazu hätte gelautet: »Wie denkt er sich das. Er weiß doch genau wie ich, daß es keinen Weg mehr gibt, es sei denn, ich schieße mir eine Kugel durch den Kopf.« Hitler sei über dieses Gespräch mit Schirach sehr erregt gewesen und hätte »klar erkennen« lassen, dass er mit ihm nichts mehr zu tun haben wollte.[475] Nicolaus von Below irrte zwar, wenn er fälschlich feststellte, dass dies die letzte Begegnung Hitlers mit Schirach gewesen wäre, tatsächlich aber waren der Wiener Gauleiter und seine Frau von diesem Tag an nicht mehr Teil des inneren Kreises um den »Führer«. Der Obersalzberg war ab Fronleichnam 1943 für sie tabu.

Für den Luftwaffenadjutanten waren die Äußerungen Schirachs zweifellos keine Überraschung: Wenige Wochen zuvor, Anfang Juni 1943, hatte Nicolaus von Below gemeinsam mit seiner Frau in Wien seinen Urlaub verbracht und war dabei von den Schirachs »äußerst zuvorkommend und freundschaftlich« aufgenommen worden. Man ging gemeinsam ins Burgtheater zu Shakespeares *Kaufmann von Venedig* und hatte bei einem anschließenden Essen Gelegenheit, sich »offen und frei über die politische und militärische Lage zu unterhalten«: »Wir haben mindestens eine Stunde alle Probleme behandelt, und ich habe ihm von mir aus ein klares Bild über die Entwicklung der Luftlage gegeben. Ich sagte ihm, daß ich es für ausgeschlossen hielte, den Krieg mit unseren Kräften zu gewinnen. Schirach teilte meine Ansichten. Er erregte sich nur sehr darüber, daß Ribbentrop, Keitel und andere hohe Offiziere dem Führer keinen reinen Wein einschenkten. Da mußte ich widersprechen, denn ich wußte, daß Ribbentrop und gerade viele Generale dem Führer die Schwierigkeiten des Krieges deutlich vor Augen gestellt und ihn nicht im Unklaren über ihre Zweifel gelassen hatten. Ich mußte es Schirach sehr klar sagen, daß allein Hitler der Träger des Krieges sei. Er beriefe sich nun stets auf die Konferenz von Casablanca, in der Roosevelt und Churchill die bedingungslose Kapitulation von uns gefordert hatten. Schirach sah diese Erklärung nicht als so ausschlaggebend an und meinte, daß für einen Vergleichsfrieden immer noch Zeit genug sei.«[476] Die noch frischen Eindrücke von diesem vertraulichen Gespräch mit von Below hatte Schirach zweifellos mit auf den Obersalzberg genommen, er war entschlossen gewesen, seinem Abgott ganz und gar »reinen Wein« einzuschenken.

Goebbels, der Zeuge des Auftritts zwischen Hitler und den Schirachs geworden war, konnte im Tagebuch seine Freude über diese Entwicklung kaum verhehlen: »Es ist im ganzen ein sehr angeregter und bunter Abend, an dem die mannigfaltigsten Probleme zur Sprache kommen. Aber durch das Benehmen Schirachs und seiner Frau erhält der Abend eine gewisse Spannung. Insbesondere Frau von Schirach benimmt sich wie eine dumme Pute und geht in keiner Weise auf die Argumente des Führers ein. Das aber beirrt den Führer nicht im geringsten. Er läßt alle Höflichkeiten beiseite stehen und geht nur auf den Sachgegenstand ein. Frau von Schirach faßt nachher ihr ganzes Unglück in die Worte zusammen, sie möchte wieder mit ihrem Mann nach München zurückkehren, und der Führer möge dafür Giesler nach Wien schicken. Der Führer lehnt das kategorisch ab. Er denke gar nicht daran. Schirach habe seinen partei- und reichsgebundenen Auftrag in Wien durchzuführen.«[477] Goebbels' Anmerkung, dass von Henriette von Schirach ein Amtsabtausch mit Paul Giesler, dem Gauleiter von München-Oberbayern und Westfalen-Süd, ins Spiel gebracht wurde, lässt darauf schließen, dass die Diskussion nicht zuletzt auch die Position und die »Performance« Baldur von Schirachs in Wien eingehend berührte. Für Goebbels und wohl auch für die übrige anwesende Entourage des »Führers« war jedenfalls klar: Schirach hatte nach diesem Eklat politisch nicht mehr viel zu bestellen.

Vor Gericht in Nürnberg bekam Schirach dann Gelegenheit, die Ereignisse am Berghof 1943 aus seiner Sicht detailliert zu schildern. Tatsächlich wuchs der Konflikt im Laufe dreier Abende, wobei die »Wien-Frage« offenbar den Schlusspunkt bildete. Glaubt man Schirach, so war es Goebbels, der am dritten Abend dieses Thema anschnitt und damit endgültig die Lunte legte:

Ich habe mir vorgenommen und habe das auch durchgeführt, wenigstens drei Dinge zur Sprache zu bringen bei meinem Aufenthalt. Das eine war die Russenpolitik, das andere war die Judenfrage, und das andere war das Verhältnis Hitlers zu Wien. Ich muß vorausschicken, daß von Bormann ein Erlaß mir und wahrscheinlich allen Gauleitern zugegangen war, daß es uns verboten war, in der Judenfrage zu intervenieren, also überhaupt Hitler gegenüber für einen Juden oder für einen Halbjuden, auch das stand in diesem Erlaß drin, einzutreten. Ich muß das erwähnen, weil nur so verständlich wird, was sich jetzt abspielt. Ich habe am ersten Abend meines Aufenthaltes bei einer mir günstig erscheinenden Gelegenheit Hitler gesagt, daß ich der Meinung sei, daß eine freie autonome Ukraine auch dem Reiche nützlicher sein würde als eine von Herrn Koch mit Gewalt beherrschte. Das war alles, was ich sagte. Es war nicht mehr und es war nicht weniger. Es ist, wenn man Hitler gekannt hat, schon äußerst schwierig gewesen, überhaupt eine solche Bemerkung anzubringen. Hitler hat mir darauf verhältnismäßig ruhig, aber betont scharf geantwortet. Und am selben Abend oder am darauffolgenden Abend noch ist die Judenfrage angeschnitten worden, und zwar nach einer Verabredung, die ich mit meiner Frau getroffen hatte. Da es mir verboten war, das Gespräch auf diese Dinge zu bringen, hat meine Frau eine Schilderung dem Führer gegeben eines Erlebnisses, das sie in Holland hatte. Sie war da in der Nacht Zeuge eines Abtransports von Jüdinnen geworden durch die Gestapo und hatte das von ihrem Hotelzimmer aus beobachtet. Und wir waren beide der Meinung, daß dieses Reiseerlebnis und diese Schilderung vielleicht die Möglichkeit bieten würde, bei Hitler eine Änderung seiner Auffassung in der ganzen Judenfrage und in der Behandlung der Juden herbeizuführen. Meine Frau gab einen sehr drastischen Bericht, einen Bericht, der etwa dem entsprach, was man heute in der Presse über solche Dinge liest. Hitler schwieg. Es schwiegen auch die anderen Zeugen dieser Besprechung; unter anderen war mein eigener Schwiegervater, Professor Hoffmann, Zeuge. Es entstand ein eisiges Schweigen und nach einiger Zeit sagte Hitler bloß darauf: »Das sind Sentimentalitäten.« Das war alles. Es kam an dem Abend keine Unterhaltung mehr auf. Er zog sich auch früher als sonst zurück; ich hatte den Eindruck, daß nun eine Situation entstanden war, die völlig unhaltbar war. Es haben dann Männer

aus der Umgebung Hitlers meinem Schwiegervater gesagt, daß ich von nun an für meine Sicherheit fürchten müßte. Ich habe dann nur getrachtet, so rasch als möglich vom Berghof wegzukommen, ohne daß es zu einem vollkommenen Bruch kam; aber es ist mir das nicht gelungen.
Dann kam am nächsten Abend Goebbels an, und es wurde dann in meiner Gegenwart, ohne daß ich davon anfing, das Thema Wien angeschnitten. Ich war natürlich gezwungen, den Äußerungen entgegenzutreten, die zunächst Goebbels gegen die Wiener machte. Der Führer fing nun an, in einem, ich möchte sagen, maßlosen Haß sich gegen die Wiener Bevölkerung zu äußern. Ich muß hierzu bekennen, daß, wenn mich heute auch die Wiener Bevölkerung verflucht, ich immer eine besondere Freundschaft für sie empfunden habe. Ich habe mich mit dieser Bevölkerung verbunden gefühlt. Ich will nicht mehr sagen, als daß Josef Weinheber einer meiner nächsten Freunde war. Bei dieser Auseinandersetzung nun trat ich, wie es meine Pflicht war, wie es meinem Gefühl entsprach, für die Menschen ein, die ich dort führte. Hitler sprach unter anderem gegen vier Uhr morgens ein Wort aus, das ich aus historischen Gründen hier festhalten will. Er sagte: »Wien hätte eigentlich nie in den Verband des Großdeutschen Reiches aufgenommen werden dürfen.« Hitler hat Wien niemals geliebt. Er hat die Wiener Bevölkerung gehaßt.[478]

In den Monaten nach dem konfliktreichen Treffen am Obersalzberg, das so unterschiedliche Darstellungen gefunden hat, kritisierte Hitler des Öfteren Schirachs Unfähigkeit, für Wien ausreichende Schutzvorkehrungen gegen bevorstehende Luftangriffe zu treffen und erwog dessen Ablöse als Reichsstatthalter und Gauleiter.[479] Der Stab über Baldur von Schirach schien endgültig gebrochen zu sein, am 21. August 1943 hielt Goebbels nach einem Gespräch mit Hitler in seinem Tagebuch fest: »Von Schirach will der Führer gar nichts mehr wissen. Schirach ist ein Schwächling, ein Schwätzer und in tiefen politischen Fragen ein Dummkopf. Er würde ihn lieber heute als morgen von Wien abberufen, wenn er nur einen Nachfolger hätte.«[480] Diese negative Einschätzung des schwachen Schirachs, der auch politisch kein harter Nationalsozialist sei, verstärkte sich in den darauffolgenden Monaten.

Im November 1943 erhielt Bormann den Auftrag, gemeinsam mit Goebbels konkrete Nachfolgekandidaten für Schirach vorzuschlagen.[481] Wieder wurde Schirach von Goebbels und Hitler vorgeworfen, bei den Vorkehrungen zum Luftschutz versagt zu haben. Schirach reagierte mit einem Vorschlag, der verworfen wurde: Im Dezember 1943 bat er um Genehmigung, 300.000 Frauen und Kinder aus Wien evakuieren zu dürfen.[482] Die alliierten Bombenangriffe hatten inzwischen das gesamte Reichsgebiet erreicht.

Dass Schirach letzten Endes doch nicht abberufen wurde, hing vor allem damit zusammen, dass mögliche Kandidaten für die Nachfolge, wie der von Hitler sehr geschätzte Gauleiter von Niederdonau, Hugo Jury, ablehnten. Die alltägliche Parteiarbeit in Wien ging immer mehr auf den langjährigen stellvertretenden Gauleiter Karl Scharizer, seit 1941 SS-Brigadeführer, über.

Baldur von Schirach, Goethe, die HJ und die Kunst

Schirachs Auseinandersetzung mit Johann Wolfgang von Goethe, der mit Friedrich Schiller für die Weimarer Elite die zentrale Dichterpersönlichkeit der deutschsprachigen Literatur bildete, war eindeutig von dem Versuch geprägt, Referenzpersönlichkeiten der bürgerlichen und auch adeligen Hochkultur für den Nationalsozialismus nutzbar zu machen. Die NS-Kulturpolitik suchte gerade auch bei den deutschen Klassikern – so sie nicht jüdischer Herkunft wie beispielsweise Heinrich Heine waren – politische Legitimation.

Schirach spielte bei dieser ideologischen Instrumentalisierung der deutschen Klassik eine wichtige Rolle. Gerade aufgrund seiner in Weimar erfahrenen Prägungen, über die bereits ausführlich geschrieben wurde, hielt er sich für besonders geeignet, diese Uminterpretation vorzunehmen und Goethe zum Ideologen der HJ-Erziehung umzudeuten. Zwar findet sich das Goethe-Zitat »Die Jugend bildet sich wieder an der Jugend«[483] in Goethes Maximen und Reflexionen, fünfter Band, Drittes Heft 1826, aber letztlich eignete sich dieses nicht wirklich als

Leitmotiv für Schirach, der eine »Selbstführung der Jugend« als totalitäres Erziehungsprinzip im Auge hatte. Goethe musste daher für den Nationalsozialismus zurechtgebogen werden.

In einem ersten Schritt galt es daher, die angeblichen »Verfälschungen« anzukreiden, die Goethe erfahren hätte. In seiner Rede zur Eröffnung der Weimarer Festspiele für die deutsche Jugend am 14. Juni 1937 kam Schirach darauf zu sprechen:

»Denn was hatte Goethe mit uns zu schaffen, Goethe, der Weltbürger, der liberale Prophet des sogenannten Fortschritts? Hatte er sich nicht über Vaterland und Nation weit erhoben, der Olympier, und sich von den Fesseln jeder vaterländischen Bindung befreit, um ein Prophet der Menschheit zu werden? Ein so zum Götzen abstrakten Ästhetentums und demokratisch liberaler Vaterlandslosigkeit verfälschter Goethe ist freilich nicht mit den marschierenden Kolonnen der Jugend des »Dritten Reiches« zu vereinen. Welcher Widersinn, gleichsam mit Gewalt eine Jugendbewegung, die das revolutionäre Erziehungsprinzip der Selbstführung der Jugend, der Uniformierung aller und der Gemeinschaftserziehung vertritt, mit einer Persönlichkeit zu verbinden, die nach mancher Vorstellung das Ideal einer durchaus individualistischen Bildung verkörpert.«[484]

Schirach »bewies« in der Folge, dass es möglich war, die HJ mit Goethe, dem »geistigen Führer«, zu vereinen. Im Programmheft der »Weimar-Festspiele für die deutsche Jugend« wurde der Schwerpunkt von Schiller auf Goethe verschoben und bereits vor der Rede Schirachs gab es eine Weisung im Zusammenhang mit dem Reichsführerjugendlager der HJ im Mai 1937, sich mit dem Faust-Schöpfer Goethe auseinanderzusetzen. Julius Petersen, der Präsident der Goethe-Gesellschaft, war begeistert: »Wir dürfen hier ein Bekenntnis des »Dritten Reichs« zu Goethe, Schiller und Weimar vernehmen und den Ruf an die deutsche Jugend, in Weimars Heroen die Sinnbilder deutscher Größe und geistigen Führertums zu erblicken.«[485]

Letztlich ignorierte Schirach erfolgreich den Individualitätsbegriff Goethes, der sich zum nationalsozialistischen »Volksgemeinschafts«-Ideal total konträr verhielt.[486] Das galt auch für die Mitgliedschaft Goethes in einer Freimaurerloge, die ebenso weggeredet und relativiert wurde. Eine umfassende Auseinandersetzung mit Goethe führte Schirach während des Nationalsozialismus nicht mehr, er war aber Mitbegründer des Zentralinstituts für Theaterwissenschaft an der Universität in Wien um Heinz Kindermann.[487]

Schirachs Kunstbegriff, der ihn dann in Wien in einen offenen Gegensatz zu Hitler und Goebbels brachte, basierte jedoch durchaus auf Überlegungen, die er aus seiner Goethe-Lektüre gewonnen hatte, sowie auf Gedanken des völkischen Kulturphilosophen Houston Stewart Chamberlain.[488] Bereits bei der Eröffnung der Ausstellung »Wiener Kunst in Düsseldorf« am 28. September 1941 versuchte er mit der bemerkenswerten These »Die Kunst dient nicht der Wirklichkeit, sondern der Wahrheit«[489], eine Bresche für die Gegenwartskunst zu schlagen. Schirach verstieg sich dabei sogar zu der aufrührerischen Bemerkung, dass der reine Realismus, d. h. die Imitation der Natur, »Entartung« sei – eine Aussage, die – wenig überraschend – in der NS-Presse kaum abgedruckt wurde. Zu den wenigen Zeitungen, die Schirachs Originaltext brachten, gehörte die *Kölnische Zeitung*: »Es ist genauso eine Entartung der Kunst, wenn man einem im Profil dargestellten Menschen zwei Augen auf die Backe malt, wie es auch eine Entartung ist, Gegenstände, Menschen oder Landschaften zu malen, daß sie der Wahrheit der Wirklichkeit entsprechen.«[490]

Typisch für Schirach, der ja im Unterschied zu seinem Vater und seiner Schwester bewusst Protestant geblieben und nicht aus der Kirche ausgetreten war, ist die Anrufung Gottes: »Gott behüte uns davor, daß wir einem neuen Materialismus der Kunst verfallen und uns einbilden, wir brauchten nur das Wirkliche wiederzugeben, um zugleich wahr zu sein.«[491] – Ein Stilelement, das sich nicht nur in der Prosa des Reichsleiters, sondern auch in seiner Lyrik wiederfindet.[492]

Der Mittag in Düsseldorf brachte dieses Zitat sogar als Titel[493] Die Wiener Ausgabe des *Völkischen Beobachters* hingegen erkannte die politische Brisanz dieser Aussage und verkürzte die Titelschlagzeile auf »Die Kunst dient der Wahrheit«.[494] Schirach argumentierte mit Beispielen gegen eine Kunstauffassung, die nur »die Wahrheit der Wirklichkeit« anerkennen wollte.[495]

Schirach griff hier eine Debatte auf, die eher aus der Literatur kam, und attackierte – ohne seinen Namen zu nennen – Hans Hagen. Hagen war promovierter Germanist, Mitglied von schlagenden Studentenverbindungen, SA- und später NSDAP-Mitglied und ehrenamtlicher Lektor im Amt für Schrifttumspflege, das zur Dienststelle des NS-Chefideologen Alfred Rosenberg gehörte. Überdies war er Konsulent des Hauptschriftleiters der neuen Kulturpropagandazeitschrift *Das Reich*, die Goebbels selbst initiiert hatte. 1941 hatte er dem Reichskultursenator und nationalsozialistischen Schriftsteller Eberhard Wolfgang Möller wegen eines Gedichts öffentlich »ästhetisierende Leichenschändung« vorgeworfen und damit eine Kunstdebatte ausgelöst.[496] Das von Schirach angeführte obige Zitat stammt von Hagen und war gegen Möllers angebliche Ästhetisierung gerichtet.[497]

Schirach hatte aber offensichtlich genügend politischen Einfluss, dass er damals nicht angegriffen wurde. Möller hingegen, den er schon in der HJ gefördert hatte, wurde auf Weisung des Reichsführers-SS an die Front geschickt. Schirach sah sich dagegen in seiner Position gestärkt: Die Düsseldorfer und Weimarer Reden erregten Aufsehen und 1941 wurde er zum Präsidenten der »Gesellschaft der Bibliophilen« gewählt,[498] die zwei Düsseldorfer Reden von ihm verlegte.[499] Nicht klar ist, mit wem Schirach derartige kunsttheoretische Fragen entwickelte bzw. wer die Redeentwürfe verfasste. Sein Pressereferent Günter Kaufmann wohl eher nicht, da dieser für parteipolitische Fragen zuständig war und darüber publizierte. Bei der Kunstausstellung in Wien wurden der Vorsitzende des Künstlerhauses Rudolf Hermann Eisenmenger und der Generalkulturreferent Walter Thomas namentlich hervorgehoben.[500] Thomas war Schirachs zentraler kulturpolitischer Berater und jener Mitarbeiter, der alle Projekte in Wien umsetzte.

Wie bereits erwähnt, war Walter Thomas nicht die erste Wahl Schirachs gewesen, der lieber Rainer Schlösser nach Wien mitgenommen hätte. Walter Thomas brachte aber als Dramaturg und Mitarbeiter des renommierten Regisseurs und Theaterleiters Saladin Schmitt in Bochum durchaus künstlerische Vorschusslorbeeren mit. Thomas war NSDAP-Mitglied und machte unmissverständlich klar, dass das

Bochumer Schauspiel sich nach 1933 der »großen weltanschaulichen und politischen Wandlung« angepasst hätte.[501]

Wenige Wochen nach der Ausstellungseröffnungsrede Schirachs in Düsseldorf erläuterte Thomas die Umsetzung der umfangreichen programmatischen Kulturrede Schirachs im Burgtheater vom 6. April 1941[502] und verwies ausdrücklich auch auf die Düsseldorfer Rede.[503] In seinen unter einem Pseudonym erschienenen Erinnerungen[504] hat er Schirachs Rolle bei der kulturpolitischen Gestaltung des Wiener Programms ziemlich kleingeschrieben, sich dann aber für diese Herabsetzung in einem Brief bei Henriette von Schirach entschuldigt.[505] Schirach war in seinen zahlreichen Funktionen sicherlich nicht in der Lage, sich um das Alltagsgeschäft im Kulturbereich zu kümmern, auch die meisten überlieferten Korrespondenzen zeichnete Walter Thomas. Bei allen öffentlichen Veranstaltungen war Schirach jedoch meist selbst präsent und kümmerte sich auch persönlich gemeinsam mit seiner Frau Henriette um die prominenten Gäste wie den Komponisten Richard Strauss oder den Schriftsteller Gerhard Hauptmann. Gerne lud er auch zum Frühstück oder Abendessen in seine »arisierte« Residenz auf der Hohen Warte ein.

Mit der starken Betonung der lokalen Wienerischen Note und der klassischen Hochkultur, aber auch mit der Förderung von Gegenwartskunst und Gegenwartsmusik unterschied sich die Kulturpolitik Schirachs von anderen großen Metropolen im NS-Einflussbereich. Friedemann Pestel hat in seinem Aufsatz über die Beziehungen zwischen Schirach und den Wiener Philharmonikern zu Recht von einer wechselseitigen Symbiose geschrieben[506]. Das Orchester blieb relativ eigenständig und erhielt auch in materieller und symbolischer Hinsicht beträchtliche Zuwendungen von Schirach. Gleichzeitig instrumentalisierte er das Orchester immer wieder, um die Bedeutung Wiens gegenüber den Berliner Zentralstellen herauszustellen.

Dass der SS-Vorstand der Wiener Philharmoniker nach dem Krieg Baldur von Schirach als »Retter« des Orchesters darstellte, entspricht nicht den Fakten, sondern ist ein Mythos. Die bereits verfügte Auflösung des Orchesters als Verein und die Unterstellung unter das Reichsministerium für Volksaufklärung und Propaganda war unter

Gauleiter Bürckel abgewendet worden. Ganz im Gegenteil: Als am 25. Jänner 1945 der Vorstand das Orchesters in Anwesenheit des Chefdirigenten Wilhelm Furtwängler die vom Reichssender Wien im Herbst 1944 vorgeschlagene Verlagerung des Orchesters wegen der Bombenangriffe in eine »Ausweichstelle«[507] diskutierte, lehnte Schirach diesen Vorschlag ab: Das Orchester musste in Wien bleiben – zum Unterschied von seinem »Protektor« und »Förderer«, der kurz vor der Befreiung durch die Rote Armee aus Wien floh. Die Orchesterangehörigen erlebten das Kriegsende und die Befreiung Wiens in einem Keller am Tiefen Graben in der Wiener Innenstadt – mit Familienangehörigen, Instrumenten, Noten und wertvollen Unterlagen aus dem Archiv. Ursprünglich sollte das Orchester auch als Volkssturmeinheit zur Versorgung von Verwundeten eingesetzt werden, was aber nicht Schirach, sondern ein Major namens Rudolf Marek verhinderte.[508]

Am 19. April 1945 wurde auf Befehl der sowjetischen Besatzungsmacht unter dem politisch höchst belasteten Dirigenten Clemens Krauss bereits wieder geprobt: Auf dem Programm stand eine Tschaikowsky-Symphonie. Das erste Konzert fand am 27. April 1945 im Wiener Konzerthaus statt – an diesem Tag wurde auch die Provisorische Staatsregierung Renner eingesetzt.

Verlag . . . . Ruf B 20-5-80
Schriftleitung . . . . Ruf B 20-5-80
Anzeigenabteilung . . . . . Ruf B 20-5-50
Wien I, Fleischmarkt 1—5
Kleiner Anzeiger . . . . . . Ruf B 20-5-50
Wien, I. Schulerstraße 5
Bezugsbestellungen . . . . . Ruf B 20-5-80
Wien, I. Wollzeile 22
Postscheckkonti:
Wien (Abonnement) . . . . . . Nr. 11643
„ (Großer Anzeiger) . . . . . Nr. 14244
„ (Kleiner Anzeiger) . . . . . Nr. 51695

Neues Wiener
Tagblatt

Werk- und Sonntag:
In Wien . . . . 16 Rpf.
Auswärts . . . . 20 Rpf.
Bezugspreise für das Inland:
Durch Verschleißstellen RM. 4.— monatlich; im Postbezug viertelj. RM. 12.— (einschließlich 54 Rpf. Postgebühren).
Monats-Bezugspreis für das Ausland:
Gegenwert von RM. 5.—
Unverlangt eingesandte Manuskripte werden nur dann zurückgeschickt, wenn Rückporto beiliegt.

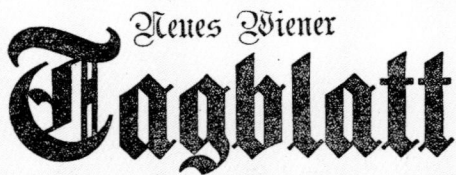

Nr. 79 — Dienstag, 3. April 1945 — 79. Jahrgang

Die Stunde Wiens ist gekommen

Männliche Worte

Unter schwersten Blutopfern ist es den Bolschewisten gelungen, nun auch im Südosten des Reiches über die Grenzen zu dringen und bis nach Steinamanger, in das westliche Raabtal und in den Raum des Neusiedler Sees vorzustoßen. Die Feindnähe ist nun spürbar, das Antlitz der Stadt hat sich in den letzten Stunden gewaltig verändert, die Schwere der Stunden, die vor uns liegt, die Pflicht zur Verteidigung der Stadt, die der Reichsverteidigungskommissar proklamiert hat, stehen in jedem Antlitz geschrieben. Die Stunde ist ernst, der Krieg tritt nun jedem Wiener, jeder Wienerin persönlich gegenüber, und jeder hat sich mit ihm auseinanderzusetzen. Ein Ausweichen ist unmöglich, ein Nachgeben bedeutet den sicheren Untergang.

Aber es ist ja nicht das erstemal, daß die Bewohner dieser Stadt den Kriegslärm vor ihren Toren hören, es ist nicht das erstemal, daß sie sich wehren müssen, und jedes Mal noch, wenn sie vor diese Notwendigkeit gestellt wurden, haben sie sich erfolgreich gewehrt und den Feind nicht nur abgeschlagen, sondern auch wieder aus der Nähe der Stadt vertrieben. Die Liebe und Treue zu Wien haben sich immer noch stärker erwiesen als der stärkste Feind, der die Mauern und Wälle der Stadt berannte. Diese Liebe und Treue werden auch nun wieder sichtbar: der Volkssturm ist aufgeboten, der Hobel, der Hammer, der Amboß werden mit dem Gewehr, der Panzerfaust vertauscht, das Heim mit dem Wall und dem Graben. Wenn man die Selbstverständlichkeit und Ruhe sieht, mit der die Männer diese Veränderung ihres Lebens auf sich nehmen, dann schöpft man schon daraus die Zuversicht, daß Wien auch diesmal den Ansturm abwehren wird.

Die Verteidiger Wiens haben in ϟϟ-Oberstgruppenführer Sepp Dietrich und seiner Leibstandarte starke Helfer bekommen, die in unzähligen schwersten Schlachten bewährt sind und im Laufe dieses Krieges unsterblichen Ruhm an ihre Fahnen geheftet haben. Die männlichen Worte, die Sepp Dietrich und Baldur von Schirach an die Wiener und Wienerinnen gerichtet haben, werden in allen Herzen stärksten Widerhall finden, weil sie uns zeigen, daß das Reich, an dem wir in Treue hängen, uns in der Stunde der Not nicht im Stich läßt.

San Francisco bedroht

Berlin, 2. April.

Die politischen Auseinandersetzungen um die Konferenz von San Francisco, deren erste Besprechungen noch in dieser Woche beginnen sollen, nehmen immer größere Ausmaße an. Das Washingtoner Staatsdepartement gab jetzt bekannt, daß die Vereinigten Staaten die Moskauer Forderung eines Sitzes für die Lubliner Sowjetregierung abgelehnt haben, und London beeilt sich, eine gleichlautende Erklärung abzugeben. Der diplomatische Korrespondent von Reuter fügt hinzu, daß nur eine neue polnische Regierung der nationalen Einheit Polen in San Francisco vertreten könne. So wird das gleiche Polen, das vor sechs Jahren den Anlaß bot, um diesen Krieg vom Zaun zu brechen, jetzt erneut der Zankapfel, an dem die wirklichen Probleme auf der anderen Seite aufgerissen werden. Die Spannungen, die durch die polnische Frage entstanden sind, sind so groß, daß sie die Konferenz von San Francisco zu torpedieren drohen. In der amerikanischen Presse wird immer mehr ganz offen die Forderung auf Vertagung der Konferenz ausgesprochen. Ein Bericht der United Press spricht von ernsten Unstimmigkeiten zwischen Stalin und seinen westlichen Verbündeten.

Zu der polnischen Frage tritt die Erregung über das in Jalta geschlossene Geheimabkommen über die Zahl der Stimmen. Nach einem Bericht der schwedischen Zeitung „Dagens Nyheter" spricht man in London geradezu von einer interalliierten Bombe mit Zeitzündung, während in Washington ernste Befürchtungen für die Einigkeit innerhalb der amerikanischen Delegation aufgetaucht seien. Ein New-Yorker Bericht von „Stockholms Tidningen" gibt die in Washington geäußerten Befürchtungen wieder, daß auch die politischen Probleme Ostasiens zu heftigen Meinungsverschiedenheiten führen könnten. In einem Bericht von „Morgon Tidningen" wird festgestellt, daß trotz allem Siegesjubel das Knarren in der politischen Maschine sich durchzusetzen beginne.

All diese Berichte aus dem feindlichen Lager zeigen ebenso wie die Kommentare aus neutralen Staaten, wie wichtig es für das deutsche Volk ist, den Widerstand bedingungslos fortzusetzen. Mit Panikmeldungen versucht man, das deutsche Volk zu verwirren und dadurch militärische Erfolge zu erleichtern, die nur den Zweck haben, die politischen Spannungen im Feindlager vorläufig zu überbrücken. Der fanatische Kampfeswille des deutschen Volkes muß diese feindlichen Berechnungen zerreißen.

Reichsleiter von Schirach:

Wiener und Wienerinnen!

Die Zeit der Bewährung ist gekommen. Der Russe, schon der traditionelle Feind des alten Oesterreich, nähert sich unserer Stadt. Jeder von uns wird seine Pflicht bis zum äußersten tun. Aber auch jeder Helfer ist uns willkommen. Heute habe ich die Ehre, meinen alten Freund, den Obersigruppenführer Generaloberst der Waffen-ϟϟ Sepp Dietrich, bei Ihnen einzuführen, dessen kampferprobte ϟϟ-Männer bei uns eingesetzt werden. Er ist Ihnen und allen deutschen Volksgenossen als Führer der ϟϟ-Leibstandarte „Adolf Hitler" seit langem ein klarer Begriff geworden.

Ich bitte Sie, lieber Kamerad Sepp Dietrich, das Wort zu ergreifen.

ϟϟ-Oberstgruppenführer Generaloberst der Waffen-ϟϟ Sepp Dietrich:

Wiener und Wienerinnen!

Ich bin kein Mann der großen Worte und der geschliffenen Rede. Ueberdies zählen heute Taten viel, Worte wenig. Wenn ich mit meinen Männern mich den Verteidigern dieser schönen, alten Stadt zugeselle, so geschieht dies mit dem festen und unverbrüchlichen Vorsatz, alles nur Menschenmögliche zu tun, dieses Bollwerk des deutschen Südostens unserem deutschen Vaterlande zu erhalten.

Mehr zu versprechen, wäre verwegen. Der Kampf wird hart, der Erfolg schwer.

Sie, meine Wiener und Wienerinnen, kennen den Feind aus früherenGenerationen Ihrer Geschichte. Sie kennen aber auch die europäische Aufgabe, der sich Wien niemals entzogen hat.

Halten wir zusammen, kämpfen wir zusammen. Es geht nicht um uns, es geht nicht um die Partei, es geht um unser Land.

Heil unserem Führer!

Noch härterer Widerstand

Der Sowjetvorstoß und der Frontverlauf im Südosten

*** Berlin, 2. April.**

Der Feind ist in den letzten Tagen im Westen und im Südosten der weit ausgedehnten Fronten weiter in deutsches Land eingedrungen. Die Ostfront hatte bisher an dem überall geführten Bewegungskrieg nur geringen Anteil, aber der Feind stieß auf einen auch von ihm in seinen amtlichen Berichten vermerkten härteren deutschen Widerstand, der an mehreren Abschnitten ein weiteres Vordringen verhinderte, an einigen sogar angreifende Verbände zurückdrängen konnte. Es ist also nicht so, wie eine böswillige und unwahre feindliche Nachrichtengebung behauptet, daß die deutschen Truppen unwillig seien oder daß die feindlichen Panzerspitzen überhaupt keine deutschen Verbände anträfen. Ueberall werden harte Kämpfe ausgefochten und wird jeder Meter deutschen Bodens zäh und verbissen verteidigt.

Von Osten her haben die sowjetischen Befehlshaber nur im äußersten Südabschnitt der Front den Aktionen der Engländer und Amerikaner im Westen mit Maßnahmen von ähnlichem Umfang geantwortet. Der sowjetische Vorstoß in Richtung Wiener Neustadt wird zwar mit starken Kräften geführt, kann aber nicht als Operation von eigener Gesetzlichkeit angesprochen werden. Die Sowjets haben dadurch eine unerhört lange und schwache Flanke nach Westen geschaffen, weshalb anzunehmen ist, daß diese Maßnahmen die Einleitung zu einer größeren Bewegung der Südabschnitte der Ostfront bilden sollen. Die Länge der Fronten, die für die sowjetischen Massen nicht überall einen gleichstarken Einsatz ermöglicht, hat dazu geführt, daß sich Schwerpunkte bildeten, vor allem im Druck nach Nordwesten und Südwesten, in letzterer Richtung etwa mit dem Fernziel Graz.

Diese Taktik der Sowjets hat auch die deutschen Verteidiger zum Uebergang auf das Stützpunktsystem veranlaßt, wodurch naturgemäß Frontlücken entstanden, die wiederum vom Gegner benützt wurden, um Raumgewinne zu schaffen. Der deutsche Widerstand war jedoch so stark, daß die in allgemeiner Richtung Wiener Neustadt vordringenden feindlichen Truppen von den Verbänden der Wehrmacht nicht nur aufgehalten, sondern zerschlagen werden konnten. Ein besonderes Verdienst gebührt in diesen Kämpfen der Fahnenjunkerschule Wiener Neustadt. Die Front verläuft in diesem Abschnitt jetzt etwa von Oedenburg nach St. Peter, im Bogen nach Osten weit um Preßburg herum ausgreifend, bis nach Modern. Dort klafft eine geringe Frontlücke, und bei Sereth schwingt sich die zusammenhängende Linie durch die Slowakei bis etwa Neusohl. Der Feind hat die Lücke bei Modern benützt, um einen Vorstoß in Richtung Tyrnau zu machen.

Im nördlichen Abschnitt der Westfront, wo die Angriffe der englischen, kanadischen und amerikanischen Divisionen auf das Herz des Reiches gerichtet sind, setzte die feindliche Führung ihre Pläne fort, die zwischen der Sieg im Süden und einer Linie im Norden etwa entlang der Reichsautobahn von Duisburg über Bottrop, Herten und Kamen stehenden deutschen Verbände einzuschließen. Es gehört zu diesem Plan, daß die über den Niederrhein zwischen Wesel und Emmerich nach Norden und Nordosten vorstoßenden feindlichen Verbände sich zum Teil nach Südosten wandten und bis Bottrop und an den Nordrand des Industriegebietes an der Ruhr gelangten. Dort toben zur Zeit heftige Kämpfe.

Der Bewegungskrieg im Westen hat eine gefahrenreiche kritische Situation geschaffen — aber für beide Seiten. Würde der Verteidiger, wie es 1940 in Frankreich der Fall war, die Waffen strecken, so hätte der Gegner das gewonnen, was ihm heute fehlt, nämlich die Sicherung seines Erfolges. Die deutschen Truppen aber kämpfen weiter, zäh und verbissen, und geben dem Feind nicht nach, sie ebensowenig wie die deutsche Heimat, die sich mit allen Mitteln dagegen wehrt, in die Hand des Feindes zu geraten, der sie vernichten will.

Westlich des Neusiedler Sees aufgefangen

Erbitterter Widerstand zwischen den Kleinen Karpaten und der Waag

Führer-Hauptquartier, 2. April.

Das Oberkommando der Wehrmacht gibt bekannt:

Südwestlich des Plattensees und in der Grenzstellung südwestlich Steinamanger wehrten unsere Verbände heftige Angriffe der Bolschewisten ab. Im oberen Raabtal konnten die Sowjets dagegen nach Nordwesten Boden gewinnen. Westlich des Neusieder Sees wurden feindliche Panzerspitzen in harten Kämpfen am Leithaabschnitt und am Südrand des Leithagebirges aufgefangen. Nördlich der Donau leisteten unsere Truppen zwischen dem Ostrand der Kleinen Karpaten und der Waag dem nach Nordwesten drängenden Gegner erbitterten Widerstand.

Erneute feindliche Durchbruchsversuche in Oberschlesien scheiterten zwischen Schwarzwasser und Jägerndorf an der Standhaftigkeit unserer Divisionen, die in der zweiten Märzhälfte mit dem Abschuß von 952 Panzern einen bedeutenden Abwehrerfolg errangen. Die Besatzung von Breslau schlug starke, von Panzern und Schlachtfliegern unterstützte Angriffe ab.

Mit unvermindert starkem Kräfteaufwand setzten die Sowjets an der Danziger Bucht ihre Angriffe in der Oxhöfter Kämpe und gegen die westliche Weichselniederung fort. Sie konnten jedoch nur wenig Gelände gewinnen und verloren 39 Panzer.

Nordwestlich Doblen zerbrachen die mit neu herangeführten Kräften geführten Angriffe des Feindes am entschlossenen Widerstand unserer Kurlandkämpfer.

Im Westen dauern die schweren Abwehrkämpfe im holländischen Grenzgebiet zwischen dem Niederrhein und Enschede an. Oestlich Burgsteinfurt hielten unsere Truppen das Vordringen des Feindes auf. Auch bei Münster behaupteten sie sich gegen starke Angriffe. Oestlich und südöstlich davon konnte der Gegner bis an die Ränder des Teutoburger Waldes beiderseits Bielefeld durchstoßen, wurde dann aber unter hohen Panzer- und Menschenverlusten zum Stehen gebracht. Von Süden her vorgehend, haben die Amerikaner den Raum Söst-Lippstadt erreicht. Am Nordrand des Industriegebietes sind um Recklinghausen heftige Kämpfe im Gange.

An der unteren und mittleren Sieg wurde durch harten Widerstand und im Gegenangriff ein Vordringen des Feindes verhindert. Auch am Rothaargebirge und im Raum von Winterberg wurden zahlreiche Angriffe abgewiesen.

Eine weit im Rücken der Amerikaner stehende Kampfgruppe der Waffen-ϟϟ, durch eine Fahnenjunkerschule des Heeres verstärkt, hat in den letzten drei Tagen dem Gegner schwerste Verluste zugefügt und mehr als 35 Angriffe bis zu Regimentsstärke zurückgeschlagen. 38 Panzer und gepanzerte Fahrzeuge, zahlreiche Lastkraftwagen und Mannschaftstransportwagen wurden erbeutet oder vernichtet und mehrere hundert Amerikaner, darunter 50 Offiziere, als Gefangene eingebracht.

Angriffe auf Kassel scheiterten unter starken Panzerverlusten für den Feind. Zwischen der Werra und dem Kinzigtal hat sich der Druck des Gegners vor allem nördlich der Rhön verstärkt. Im Spessart sowie zwischen der unteren Tauber und dem Maindreieck sind erbitterte Abwehrkämpfe entbrannt. Aus dem Gebiet zwischen Bad Mergentheim und der Rheinebene südlich Heidelberg drückt der Feind weiter nach Süden. In der Rheinebene selbst gelang den Amerikanern ein Einbruch bis Bruchsal, doch wurden ihre den ganzen Tag über wiederholten Angriffe auf die Stadt selbst blutig zurückgeschlagen.

Tag- und Nachtangriffe unserer Luftwaffe richteten sich mit nachhaltiger Wirkung gegen die feindlichen Nachschubverbindungen.

An der Westalpenfront konnte der Gegner erst nach siebenmaligen starken Angriffen einen Stützpunkt am Kleinen Sankt Bernhard nehmen.

In Mittelitalien scheiterten zahlreiche Aufklärungsvorstöße der Amerikaner südwestlich Bologna.

Nach längeren schweren Kämpfen in Kroatien ist sowohl im Raum von Bihac wie in Ostbosnien eine Kampfpause eingetreten.

Bei Angriffen amerikanischer Terrorverbände gegen Orte in Südostdeutschland entstanden Personenverluste und schwere Häuserschäden, vor allem im Stadtgebiet von Marburg an der Drau.

„Werwolf"

Berlin, 2. April

Am Ostersonntag erklang aus dem Aether erstmalig der Ruf eines neuen Senders, der sich „Werwolf" nennt und als Organ einer Bewegung der nationalsozialistischen Freiheitskämpfer an die Oeffentlichkeit tritt, die sich in den besetzten West- und Ostgebieten des Reiches gebildet hat. Das Hauptquartier dieser Bewegung wandte sich über den Sender in einer Proklamation an das deutsche Volk, d... den fanatischen Willen deutscher Männer u... Frauen, deutscher Jungen und Mädel in d... besetzten Gebieten betont, hinter dem Rück... des Feindes den Kampf für Freiheit und E... unseres Volkes fortzusetzen und dem Feind blutig heimzuzahlen, was er dem deutschen Volk angetan hat.

Unsere durch einen grausamen Luftterr... zerstörten Städte im Westen, die hun... Frauen und Kinder längs des Rhein... uns den Feind hassen gelehrt, so he... der Proklamation. Das Blut und die ... unserer erschlagenen Männer, unserer ... schändeten Frauen und gemordeten Kinder in den besetzten Ostgebieten schreit nach Rache. Die im „Werwolf" Zusammengefaßten bekunden ihren festen, unverrückbaren, durch feierlichen Eid bekräftigten Entschluß, sich niemals dem Feind zu beugen, ihm, wenn auch unter schwierigsten Umständen und mit beschränkten Mitteln, Widerstand über Widerstand entgegenzusetzen, ihm unter Verachtung bürgerlicher Bequemlichkeiten und eines möglichen Todes stolz und beharrlich entgegenzutreten und jede Untat, die er einem Angehörigen unseres Volkes zufügt, mi... Tod zu rächen.

Jedes Mittel ist ihm recht, um den ... Schaden zuzufügen. Er hat seine eig... richtsbarkeit, die über Leben und ... Feindes wie der Verräter an unserem ... scheidet. „Unser Auftrag", so heißt e... weiter in der Proklamation, „stammt ... Freiheitswillen unseres Volkes u... unveräußerlichen Ehre der deutsche... als deren Hüter wir uns berufen fühle... der Feind glaubt, daß er mit uns leichte... haben werde und das deutsche Volk ge... wie das rumänische oder bulgarische ... finnische zu Sklavenherden zusammentreib... könne, um es in die sibirischen Tundren ... in die englischen oder französischen ... werke zu verschleppen, so soll ... daß ihm auch da, wo die deutsch... nach hartem und schwerem ...

»Jeder von uns wird seine Pflicht bis zum Äußersten tun«: Am 3. April 1945 richtet sich Reichsverteidigungskommissar Schirach, unterstützt von SS-Obersturmführer Sepp Dietrich, mit einem letzten Appell an die Wiener und Wienerinnen. »Neues Wiener Tagblatt«, 3. April 1945.

11. KEIN FELDHERR UND KEIN HELD

Kriegsende und Flucht aus Wien

»Im Frühjahr 1945 war Heldentum zu einem ungefragten Artikel geworden«, schrieb Henriette von Schirach in ihren Erinnerungen – ein Satz, der ganz auf ihren Mann und dessen wenig berühmte Rolle in der »Schlacht um Wien« gemünzt war. Baldur von Schirach war nicht nur Reichsstatthalter und Gauleiter von Wien, sondern auch Reichsverteidigungskommissar. Seine Aufgabe war die »maximale Mobilisierung« aller Ressourcen. Die von Berlin geforderte Einbindung in den »totalen Krieg« sah ein effizientes Zusammenspiel mit der militärischen Führung des Wehrkreises vor – die Rahmenbedingungen in »Groß-Wien« waren dafür auf der Ebene des Oberkommandos nicht optimal. Alfred Streccius, der verantwortliche General für den Wehrkreis XVII, Jahrgang 1874 und noch in der preußischen Armee sozialisiert, war am 25. Oktober 1940, als er sein Kommando in Wien antrat, bereits 66 Jahre alt.[509] Streccius, der 1904 als Oberleutnant im brutalen Kolonialkrieg in Deutsch-Südwestafrika gegen die Herero verwundet worden war, versuchte in Wien – ähnlich wie Schirach – die »landsmannschaftlichen Gegensätze« zwischen den »altreichsdeutschen« und ehemals österreichischen Soldaten und Offizieren aufzuheben.[510] Aber schon im März 1942 hatte Goebbels die Ablöse von Streccius gefordert,[511] die dann Hitler 1943[512] schließlich durchsetzte.

Aus Berliner Perspektive verfolgte Schirach bereits im März 1943 eine zu laxe Verteidigungsstrategie.[513] Zeitgleich explodierte, wie oben dargestellt, die Diskussion zwischen Hitler und Goebbels auf der einen und Schirach auf der anderen Seite über die Ausstellung »Junge Kunst im Deutschen Reich«, die Hitler bald schließen ließ, da er einige Kunstwerke als »entartet« einstufte. Propagandaminister Goebbels seinerseits beschuldigte Schirach, die Verlegung von größeren Rüstungsindustrieanlagen nach Wien trotz der Forderungen von Rüstungsminister Albert Speer zu verhindern.[514] Mit diesem Zeitpunkt begannen auch die Spekulationen über eine Ablöse Schirachs, die Goebbels und Bormann immer wieder bei Hitler befeuerten. Letztlich stellte Hitler diese Überlegungen im Herbst 1944 nach einem Vorstoß Ernst Kaltenbrunners, der den in Berlin und Wien sehr unbeliebten ehemaligen Wiener Gauleiter (1930–1933) Alfred E. Frauenfeld wieder ins Spiel gebracht hatte, ein – dies wohl mangels verfügbarer geeigneter Gegenkandidaten und weil Schirachs Stellvertreter als Gauleiter, Karl Scharizer, und der Gauleiter von Niederdonau, Hugo Jury, Schirach verteidigten und vor einer Ablöse zu Kriegszeiten warnten.[515]

Die Beziehungen Schirachs zu Ernst Kaltenbrunner, dem Chef des Reichssicherheitshauptamtes, waren sehr angespannt. Das zeigte sich auch daran, dass die Verhaftung von zwei sowjetischen Agenten, des Wieners Josef Angermann und seines Funkers Georg Kennerknecht, die den Auftrag hatten, Schirach zu liquidieren, nicht publik gemacht werden sollte. Der Kriminalrat Johann Sanitzer, ehemaliger Leiter der Sektion IV 2 der Gestapo-Leitstelle Wien und brutaler Verhörspezialist, gestand bei US-Verhören im Juli 1945, dass Kaltenbrunner befürchtet hätte, dass das Bekanntwerden dieser Attentatspläne – Schirach stand nach Hitler und Göring als Nummer 4 auf der Todesliste der Sowjets – dem Reichsstatthalter von Wien zu mehr politisch relevanter Popularität verhelfen könnte.[516]

In einem im Sommer 1944 vertraulich geführten internen Gespräch zur etwaigen Nachfolgefrage mit dem auf Weisung von Martin Bormann aus München angereisten SS-Gruppenführer und »Oberbefehlsleiter« der Münchner Partei-Kanzlei Helmuth Friedrichs (1899–1945) wurde Schirach von Scharizer trotz kritischer Untertöne durchaus positiv geschildert, eine Schwäche des Gauleiters konnte der Stellvertreter allerdings auch ausmachen: »Pg. V. Schirach ist persönlich anständig und sauber und vor allem auch persönlich tapfer. Er ist kein Menschenführer, wird aber in der Belastung immer soldatisch empfinden und nötigenfalls das Gewehr in die Hand nehmen, um damit jedem inneren und äußeren Feind entgegenzutreten […] Pg. V. Schirach lebe irgendwie in einer anderen Welt, sozusagen auf einer hohen Warte, und geht dabei seinen Liebhabereien nach. Er denkt über Außenpolitik nach und will diese in Ordnung bringen [...]. Er würde sich für den kleinen Mann totschießen lassen und als Nationalsozialist kämpfen, aber er könne diesen kleinen Mann aus seinem Werdegang, aus seinem Lebensstil heraus nicht verstehen. Schirach lebt, ohne es zu merken, in einer Form, die nicht zeitgemäß ist. Er kann sich nicht in das Leben und die Lebensart der kleinen Leute hineindenken.«[517]

An sich vertraute Schirach in Parteifragen blind seinem Stellvertreter Scharizer und unterschrieb auch alle seine Vorlagen. SS-Brigadeführer Karl Scharizer (1901–1956) selbst stammte aus Freistadt in Oberösterreich, hatte die Matura gemacht und war Kranführer bei der Alpine-Montan-Gesellschaft in Donawitz gewesen sowie 1932 bis zu seiner Flucht nach Deutschland 1933 NS-Gauleiter in Salzburg und Bundesratsabgeordneter in Wien.[518] Dieses interessante psychologische Profil Scharizers traf das Verhalten von Baldur von Schirach in einigen Bereichen wohl richtig. Nur in einem sollte er sich täuschen: Schirach, auch wenn »persönlich tapfer«, kämpfte letztlich nicht bis zur letzten Patrone in Wien.

Nach dem Eklat zwischen Hitler und den Schirachs vom Juni 1943 verschärfte sich die Kritik an den mangelhaften Luftabwehrmaßnahmen in Wien und nach dem ersten Luftangriff auf Wiener Neustadt am 13. August 1943 stieg auch Schirachs Nervosität. [519] Sein Vorschlag zur Evakuierung von rund 300.000 Kindern und Frauen aus Wien wurde, wie oben schon erwähnt, abgelehnt.[520] Eine Prüfung der »Luftschutzvorbereitungen« in Wien durch den Gauleiter von Westfalen-Süd, Albert Hoffmann, fiel »verhältnismäßig« ungünstig aus.[521] Hingegen verwies Schirachs ehemaliger enger Mitarbeiter, Hartmann Lauterbacher – obwohl er in der Nachfolge als Reichsjugendführer übergangen worden war –, knapp sechs Wochen später darauf, dass im Bereich Luftschutz in Wien eine Aufholjagd stattgefunden habe.[522] Das bezog sich nicht zuletzt auf die sechs »Flaktürme«, die ab September 1942 von ausländischen Zwangsarbeitern und Kriegsgefangenen errichtet wurden. Die nach einem Berliner Prototyp paarweise (jeweils ein Feuerleitturm und ein Geschützturm) an drei Standorten

Wiener Ausgabe

329. Ausg. 57. Jahrg. Einzelpreis:

„Freiheit und Brot!"

Wiener Ausgabe

Wien, Mittwoch, 6. Dezember 1944

VÖLKISCHER BEOBACHTER

Kampfblatt der nationalsozialistischen Bewegung Großdeutschlands

Schirach vor seinen Politischen Leitern:

Wien: Festung härtesten Widerstandes

Der älteste Feldmarschall

August von Mackensen 95 Jahre

Das realpolitische Denken des Führers

Lieber tapfer sterben, als feige sein

Im Glauben an den Führer

Deutsche Front Atlantik

Oben: »Lieber sterben, als feige sein«: Während sich seine Frau Henriette schon nach Westen in Sicherheit bringt, proklamiert Schirach vor seinen politischen Leitern »härtesten Widerstand«. »Völkischer Beobachter«, 6. Dezember 1944.

Unten links: Reichsorganisationsleiter Robert Ley und Reichsstatthalter Schirach (2. von rechts) überzeugen sich selbst von der Kampfkraft des letzten Aufgebots: Ausbildung von jungen Volkssturm-Männern durch eine Ersatzeinheit der in Kaltenleutgeben stationierten SA-Standarte »Feldherrenhalle«, November 1944.

Unten rechts: Der Stellvertreter: Karl Scharizer. Einem Spitzel Martin Bormanns vertraute der gebürtige Mühlviertler an, dass der »Parteigenosse« von Schirach »irgendwie in einer anderen Welt« lebe.

nach Plänen des Architekten Friedrich Tamms erbauten Betonmonster dienten nicht nur der Luftabwehr, sondern boten auch Schutzräume für die Zivilbevölkerung.[523]

Fehlende Luftschutzräume und die mangelhafte Luftabwehr wurden Schirach von Goebbels negativ angelastet, waren aber die Folge der exzessiven zentralen deutschen Militärrüstungspolitik, da alle finanziellen und menschlichen Ressourcen der Produktion von Rüstungsgütern vorbehalten werden sollten. Im Herbst 1942 war auf Weisung Hitlers nach Angriffen der britischen Royal Air Force auf das Reichsgebiet der Bau von Luftschutzeinrichtungen auch in Wien begonnen worden. Paradoxerweise hatte Göring zuvor im Sommer 1941 als Reichsminister für Luftfahrt und Oberbefehlshaber der Luftwaffe jeglichen Neubau von Bunkeranlagen sowie die Fertigstellung derartiger Schutzräume verboten.[524]

Nach den verheerenden Großangriffen der Alliierten auf Hamburg (25. Juli bis 3. August 1943), bei denen durch Feuerstürme ganze Stadtviertel in Schutt und Asche zerfielen und zumindest 34.000 Menschen starben,[525] forderte Bormann alle Gau- und Kreisleitungen auf, »Ausweichdienststellen« am Rande der Städte mit Fernmelde- und Büroeinrichtungen zu schaffen.[526] Für Wien war bis dahin im Flakturm im Arenbergpark ein ganzes Stockwerk mit entsprechenden Nachrichtenverbindungen für die Gauleitung vorgesehen gewesen.

Schirach wollte für diesen neuen Befehlsstand zuerst ein Hotel am Kahlenberg requirieren, doch dort war bereits die Wehrmacht mit dem Luftwaffengaukommando XVII eingezogen. Als erster Ersatz wurde ein vorhandener Beobachtungsstand am Gallitzinberg für den Bau einer Bunkeranlage ausersehen, da es in der Nähe eine bereits 449 Meter über dem Meeresspiegel liegende Aussichtsplattform, die Jubiläumswarte, gab.

Trotz verdeckter Kritik in der Bevölkerung an diesem Projekt, da es zu wenige Luftschutzräume in der Stadt gab, ließ Schirach unter ziemlichen bürokratischen Finanzierungsmühen und unter Zuhilfenahme von 33 Bochumer Bergleuten das Projekt umsetzen. In der Zwischenzeit gab es in Josefsdorf am Kahlenberg in den ehemaligen Kartausen einer aufgelassenen Eremitage des Kamaldulenserordens ein Provisorium für den engeren Stab der Gauleitung bis zur Realisierung des Bunkers am Gallitzinberg. Josefsdorf war auch schnell von der Hohen Warte aus erreichbar, wo Schirach und seine Familie seit dem 15. Oktober 1940 eine »arisierte« Dienstvilla bewohnten.

Zwischen 1942 und 1945 wurde für den neuen zweigeschossigen »Gaugefechtsstand« ein 16,5 Meter langer Bunkerstollen gegraben[527], rund fünf Meter breit und fünf Meter hoch, in dem sich nicht nur das gediegen eingerichtete Reichsleiterzimmer befand, sondern auch ein Befehlsraum mit einer 2,23 x 3,04 Meter großen Milchglastafel, um darauf die Flugrouten der alliierten Bomberverbände einzuzeichnen und die Warnsignale für die Bevölkerung über den Reichssender Wien (»Kuckucksignal«) und Durchsagen zu organisieren.

Mittelschülerinnen der 7. Klassen eines Wiener Gymnasiums wurden als »Nachrichtenmädel« gemeinsam mit fünf BDM-Führerinnen am Gallitzinberg eingesetzt und mussten in einer Wohnbaracke am Gelände der Wagner-von-Jauregg Heil- und Pflegeanstalt »Am Steinhof« und in einem Schutzhaus wohnen.[528]

Bei Fliegeralarm raste Schirach mit seinem Stab – für die Bevölkerung gut sichtbar – von der Hohen Warte auf den Gallitzinberg, weshalb die Thaliastraße daher im Flüsterwitz in »Heldenstraße« umbenannt wurde. [529]. Die Gefahr war tatsächlich real, auch für das direkte Umfeld: Einer von Schirachs engsten Mitarbeitern, HJ-Obergebietsführer Herbert Müller, kam bei einem Bombenangriff auf das »Gauhaus« ums Leben, als er nach einer Bombenwarnung ins Büro zurücklief, um ein Telefongespräch anzunehmen. Schirachs Mutter, Emma, verbrannte am 16. Juli 1944, als ein Flugzeug auf das Wiesbadener Haus fiel, in dem sie wohnte, und sie ihren Pekinesen aus den Flammen retten wollte.[530]

Seine Familie, die Kinder Angelika Benedikta (geb. 1933), Klaus (geb. 1935), Robert (geb. 1938) und Richard (geb. 1942) hatte der Reichsstatthalter aber in sein Schloss Aspenstein in Bayern 1944 in Sicherheit gebracht. Er versuchte auch, im Rahmen der »Kinderlandverschickungen« viele Kinder und Jugendliche aus Wien herauszubringen. In der Praxis konnten 1943/44 aber nur 27.000 Schülerinnen und Schüler evakuiert werden, fast 50.000 blieben im bombengefährdeten

InnenAusbau des L.S.Stollens Wien, 16, GallitzinBerg Der GauOrganisationsRaum
GemeindeVerwaltung des ReichsGaues WIEN HauptAbteilung G, BauWesen Abt. G15, StadtRegulierung
N/h 19973/14
14

Oben: Einigermaßen repräsentativ eingerichtet: das »Reichsleiterzimmer« im Untergeschoss des »Schirachbunkers« auf dem Gallitzinberg. Schirach soll den Aufenthalt im »Gaubefehlsstand« nicht besonders geschätzt haben.

Unten: Betonmonster, errichtet von Zwangsarbeitern und Kriegsgefangenen: der Geschützturm im Augarten. Foto: Anna Saini.

Wien.[531] Insgesamt gesehen zog sich Schirach 1944/45 immer mehr aus der Kinderlandverschickung zurück[532], organisierte aber noch im September 1944 nach dem Slowakischen Nationalaufstand im August eine militärische Hilfsaktion unter seinem persönlichen Kommando, um 2.000 Kinder mit militärischer Unterstützung durch Einheiten der Ersatztruppen aus der nunmehr plötzlich umkämpften Slowakei zurückzuholen. Dabei fielen fünfzehn Mann.[533] Besonderes Lob aus Berlin kam für diese gelungene Kommandoaktion aber nicht.

Nach schweren Luftangriffen im Spätherbst 1944 auf Wien verließ im Dezember 1944 auch Henny Schirach die Villa auf der Hohen Warte und reiste nach Schloss Aspenstein in Kochel am See. Wie sie in ihren Erinnerungen berichtet, verbot ihr Baldur, allzu viele Sachen mitzunehmen, das wäre »ausgesprochen unanständig« und würde bei den Wienern den Eindruck erwecken, dass sie fliehe. Sie wäre daher nur mit einem Koffer abgereist, darin u. a. mit einem Gedichtband von Josef Weinheber und einem aus Zuckerschaum gebackenen Nikolaus der Konditorei Demel.[534] Tatsächlich wurden aber die erworbenen bzw. auch aus dem Eigentum von Juden und Jüdinnen günstig gekauften Kunstwerke nach Westen verbracht.

Dass am 15. März 1945 noch am Gallitzinberg ein Attentatsversuch auf Schirach unternommen wurde, war eine bewusste Falschmeldung und Teil der amerikanisch-britischen Kriegsführung. 1973 wurde diese erfundene Geschichte in der wie eine Militärzeitung aufgemachten Schrift *Nachrichten für die Truppe* mit der Schlagzeile »Schüsse auf Schirach zur Rettung Wiens« publiziert[535], zuvor war sie schon 1946 vom *Neuen Deutschland*[536] übernommen worden.

Nach dem gescheiterten Attentat gegen Hitler schien Schirach kurzzeitig wieder in Hitlers Gunst gestiegen zu sein, da er den »Antrag stellte, den Adelstitel ablegen zu dürfen«,[537] da beim Versuch des Tyrannenmordes zahlreiche Adelige wie der Attentäter Claus Schenk Graf von Stauffenberg eine zentrale Rolle gespielt hatten. Goebbels hintertrieb aber geschickt diesen Vorschlag und informierte Hitler, dass Schirach zum Zeitpunkt des Putschversuchs vom 20. Juli 1944 gar nicht in Wien, sondern bei einem Familientreffen mit Carl von Schirach, Henriette und seinen Kindern in Kochel gewesen war. Aber bereits am 21. Juli 1944 war er mit seinem Vater in Wien zurück und spielte sich sofort als Rächer auf, indem er einem verdächtigen General das Goldene Parteiabzeichnen von der Uniform riss.[538]

Im Jänner 1945 änderte sich sogar die Einstellung von Goebbels und er konzedierte Schirach nunmehr einen »sehr klaren und radikalen Kriegsstandpunkt«.[539]

»Meine Hand zittert, doch mein Herz zittert nicht«

Am 24. Februar 1945 wurde Schirach bei einem denkwürdigen Treffen mit Adolf Hitler Zeuge der letzten Befehlsausgabe an seine Gauleiter, die nicht alle anwesend waren. Gemeinsam mit Hugo Jury, dem Gauleiter von Niederdonau, war er in einem VW über das zerstörte Dresden nach Berlin gefahren. Dort zeigte sich der Berliner Wilhelmplatz als ein Trümmerfeld und auch das bei NS-Würdenträgern beliebte Hotel »Kaiserhof« war eine Ruine. In der noch fast unversehrten Reichskanzlei warteten rund 30 Reichs- und Gauleiter im Mosaiksaal, obwohl viele aus den besetzten Gebieten fehlten, auf den »gespenstischen Schlußappell«. Schirach beschrieb dieses von »Nibelungenstimmung« überschattete Treffen im Detail: »Eine der riesigen Türen öffnete sich, und Hitler betrat, begleitet von Bormann und Goebbels, den Saal. Ein gebrochener Mann. Mühsam, mit hängenden Schultern kam er auf uns zu. Ein Bein, das anscheinend gelähmt war, schlurfte über den Marmorboden. Das Gesicht war aschgrau. Mit zitternder Hand begrüßte er jeden von uns.«

In seiner Rede versuchte Hitler, die angetretenen Paladine auf den letzten Kampf einzuschwören: »Meine Parteigenossen, meine Hand zittert, doch mein Herz zittert nicht. So wie es vor 25 Jahren nicht gezittert hat, als ich mit einem kleinen Häuflein von Getreuen aufgestanden bin, um das an Deutschland begangene Unrecht wiedergutzumachen.«[540]

In seinen Memoiren behauptete Schirach, dass er Wien das Schicksal von Dresden ersparen wollte. Die folgenden Fakten zeigen aber, dass er damals von Hitlers Durchhaltebefehl und dessen Frage, »Werden die Wiener durchhalten?« doch sehr beeindruckt war.

Wien sollte um jeden Preis gehalten werden. Die von Hitler angekündigte Offensive »Frühlingserwachen« der Heeresgruppe Süd gegen die vorrückenden sowjetischen Truppen in Ungarn scheiterte bereits nach zehn Tagen am 16. März 1945. Trotzdem hielt sich Schirach an den Befehl Hitlers und weigerte sich, Wien zur »freien Stadt« zu erklären, wie ihm dies von Albrecht Schubert, dem Kommandierenden General des Wehrkreises XVII, und dem Wiener Stadtkommandanten Generalleutnant Ludwig Merker empfohlen wurde. Auch Regierungspräsident Hans Dellbrügge und der Wiener Bürgermeister SS-Brigadeführer Hanns Blaschke hatten in diesem Sinn bei ihm interveniert.[541] Hitler reagierte prompt und wies Bormann an, Schirach die Order zu geben, »den totalen Krieg im selben Stil durchzuführen, wie es auch im übrigen Reichsgebiet der Fall« wäre.[542] Vor allem verwies Hitler auf die Bedeutung der in Wien stationierten »Großdeutschland«-Verbände, denen Schirach angehörte. Der Rückhalt des Reichsverteidigungskommissars in der Wehrmacht war aber, wie schon oben angedeutet, zweifellos bescheiden, so sprach ein Offizier der Wehrmachtskommandantur später davon, dass die »österreichischen Soldaten« die Anordnungen Schirachs sabotiert hätten, »sodaß beim Herannahen der Roten Armee die geplanten Verteidigungsmaßnahmen nicht bestanden« hätten.[543]

Am 4. April 1945, die Panzerspitzen der Roten Armee hatten bereits Hütteldorf erreicht, verließ Schirach mit seinem Stab den »Gaubefehlsstand« am Gallitzinberg und übersiedelte in die Kellergewölbe unter der Hofburg, wo zwei Stockwerke unter der Erde neben einem Lazarett auch Räumlichkeiten für den Reichsverteidigungskommissar eingerichtet worden waren. Der in Wien geborene SS-Obersturmbannführer und Kriegsverbrecher Otto Skorzeny[544], der seit der Befreiung Mussolinis als Kriegsheld galt, schilderte in seinen Memoiren die Endzeitstimmung in den letzten Tagen vor der Befreiung Wiens durch die Rote Armee – Schirach selbst gab sich offenbar noch immer Illusionen hin: »Auf dem Boden lagen prachtvolle Teppiche, an den Wänden hingen Schlachtenbilder und Porträts von Generalen aus dem achtzehnten Jahrhundert. Im Vorzimmer wurde gegessen, getrunken und gelärmt. Ich mußte dem Gauleiter erklären, daß ich in der Stadt keinen einzigen deutschen Soldaten zu Gesicht bekommen hätte und daß die Barrikaden unbesetzt seien. Ich lud ihn ein, mit mir doch eine Erkundungsfahrt zu unternehmen. Er lehnte diese Einladung jedoch ab und erklärte mir, über seine Landkarte gebeugt, wie man Wien retten würde: zwei Elitedivisionen stünden zum Angriff bereit. Eine würde vom Norden her angreifen und die andere vom Westen: der Feind müsse kapitulieren. Durch ein ähnliches Manöver, meinte er, zwang Fürst Starhemberg 1683 die Türken, die Belagerung Wiens aufzuheben.«[545]

Auch ein Zeitzeuge, der für die tägliche Funkverbindung nach Berlin zuständige Techniker Karl Zischka, bestätigte diese absurde Atmosphäre: »Es gab Konservendosen und Kaviar, und der Champagner ist geflossen. Alles, was wir unendlich lang nicht mehr gesehen haben […] Ich will nicht sagen, dass es Gelage gab, aber man hat sich mehr oder weniger gut unterhalten. Und jeder hat an den Sieg geglaubt. Jeder hat an die Wunderwaffe geglaubt, die irgendwie noch eingesetzt werden sollte.«[546]

Längst wusste Schirach nicht nur, dass Einheiten der Roten Armee bereits die äußeren Bezirke Wiens erreicht hatten, sondern dass auch eine militärische Widerstandsgruppe um Major Carl Szokoll Kontakt mit den sowjetischen Verbänden aufgenommen hatte, um die Möglichkeiten einer gemeinsamen Befreiung Wiens zu besprechen.

Fast gleichzeitig mit dem Befehl von General Lothar Rendulic, eines geborenen Österreichers, im Hauptquartier der Heeresgruppe Süd, alle Wehrmachtseinheiten und das II. SS-Panzerkorps aus den inneren Stadtbezirken abzuziehen und über den Donaukanal abzurücken, trat auch Schirach am 9. April 1945 seinen plötzlichen Rückzug aus der umkämpften Metropole an. Der Konvoi des flüchtenden Reichsstatthalters verließ über die noch intakte Floridsdorfer Brücke die Stadt, Schirach selbst hatte in einem VW-Schwimmwagen Platz genommen, gefolgt von einem Mercedes-Cabrio mit vier Soldaten aus der Genesenen-Kompanie des Panzerkorps »Großdeutschland« mit Maschinenpistolen und einem Maschinengewehr, und dem Adjutanten SS-Obersturmführer Fritz Wieshofer in einem zweiten VW-Schwimmwagen sowie zwei LKW mit Lebensmitteln.[547] Schirach bezog am Fuße des Bisambergs westlich von Wien im Gasthaus

Oben: Das Areal um Albertina und Philipphof nach dem schweren Luftangriff vom 12. März 1945. Weit mehr als 200 Menschen wurden von den Trümmern lebendig begraben.

Unten links: Major Carl Szokoll organisierte den militärischen Widerstand, die »Operation Radetzky« scheiterte jedoch, drei beteiligte Offiziere wurden hingerichtet.

Unten rechts: Zog es vor, den Rückzug anzutreten: Lothar Rendulic, der Oberbefehlshaber der Heeresgruppe Süd.

Hempfling in Flandorf Quartier und versuchte sich als Verbindungsoffizier im Range eines Leutnants zwischen dem Oberbefehlshaber der 6. SS Panzerarmee[548], SS-Oberst-Gruppenführer »Sepp« Dietrich und SS-Obergruppenführer Wilhelm »Willy« Bittrich, dem Kommandeur des II. SS-Panzerkorps, nützlich zu machen. Militärisch spielte Schirach aber schon längst keine Rolle mehr und Goebbels vermerkte hämisch im Tagebuch seine Sicht der Dinge: »Es haben in der Stadt Aufruhraktionen[549] in den ehemals roten Vororten stattgefunden, und zwar haben diese Ausmaße angenommen, daß Schirach sich in seiner Hilflosigkeit veranlaßt gesehen hat, sich unter den Schutz der Truppe zu begeben. Das ist so typisch Schirach. Erst läßt er die Dinge laufen, wie sie laufen, und dann flüchtet er sich zu den Soldaten. Ich habe nie etwas anderes von ihm erwartet. Auch hier zeigen sich die üblen Folgen des Mangels an Entschlußkraft beim Führer in der Personalpolitik. Schirach war schon seit langen Jahren überfällig zum Abbau; aber der Führer hat sich nicht dazu entschließen können, ihn in die Wüste zu schicken. Jetzt müssen die härtesten Maßnahmen getroffen werden, um die Dinge in Wien wieder zu bereinigen. Der Führer ist weiterhin entschlossen, die Stadt unter allen Umständen zu halten.«[550] Auch an der Wiener Bevölkerung ließ der Reichspropagandaminister kein gutes Haar: »Der Führer hat die Wiener schon richtig erkannt. Sie stellen ein widerwärtiges Pack dar, das aus einer Mischung zwischen Polen, Tschechen, Juden und Deutschen besteht. Ich glaube aber, daß die Wiener doch besser hätten im Zaume gehalten werden können, wenn dort eine anständige und vor allem eine energische politische Führung am Ruder gewesen wäre. Schirach war dazu nicht der geeignete Mann. Aber wie oft habe ich das gesagt, und wie oft bin ich dabei nicht gehört worden!«[551]

Wien war jedoch nicht von Schirach, sondern von den Militärs aufgegeben worden. Auch der vielfache Kriegsverbrecher »Sepp« Dietrich, den Hitler nach Wien geschickt hatte, um mit der 6. SS-Panzerarmee und der neu eingetroffenen Panzergrenadier-Division »Der Führer« die Stadt zu verteidigen, konzentrierte sich auf den Rückzug. In seinem Befehlsstand auf einem Schloss bei St. Pölten hatte er vor allem die Sorge, »daß Adolf mich ausheben lassen will, weil ich Wien nicht verteidigt habe«. Drei Wochen lang blieb Schirach für Dietrich als Verbindungsoffizier im Hinterland tätig.

Einige Tage verbrachte er in dieser Funktion auch in Altmelon bei Ottenschlag im Waldviertel nördlich der Donau.[552] Die Pfarrchronik von Altmelon weiß darüber noch Näheres zu berichten: »Gleich darauf (um den 10. April, *sic!)* kam der Reichsstatthalter Baldur von Schirach her, auf der Flucht konnte man schon sagen. Zuerst sollte er im Pfarrhof einquartiert werden, aber dann zog er in das Haus des Kaufmannes Wondraschek, der ein größeres und schöneres Zimmer hatte. Bei mir blieben seine 2 Adjutanten. Die Zeit war damals warm und wunderschön. Sofort wurde in den Pfarrhof eine Telefonleitung gelegt. Die Herren saßen im Garten, Schirach fand sich öfter ein und gab Befehle usw. Doch nach einigen Tagen setzte sich die ganze Gesellschaft nach Westen ab, nach Oberösterr.«[553] In dieser Gegend befand sich auch der Gauleiter von Niederdonau Jury, mit dem Schirach gut bekannt war. Jury, promovierter Mediziner und SS-Obergruppenführer, sollte sich dann in der Nacht vom 8. zum 9. Mai 1945 in Zwettl das Leben nehmen.

Schirach hingegen dachte weiter an Fluchtmöglichkeiten, um der Roten Armee zu entkommen. Gemeinsam mit seinen drei Adjutanten Harald Döscher, der seit 1943 im Rang eines Oberleutnants Verbindungsoffizier zur Ersatzbrigade »Großdeutschland« in Cottbus war, dem ehemaligen Diplomsportlehrer Gustav Höpken, Oberleutnant der Luftwaffe und stellvertretender Chef des Zentralbüros in der Reichsstatthalterei, und SS-Obersturmführer Fritz Wieshofer wechselte er dann am 1. Mai 1945 nach Gmunden am Traunsee, wo es eine Marine-HJ-Funkstation gab.[554]

Nach der Nachricht vom Selbstmord Hitlers in Berlin flüchteten Schirach und Wieshofer gemeinsam mit Chauffeur Franz Ram in einem VW-Käfer weiter nach Westen in Richtung der geplanten und nie realisierten »Alpenfestung«. Über das Salzachtal und Zell am See gelangte das Trio nach Schwaz im Inntal, wo die Schwester Franz Rams einen Gasthof betrieb. Da der VW-Käfer, ein Geschenk Robert Leys, plötzlich streikte, beschloss man, in Schwaz zu bleiben. Eine neue Identität war nun notwendig: Schirach ließ sich einen Schnurrbart wachsen und wurde mit einer Schreibmaschine ausgerüstet, um als

Flanellhemd statt Braunhemd:
In Tirol verwandelt sich Schirach in den biederen Krimiautor Dr. Richard Falk.

»Kriminalschriftsteller Dr. Richard Falk« getarnt in der Tiroler Idylle weiter an einem neuen Krimi zu schreiben. Wieshofer, der aus den Beständen des Regiments »Großdeutschland« eine Kiste mit Damenarmbanduhren organisiert hatte, betrieb einen erfolgreichen Tauschhandel mit den Bauern in der Umgebung, um Nahrungsmittel zu bekommen.

Am 4. Juni 1945 stellte er sich im ehemaligen »Hotel Post« gemeinsam mit Wieshofer US-amerikanischen Einheiten, da er gehört hatte, dass auch alle HJ-Führer unter die »automatische Verhaftung« *(automatic arrest)* fielen und er sich dieser Internierung daher nicht entziehen wollte. Zuvor schrieb er an die amerikanische Ortskommandantur in Schwaz noch einen Brief, den Wieshofer überbringen musste und in dem er diesen Entschluss begründete: »Ich Baldur Benedikt von Schirach, stelle mich freiwillig der Besatzungsmacht, um mich vor einem internationalen Gerichtshof verantworten zu können.«[555]

Vorerst wurde Schirach im Gefangenenlager Rum bei Innsbruck, in dem er in der Folge festgehalten wurde, aufgrund seiner guten Englischkenntnisse und der Offenheit, mit der er die Verantwortung für den Aufbau der HJ übernahm, bevorzugt behandelt. Daher sollte er im Juni 1945, nach einem halben Jahr der Trennung, auch Henny für einige Stunden wiedersehen – sie wurde von einem amerikanischen Offizier im Jeep von ihrer Unterkunft, einem Berghotel bei Kufstein, nach Rum gebracht. In ihren Erinnerungen beschrieb sie diesen Moment des Wiedersehens: »In einem großen kahlen Raum steht Baldur an einem Tisch. Ein halbes Jahr habe ich ihn nicht mehr gesehen, ich erkenne ihn kaum. Ein anderer Mensch, mit einem anderen Gesicht, dem man die furchtbare Entscheidung ansieht. Das Haar ist glatt nach hinten gebürstet, und ich irre mich nicht, es ist grau.«[556] Sie brachte auch den »Ahnenpass« mit, um Baldurs US-Verwandtschaften zu dokumentieren – angeblich entpuppte sich ein US-Offizier in Rum tatsächlich als »entfernter Vetter«.[557]

Im August 1945 wurden Schirach und Wieshofer in das US-Vernehmungslager Oberursel im Taunus überstellt, wo der ehemalige Reichsjugendführer eine Erklärung unterschrieb, dass er für »Aufbau, Organisation und Führung der HJ von ihrer Gründung bis zum Jahr

1940« verantwortlich gewesen sei und sich für die HJ bis zum Zusammenbruch verantwortlich fühle. Am 10. September 1945 wurde Schirach schließlich nach Nürnberg geflogen, angeblich hatte er sich zu diesem Zeitpunkt damit abgefunden, dass man ihn zum Tode verurteilen würde.[558]

»Opfer der Jugend garantieren den Sieg«

Wenige Wochen vor dem Angriff auf Polen, am 15. August 1939, legte Schirach in einem Abkommen mit General Wilhelm Keitel, dem Chef des Oberkommandos der Wehrmacht, fest, dass die gesamte HJ-Führungsriege in Schulungslehrgängen für ihre wichtige künftige Aufgabe – die »Wehrertüchtigungsausbildung« – vorbereitet werden müsse. Auch hier setzte sich Schirach mit seiner Maxime der Selbstorganisation der HJ durch, obwohl letztlich die Ausbildung der Führungskader der HJ durch die Wehrmacht erfolgte. Schon 1938 waren 30.000 HJ-Führer im Geländedienst und in Schießübungen trainiert worden, diese Zahl sollte aber verdoppelt werden.[559] In der Praxis funktionierte dieses System jedoch nur bedingt, und 1942 hatte nur jeder siebente Rekrut, der aus der HJ kam, auch bereits eine vormilitärische Ausbildung erhalten.

Daher dekretierte Hitler im März 1942 in enger Abstimmung mit der Reichsjugendführung die Errichtung von »Wehrertüchtigungslagern der Hitler-Jugend«. Diese waren auf drei Wochen angelegt, neben der praktischen »Wehrertüchtigung« wartete auf die Jugendlichen auch eine entsprechende ideologische Schulung. In der Praxis wurden diese Lager nicht mehr von HJ-Funktionären, sondern von Offizieren der Wehrmacht geführt. Als Ausbildner setzte man verwundete Soldaten und Unteroffiziere ein, wobei versucht wurde, verstärkt ehemalige HJ-Funktionäre für diese Aufgabe heranzuziehen. Die Folge war häufig brutaler Kasernenschliff: Selbst Reichsjugendführer Axmann protestierte intern gegen die immer wieder vorkommende »sadistische Quälerei«.[560] So mussten beispielsweise fünf Jugendliche, die aus einem Wehrertüchtigungslager in Herrenhof bei Eichgraben geflüchtet waren, auf Befehl des Lagerleiters Erhart Mader, eines verwundeten Offiziers, ein Spießrutenlaufen absolvieren. Ein anderer Junge musste auf allen Vieren um das Lager hüpfen und dabei ständig rufen: »Wauwau, ich bin der Kohlenklau!«.[561] Je länger der Krieg dauerte und je größer die Verluste an Soldaten an den Fronten wurden, umso fanatischer gestalteten sich der Drill und die ideologische Gehirnwäsche in den »Wehrertüchtigungslagern«, um die Jugend »zu bedingungslosem Einsatz für den Sieg zu erziehen«.[562]

Das Stellungsjahr 1927 galt 1944 als erster Jahrgang, der alle Stationen dieser Ausbildung durchlaufen hatte und deshalb auch von der Wehrmacht als eine Art »Wunderwaffe« angesehen wurde. Heinrich Himmler, als Oberbefehlshaber des Ersatzheeres, aber auch Reichsjugendführer Axmann, der sich in Berlin gerne in direkter Nähe Hitlers aufhielt, überboten einander an Vorschlägen, immer jüngere HJ-Angehörige militärisch auszubilden – zuletzt auch die 15-Jährigen –, um sie dann in den »Endkampf« zu werfen.

Wie stellte sich Schirach zu diesem offensichtlichen Missbrauch von Kindern und Jugendlichen in den letzten Kriegsjahren?

Bei der Führertagung der österreichischen Hitler-Jugend am 17. Mai 1938 im Mozarteum in Salzburg hatte Schirach das grundsätzliche politische Ziel der HJ präzise und unmissverständlich zusammengefasst: »Die eigentliche große erzieherische Tat für ein Volk liegt darin, daß man in einer Jugend blinden Gehorsam, unerschütterliche Treue, bedingungslose Kameradschaft und unbedingte Zuverlässigkeit verwurzelt.«[563] Dies ist auch die Voraussetzung für totalen Gehorsam im Krieg – sei es in der Wehrmacht oder an der Heimatfront.

Als Reichsleiter für die Jugenderziehung der NSDAP, das höchste Amt, das er bekleidete, verkündete er weiter jene heroische Botschaft, die er bereits in den Jahren zuvor immer wieder artikuliert hatte: »Deutsche Soldaten sterben immer nur, um unsterblich zu sein.«[564] Wie bereits in der Frühzeit der HJ berief Schirach sich auch jetzt wieder auf die »gefallenen Helden« von Langemarck 1914. Das Helden-Epos des Ersten Weltkrieges schlug die Brücke in die Gegenwart und forderte unmissverständlich die Bereitschaft zu neuem »Heldentum« ein – zum Tod auf dem Schlachtfeld.[565]

Opfer der Jugend garantieren den Sieg

Bisher mehr als 1200 HJ.-Führer gefallen / Eine Botschaft Baldur von Schirachs

Wien, 4. September.

Der Reichsleiter für die Jugenderziehung der NSDAP. Baldur von Schirach richtet anläßlich der Uebergabe seines Amtes als Reichsjugendführer an seinen Nachfolger Artur Axmann an das Führerkorps der HJ. folgenden Aufruf:

„13 Jahre meiner Lebensarbeit haben der deutschen Jugend gegolten. Sie fallen in einen Zeitabschnitt, der von dem erbitterten Ringen in der Kampfzeit um die Volkwerdung durch die Jahre der Einigungs- und Aufbauarbeit hindurch schließlich bis in die letzte Bewährung der Jugend hineinführt, in den Krieg gegen die Widersacher unsrer Führungsaufgabe in Europa.

In den guten wie bösen Tagen dieser Zeit hat die Jugend Deutschlands niemals den Führer enttäuscht, sie scharte sich als erste und vorbehaltslos um seine Fahne, sie diente treu seinem Werk und nahm willig jedes Opfer, jeden Kampf auf ihre jungen Schultern. Sie schürte das Feuer der Revolution und trug dennoch die Fackel einer neuen Ordnung durchs Reich. Indem sie sich selbst disziplinierte und in eigener Verantwortung die kleinsten Einheiten aufbaute, brach sie jener Erziehungsidee Bahn, der die Zukunft gehört.

Die Hitler-Jugend hat in diesem Krieg ihrem Namen alle Ehre gemacht! Ihr aber, meine Kameraden, habt auf dem Felde der Ehre das Gebot erfüllt, eure erzieherische Macht auf dem persönlichen Vorbild und Beispiel aufzubauen. Wenn bis zur Stunde, da ich die unmittelbare Führung meinem Freund und Kameraden Axmann übertrug, über 1200 HJ.-Führer gefallen waren, so entspricht dieser überdurchschnittlich hohe Anfall an Blutopfern unsrer Armee der erwarteten Härte, Zucht und selbstlosen Treue dieser Gemeinschaft. Auf nichts bin ich so stolz, als auf dieses Führerkorps! Es ist bester Nachwuchs für den Führerstaat der Bewegung, Garant des Sieges nach dem Kriege.

Durch das Schicksal des Krieges gestählt und von den toten Kameraden begleitet, werdet Ihr nach dem Kriege heimkehren. Die Anerkennung der ganzen Nation ist Euch gewiß.

Jugendführer Adolf Hitlers!

Wer einmal in dieser Jugendbewegung gearbeitet hat, ist ihr zeit seines Lebens verfallen. Wenn Eure Stunde einmal schlägt, und die Parteiführung Eure Arbeitskraft für andere Aufgaben fordert, dann bleibt auch im neuen Wirken dieser Jugend treu! Ich selbst werde ihr als Reichsleiter für die Jugenderziehung der NSDAP. ständig einen Teil meiner Arbeitskraft widmen und ihr Sprecher beim Führer bleiben. Seid auch Ihr in unserm Volk allezeit Sprecher dieser Jugend.

Nehmt meinen Dank Ihr alle, Ihr bekannten und unbekannten Mitarbeiter für Euern Einsatz und Eure Hingabe. Für alle Zukunft eint uns ein unzertrennliches Band. So bleibt endlich mein Wunsch, daß Ihr mit der gleichen Tatkraft und Begeisterung Eurem zweiten Reichsjugendführer Artur Axmann folgt in Gehorsam und Pflichterfüllung, auf daß die Jugend Deutschlands immer das bleibt, was sie war und ist: des Führers treueste Gefolgschaft!

Baldur von Schirach."

»Opfer der Jugend garantieren den Sieg«: Schon 1940 verwies Schirach auf die »selbstlose Treue« der Hitler-Jugend, über 1.200 gefallene HJ-Führer würden von dieser Haltung zeugen. »Volks-Zeitung«, 5. September 1940.

Für ein Propagandafoto kniet sich der Reichsverteidigungskommissar auch gerne hin: militärische Ausbildung von Hitlerjungen in einem »Wehrertüchtigungslager« im Wienerwald, Sommer 1944.

Anlässlich der Amtsübergabe an Artur Axmann äußerte Schirach ähnliche ideologische Zielvorstellungen gegenüber dem Führerkorps der HJ und rechtfertigte damit auch den Tod von 1.200 HJ-Führern, denn, so seine Schlussfolgerung, »dieser überdurchschnittlich hohe Anfall an Blutopfern unserer Armee« würde »der erwarteten Härte, Zucht und selbstlosen Treue dieser Gemeinschaft« entsprechen.[566] Schirach griff die Leitsätze aus der »Kampfzeit« vor 1933 und die Verherrlichung der »Blutopfer« auf und entwickelte sie weiter, die Forderung lautete nun: totale Unterordnung und Selbstaufgabe der Hitlerjungen im Krieg. Schirachs Vision: »Durch das Schicksal des Krieges gestählt und von den toten Kameraden begleitet, werdet Ihr nach dem Kriege heimkehren. Die Anerkennung der ganzen Nation ist Euch gewiß.«[567]

1942 wurde die »Europäische Jugendtagung« mit einer inszenierten Abendveranstaltung am Heldenplatz in Wien vor den Denkmälern Prinz Eugens und Erzherzog Karls in Anwesenheit der Delegierten von 15 Nationen und der gesamten Hitler-Jugend von Wien abgeschlossen. Die Blutopfer-Symbolik war auch hier gegenwärtig: Vor den beleuchteten Arkaden der Hofburg »loderten Opferflammen zum Gedächtnis für Europas Zukunft gefallenen Helden«.[568] Ein Jahr später wurde in Anwesenheit des faschistischen rumänischen Jugendführers General Victor Iliescu die Leistungsstärke der »Nachrichten-HJ« präsentiert, Gelegenheit für Schirach, wieder einmal seine Phrasen zum soldatischen Charakter der HJ anzubringen: »Ihr seid die Zukunft und die Hoffnung des Großdeutschen Reiches. Ihr seid heute schon nationalsozialistische Soldaten unseres Führers, würdig, ihm zu dienen.«[569]

Immer wieder setzte Schirach Elemente der psychologischen Kriegsführung ein, um die HJ-Angehörigen auf den Krieg und letztlich auf den totalen Krieg mental vorzubereiten und die totale Selbstaufgabe und Unterordnung unter Hitlers Politik zu fordern. Doch zunehmend ging es um ganz konkrete vormilitärische Ausbildung: Im August 1944 eröffnete Schirach im Wienerwald die »Kriegsfreiwilligenwochen der Wiener Hitler-Jugend«, in denen »Freiwillige für die Front« eine Ausbildung in »Kartenlesen, Schießen, Geländeübungen, Handgranatenwerfen und weltanschaulicher Schulung«[570] erhielten, mit einem Appell an die »Begeisterung« der jungen Burschen, die wenige Monate später an die

Front mussten. Sie, so rief ihnen Schirach zu, wären »würdige Kämpfer der nationalsozialistischen Weltanschauung« und würden »Hitlers junge siegreiche Garde« repräsentieren – angesichts der Kriegslage ein zynischer Befund, doch Schirach meinte es offenbar noch immer ernst.

HJ-Führer und Hitlerjungen wurden weiter ideologisch aufgerüstet und von Axmann und Himmler massiv für den letzten Kampf des »Dritten Reiches«« rekrutiert: fanatische junge Burschen, die noch kämpften, wenn Wehrmacht und SS schon den Rückzug angetreten hatten, und die meinten, den Geist der NS-Ideologie bis zum letzten Augenblick exekutieren zu müssen. Die ideologische Drachensaat führte in vielen Fällen direkt zu Mord und Totschlag, HJ-Funktionäre waren an zahlreichen Endphase-Kriegsverbrechen beteiligt. Eine umfassende Bestandsaufnahme von Kriegsverbrechen von HJ-Angehörigen im Deutschen Reich und den besetzten Gebieten fehlt bis heute. Einzelfallstudien wie bezüglich der Erschießung von britischen und kanadischen Kriegsgefangenen an der Westfront dokumentieren die Brutalität, mit der von den jungen Fanatikern vorgegangen wurde.[571] Waren HJ-Angehörige aufgrund ihrer massiven ideologischen Indoktrination eher bereit zu morden als andere, die nicht so intensiv weltanschaulich in ihrer Jugend geprägt wurden? Diese Frage kann hier nicht beantwortet werden, muss aber zur Diskussion gestellt werden. Einzelne NS-interne Stellungnahmen zum Status der Freiwilligen für die 12. SS-Panzerdivision »Hitler-Jugend« zeigen wiederum ein Scheitern der ideologischen Indoktrination, die hohen Gefallenenzahlen beim Fronteinsatz dokumentieren aber zweifellos eine überdurchschnittliche Opferbereitschaft.[572] Schirach versuchte die Infanteriedivision »Großdeutschland«, der er verbunden war, als HJ-Division zu definieren, scheiterte mit diesem Plan aber an Himmler und Axmann. Wie bereits ausführlich beschrieben, hatte Schirach 1943 keinen wirklichen Einfluss mehr bei den Berliner Zentralstellen.

Trotzdem zeigen die zahlreichen Beispiele von Kriegsverbrechen von HJ-Führern zu Kriegsende, dass die ideologische Indoktrination, die Schirach in Reden, Gedichten, Liedtexten und zahlreichen Publikationen maßgeblich bestimmt hatte, wirksam geworden war. Ein Blick in die Studie von Hellmut Butterweck, der alle in der Öffentlichkeit auch kommentierten Verfahren vor dem Wiener Volksgericht 1945–1955 dokumentiert hat, genügt, um zu erkennen, wie gewaltbereit und brutal einzelne HJ-Führer oder HJ-Angehörige 1945 noch gewesen waren: So schoss ein 15-jähriger Oberschüler der Göttweiger Nationalpolitischen Erziehungsanstalt, der auch der HJ angehörte, auf drei fliehende Häftlinge aus dem Gefängnis in Stein an der Donau.[573] In Wien-Döbling, nur fünf Minuten von Schirachs Dienstvilla entfernt, erschossen zwei »HJ-Burschen« drei griechische Zwangsarbeiter, bei denen sie Waffen gefunden hatten.[574] In Deutsch +Schützen organisierte im März 1945 ein 25-jähriger HJ-Bannführer die Exekution von 60 Juden und Jüdinnen, die beim Bau des »Südostwalls« eingesetzt waren. Die Hinrichtung führten SS-Angehörige durch, die HJ-Angehörigen leisteten Beihilfe zum Mord und vergruben die Opfer. Noch Tage später stöhnte ein Überlebender in ungarischer Sprache, dass er von »Kindern angeschossen« worden wäre.[575] Manche HJ-Banden exekutierten auch selbst – so erschoss eine motorisierte HJ-Gruppe am 15. April 1945 auf der Kletschkahöhe bei Reichenau an der Rax den Oberlandesgerichtsrat Dr. Josef Thaller und Frau Maria Karasek, die als Widerstandskämpfer erbarmungslos liquidiert wurden.[576]

Die Wehrertüchtigungslager der HJ wurden zu Kriegsende Ausgangspunkte von brutalen HJ-Kommandos, wie dies etwa im Fall des Lagers Neunkirchen dokumentiert ist. Von den 120 Jugendlichen, die hier zusammengefasst worden waren, wurde ein Teil zur Wehrmacht überstellt, während 25 weitere Hitlerjungen ein »Volkssturm-Sonderkommando der Kreisleitung Neunkirchen« bildeten.[577] Dieses »Sonderkommando« terrorisierte die eigene Bevölkerung, nahm zahlreiche Verhaftungen vor und war auch an Hinrichtungen beteiligt und total fanatisch eingestellt. Immer wieder sprachen Angehörige der Bande vom »Töten, Umlegen und Erschießen.«[578]

Mit diesen grauenhaften »Endphaseverbrechen« der HJ und ihrer Funktionäre beschäftigten sich später die ehemaligen zentralen Führungskader wie Baldur von Schirach, Artur Axmann oder Hartmann Lauterbacher in ihren Erinnerungen nicht. Die blutige Realität des Krieges wird vielfach ausgeblendet, da erzählt man lieber von Kameradschaft und Idealismus einer angeblich harmlosen Jugendorganisation.

Hilmar Hoffmann, einer der bedeutendsten deutschen Kulturpolitiker der Nachkriegszeit, hat dagegen seine Zeit als Hitlerjunge bis hin zum militärischen Einsatz als Fallschirmspringer umfassend und selbstkritisch aufgearbeitet. Mit subtiler Tiefenschärfe beschreibt Hoffmann die Prägungen, die er als Jugendlicher erfahren hat – dazu zählte vor allem auch die spezifische Wirkungsmacht der Gedichte, Texte und Reden Schirachs.[579]

Schirach sprach mit seiner Blut-und-Boden-Opfer-Lyrik nicht nur die HJ-Buben und Jugendlichen an, sondern auch die BDM-Mädchen, für die er auch eigene Verse wie die folgenden dichtete. Ihr Pathos und ihre Metaphorik mögen heute unerträglich klingen, damals erfüllten sie den Zweck:

Siehe es leuchtet die Schwelle, die uns vom Dunkel befreit,
hinter ihr strahlet die Helle herrlich kommender Zeit.
Die Tore der Zukunft sind offen dem, der die Zukunft bekennt
und im gläubigen Hoffen heute die Fackeln entbrennt.
Stehet über dem Staube, seid ihr Gottes Gericht.
Hell erglühe der Glaube An die Schwelle im Licht.[580]

Hoffmann, der die gesamte Karriere eines Jungen im Nationalsozialismus mitgemacht hatte – vom Deutschen Jungvolk bis zum Eintritt in die NSDAP –, hat Recht, wenn er beispielsweise Schirachs Vorwort zum BDM-Liederbuch *Wir Mädel singen* als »schräg anbiedernde Lyrik« bezeichnet, denn dadurch »verhalf von Schirach dem Faschismus zum gesellschaftsfähigen Ausdruck, besonders auch für viele naive Jungmädchenherzen. Instinktiv habe ich persönlich damals Baldur von Schirach eher als sympathischen Dichter empfunden denn als dumpfen Ideologen.«[581]

Baldur von Schirach hat die deutsche Jugend, Burschen und Mädchen, rund ein Jahrzehnt lang geprägt. Geschickt nützte er alle Mittel zur ideologischen Beeinflussung der heranwachsenden Generation. Beim Nürnberger Kriegsverbrecherprozess gab Schirach – wohl aufgrund des Einflusses der US-Psychologen, mit denen er zahlreiche Gespräche führte, und seines Verteidigers Fritz Sauter – dies auch zu. Ob dieses Schuldbekenntnis wirklich ehrlich war, bleibt offen.

Zwei Herrenzimmer wie früher – noch einmal Weimar

Der Vater des Reichsstatthalters in Wien, Carl von Schirach, konnte sich trotz seines Alters noch relativ lange als Intendant des Nassauischen Landestheaters in Wiesbaden halten. Der am 4. Mai 1934 mit dem preußischen Ministerpräsidenten Göring geschlossene Vertrag sah eine Verlängerungsklausel vor, die besagte, dass sich bei Nichtkündigung der Vertrag um ein Jahr verlängerte.[582] Schirach erhielt ein Jahresgehalt von 17.000 Reichsmark. 1936 stand eine Verlängerung neuerlich zur Debatte, im nunmehr für das Wiesbadener Theater zuständigen Reichsministerium für Volksaufklärung und Propaganda wies man auf die Tatsache hin, dass er Träger des Goldenen Ehrenzeichens der NSDAP war.[583] In der Folge versuchte Carl von Schirach auch seine Steuerlast zu reduzieren und bat das Propagandaministerium um Unterstützung. Am 30. Jänner 1938 wurde er von Adolf Hitler zum Generalintendanten ernannt, und zum 65. Geburtstag am 10. November 1938 gratulierte Goebbels persönlich.

Auf ausdrückliche Weisung des Propagandaministers wurde Carl von Schirach 1938 auch der Status »prominenter Künstler« zugeteilt, wodurch die Steuer um weitere 40 % reduziert werden konnte.[584] Weiters wurde ihm eine zumindest 20-prozentige Werbekosten-Pauschalabgeltung zugesprochen. Als 1940 die Frage der Pensionierung näher rückte, versuchte Goebbels, diese direkt mit Sohn Baldur zu besprechen.[585] Vor einer Kündigung scheuten der Minister und seine Beamten wegen der zu erwartenden Interventionen zurück, man hoffte auf eine Übernahme des Theaters durch die Stadtverwaltung, womit auch die Kündigungsfrage nicht mehr in Berlin gelegen wäre.

Doch Carl von Schirach wehrte sich geschickt und schaffte 1941 sogar noch eine Gehaltserhöhung von 17.000 Reichsmark auf 25.000 Reichsmark, was etwa einer Kaufkraft von 102.500 Euro entspricht.[586] Erst zu seinem zehnjährigen Dienstjubiläum konnte Schirach senior per 31. August 1943 pensioniert werden. Neben seinem vor Gericht erstrittenen Ruhegenuss aus der Weimarer Zeit in der Höhe von rund 635 Reichsmark und einem Beitrag aus Wiesbaden von monatlich 30 Reichsmark erhielt er noch einen Ehrensold über monatlich 60 Reichsmark.[587] Dazu kam eine einmalige Abfindung von 10.000 Reichsmark.[588]

Ein bisher unbekannter Brief von Rosalind von Schirach an ihren Bruder 1967 gibt einen guten Einblick über die Zeit ihres Vaters in Weimar 1945 bis zu seinem Tod 1948.[589] Nach der Übersiedlung aus dem zerstörten Haus in Wiesbaden und dem tragischen Tod seiner Frau Emma übersiedelte Carl von Schirach zurück nach Weimar in die alte Villa, die nun mit Möbeln aus Wien eingerichtet wurde: »Der einstige Salon wurde Esszimmer mit Flügel. Zwei Herrenzimmer wie früher, oben drüber zwei Schlafzimmer und ein Wohnzimmer.«[590]

Nach der Befreiung Weimars durch US-Truppen wurden Schirach und seine Tochter auf einem offenen Lastwagen zum ehemaligen KZ-Buchenwald gebracht und dort »vor einem riesigen Haufen zum Skelett abgemagerter Toter photographiert. Unser Verhör wurde via Sender Luxemburg in alle Welt weitergetragen, trotz unserer Bitten, es zu unterlassen. Oben sagten die Wachen noch zu uns, die Menge würde uns in Stücke reißen, wenn sie wüßte, wer wir seien. Der Papa hat vieles nicht mitbekommen und dies ist nur ein kleines al fresco Bild. Wir haben beide später nie darüber gesprochen.«[591] Am 22. April 1945 mussten Rosalind und Carl von Schirach die Villenwohnung räumen und wurden in andere Wohnungen umquartiert.

Mit der sowjetischen Besatzung folgten diverse Verhöre, Rosalind von Schirach stellte sich diesen weiteren Befragungen ohne den alten Vater und organisierte Lebensmittel. Nach einer Operation 1948 wurde er immer schwächer, wollte aber nicht zurück nach Wiesbaden gehen, wo ihm eine Wohnung angeboten worden war. Carl von Schirach starb am 11. Juli 1948. Nach heftigen Debatten mit der Stadtverwaltung wurde die Urne mit seiner Asche dann doch bei den Ehrengräbern des Theaters in der Nähe der Fürstengruft bestattet. 1950 reiste seine Tochter nach Berlin, um ihren Bruder im »Alliierten Gefängnis« in Berlin-Spandau zu besuchen und blieb danach im Westen. Das lange Kapitel »Familie Schirach und Weimar« war damit zu Ende.

Geraubtes Gemälde aus der Sammlung von Cornelia, Marie und Philipp Gomperz mit einer abenteuerlichen Geschichte: »Maria mit dem Kind auf dem Schoße, demselben einen Weintrauben reichend« von Lucas Cranach dem Älteren.

12. EIN CRANACH FÜR DEN REICHSLEITER

Kunstraub und »Arisierung«

I possess a great collection of paintings and I am convinced that none are from Jewish property.[592]

Die Russen, so erzählt Henriette von Schirach in ihren Memoiren, hätten die Bilder aus ihrer Dienstvilla, die sie ja 1944 nicht hätte mitnehmen können, im Garten aufgestellt und darauf geschossen wie auf Schießscheiben – das hätte ihr der Hausmeister beim ersten Wien-Besuch nach dem Krieg 1955 erzählt und sie hätte es »originell« gefunden, »auf eine holländische Landschaft zu schießen«.[593] Doch diese nette Anekdote ist nicht die ganze Wahrheit und beim Nürnberger Kriegsverbrecherprozess 1946 kam das Thema, nämlich der Umgang mit den von Juden und Jüdinnen geraubten Vermögenswerten und Kunstwerken, erst gar nicht zur Sprache. Die Dienstvilla im Nobelbezirk Döbling auf der Hohen Warte Nr. 52, die Schirach von seinem Vorgänger Josef Bürckel übernommen hatte, war ursprünglich vom Architekten Julius Mayreder als Landhaus für den Transportgroßunternehmer Gottfried Schenker (1842–1901) erbaut worden. Der großzügige Garten war mutmaßlich vom prominenten deutschen Garten-Philosophen Karl Foerster aus Bornim angelegt worden.[594] Schirach hielt hier Hof, auch Hitler kam 1941 zweimal zu Besuch und bewunderte im Garten den Ginkgobaum und eine kleine Bank aus Prinz Eugens Besitz – auch sie ist seit 1945 verschwunden.[595] Immer wieder waren auch bekannte Frauen eingeladen wie etwa der Burgtheater- und Filmstar Maria Holst oder die Obergauführerin Annemarie Kaspar, Beauftragte für das BDM-Werk »Glaube und Schönheit« in der Reichsjugendführung. Letztere verbrachte gemeinsam mit dem »Führer« und dem Ehepaar Schirach einen Abend, an dem Musiker der Wiener Philharmoniker Kammermusik zum Besten gaben.

Zur Unterhaltung Hitlers hatte Henriette von Schirach bei seinen Besuchen auch »junge Wiener Künstlerprominenz eingeladen«.[596] Tatkräftig unterstützt von Henriette, die das Personal dirigierte, lud der Reichsstatthalter auch gerne Staatsgäste ein, die sich eher zufällig in Wien befanden, wie den italienischen Außenminister Gian Galezzo Ciano oder General Andrej Wlassow, den rumänischen Diktator Ion Antonescu oder den Großmufti von Jerusalem, Amin al-Husseini.[597]

Aber auch die Hofburg, das Rathaus und das Belvedere dienten als Repräsentationsräume. Beliebt waren wie in vielen Diktaturen aufwendige Jagden: Schirach lud gerne Prominente aus dem »Altreich« wie beispielsweise am 11. Dezember 1943 den »Parteigenossen« SS-Obergruppenführer Rudolf Querner zur »Riegeljagd«[598] in Wien-Lainz auf Schwarz- und Damwild.[599] Einen Tag später ging es mit einer Fasanenjagd weiter. Dann gaben die Schirachs ein »Abendessen im Hause Hohe Warte 52«, an dem Querner und seine Frau teilnahmen.[600] Querner war seit 1943 Höherer SS- und Polizeiführer Donau[601] und hatte zuvor, im Oktober 1941, Heinrich Himmler auf einer Reise in das Arbeitslager Mogilew in Weißrussland, das zum Vernichtungslager ausgebaut werden sollte, begleitet. Er wusste um den Judenmord im Osten also bestens Bescheid.

Trotz dieser vor dem Hintergrund der tagtäglichen Kriegsverbrechen und der Massenmorde in der Shoa absurden Freizeitbeschäftigung ruhte die ideologische Arbeit nicht: Gemeinsam mit Schirach hatte Querner unter anderem versucht, wehrunwillige Jugendliche wie den später bekannten Bildhauer Alfred Hrdlicka zum Kriegsdienst zu bringen: »Bei der Abschlussveranstaltung auf der Marswiese, einem großen Sportplatz im 17. Bezirk, wurden die Unterschriftverweigerer aus sämtlichen Wehrertüchtigungslagern vorgeführt. Ein SS-General, wenn ich mich nicht irre, hieß er Querner, und Baldur von Schirach pflanzten sich vor uns auf und machten uns die bittersten Vorwürfe, besser gesagt, sie nahmen den Mund ziemlich voll, quasselten vom Endsieg und von der großen Ehre, für Führer, Volk und Vaterland sterben zu dürfen.«[602]

Die Villa der Schirachs lag auf einem riesigen Grundstück von fast 11.000 m^2, direkt neben den ehemaligen Gärten des Nathaniel von Rothschild. Vor dem »Anschluss« hatte der »mächtige Steinkasten«, der Henriette von Schirach anfangs so gar nicht gefallen wollte,[603] dem nach Zürich geflüchteten Bauunternehmer Ing. Arnold Spritzer gehört. Er war es auch, der das 372 m^2 große Gebäude 1927 im Inneren völlig umbauen und zusätzlich ein Gärtner-, Garagen- und Glashaus errichten ließ. Das im Zuge der Beschlagnahmung im Detail beschriebene Luxusgebäude umfasste im Tiefgeschoss ein Mädchenzimmer, eine Waschküche mit Bügelraum, einen Vorkeller, vier Kellerräume, zwei Räume als Gartenmöbeldepot, eine Bettenkammer, einen Gasometerraum, eine Zentralheizung, einen Raum für den Öltank sowie einen Pufferraum, einen Raum für Koks und Kohlen, eine Speiskammer und ein Klosett. Im Hochparterre befanden sich Stiegenhaus, Halle, Empfangs-, Speise-, Herren- und Musikzimmer, weiters Küche, Büro, Klosett, Speisekammer und die obere und untere Terrasse. Im ersten Stock gab es eine weitere Halle, die Bibliothek, das Frühstückszimmer, ein Schlaf- sowie ein Fremdenzimmer, zwei Badezimmer, zwei Schrankräume, einen Putzraum, ein Dienerzimmer und zwei Klosetts. Im zweiten Stock befand sich eine Wohnung mit Vorzimmer, vier Zimmern, zwei Kabinetten, zwei Dienerzimmern, einer Kammer, einem Badezimmer sowie einer »Passage« und zwei Klosetts samt Vorraum.[604] Insgesamt wurden die Villa und der Grund auf 410.000 Reichsmark geschätzt. Dem wohlhabenden Unternehmer Arnold Spritzer, der jüdischer Herkunft war, blieb selbst nach Abzug der Reichsfluchtsteuer ein Nettovermögen von 1.729.217 Reichsmark. Ob er diesen Betrag zumindest teilweise ins Exil transferiert bekam, ist unklar. Jedenfalls brachte er selbst nach 1945 beträchtliche Restitutionsforderungen ein, was auf einen massiven Vermögensentzug in der NS-Zeit hindeutete.

»Arisierungen« und materielle Entrechtung interessierten die Schirachs jedoch weder während der NS-Zeit noch nach 1945. Obwohl derzeit noch – im Unterschied zum Anwesen der Schirachs in Kochel bei Bad Tölz – ein Inventar fehlt, konnten bereits neun Kunstwerke lokalisiert werden, die aus beschlagnahmten Sammlungen von Juden oder Jüdinnen entzogen und günstig von Schirach oder seiner Frau erworben worden waren.[605] Neben Möbeln und Teppichen und anderen Kunstwerken aus dem ehemaligen Hofmobiliendepot, die er als Gauleiter für seine Dienstwohnung zur Verfügung gestellt bekam, beschaffte sich Schirach auch Teppiche und Gobelins aus dem beschlagnahmten Palais Schwarzenberg oder aus der umfangreichen Sammlung von Oscar Bondy (1870–1944), einem Unternehmer jüdischer Herkunft, der über die Schweiz in die USA geflohen war.

Dass Schirach nichts von den ursprünglichen Eigentümern wusste, ist nicht glaubhaft, da alle beschlagnahmten Sammlungen laut Erlass Hitlers seit dem 18. Juni 1938 unter »Führervorbehalt« standen, d. h. eigentlich für das geplante Linzer »Führermuseum« vorgesehen waren. Es bedurfte einer speziellen Genehmigung, um diese Gemälde überhaupt erwerben zu dürfen.

Die Gestapo in Wien berichtete ausführlich über das große persönliche Interesse Schirachs für die Sammlung Gomperz: »Der Reichsleiter und Reichsstatthalter in Wien, Baldur von Schirach, hat von der Sicherstellung der Bildersammlung Gomperz Kenntnis erhalten und sie persönlich besichtigt und veranlasst, dass von Fachkräften des Kunsthistorischen Museums in Wien Lichtbilder angefertigt werden. Mit Schreiben vom 24. 6. 1943 teilte er mir aus dem Führerhauptquartier mit, daß er dem Führer Vortrag gehalten habe. Soweit ich aus diesem Schreiben weiters entnehme, hat der Führer einen Teil der Sammlung für das Linzer Museum bestimmt, ein Teil kann von der Österreichischen Galerie und dem Kunsthistorischen Museum angekauft werden.«[606]

Unter anderen entschied sich Schirach für das Gemälde mit dem ursprünglichen Titel »Maria mit dem Kind auf dem Schoße, demselben einen Weintrauben reichend« aus der beschlagnahmten Sammlung von Cornelia, Marie und Philipp Gomperz.[607] Schirach erhielt die Genehmigung zum Erwerb dieses Gemäldes durch eine »Entscheidung des Führers« im Juni 1943 zum Schätzpreis von 30.000 Reichsmark, zudem kaufte er zwei persische Kacheln aus dem 19. Jahrhundert um 500 Reichsmark.

Abenteuerlich ist die Geschichte dieses »arisierten« Gemäldes nach Kriegsende 1945: Infolge der Luftangriffe auf Wien wurden bereits 1944 die wertvollen Kunstwerke Schirachs aus der Villa auf der Hohen Warte nach Bayern ins Schloss Aspenstein gebracht. In einem Verhör 1948 behauptete Schirach allerdings, das Gemälde von einem Kunsthändler oder Kunsthistoriker erworben zu haben und dass es von der Roten Armee nach der Befreiung Wiens zerstört worden sei – das würde zur eingangs erwähnten Geschichte Henriettes passen. Was die »Maria mit dem Kind auf dem Schoße« betrifft, so erzählten Henriette und ihr Liebhaber, der Filmkaufmann Alfred H. Jacob, bei diversen Verhören eine eigene Geschichte: Alfred H. Jacob, der in Urfeld am Walchensee wohnte, behauptete, er hätte das Gemälde 1944 erworben. In weiterer Folge hatte es sich 1949/50 in einem von Jacob gemieteten Tresor bei der Bayerischen Vereinsbank befunden und wurde später an den Amerikaner Siegfried Thalheimer verkauft, der es in den USA weiter veräußerte. Im Zuge eines Restitutionsvergleiches wurden in München 1.000 Deutsche Mark an die Erben von Gomperz gezahlt. 1999 wurde dieses Bild im Museum of Art in Raleigh, North Carolina, von der »Commission for Art Recovery« des Jüdischen Weltkongresses entdeckt und an die Erben von Philipp Gomperz, Cornelia und Marianne Hainisch, übrigens die Enkelinnen des ehemaligen Bundespräsidenten Michael Hainisch, zurückgegeben. Diese verkauften ihrerseits das Bild für 600.000 US-Dollar an das Museum in North Carolina.

Ein zweiter Kunstraubkrimi dokumentiert höchst anschaulich, wie Baldur und Henriette von Schirach versuchten, die Spuren ihres Kunstbesitzes nach 1945 zu verwischen und es trotz intensiver US-amerikanischer Anstrengungen und diverser Untersuchungen deutscher und österreichischer Behörden auch schafften, »arisierte« Besitztümer vor der Restitution zu verstecken. Im Dezember 1955 deponierte Henriette von Schirach eine Anzeige bei der Polizeidirektion Innsbruck. Ihr zufolge habe der Adjutant ihres Mannes, Oberleutnant Gustav Höpken, gegen Kriegsende einen Koffer mit wertvollen Kunstgegenständen – u. a. auch mit dem Gemälde »Hirte von Wolf angefallen« von Pieter Brueghel dem Jüngeren –, die sich zuletzt im Schloss Aspenstein befunden hätten, bei einem Bauern in Bramberg im Oberpinzgau deponiert.[608] Als Kennwort für die Abholung sei »Doktor Faust« vereinbart worden. Ein gewisser Gerhard Schulze habe nach dem Krieg den Koffer aufgebrochen und Gegenstände entwendet. Als dann jedoch am 17. Oktober 1946 Ingeborg Hubich im Auftrag von Edith Kaufmann, der Ehefrau von Schirachs ehemaligem Pressereferenten Günter Kaufmann, mit dem Kennwort den Koffer aholen wollte, befanden sich darin nur mehr sechs Bücher und zwei Hefte. Auch eine Interpolfahndung konnte den mysteriösen Unbekannten namens Gerhard Schulze nicht auffinden. Ob sich wirklich das Gemälde von Brueghel und möglicherweise ein zweites Bild von Puvis de Chavannes in dem Koffer befunden hatten, bleibt ungeklärt. Tatsache ist, dass das Gemälde Brueghels aus der beschlagnahmten Sammlung von Ernst Pollack stammte und 2003 bei einer Auktion in Köln auftauchte, dann jedoch aufgrund der Provenienz zurückgezogen wurde. Drei Jahre später hingegen wurde das 1942 beschlagnahmte Gemälde »Der gute Hirte« von Pieter Brueghel dem Jüngeren bei Christie's in New York mit der Provenienzangabe »Erben von Ernst und Gisela Pollak« um 688.000 US-Dollar verkauft. Da es insgesamt drei Versionen dieses Gemäldes gibt, ist Vorsicht geboten, aber es spricht einiges dafür, dass es sich um jenes Kunstwerk handelte, das Schirachs Adjutant Herbert Müller am 17. September 1942 im Dorotheum abgeholt hatte und Schirach in weiterer Folge zum Rufpreis von 24.000 Reichsmark erwerben konnte.[609] Auch in diesem Fall wurde auf den »Führervorbehalt« verzichtet.

Ernst und Gisela Pollack wurden am 18. Juni 1942 in das KZ Theresienstadt (Terezín) deportiert und verstarben noch im selben Jahr.[610] Erst kurz zuvor, am 5. Juni 1942, hatte Baldur von Schirach – wie oben dargestellt – das »judenfreie Wien« in einer Rede angekündigt.[611]

Baldur von Schirach versuchte nicht nur selbst günstig »arisierte« Kunstwerke zu erwerben, sondern unterstützte auch andere, wie den Filmregisseur Gustav Ucicky. Auf Weisung Schirachs wurde 1940 aus dem Dorotheum das Klimt-Gemälde »Wasserschlangen II (Freundinnen)« herausgenommen, sodass es der angebliche uneheliche Sohn Klimts, der mit dem antipolnischen und antisemitischen Streifen *Heimkehr* mit Paula Wessely in der Hauptrolle seinen größten Erfolg feierte, um 8.000 bis 9.000 Reichsmark erwerben konnte.[612]

»Wasserschlangen II (Freundinnen)« gehörte zur Sammlung von Jenny Steiner, die vor den Nationalsozialisten zuerst nach Paris und dann 1940 nach Brasilien flüchten konnte. Das Vermögen von Jenny Steiner, die an der Seidenfabrik ihrer Familie beteiligt und eine wichtige Förderin der Sezession und von Gustav Klimt war, wurde im Oktober 1938 beschlagnahmt.[613]

Ursula Ucicky, die Witwe des Regisseurs, ließ 2013 das Gemälde in einem nicht öffentlichen Privatverkauf nach einem Vergleich mit den Erben nach Jenny Steiner um kolportierte 112 Millionen US-Dollar exklusive Prämie für Sotheby's verkaufen und teilte den Erlös mit den Erben nach Jenny Steiner.[614] Der neue Eigentümer des höchst wertvollen Bildes, der Schweizer Geschäftsmann Yves Bouvier, verkaufte es einen Tag nach dem realisierten Vergleich um 183 Millionen US-Dollar an den russischen Milliardär Dmitri Rybolowlew.

In ihrem Bericht über den denkwürdigen Auftritt am Obersalzberg 1943 erwähnt Henriette von Schirach übrigens ihren Gastgeber bei dem Besuch in Den Haag, den Bankier und Kunsthändler Alois Miedl, der den brutalen Abtransport von Jüdinnen bestätigte.[615] Was dabei Frau von Schirach nicht erwähnte, war, dass Miedl einer der höchst aktiven Kunsthändler war, der geraubte Kunstschätze an Hitler und Göring, aber auch an Baldur von Schirach verkaufte.[616] Gleichzeitig organisierte er großzügige Banketts für die Besucher in seinem Wasserschloss: »Weiß beturbante Inder servierten zum Reis köstliche Zutaten auf erlesenem chinesischem Porzellan. Dazu gab es Kaviar, Hummer, Genever, Champagner … Bei unseren Empfängen in der Hofburg zu Wien trugen die Diener zwar Livreen aus der Zeit Kaiser Franz Josephs, aber auf den Silberplatten, die sie hereinbrachten, lagen flache Brotscheiben mit Sardellenpaste und einer Kapernblüte als Garnitur«.[617]

Miedl, der sie, wie Henriette erzählt, bei ihrem Besuch aufgefordert hätte, mit Hitler persönlich über die Judendeportationen zu sprechen, schenkte den Schirachs ein Renaissancegemälde mit dem Titel »Tobias mit dem Engel« eines unbekannten italienischen Malers.[618] Die Herkunft des Bildes, möglicherweise aus einer geraubten jüdischen Sammlung, kümmerte sie nicht weiter. Rund zwölf Gemälde erwarben die Schirachs von Miedl, der auch ein guter Bekannter von Heinrich Hoffmann war.[619] Ein weiterer wichtiger Händler für Göring, aber auch für Schirach war Pieter de Boer, der Letzterem zumindest

20 Gemälde verkaufte. In der Dienstelle Mühlmann in den Niederlanden sind 25 Ankäufe Schirachs über 244.000 Reichsmark dokumentiert – die Kunstwerke wurden von ihm aber meist gewinnbringend weiterverkauft.

Das Kunstinteresse des Reichsstatthalters war weit gespannt. So erregten auch Schmucksammlungen, die »arisiert« worden waren, sein Interesse – das galt etwa für die Sammlung des Verlegers Paul Zsolnay: Hitler hatte daraus vom Sonderbeauftragten für das »Führermuseum« in Linz, Hans Posse, zehn Objekte als Geburtstagsgeschenk erhalten. Schirach »erwarb« vier Schmuckstücke.[620]

Schirach, der fleißige Geleit- und Vorwortschreiber, dachte auch an einen eigenen Verlag. Sein Pressereferent Günter Kaufmann wies daher Wilhelm Hofmann, den Treuhänder des beschlagnahmten Paul Zsolnay Verlags, an, zu ermitteln, »wie hoch der Kaufpreis ist, wenn der Verlag vom Herrn Reichsstatthalter übernommen wird«.[621] Letztlich ging der renommierte Verlag im Herbst 1941 an Karl Heinrich Bischoff, den Fachreferenten der Reichsschrifttumskammer im Sonderreferat »Überwachung des schädlichen und unerwünschten Schrifttums«.

In Zusammenhang mit der »Arisierung« der Universal Edition, die in Wien bleiben sollte, intervenierte Schirach auch im Musikverlagsbereich persönlich: Er blockierte zunächst den Verkauf an C. F. Peters via Länderbank Wien, bevor er – vermutlich erst nach einem Gespräch mit Goebbels – dem schon von seinem Vorgänger Bürckel genehmigten Verkauf zustimmte.[622]

Gegen manche Widerstände untergeordneter Behörden verschenkte Schirach Kunstwerke aus öffentlichem Eigentum – so etwa einen Pietra-dura-Tisch mit seltenen Florentiner Steinschnitten aus der Mitte des 18. Jahrhunderts, der im Belvedere anlässlich der Unterzeichnung des von Ribbentrop und Ciano ausgehandelten Zweiten Wiener Schiedsspruchs am 30. August 1940 aufgestellt worden war. Da die die kostbare Steinschnitt-Arbeit aus Florenz die Bewunderung des italienischen Außenministers erregte, übergab sie ihm Schirach als Geschenk.[623] Als die zuständige Verwaltung nachfragte, bestätigte er persönlich, dass er den wertvollen Prunktisch verschenkt hatte. Er befindet sich – soweit er nicht zerstört oder weiterverkauft wurde – nach

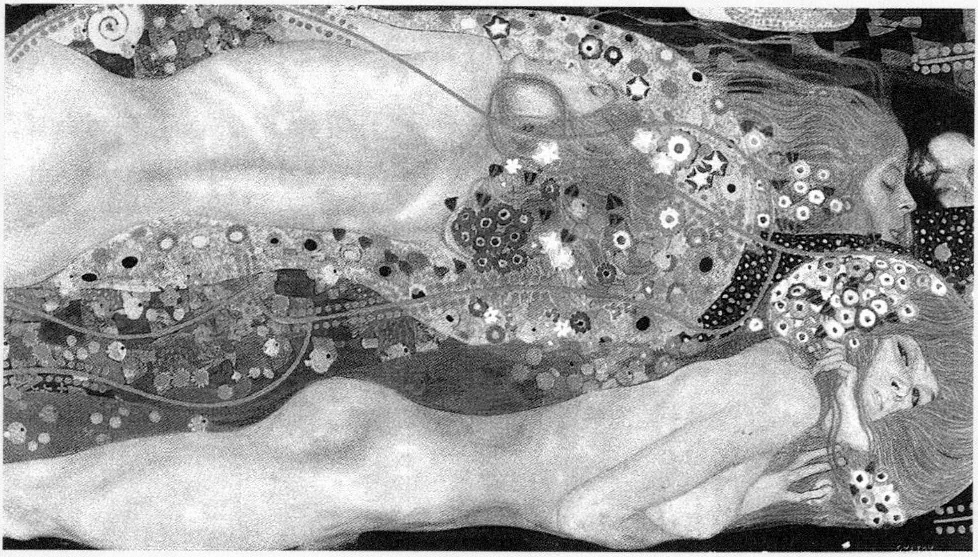

DER REICHSSTATTHALTER IN WIEN

WIEN, 18. Dezember 1942.

Herrn
Regierungspräsidenten Dr. D e l l b r ü g g e ,
W i e n .

Der Tisch aus dem Pietradurazimmer des Zeremonien-appartements ist szt. auf meine Veranlassung dem italienischen Minister des Äussern, Ciano, übergeben worden, da er wiederholt während des Schiedsgerichts diesen Tisch besonders lobte und darauf hinwies, dass es nicht möglich wäre, in Italien ein solches Stück aufzutreiben.

v. Schirach

Oben: Auf Weisung Schirachs für den Filmregisseur Gustav Ucicky »reserviert«: das Klimtgemälde »Wasserschlangen II (Freundinnen)«. Ucicky, ein unehelicher Sohn Klimts, konnte das Kunstwerk aus dem Besitz der Jüdin Jenny Steiner um 8.000 bis 9.000 Reichsmark erwerben.

Unten: Großzügiger Umgang mit öffentlichem Eigentum: Einen kostbaren Pietra-dura-Tisch aus dem 18. Jahrhundert verschenkte »Baron« Schirach an den italienischen Außenminister Graf Ciano.

wie vor in Italien, ohne dass es Restitutionsforderungen der Republik Österreich gibt. In den Räumen der Präsidentschaftskanzlei ist er nach wie vor als fehlend ausgewiesen.

Seinem italienischen Freund und früheren Jugendführer und nunmehrigen Korporationsminister Renato Ricci übermittelte Schirach auf Basis einer temporären Ausfuhrgenehmigung (November 1940 bis Februar 1941) ein italienisches Renaissancekästchen aus schwarzem Holz mit Elfenbeineinlagen und ein dazugehöriges Tischchen aus dem 17. Jahrhundert. Über den Verbleib dieser Objekte gibt es in den Akten der Bundesmobilienverwaltung keine Unterlagen.

Was den nationalsozialistischen Kunstraub aus jüdischen Sammlungen betrifft, so mischte Schirach hier mit, wobei er sicherlich über die ursprünglichen jüdischen Eigentümer und Eigentümerinnen Bescheid wusste. Immer wieder war er direkt in die internen Debatten um Kunstraubgut aus dem Besitz von Juden und Jüdinnen für die öffentlichen Sammlungen in Wien involviert. Schirach versuchte, angeleitet von den diversen Museumsdirektoren, in Wien den »Führervorbehalt« durch eine Entscheidung Hitlers aufzuheben, um die geraubten Bilder in Wiener Museen zu halten.[624]

Auch kirchliche Sammlungen waren von Schirachs Weisungen betroffen. So wurde das Chorherrnstift Klosterneuburg für eine Adolf-Hitler-Schule in Beschlag genommen, den Kunstbesitz beanspruchte aber der Gau Wien für sich. Hier verhinderte vorerst der »Führervorbehalt« den direkten Zugriff durch den Reichsstatthalter.[625]

Schirach interessierte sich persönlich sogar für die in Triest lagernden Umzugsgüter von vertriebenen Juden und Jüdinnen, die zugunsten des Deutschen Reiches eingezogen werden sollten, und wollte diese 1943 nach Wien bringen lassen, da die Zerstörung durch Bombenangriffe befürchtet wurde.[626]

Noch in den letzten Kriegstagen ordnete Schirach, der für die Verlagerung von Kunstwerken letztverantwortlich war, durch seinen persönlich anwesenden Generalkulturreferenten Hermann Stuppäck an, 184 Gemälde – darunter Werke von Rembrandt, Pieter Brueghel dem Älteren, Tizian und Velázquez – sowie 49 Gobelinsäcke aus dem sicheren Depot im Bergwerk Lauffen bei Bad Ischl weiter in den Westen nach Bramberg im Salzburger Pinzgau zu bringen.[627] Diese Gegend hat, wie zuvor dargestellt, auch für Schirachs privaten Kunstbesitz eine Rolle gespielt. Was Schirach hier mit den Bildern für die Nachkriegszeit plante, ist nicht bekannt. Jedenfalls ist diese räumliche Konzentration von wertvollsten Gemälden im Pinzgau auf direkte Weisung von Baldur von Schirach ein bemerkenswertes Faktum.

Nach den bisherigen Erkenntnissen einer Studie, die sein Enkel, der Schriftsteller und ehemalige Strafverteidiger Ferdinand von Schirach, finanziert hat, konnte die Kunstsammlung von Baldur und Henriette von Schirach teilweise rekonstruiert werden: »Insgesamt konnten 132 Kunstgegenstände dokumentiert und 70 Möbel und Einrichtungsgegenstände festgestellt werden. Daneben wurden ca. 490 Bücher mit Titel erfasst, was allerdings nur einen Bruchteil der Bibliothek der Schirachs darstellte. Für mindestens fünf Objekte konnte ein eindeutiger NS verfolgungsbedingter Entzug festgestellt werden. Daneben weisen mindestens 45 Objekte eine zumindest bedenkliche Provenienz auf, da sie Schirach in den vom Deutschen Reich besetzten Gebieten erwarb.«[628] Allein im Zeitraum von Dezember 1942 bis Juni 1943 erwarb Baldur von Schirach über die Vugesta, die »Verwaltungsstelle für jüdisches Umzugsgut der Gestapo«, geraubte Kunstwerke – angeblich im Gesamtwert von 42.092 Reichsmark.

Wie viele andere NS-Potentaten intervenierte Schirach für Dritte bei »Arisierungen« – so beispielsweise zugunsten des Majors Theodor von Hoffmann-Ostenhof, der dem Bataillon der Waffen-SS z.b.V.[629] zugeteilt war. Dieser wollte in St. Gilgen am Wolfgangsee die Villa des ausgebürgerten Eigentümers, des Chemikers Johann Wilhelm (Jean) Billiter, erwerben.[630] Die Villa erhielt übrigens dann die Witwe des 1941 verstorbenen Reichskirchenministers Hanns Kerrl.

Bei großen »Arisierungsfällen« hatte der Reichsstatthalter im Übrigen ein Einspruchsrecht, wie etwa der komplexe Fall des Firmenkonglomerats der Bunzl & Biach AG zeigt. Der Verkauf dieses in »Kontropa Kontinentale Rohstoff und Papierindustrie AG« umbenannten Großbetriebes an ein Konsortium um den Generalvertreter von Opel in Berlin, Eduard Winter, scheiterte an Schirachs Einspruch, nachdem ihn der Vorstandsdirektor der mit den Großarisierungen beauftragten

Österreichischen Kontrollbank für Industrie und Handel, Walther Kastner, informiert hatte.[631] Letztlich kaufte ein Wiener Bankenkonsortium um Creditanstalt-Bankverein, Länderbank, Schoeller & Co. und E. v. Nicolai (der »Ariseur« der S. M. v. Rothschild) das Unternehmen. Der Fall zeigt aber, wie tief Schirach in die »Arisierungspolitik« verstrickt war und wie gut er abseits des Kunstraubes im Detail über den Vermögensentzug an Juden und Jüdinnen Bescheid wusste.

Wie bereits erwähnt, gibt es bisher kaum konkrete Zahlen zu Schirachs privatem Vermögen während der NS-Zeit. Einen Mosaikstein liefert ein Verfahren, das in Abwesenheit Schirachs vor einem Wiener Volksgerichtssenat am 28. Mai 1949 geführt wurde. Dabei ging es um »zwei Konten bei der Länderbank«, die, bestehend aus einem Paket polnischer Industrieaktien sowie aus »verschiedenen Sparkassenbüchern und Lebensversicherungspolizzen lautend auf jüdische Namen«[632], zugunsten der Republik Österreich eingezogen wurden.[633] Die Villa auf der Hohen Warte war zwar »arisiert« worden, war aber als Dienstvilla nicht Schirachs Eigentum. Vergeblich argumentierte Schirachs Vermögenskurator Rechtsanwalt Ernst Jahoda in diesem Verfahren von 1949, dass ja noch immer ein Auslieferungsverfahren offen und daher kein Vermögensverfall möglich wäre. Unklar ist, ob sich die Republik Österreich in der Folge bemüht hat, die Eigentümer oder Erben dieses Vermögens zu eruieren, was ich vor dem Hintergrund der Vermögensverfallspolitik bezweifle.

Unklar ist auch, um welche zwei Konten es sich handelte, ob um Privatkonten oder Parteikonten. So hatte bereits Schirachs Vorgänger Bürckel – mit großer Wahrscheinlichkeit auf der Basis von geraubten Vermögenswerten –, unter Baldur von Schirachs Namen ein Konto bei der Länderbank mit 850.000 Reichsmark angelegt.[634] Schirach wies die Bank an, dass nur er selbst über dieses Konto verfügungsberechtigt sein sollte. Trotzdem gelang es Bürckel, das zuständige Vorstandsmitglied Direktor Karl Wilhelm Lehr zu überreden, von diesem Schirach-Konto 150.000 Reichsmark auf das Konto von SS-Gruppenführer Ernst Kaltenbrunner zu transferieren. Schirach wollte eigentlich die Entlassung Lehrs aus dem Vorstand der Länderbank, die der Dresdner Bank gehörte. Grundsätzlich war man vonseiten der Bank auf gute

Beziehungen mit dem Reichsstatthalter und Gauleiter angewiesen und so erhielt Schirach einen großzügigen Kredit für die Hitler-Jugend[635] – offenbar als Trostpflaster, denn Lehr verblieb im Vorstand. Überdies wurde Schirach ein Kredit von einer Million Reichsmark eingeräumt, um geraubte Kunstwerke in den besetzten Gebieten anzukaufen. Dieser Kredit wurde aber nie wirklich ausgenützt und 1944 zugunsten diverser Unterstützungsaktionen für Wehrmachtsangehörige umgewidmet.[636] Der Kredit wurde vom Vorstand der Dresdner Bank am 30. Mai 1944 sogar auf 1,5 Millionen Reichsmark aufgestockt, vorgesehen war das Geld »zum Einkauf von Marketenderwaren, die entgeltlich an von Schirach betreute Divisionen weitergegeben werden«.[637]

Am 30. Jänner 1945 findet sich dann in den Vorstandssitzungsprotokollen der Dresdner Bank ein Hinweis auf die »Prolongation des Barkredits von 1 Million Reichsmark bis 31. 1. 1946«.[638] Aufgrund fehlender Quellen ist unklar, ob es sich um einen anderen Kredit handelte; Es liegt jedoch die Vermutung nahe, dass der Betrag für das Kunstraubgut vorgesehen war. Ob Schirach das Geld eventuell noch in bar behoben hat, kann ebenfalls aufgrund der spärlichen Quellenlage nicht geklärt werden und wurde auch beim Prozess in Nürnberg nicht thematisiert.

Baldur von Schirach nutzte jedenfalls seine politische Stellung ohne jegliche Hemmungen aus, um an die »arisierten« Objekte – möglichst auch zu günstigen Preisen – zu gelangen. Eine Schwierigkeit, die auch durch die Forschungen von Theresa Sepp für das Zentralinstitut für Kunstgeschichte in München nicht gelöst werden konnte, ergibt sich aus der Frage, wer juristisch wirklich Eigentümer der Kunstwerke war. Zwar war Henriette von Schirach durch ihren Vater Heinrich Hoffmann finanziell gut gestellt, im Grundbuch beispielsweise war aber Baldur von Schirach als Alleineigentümer von Schloss Aspenstein eingetragen, obwohl sie nach eigenen Angaben rund 100.000 Reichsmark als Mitgift in die Ehe eingebracht hatte.[639] Völlig ungeklärt sind die sicherlich hohen Einnahmen Baldur von Schirachs aus den Tantiemen für die zahlreichen Publikationen, die er vor allem als Reichsjugendführer und gemeinsam mit seinem Schwiegervater Heinrich Hoffmann herausgegeben hat. Hoffmanns Firmen, die am Höhepunkt des Unternehmens rund 300 Mitarbeiter beschäftigten – übrigens auch mit einer Zweigstelle in Wien am Opernring –, setzten 1943 die gigantische Summe von 58 Millionen Reichsmark um.[640] Die Einkünfte aus den Tantiemen bildeten neben seinem Gehalt als Reichsstatthalter und Gauleiter die Basis für die Kunstankäufe in den Jahren 1940 bis 1944.

In der Nachkriegszeit blieben die Spuren, die zur Provenienz der Kunstwerke führen konnten, eher verschüttet, weshalb es Henriette von Schirach erfolgreich gelang, 34 der 60 von den US-Besatzungsbehörden beschlagnahmten Kunstwerken ohne jede Gegenleistung zurückzuerhalten. 19 Objekte konnte sie preisgünstig zurückkaufen, ohne dass deren Provenienz geklärt wurde. Überdies erhielt sie auch 68 eingezogene Möbelstücke aus Schloss Aspenstein zurück.[641] Die meisten dieser Objekte wurden von ihr sofort weiterverkauft.

Enkel Ferdinand von Schirach brachte die moralische Komponente, die diesem Umgang mit dem geraubten Vermögen von Juden und Jüdinnen anhaftete, präzise auf den Punkt: »Es ist letztlich so, dass Henriette und Teile meiner Familie nach 1945 eine zweite Schuld auf sich geladen haben und noch einmal den Raub an diesen Familien durch das Herausverlangen dieser Kunstwerke wiederholt haben.«[642]

Im Grundbuch war Baldur von Schirach als Alleineigentümer eingetragen: das 1936 erworbene Schloss Aspenstein. Im Herbst 1944 ließ er die Kunstwerke der Familie aus Wien hierher in Sicherheit bringen.

»Es ist meine Schuld, dass ich die Jugend erzogen habe für einen Mann, der ein millionenfacher Mörder gewesen ist«: Baldur von Schirach auf der Anklagebank im Nürnberger Justizpalast 1946.

13. ICH TRAGE ALSO AUCH ALLEIN DIE SCHULD

Nürnberg 1946

Henriette von Schirach, die im Zeugenhaus im Nürnberger Vorort Erlenstegen eine Unterkunft gefunden hatte, versuchte für ihren Mann einen englischen Anwalt aufzutreiben, doch Baldur von Schirach hatte sich auf der Liste, die man ihm vorgelegt hatte, bereits für einen Verteidiger entschieden: Dr. Fritz Sauter aus München, »ein großer, heiterer, etwas polternder Mann, der sich als Verteidiger von Wilderern und völlig aussichtslosen Fällen einen Namen gemacht hatte«. Dr. Sauter war Pragmatiker und gab das Henriette zu verstehen: »›Was wir brauchen‹, sagte er, während er seine Pfeife stopfte, ›ist Entlastungsmaterial. Sie müssen herbeischaffen, was nur aufzutreiben ist.‹«[643] Henriette versorgte ihn mit Informationen über die amerikanische Verwandtschaft ihres Mannes und die Anfänge seiner Karriere in der »Kampfzeit«, und Dr. Sauter fand rasch die Eckpunkte für eine erfolgversprechende Verteidigungslinie, die er seinem Mandanten vorgeben wollte.

Baldur von Schirachs Strategie beim Nürnberger Prozess unterschied sich letztlich sehr von jener vieler Mitangeklagter wie zum Beispiel auch jener Hermann Görings. Einerseits bekannte er sich offen als ehemaliger Antisemit und Schöpfer des Mythos vom »Führer« Adolf Hitler bei Kindern und Jugendlichen, andererseits verwies er auf den Einfluss des US-Automobil-Tycoons Henry Ford und dessen rassistischer Publikationen als prägende Lektüre für seine antisemitischen Einstellungen. Kein Wort verlor Schirach über sein Elternhaus oder sein persönliches Umfeld in Weimar, obwohl dort bereits in den 1920er-Jahren eine aggressiv antisemitische und antidemokratische Stimmung geherrscht hatte. Seine Stellungnahme beim Prozess vermittelte den Eindruck, Fords Thesen hätten ihn zum Antisemiten gemacht. Wenn man allerdings die politische Atmosphäre in Weimar und die Werte und Ideale der Jugendorganisationen, denen Schirach angehörte, miteinbezieht, überzeugen seine Aussagen keineswegs.

Die Hitler-Jugend hingegen sah er nicht als paramilitärische Organisation und verglich sie immer wieder mit den britischen und internationalen Pfadfindern. Schirach leugnete den Mord an sechs Millionen Juden und Jüdinnen nicht und deklarierte den Genozid eindeutig als solchen: »Das ist der größte und satanischste Massenmord der Weltgeschichte. Aber dieser Mord ist nicht von Höß begangen worden. Höß war nur der Henker, den Mord befohlen hat Adolf Hitler, das steht in seinem Testament ... Er und Himmler gemeinsam haben dieses Verbrechen begangen, das für immer ein Schandfleck unserer Geschichte bleibt. Es ist ein Verbrechen, das jeden Deutschen mit Scham erfüllt. Die deutsche Jugend trägt daran keine Schuld. Sie dachte antisemitisch, aber sie wollte nicht die Ausrottung des Judentums. Sie wußte und ahnte davon, daß Hitler diese Ausrottung durch tägliche Morde an tausenden von unschuldigen Menschen durchführte. Die jungen Menschen, die heute ratlos zwischen den Trümmern ihrer Heimat stehen, haben von diesen Verbrechen nichts gewußt und haben sie nicht gewollt.«[644]

Schirach hatte intensiv an diesem Statement gearbeitet, wie dessen handschriftliche Fassung für den Psychologen Dr. Gustave M. Gilbert vom 24. Mai 1946, datiert auf den zweiten Verhandlungstag, zeigt.[645]

Bemerkenswert ist die Einschätzung Gilberts, dass Göring in weiterer Folge versucht hätte, Schirach wieder »umzudrehen«. Ein eigener »Youth Lunchroom«, in dem Albert Speer, Hans Fritzsche, Schirach und Walther Funk an einem Tisch saßen, wurde eingerichtet, um Schirach und Funk aus dem Einflussbereich von Göring zu entfernen.[646] Schirach wurde von Gilbert als »Narzisst«[647] eingestuft, der Psychologe konstatierte eine »grundsätzliche Charakterschwäche«, die sich deutlich in der Art äußere, »wie seine Empörung über den Verrat Hitlers an der Hitler-Jugend unter Görings aggressivem Zynismus, Nationalismus und dessen romantischer Heldenpose immer schwächer wurde«.[648]

Letztlich folgte aber Schirach der Linie des ehemaligen Rüstungsministers Albert Speer, ein politisches Schuldeingeständnis abzulegen, lehnte aber eine rechtliche Verantwortung für die Verbrechen des NS-Regimes ebenso ab wie den Vorwurf der Militarisierung der Hitler-Jugend.

Für die Hauptverhandlung bereitete er – vielleicht gemeinsam mit seinem Anwalt Sauter und möglicherweise beeinflusst durch die immer wiederkehrenden monatelangen Gespräche mit US-Psychologen wie Gustave M. Gilbert und Douglas M. Kelley – die bereits erwähnte, im Vergleich zu den übrigen Eröffnungsstatements der anderen Angeklagten »radikale« Stellungnahme vor. Schirach ersuchte auch Gilbert, die handschriftliche Erklärung seinen ehemaligen Adjutanten Gustav Höpken und Fritz Wieshofer zu zeigen, diese würden die Worte ihres ehemaligen Chefs unter der deutschen Jugend bekannt machen.[649]

Es ist davon auszugehen, dass Höpken und Wieshofer die Stellungnahme Schirachs vor dem 28. Mai 1946, dem Tag ihrer Zeugenaussagen, erhalten haben. Höpken, der sich seit dem 19. Mai 1945 in US-Internierung befand, wurde von Verteidiger Fritz Sauter über Schirachs Haltung gegenüber den Kirchen, insbesondere der katholischen Kirche, nach 1933 in Wien befragt. Dabei hielt er fest, dass Schirach durch Martin Bormann unter Beobachtung stand und deshalb keinen direkten Kontakt zu Kardinal Innitzer aufnehmen konnte, sich aber bei diesem schriftlich entschuldigte, als der Kardinal im Winter 1944/45 nach einer Messe von HJ-Führern belästigt wurde.[650] Höpken hatte im Auftrag Schirachs auch direkte Kontakte zum Dekan der Evangelischen Fakultät Gustav Entz zu knüpfen.[651] Entz, ein aktiver Antisemit und Unterstützer des NS-Regimes, versuchte jedoch, antikirchliche Maßnahmen durch zahlreiche Eingaben zu verhindern und wurde so 1944 selbst Ziel von Hausdurchsuchungen.[652]

Höpken verfolgte das Ziel, Schirach vom Vorwurf zu entlasten, die Heydrich-Berichte über deutsche Kriegsverbrechen an Juden, Partisanen und Zivilisten in den besetzten Gebieten der Sowjetunion gesehen zu haben.[653] Höpken verneinte dies aus seiner Erfahrung als Leiter des Zentralbüros von Schirach, da diese Berichte laut Verteiler an Dr. Felber im Büro des Regierungspräsidenten Dellbrügge und Oberregierungsrat Dr. Fischer im Büro des Reichsverteidigungskommissars geschickt worden wären. Dass Schirach nicht darüber berichtet

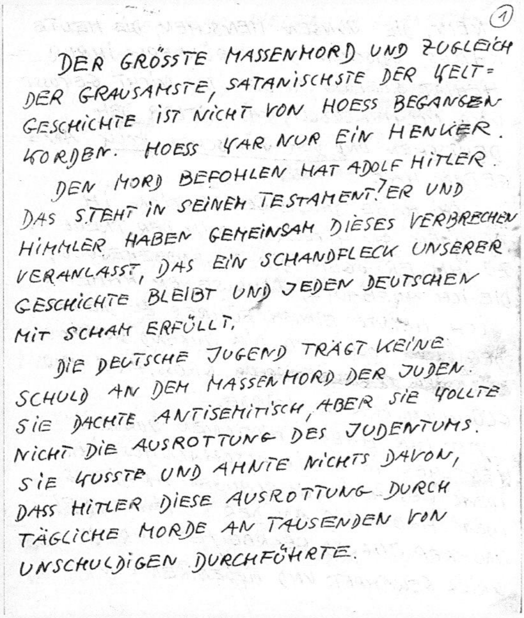

(1)

DER GRÖSSTE MASSENMORD UND ZUGLEICH DER GRAUSAMSTE, SATANISCHSTE DER WELT= GESCHICHTE IST NICHT VON HOESS BEGANGEN WORDEN. HOESS WAR NUR EIN HENKER.

DEN MORD BEFOHLEN HAT ADOLF HITLER. DAS STEHT IN SEINEM TESTAMENT. ER UND HIMMLER HABEN GEMEINSAM DIESES VERBRECHEN VERANLASST, DAS EIN SCHANDFLECK UNSERER GESCHICHTE BLEIBT UND JEDEN DEUTSCHEN MIT SCHAM ERFÜLLT.

DIE DEUTSCHE JUGEND TRÄGT KEINE SCHULD AN DEM MASSENMORD DER JUDEN. SIE DACHTE ANTISEMITISCH, ABER SIE WOLLTE NICHT DIE AUSROTTUNG DES JUDENTUMS. SIE WUSSTE UND AHNTE NICHTS DAVON, DASS HITLER DIESE AUSROTTUNG DURCH TÄGLICHE MORDE AN TAUSENDEN VON UNSCHULDIGEN DURCHFÜHRTE.

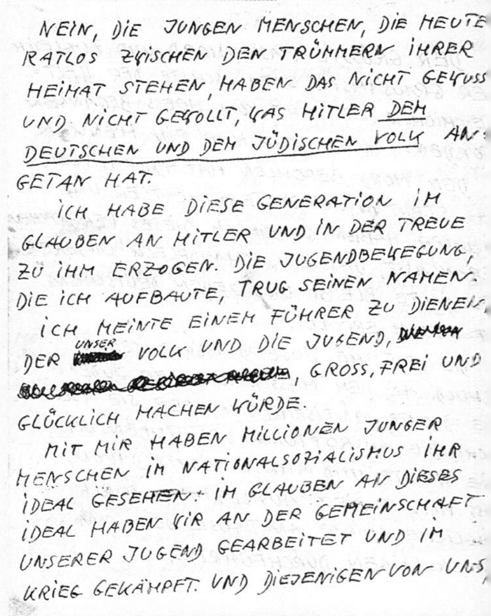

NEIN, DIE JUNGEN MENSCHEN, DIE HEUTE RATLOS ZWISCHEN DEN TRÜMMERN IHRER HEIMAT STEHEN, HABEN DAS NICHT GEWUSST UND NICHT GEWOLLT, WAS HITLER DEM DEUTSCHEN UND DEM JÜDISCHEN VOLK ANGETAN HAT.

ICH HABE DIESE GENERATION IM GLAUBEN AN HITLER UND IN DER TREUE ZU IHM ERZOGEN. DIE JUGENDBEWEGUNG, DIE ICH AUFBAUTE, TRUG SEINEN NAMEN.

ICH MEINTE EINEM FÜHRER ZU DIENEN, DER UNSER VOLK UND DIE JUGEND, GROSS, FREI UND GLÜCKLICH MACHEN WÜRDE.

MIT MIR HABEN MILLIONEN JUNGER MENSCHEN IM NATIONALSOZIALISMUS IHR IDEAL GESEHEN. IM GLAUBEN AN DIESES IDEAL HABEN WIR AN DER GEMEINSCHAFT UNSERER JUGEND GEARBEITET UND IM KRIEG GEKÄMPFT. UND DIEJENIGEN VON UNS,

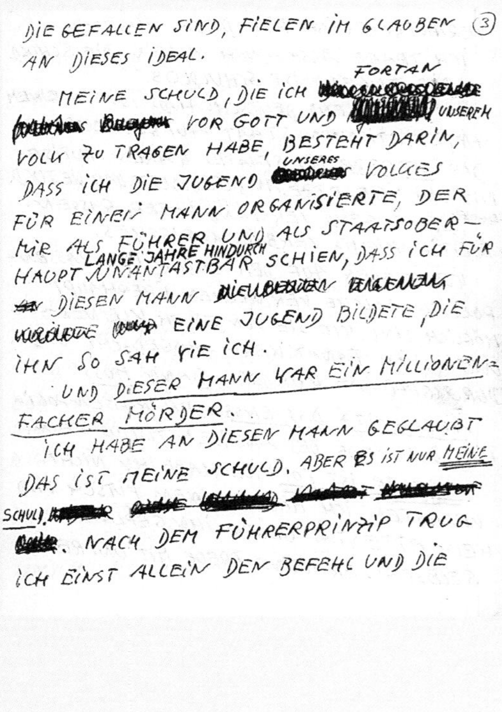

(3)

DIE GEFALLEN SIND, FIELEN IM GLAUBEN AN DIESES IDEAL.

MEINE SCHULD, DIE ICH FORTAN VOR GOTT UND UNSEREM VOLK ZU TRAGEN HABE, BESTEHT DARIN, DASS ICH DIE JUGEND UNSERES VOLKES FÜR EINEN MANN ORGANISIERTE, DER MIR ALS FÜHRER UND ALS STAATSOBERHAUPT LANGE JAHRE HINDURCH UNANTASTBAR SCHIEN, DASS ICH FÜR DIESEN MANN EINE JUGEND BILDETE, DIE IHN SO SAH WIE ICH.

UND DIESER MANN WAR EIN MILLIONENFACHER MÖRDER.

ICH HABE AN DIESEN MANN GEGLAUBT DAS IST MEINE SCHULD. ABER ES IST NUR MEINE SCHULD. NACH DEM FÜHRERPRINZIP TRUG ICH EINST ALLEIN DEN BEFEHL UND DIE

»Hitler ist tot, ich habe ihn nicht verraten«: Die Schlüsselsätze seines handschriftlich vorbereiteten Statements in Nürnberg unterstrich Schirach. Der offen ausgesprochene »radikale« Bruch mit Hitler stieß bei den Mitangeklagten Hermann Göring, Hans Frank und Joachim von Ribbentrop auf heftige Kritik, fand jedoch die Zustimmung von Albert Speer und Karl Dönitz.

(4)

VERANTWORTUNG FÜR DIESE JUGEND.

ICH TRAGE ALSO AUCH ALLEIN DIE SCHULD.

DIE JUGEND IST SCHULDLOS.

DIE JUGEND DEUTSCHLANDS IST IN EINEM ANTISEMITISCHEN STAAT AUFGEWACHSEN.

DIE GESETZE DES STAATES WAREN ANTISEMITISCHE GESETZE. AN DIESE GESETZE WAR DIE JUGD. GEBUNDEN.

DIE JUGEND VERSTAND DESHALB UNTER RASSENPOLITIK NICHTS VERBRECHERISCHES.

WENN ABER AUF DEM BODEN DER RASSENPOLITIK SOLCHE VERBRECHEN ÜBERHAUPT MÖGLICH SIND, WIE SIE VON EINEM KLEINEN KREIS VON FANATIKERN AUSGEDACHT UND DURCHGEFÜHRT WURDEN, DANN MUSS AUSCHWITZ DAS ENDE DER RASSENPOLITIK, DAS ENDE DES ANTISEMITISMUS SEIN!

HITLER IST TOT. ICH HABE IHN NICHT VERRATEN, ICH HABE KEINEN PUTSCH UND KEIN ATTENTAT GEGEN IHN GEPLANT. SELBST ALS ER MEINE TREUE MIT UNTREUE

(5)

LOHNTE, BLIEB ICH MEINEM EID TREU.

ICH WAR ~~NIE~~ ~~SEIN~~ KEIN MITLÄUFER. ICH WAR AUCH KEIN OPPORTUNIST. ICH WAR | NATIONALSOZIALIST. SO WAR ICH AUCH ANTISEMIT.

ALS SOLCHER KANN ICH NACH DER AUSSAGE DES HOESS NUR SAGEN:

HITLERS RASSENPOLITIK WAR EIN VERBRECHEN.

DIESE POLITIK IST 5 MILLIONEN JUDEN UND ALLEN DEUTSCHEN ZUM VERHÄNGNIS GEWORDEN.

DIE JUGEND IST OHNE SCHULD – WER ABER NACH AUSCHWITZ NOCH AN DER RASSENPOLITIK FESTHÄLT, DER MACHT SICH SCHULDIG.

| SEIT FRÜHESTER JUGEND AUS ÜBERZEUGUNG

BvS 24.5.1946.

wurde, erscheint jedoch aufgrund seiner hohen Funktionen und seiner Nähe zu Heydrich unwahrscheinlich.

Wieshofer, 1914 in Wien geboren, kam im Oktober 1940 aus dem Auswärtigen Amt als persönlicher Adjutant zu Schirach. Ebenso wie Höpken entlastete er Schirach in jeder Hinsicht – so u. a. in der Frage nach der Deportierung der Wiener Juden, für die Wieshofer das Reichssicherheitshauptamt und »SS-Obersturmführer« (sic! Hauptsturmführer) »Dr. *(sic!)* Alois Brunner« verantwortlich machte. Mit diesem seien auch Interventionen des Zentralbüros von Schirach als Reichsstatthalter zugunsten einzelner Juden oder Jüdinnen verhandelt worden, in zwei Fällen auch direkt von Wieshofer.[654] Absurd klang die Behauptung, Schirach habe ihm von einem Besuch im KZ Mauthausen erzählt, wo er ein Symphoniekonzert gehört hätte.[655] Tatsächlich war Schirach am 16. Februar 1943 im KZ Mauthausen und im Nebenlager Gusen gewesen, wo es ein Häftlingsorchester gab, das auch zu Hinrichtungen spielen mußte.

Selbst Hartmann Lauterbacher, den Schirach nicht als Nachfolger zum Reichsjugendführer vorgeschlagen hatte, »machte aus seinem Herzen keine Mördergrube« und unterstützte Schirach.[656] Lauterbacher war aus einem britischen Gefängnis zum Prozess eingeflogen worden. Er verwies auf eine Rede Schirachs am 15. November 1938 vor HJ-Gebietsführern, in der sich dieser vom Novemberpogrom distanzierte. Schon am 10. November habe er Lauterbacher telefonisch angewiesen, die Teilnahme von HJ-Angehörigen an diesen Pogromen zu untersagen.[657] Tatsächlich hatten aber die Zerstörungen und Plünderungen bereits in der Nacht zuvor stattgefunden, und zwar – wie zahlreiche regionale Detailstudien dokumentieren[658] – unter aktiver und brutaler Teilnahme zahlreicher HJ-Angehöriger im gesamten Deutschen Reich.

Möglicherweise wollte Schirach durch diese Rede die Kontrolle über die regionalen Organisationen wiedererlangen, da die Zerstörungswut außer Kontrolle geraten war und die Plünderungen durch die HJ letztlich zu Lasten des Reiches gingen, wollte man doch das Vermögen von Juden und Jüdinnen direkt einziehen. Schon zuvor hatten HJ-Angehörige immer wieder in Einzelfällen jüdische Geschäfte geplündert.[659] In dieser Rede ging es Schirach jedoch ausschließlich um Disziplin, nicht um eine Umkehr der antijüdischen NS-Politik.

Weiters berichtete Lauterbacher über eine vertrauliche private Unterhaltung mit Schirach im März 1943, in der er davon sprach, dass der Krieg verloren sei und Bormann ihm den Zugang zu Hitler versperren würde.[660]

Die Reaktionen der übrigen Angeklagten auf Schirachs offenen Bruch mit Hitler in seinem Statement waren unterschiedlich: Hans Frank und Joachim von Ribbentrop kritisierten Schirach ebenso wie Göring. Albert Speer hingegen begrüßte diese Stellungnahme, nachdem ursprünglich Göring Schirach zu Speer geschickt hatte, um ihn davor zu warnen, bei der Verhandlung etwas gegen Hitler zu sagen. Nun waren Speer und von Schirach sogar »Du-Freunde« geworden. Auch Admiral Dönitz stützte Schirachs Darstellung mit dem Vorbehalt, dass er dessen Verleugnung der antikirchlichen Politik der HJ nicht teile.[661]

Schirach konzentrierte seine Aussage auf den millionenfachen Mord an den Juden, wobei er andere Opfergruppen wie Roma und Sinti, Euthanasieopfer, Kriegsgefangene u.a. unerwähnt ließ und erklärte Adolf Hitler zum alleinigen zentralen Täter – unterstützt von Heinrich Himmler. Seine Behauptung eines Befehls für den Massenmord im Testament Hitlers, in dem dieser weiterhin »den unbarmherzigen Widerstand gegen den Weltvergifter aller Völker, das internationale Judentum« forderte, trifft aber nicht zu.[662]

Insgesamt gesehen wird in der vorhandenen Literatur zur Bewertung der Nürnberger Prozesse die Rolle der beiden US-Psychologen und Psychiater unterschätzt. Gerade bei Baldur von Schirach, der als beeinflussbar beschrieben wurde, dürften diese intensiven und wochenlangen Gespräche Spuren hinterlassen haben. Gleichzeitig war er in den Aussagen über sein Wissen über die Shoa und über persönliche Verwicklungen sehr vorsichtig, um sich nicht selbst zu belasten.

In weiterer Folge verfasste Baldur von Schirach am 21. August 1946 eine Verteidigungsschrift für die Hitler-Jugend:[663] In diesem Statement blendete er die Vorgeschichte der HJ und des BDM aus und vermied eine tiefer gehende Auseinandersetzung mit der Indoktrination der deutschen Jugend durch die NS-Jugenderziehung. Auch die Zerschlagung aller anderen Jugendorganisationen kam nicht zur Sprache.

Gegen die These Schirachs, er habe nur eine pfadfinderähnliche, selbstverwaltete Jugendorganisation aufgebaut, steht beispielsweise ein Erlass des »Führers über den Kriegseinsatz der deutschen Jugend«, der ihm im Entwurf von Artur Axmann am 30. März 1942 vorgelegt wurde.[664]

Die persönliche Involvierung in die »Arisierung« des Eigentums von Juden und Jüdinnen, die im vorangegangenen Kapitel dargestellt wurde, machte Schirach aus gutem Grund erst gar nicht zum Thema. Seine Schuld liege in der Erziehung der »deutschen Jugend im Glauben an Hitler [...], einen Mann, den ich für unantastbar hielt und der ein millionenfacher Mörder war«.[665]

Als ihm die Deportation der Juden und Jüdinnen 1941/42 aus Wien vorgehalten wurde, schob er die Verantwortung auf das Reichssicherheitshauptamt ab.[666] In den Detailverhören konnte man den Eindruck gewinnen, dass alle Informationen über Deportationen, aber auch Morde und Gewalt, über andere Stellen in Wien gelaufen wären, da Schirach zu Protokoll gab, er habe all diese Berichte weder gelesen noch abgezeichnet.[667] Als ihm der US-Ankläger Thomas Dodd 55 Berichte von Reinhard Heydrich[668] präsentierte,, die in Wien dem Reichsverteidigungsausschuss, dem Schirach angehörte, zugänglich gemacht worden waren und die Ermordung von Juden und Jüdinnen dokumentierten, meinte Schirach, er könne sich nicht erinnern, diese Berichte jemals gesehen zu haben, da sie an Dr. Fischer adressiert wären.[669] Er hätte erst viel später Kenntnis von der Erschießung von Juden und Jüdinnen erhalten.

Das nachfolgende Telegramm an Bormann nach dem Attentat auf Heydrich im besetzten »Protektorat Böhmen und Mähren« hingegen konnte Schirach nicht abstreiten, aber er rettete sich aufgrund der Zeitüberziehung durch Dodd in eine Verhandlungsvertagung:

Lieber Martin Bormann.

Ich bitte, das Nachfolgende dem Führer vorzulegen:

In Kenntnis der tschechischen Bevölkerung und ihrer Haltung in Wien wie im Protektorat, mache ich auf folgendes aufmerksam:

Die Feindmächte und die englischen Cliquen um Benesch sind über die im Allgemeinen zu beobachtende Loyalität der tschechischen Arbeiterschaft und ihren Beitrag zur deutschen Kriegswirtschaft seit langem verbittert. Sie suchen nach einem Mittel, tschechische Bevölkerung und Reich gegeneinander auszuspielen. Das Attentat gegen Heydrich ist ohne Zweifel in London geplant worden. Die englischen Waffen der Attentäter weisen auf abgesprungene Agenten hin. London hofft, durch dieses Attentat das Reich zu drakonischen Maßnahmen zu veranlassen, die eine Widerstandsbewegung unter den tschechischen Arbeitern auslösen sollen. Um dies zu verhindern, daß die Welt glaubt, die Bevölkerung des Protektorats lehne sich gegen Hitler auf, muß sofort die englische Urheberschaft gebrandmarkt werden, am wirkungsvollsten wäre ein schlagartig einsetzender Luftangriff auf eine britische Kulturstätte, die unter der Schlagzeile »Rache für Heydrich« der Welt bekanntgegeben werden müßte. Das allein dürfte Churchill dazu bewegen, von dem in Prag begonnenen Verfahren, Attentate anzuzetteln, sofort wieder abzulassen. Das Reich erwidert aber den Angriff von Prag durch einen Gegenangriff auf die öffentliche Weltmeinung.[670]

Als eines der größten Hindernisse für die Anklage erwies sich die spärliche Beweislage. Da eine umfassende Recherche so knapp nach dem Krieg nicht durchführbar war, lagen zahlreiche Dokumente nur in Bruchstücken vor. Die Anklagebehörde war auf Berichte und Informationen angewiesen. So erhielt die Rechtsabteilung der US-Streitkräfte in Österreich vom Wiener Bürgermeister Theodor Körner eine Niederschrift von Schirachs bereits zitierter Rede vom 6. Juni 1942 in einer Ratsherrensitzung der Stadt Wien[671], in der er verkündete, »daß noch im Spätsommer oder im Herbst des Jahres alle Juden aus der Stadt entfernt sein werden und daß dann mit der Entfernung der Tschechen begonnen werde, denn dies sei die notwendige und richtige Antwort auf das Verbrechen, das an dem Stellvertretenden Reichsprotektor in Böhmen und Mähren begangen worden ist«.[672]

Immer wieder platzierte Schirach Aussagen, die seine Darstellung von einer wachsenden Opposition zu Hitler stützen sollten: So schilderte er etwa, wie oben dargestellt, ausführlich die Auseinandersetzung seiner Ehefrau Henriette mit Hitler auf dem Berghof 1943 zur Frage der

Deportationen oder brachte die heftige Kritik des »Führers« an seiner Kulturpolitik in Wien zur Sprache.[673] Albert Speer bestätigte später in seiner Autobiografie die Auseinandersetzung auf Hitlers Anwesen: Es sei dies der einzige offene Widerspruch gegen die NS-Politik gegen Juden gewesen, den er erlebt habe.[674]

Auffällig ist, dass sein Verteidiger Fritz Sauter, der in Schirachs Memoiren keine Erwähnung findet, in seinem sehr ausführlichen Schlussplädoyer ganz auf Schirachs vermeintlich offene und ehrliche Auseinandersetzung mit dem Nationalsozialismus abzielte. So sei der ehemalige Gauleiter und Reichsstatthalter »vielleicht derjenige Angeklagte, der die von ihm begangenen Fehler, man mag sie heute beurteilen wie man will, nicht nur klar eingesehen, sondern auch am ehrlichsten bekannt und der durch seine offenen Worte einer Legendenbildung um Hitler für alle Zukunft vorgebeugt hat. Einem solchen Angeklagten wird man es als ein Verdienst zu Gute rechnen müssen, wenn er sich bemüht, den Schaden, den er in gutem Glauben verursacht hat, wieder gut zu machen, soweit ihm das möglich ist.«[675]

Fritz Sauter, ein sehr bekannter Münchner Strafverteidiger, der 1940 aus der NSDAP ausgetreten, dennoch 1941 in das Nationalsozialistische Kraftfahrerkorps eingetreten war,[676] verteidigte sowohl Baldur von Schirach als auch den ehemaligen Reichswirtschaftsminister Walther Funk sowie später auch einige andere Angeklagte in Nürnberg. Im Fall Schirach behielt er konsequent eine individuelle Strategie bei, seine Plädoyers wurden vom britischen Ankläger David Maxwell-Fyfe sehr positiv, von Telford Taylor, dem juristischen Berater des US-Hauptanklägers Robert H. Jackson, hingegen negativ eingeschätzt. Sauter sah »Nürnberg« durchaus auch als einen Ort an, an dem die Geschichte des Nationalsozialismus kritisch verhandelt werden sollte.[677] Im Zentrum seines Agierens stand immer das Wohl des Mandanten.

In Schirachs Verteidigungsstrategie bildete der Hinweis auf die engen familiären Beziehungen zu den USA einen wichtigen Mosaikstein. Wie gut das bei US-Staatsbürgern ankam, zeigt sich an der Beschreibung Schirachs durch den US-Psychiater Dr. Douglas M. Kelley.[678] Dieser arbeitete fünf Monate im Militärgefängnis in Nürnberg und interviewte fast täglich einen der 22 Hauptangeklagten. Neben medizinischen Tests wurde auch die damals in den USA moderne Rorschach-Test-Methode des Schweizer Psychiaters Hermann Rorschach angewandt. Die Interpretation von zehn symmetrischen Klecksen sollte Rückschlüsse auf die Persönlichkeit ermöglichen. In der Auswertung, die sich auf soziale und intellektuelle Persönlichkeitscharakteristika bezog, spielte auch die Reaktionszeit eine Rolle. Zudem wurde von Kelleys Assistenten Captain Dr. Gustave M. Gilbert, der auch als Übersetzer und Protokollant der Interviews fungierte, ein Wechsler-Bellevue-Intelligenztest vorgenommen. Schirach schnitt bei diesem Test, der bei allen Angeklagten durchgeführt wurde, relativ gut ab und erreichte einen IQ von 130. Den Spitzenwert erzielte der ehemalige Reichsbankpräsident und Wirtschaftsminister Hjalmar Schacht mit einem IQ von 143, das Schlusslicht bildete Julius Streicher, Gauleiter von Franken und Herausgeber des antisemitischen Hetzblattes *Der Stürmer*, mit einem IQ von 106, Hermann Göring beeindruckte die US-Psychologen mit einem IQ von 138.

Bemerkenswert geschickt war die Strategie Baldur von Schirachs, Kelley für sich sofort einzunehmen, und zwar mit der unrichtigen Feststellung, dass er als Junge kein Interesse für Politik, sondern sich ganz der Literatur, und im Besonderen der Poesie, verschrieben hatte. Im Alter von siebzehn Jahren fiel ihm dann das Buch des großen US-amerikanischen Automobilfabrikanten Ford, *Der internationale Jude*, in die Hände, das ihn tief beeindruckte und ihm eine neue Welt eröffnete.[679] In weiterer Folge habe ihn Julius Streicher für die Politik begeistert und ihn zum Antisemiten gemacht. »Dann lernte ich Hitler kennen. Ich war jung und leicht zu beeindrucken, voll glühendem Eifer, Deutschlands Feinde zu vernichten und mein Vaterland zu der ihm gebührenden Größe zurückzuführen. Hitlers Reden und Persönlichkeit berauschten mich. Ich wollte nichts anderes, als ihm nahe sein und ihm, damit Deutschland, dienen. Ich dachte und träumte nichts anderes.«[680]

In den Gesprächen mit Kelley als auch vor Gericht gab Baldur von Schirach zu, Antisemit gewesen zu sein. Obwohl er »in einer Ansprache die Reinigung Wiens von Juden« gebilligt hatte, distanzierte er sich von den Deportationen der Wiener Juden mit dem Hinweis, dass Hitler diese angewiesen hätte.[681] Kelley gegenüber erwähnte er auch den Disput mit Hitler auf dem Berghof am Obersalzberg, der zum Bruch führte, datierte die Begebenheit aber auf 1942 statt 1943. Bemerkenswert übrigens ist der Hinweis auf einen Vorschlag Schirachs: So hätte der ehemalige »Reichsjugendführer« nach seiner Verhaftung vorgeschlagen, »alle Jugendführer zu versammeln und ihnen ein Umerziehungsprogramm vorzulegen«.[682] Gegenüber Gilbert meinte Schirach sogar am 27. Oktober 1945, ein Umerziehungslager im ehemaligen KZ Buchenwald einrichten zu wollen.[683] Tatsächlich gab es später beispielsweise in Tübingen Versuche von französischen Behördenvertretern und ehemaligen HJ-Führern, einen Wertekatalog für die Integration der ehemaligen Nationalsozialisten zu entwickeln.[684]

Kelleys Urteil fiel deutlich aus: »Schirach war nicht schlecht, nur irregeleitet.«[685] In weiterer Folge zeigte sich der Psychiater begeistert von seiner Arbeitswut als Reichsjugendführer, wobei das Team um Schirach und der große Organisationsapparat völlig vergessen und der Aufstieg der Hitler-Jugend plötzlich zu einer One-Man-Show wurde. Schirach hinterließ also einen bleibenden Eindruck bei dem US-Amerikaner: »Schließlich war er aus guter Familie, gebildet und von guten Manieren und gutem Aussehen, ein junger Mann mit weittragenden Ideen und bedeutendem schöpferischen und literarischen Talent. Außerdem war er – neben Heß – der einzige Nazi ohne Laster.«

Die Gerüchte über die vermeintliche Homosexualität Schirachs wies Kelley zurück, ganz im Gegenteil: Schirach habe die Homosexualität in der HJ mit Gewalt verhindert, heterosexuelle Beziehungen zwischen HJ-Jungen und BDM-Mädchen dagegen vorsichtig gefördert. Innerhalb der HJ intensivierte Schirach ab 1935 die Verfolgung von Homosexuellen mit einem internen Überwachungsapparat.[686]

Kelley bekam in den täglichen Gesprächen mit Schirach, die sich über mehrere Monate hinstreckten, das Gefühl, dass der ehemalige Paladin Hitlers sich wirklich »tief schuldig fühlte … und ein leicht beeinflußbarer Romantiker war und blieb«.[687] Trotzdem meinte der US-Psychiater, dass es viele Jahre der »Umerziehung« brauchen werde, »bis die Grundbegriffe der Naziphilosophie aus den Hirnen der deutschen Jugend ausgemerzt sein werden«.[688]

Kelley ließ Schirach, der in der Zelle das »Bild eines mageren, gequälten Mannes« bot und ganz dem Klischee des »Gefängnispoeten« entsprach, ein Gedicht unter dem Titel »Dem Tod« (»To Death«) schreiben, das Kelley gewidmet war:

Dein dunkles Auge habe ich oft geschaut,
so wurdest du mir wie ein Freund vertraut.

Wenn Kugeln peitschten, standest du am Ziel
Und sahst mich an. Zur Linken, Rechten, fiel

mein Nebenmann. Da wandtest du dich ab.
Ich grüsste einsam später Grab um Grab.

Als aus dem Himmel brach die Bombenlast
zogst du zu mir, des Hauses stiller Gast.

Noch hast du nicht dein Werk an mir getan.
Ich weiß mein Freund – dein Auge blickt mich an ...[689]

Im Rahmen dieser Gespräche behauptete Schirach am 27. Oktober 1945, für einzelne Juden auf hohes eigenes Risiko interveniert zu haben, um sie vor Konzentrationslagerhaft zu schützen. Punktuell traf das zu, tatsächlich waren aber diese Vorstöße ohne jede persönliche Gefahr für Schirach selbst. Meist ließ er sie über den Regierungspräsidenten Dellbrügge oder seine Mitarbeiter laufen. Er behauptete sogar, die Interventionsversuche vor seinem Verteidiger Sauter verheimlicht zu haben: »Angesichts der ungeheuren Opferzahlen aber wolle er sich nicht lächerlich machen und wegen einiger weniger, die er gerettet hätte, um Gnade bitten, wie es manch anderer täte«, vermerkte Kelley in seinen Unterlagen.[690]

Zeitgenössische Beobachter meinten, dass das vom US-Ankläger Thomas Dodd[691] durchgeführte Kreuzverhör mit Schirach[692] nicht imstande gewesen war, die Verteidigungsstrategie Schirachs zu erschüttern, der letztlich Hitler alleine für alle Untaten im Nationalsozialismus verantwortlich machte.[693] Dodd, der an der Yale University studiert hatte, war zuvor Assistent von fünf US-Justizministern gewesen, hatte aber nie aktiv als Ankläger vor Gerichten gearbeitet. So verrannte er sich beispielsweise in die Analyse antikatholischer und antisemitischer Inhalte des Liederbuchs *Blut und Ehre* der Hitler-Jugend, das Schirach herausgegeben hatte. Insgesamt gesehen zeigte er sich auch in seinen Briefen aus Nürnberg an seine Familie in den USA nicht besonders engagiert bezüglich der Anklage gegen Schirach.[694] Wie der später weltberühmte Journalist Walter Cronkite berichtete, versuchte Schirach offenbar, Dodd aufgrund seines religiösen Bekenntnisses (Dodd war Katholik, Schirach hingegen Protestant[695]) und der Tatsache, dass der US-Ankläger in Connecticut die »National Youth Administration« geleitete hatte, positiv zu beeinflussen. Dodd entgegnete der versuchten persönlichen Annäherung kurz und bündig mit den Worten: »We're nothing alike.«[696]

In der NS-Zeit hingegen hatte Schirach immer betont, dass »die Hitler-Jugend weder protestantisch noch katholisch, sondern deutsch wäre«.[697] Im Juli 1939 bekräftigte er diese Haltung und meinte, dass »der Dienst an Deutschland, der auch ein Gottesdienst ist, über dem Dienst irgendeines Bekenntnisses steht, und unserer Jugend darf niemand sein, der nicht bedingungslos Deutschland gehört«.[698] Die Selbstständigkeit der katholischen und protestantischen Jugendorganisationen hatte er durch das Monopol der HJ letztlich nachhaltig zerstört und die Vereine entweder – wie die evangelischen – in die HJ eingegliedert oder aufgelöst. Private Religionsausübung blieb aber möglich.

Die sowjetische Anklagevertretung agierte gegenüber Schirach ebenfalls nicht erfolgreich, teilweise aufgrund von gravierenden Übersetzungsproblemen und einer zu spät eingebrachten Zeuginnenaussage betreffend der Massaker von HJ-Angehörigen an Juden und Jüdinnen in Lwiw im Sommer 1941.[699]

Letzten Endes setzte sich Schirachs und Sauters Verteidigungsstrategie, sich vom Nationalsozialismus und insbesondere von Adolf Hitler zu distanzieren und den Massenmord an den europäischen Juden und Jüdinnen zu bedauern, durch. In diesem Zusammenhang war der US-Psychologe Gilbert eine besonders wichtige Bezugsperson für Schirach, der ihn auch aus dem Einflussbereich von Hermann Göring schaffte, indem er ihn beim Essen an einen Tisch abseits von Göring setzen ließ. Auch ihn erwähnt Schirach trotz der zahlreichen Gespräche, die sie miteinander führten, in seinen Erinnerungen nicht.

Ursprünglich war Schirach sowohl wegen »Verbrechen gegen den Frieden« als auch wegen »Verbrechen gegen die Menschlichkeit« angeklagt worden, die wie folgt im Statut des Internationalen Militärgerichtshofs vom 1. August 1945 mithilfe dreier Kategorien definiert wurden:

> a) Verbrechen gegen den Frieden: nämlich Planung, Vorbereitung, Einleitung oder Führung eines Angriffskrieges oder eines Krieges unter Verletzung internationaler Verträge, Abkommen oder Zusicherungen oder Beteiligungen an einem gemeinsamen Plan oder an einer Verschwörung zur Ausführung einer der vorgenannten Handlungen;
> b) Kriegsverbrechen: nämlich Verletzungen des Kriegsrechts und der Kriegsbräuche [...]
> c) Verbrechen gegen die Menschlichkeit: nämlich Mord, Ausrottung, Versklavung, Deportation oder andere unmenschliche Handlungen, begangen an irgendeiner Zivilbevölkerung vor oder während des Krieges, Verfolgung aus politischen, rassischen oder religiösen Gründen, begangen in Ausführung eines Verbrechens oder in Verbindung mit einem Verbrechen, für das der Gerichtshof zuständig ist, und zwar unabhängig davon, ob die Handlung gegen das Recht des Landes verstieß, in dem sie begangen wurde, oder nicht. Anführer, Organisatoren, Anstifter und Teilnehmer, die am Entwurf oder der Ausführung eines gemeinsamen Planes oder einer Verschwörung zur Begehung eines der vorgenannten Verbrechen teilgenommen haben, sind für alle Handlungen verantwortlich, die von irgendeiner Person in Ausführung eines solchen Planes begangen worden sind.[700]

Baldur von Schirach wurde letztlich wegen Verbrechen gegen die Menschlichkeit zu einer Kerkerstrafe von 20 Jahren verurteilt, nicht aber wegen Verbrechen gegen den Frieden. Innerhalb der Richter gab es aber Diskussionen über diese Entscheidung. Die Rechtsexperten Henry Wechsler von der Columbia Law School in New York und James Rowe argumentierten intern auf US-Seite gegen dieses aus ihrer Sicht zu milde Urteil gegen Schirach.[701]

In der Frage des militaristisch-aggressiven Charakters der Hitler-Jugend kam das Gericht dann doch trotz zahlreicher ideologischer und konkreter Kriegsvorbereitungen innerhalb der Organisation zu folgendem Schluss:

»Trotz der kriegsähnlichen Tätigkeit der Hitler-Jugend hat es jedoch nicht den Anschein (»it does not appear« hieß es im englischen Text, Anm. des Verfassers), als ob von Schirach in die Ausarbeitung des Hitlerschen Planes für territoriale Ausdehnung durch Angriffskriege verwickelt war oder als ob er an der Planung oder Vorbereitung irgendeines der Angriffskriege beteiligt war.«[702]

Im Falle der Verbrechen gegen die Menschlichkeit folgte der Gerichtshof hingegen einer Argumentation, die klar auf eine Schuld Schirachs abzielte:

»Der Gerichtshof ist zur Überzeugung gelangt, daß von Schirach zwar nicht Urheber der Politik der Deportation der Juden aus Wien gewesen ist, jedoch, nachdem er Gauleiter von Wien geworden war, an dieser Deportation teilgenommen hat. Er wußte, daß das Günstigste, was die Juden erhoffen konnten, ein elendes Dasein in den Ghettos des Ostens sein würde. Mitteilungen über die Ausrottung der Juden lagen in seinem Dienstraum.

Während er Gauleiter von Wien war, fuhr von Schirach fort, als Reichsleiter für Jugenderziehung tätig zu sein. In dieser Eigenschaft wurde er von der Teilnahme der Hitler-Jugend an dem Plan in Kenntnis gesetzt, demzufolge im Herbst 1944 50.000 junge Leute zwischen 10 und 20 Jahren aus von den Sowjetstreitkräften zurückeroberten Gebieten nach Deutschland evakuiert wurden und als Lehrlinge in der deutschen Industrie und als Hilfskräfte in Einheiten der deutschen Streitkräfte Verwendung fanden.

Im Sommer 1942 telegraphierte von Schirach an Bormann mit der Empfehlung, einen Bombenangriff auf ein englisches Kulturzentrum durchzuführen als Vergeltungsmaßnahme für den Mord an Heydrich, der, wie er behauptete, von den Engländern geplant worden war.«

Die Schlussfolgerung lautete: »Der Gerichtshof hat von Schirach unter Anklagepunkt Eins für nicht schuldig befunden. Er ist schuldig nach Anklagepunkt Vier.«[703]

Am 1. Oktober 1946 wurden im Nürnberger Justizpalast die Urteile verlesen. Im Zeugenhaus, das von der deutsch-ungarischen Gräfin Ingeborg Kálnoky geführt wurde und in dem rund einhundert wichtige Prozesszeugen, gleich, ob ehemalige hochrangige Nationalsozialisten, Mitläufer, KZ-Häftlinge oder Widerstandskämpfer, Unterkunft gefunden hatten, reagierte Henriette von Schirach mit einem Freudenschrei, als sie hörte, dass Baldur nicht zum Tode, sondern zu 20 Jahren Gefängnis verurteilt worden war.[704] Der Schrei Henriettes war im ganzen Haus zu hören.[705] Sie schien mit einem Todesurteil gerechnet zu haben. Die Verteidigungsstrategie Baldur von Schirachs, sich moralisch für schuldig zu erklären und sich auch als ehemaligen Antisemiten zu bekennen, hingegen frühes Wissen über die Shoa ebenso abzustreiten wie persönliche Einbindung in die Deportation und Verfolgung von Juden, war aufgegangen. Seine massive Kritik an Adolf Hitler im Zusammenhang mit dem Genozid an den Juden und Jüdinnen Europas hatte letztlich das Gericht überzeugt, ihn nicht mit dem Tod durch den Strang zu bestrafen.

Der Preis der Herrlichkeit

Nach ihrer bis März 1946 andauernden Internierung in Bad Tölz besuchte Henriette von Schirach im Mai 1946 ihren Vater Heinrich Hoffmann im Zeugenhaus. Die US-amerikanische Politik gegenüber Ehefrauen von hochrangigen NS-Funktionären war brutal und deutlich von Sippenhaftung geprägt. Auch für die Kinder der Schirachs begann eine extrem belastende Zeit, da sie häufig von beiden Elternteilen getrennt wurden. Richard von Schirach, der jüngste Sohn, beschrieb

Oben: Vor der Verhaftung durch die amerikanischen Militärbehörden: Henriette von Schirach mit ihren Kindern Angelika Benedikta, Richard und Robert (von links) in ihrer Unterkunft in der Jachenau bei Bad Tölz.

Unten links: Schwiegervater und langjähriger Geschäftspartner Baldur von Schirachs: Heinrich Hoffmann, Hitlers Leibfotograf. Hoffmann wurde im April 1945 von der US-Armee festgenommen und 1946 zu vier Jahren Haft und Konfiszierung seines gesamten Vermögens verurteilt.

Unten rechts: Angeklagt als Hauptkriegsverbrecher vor dem Internationalen Militärgerichtshof: Baldur von Schirach in seiner Zelle in Nürnberg.

in seinem Buch *Der Schatten meines Vaters* (2005) eindrucksvoll und anschaulich die zum Teil traumatischen Erfahrungen, die die vier minderjährigen Kinder in der unmittelbaren Nachkriegszeit erleben mussten.[706]

Angelika von Schirach war 1945 zwölf Jahre alt, Klaus zehn, Robert sieben und Richard drei Jahre alt. Die Kinder mussten Schloss Aspenstein, wo sie nach der Beschlagnahme durch US-Truppen im Nebengebäude über den Ställen gewohnt hatten, am Heiligen Abend 1945 verlassen und wurden auf einem Lastkraftwagen in ein Forsthaus in die abgelegene Jachenau[707] gefahren. Mutter Henriette von Schirach wehrte sich heftig, als sie nach Bad Tölz gebracht wurde.

In der Jachenau befanden sich bereits in einem anderen Gebäude die Cousinen Heidi und Susi unter der Obhut ihrer Grazer Großmutter. Die behördlich eingesetzte Fürsorgerin prügelte vor allem den Kleinsten, Richard, mit einem Rutenbündel, um ihm die Bettnässerei auszutreiben. Auch sonst war sie höchst gewalttätig, bis sie durch das Kindermädchen »Beidau« abgelöst wurde. Im März kehrte Henriette von Schirach aus dem Gefängnis in Bad Tölz zurück, wo sie mit acht Frauen gemeinsam in einer Zelle inhaftiert gewesen war. Was folgte war, wie Richard von Schirach schrieb, ein Wechselbad an Gefühlen und Aufregungen, positiven und negativen: »Beunruhigung, Aufgescheucht werden, Abwechslung, Anforderung, heiß und kalt, und doch sind die Abende unvergeßlich.«[708] Vom Forsthaus zog die Familie dann in einen Gasthof im Ort. Kurz vor Weihnachten 1946 wurde Henriette erneut verhaftet und wegen der Anklage in einem deutschen Spruchkammerverfahren aufgrund ihrer frühen NSDAP-Mitgliedschaft aus 1932 und als »Günstling Hitlers«[709] in das Frauenlager Göggingen bei Augsburg gebracht. Dort befanden sich auch andere Frauen prominenter Nationalsozialisten wie Emmy Göring, Ilse Heß, Elisabeth Kaltenbrunner, Luise Funk und Margarete Frick. Die Haftbedingungen waren alles andere als angenehm, zur US-Journalistin und Kriegsberichterstatterin Marguerite Higgins meinte Henriette von Schirach: »Man wird Nazis aus Menschen machen, die nie Nazis waren. Sagen Sie General Clay,[710] ich hoffe, er wird mich nicht so behandeln, daß meine Kinder im Haß gegen Amerika aufwachsen.«[711] Sie beschwerte

Internierung für den »Günstling Hitlers«: Henriette von Schirach auf dem Weg ins Lager Göggingen bei Augsburg. Hier traf sie auf andere prominente internierte Ehefrauen wie Emmy Göring, Ilse Heß, Elisabeth Kaltenbrunner, Luise Funk und Margarete Frick.

sich auch darüber, in einem Lager mit SS-Frauen untergebracht zu sein, in dem ehemalige KZ-Häftlinge zur Bewachung eingesetzt waren. Der Bad Tölzer Rechtsanwalt Dr. Karl Katzenberger wurde ihr Verteidiger im Spruchkammerverfahren und Vormund der Kinder.

Im Verfahren gegen Henriette von Schirach, bei dem auch bekannte Entlastungszeugen wie die Schriftsteller Hans Carossa, Kasimir Edschmid und Waldemar Bonsels, letzterer ein bekennender Antisemit, ihre Aussagen machten, wurde die ehemalige »Altparteigenossin« als »minderbelastet« eingestuft und zu einer Sühneleistung von 200 DM verurteilt.[712]

Letztlich fanden Robert und Richard von Schirach bei den Eltern des Kindermädchens »Beidau« ein vorläufiges Heim am Fuße des Aspenstein. Die beiden älteren Geschwister Angelika und Klaus wohnten im Haus des Kindermädchens Dita Müller in Kochel, zur Schule in Bad Tölz fuhren sie auf einem offenen Lastwagen.

Das von den US-Behörden beschlagnahmte Schloss Aspenstein beherbergte einige Zeit das Hauptquartier der 10. US-Panzerdivision, anschließend brachte man sogenannte »displaced persons«, verschleppte Personen des NS-Regimes aus ganz Europa, auf dem Anwesen unter. 1948 pachtete die bayerische SPD das Gebäude für fünf Jahre um 400 Mark Monatsmiete von der Vermögensverwaltung des Freistaates Bayern, um es dann 1951 unter Anrechnung von Vermögensverlusten der SPD während der NS-Zeit zu erwerben. Ab 1948 fanden Kurse zur Demokratie-Bildung in der neu etablierten »Georg-von-Vollmar-Schule« auf Schloss Aspenstein statt, seit 1968 ist die »Georg-von-Vollmar-Akademie« der Rechtsträger.[713]

Die letzte Miteigentümerin, Elsa Dessauer, deren Mann August als »Vierteljude« stigmatisiert wurde, hatte 1936 das Haus an Baldur von Schirach verkauft. Sie scheiterte mit einem Rückstellungsversuch, da ihr Anwalt keine Unterlagen vorlegen konnte. Henriette von Schirach war im Grundbuch nicht als Miteigentümerin eingetragen und stellte auch formal keinen Rückstellungsantrag auf die Immobilie, aber sie beanspruchte immer wieder den Inhalt den Hauses und drang auch immer wieder in das Gebäude ein, um Gegenstände an sich zu nehmen.[714]

Nach vielfachen Vorsprachen und mehreren Internierungen gelang es Henriette von Schirach, das Holzhaus in Urfeld am Walchensee mit einem Hektar Grund, das Baldur 1939 vom Freistaat Bayern gekauft hatte, zu mieten. Das Häuschen, in dem sich Colin Ross und seine Frau Elisabeth Ende April 1945 das Leben genommen hatten, war als ehemaliges »mittelbares Parteivermögen« der NSDAP ebenfalls vom bayerischen Staat beschlagnahmt worden.[715] In dieses Haus zog Henriette mit ihrem neuen Lebensgefährten, Alfred H. Jacob[716], einem Filmschriftsteller und Regisseur, sowie ihrem jüngsten Sohn Richard.[717] Richard blieb oft auf sich allein gestellt und litt unter der neuen Beziehung seiner Mutter, während sein zwölfjähriger Bruder Robert in ein Internat in Kaufbeuren geschickt wurde.

1949 reichte Henriette die Scheidung von Baldur von Schirach ein. In einem Sorgerechtsprozess wurde ihrem Lebensgefährten Jacob letztlich die Vormundschaft für die Kinder aberkannt, da er angeblich die »Buben … früher häufig mit kräftigen Prügelstrafen, die nicht immer angebracht gewesen sein sollen, bestraft« hätte.[718] Die rechtliche Fürsorge über die minderjährigen Kinder wurde dem Jugendamt Bad Tölz übertragen, nur Richard blieb bei seiner Mutter und ihrem Lebensgefährten, die später nach München zogen. Auch beruflich hatte das Paar immer wieder mit Rückschlägen zu kämpfen: Jacobs Filmprojekte, wie etwa ein Porträt von Richard Strauss 1949, bei dem auch Henriette mitarbeitete, entwickelte sich zu einem finanziellen Desaster.

Das weitere Leben der Henriette von Schirach fasste die *Süddeutsche Zeitung* salopp wie folgt zusammen: »Henriette von Schirach lebt jetzt in Schwabing, unter ihrem weniger auffälligen Geburtsnamen Hoffmann. Bei den Partys in ihrer Villa sind Künstler, Kuratoren und die Münchner Gesellschaft zu Gast. Sie firmiert mal als Filmproduzentin, mal als Journalistin, mal als Schriftstellerin. Dass sie sich gelegentlich Henriette Richards nennt, dass sie die Scheidung vom Filmproduzenten Alfred Jacob bekannt gibt, mit dem sie nie verheiratet war, dass sie wegen Meineids verurteilt wird, dass sie in ihren Memoiren damit kokettiert, ihre abgelegten Kleider als ›letzte Kleider von Eva Braun‹ an GIs verkauft zu haben – es stört niemand: Mitte der Fünfziger darf sie ihr enteignetes Landhaus am Kochelsee vom Freistaat zum Spottpreis von 45 Mark pro Quadratmeter zurückkaufen, sie stößt es für das Doppelte sofort wieder ab. Jetzt will sie Kunst und Mobiliar zurück.«[719] Trotz der »Geschäftserfolge« war sie immer in Geldnöten und lebte zuletzt bescheiden.

Henriette von Schirachs ältester Sohn Klaus ergänzte im Nachwort zur 9. Auflage der Erinnerungen seiner Mutter mit dem Titel *Der Preis der Herrlichkeit* dieses Münchner »Society-Bild« der späten Nachkriegszeit und präzisierte die Hintergründe: Ausgehend von dem Vorfall auf dem Berghof, bei dem sie Hitler, den sie in ihrer Kindheit in München gut gekannt hatte, mit den brutalen Deportationen von Jüdinnen und Juden in den Niederlanden konfrontierte, meint Klaus von Schirach: »Der Mut meiner Mutter resultierte aus kindlichem Instinkt, wie sie überhaupt Zeit ihres Lebens ein kreatives, künstlerisch und (wie dieses Buch belegt) schriftstellerisch hochbegabtes Kind geblieben war, das aus Instinkt handelte. Sie war brillant, sprühte vor Ideen, die sie meist nicht verwirklichte, weil sie schon wieder von einer anderen Idee erfasst wurde. Und wie ein Kind öffnete sie sich dem Schwung der Fünfziger, gründete eine Firma, mit der sie die ersten italienischen und französischen Kunstfilme importierte (Fellini, Rosselini, Cocteau usw.), gab eine ›Film Revue‹ heraus, und wenn bei ihren Unternehmungen etwas schiefging (und eigentlich ging alles schief), öffnete sie unangenehme Briefe nicht und versteckte sich. Als sie 1946 verhaftet werden sollte, um ins Nazifrauen-Lager eingeliefert zu werden, war sie zunächst einfach in den Wald gelaufen.«[720]

Und »Henny« war trotz der zahlreichen unternehmerischen Niederlagen, die sie unter anderem mit ihrem Lebensgefährten Alfred H. Jacob erleiden musste, für den sie Baldur die Scheidungspapiere in die Gefängniszelle nach Spandau geschickt hatte, extrem geschäftstüchtig. Neben der Bewältigung der Alltagsprobleme gelang es ihr sogar, mithilfe von Eberhard Hanfstaengl, dem Direktor der Bayerischen Staatsgemäldesammlungen, ungeprüft Kunstwerke aus dem beschlagnahmten Besitz von Baldur von Schirach zurückzubekommen, obwohl einige davon aus Sammlungen von beraubten Juden und Jüdinnen stammten. Sie konnte überdies Kunstwerke günstig zurückkaufen. Eberhard Hanfstaengl war übrigens ein Cousin von Ernst »Putzi«

Hanfstaengl, der bis zu seiner Flucht nach Großbritannien als Auslandspressechef lange zu Hitlers engstem Umfeld gehört hatte. Sein Cousin Eberhard war Henriette Hoffmann, geschiedene von Schirach, anfangs wohlgesonnen:

»Bereits am 4. Juni 1949 übergibt er der ›sehr verehrten Frau Hoffmann‹, geschiedene von Schirach, 44 Möbel, Bilder und Teppiche sowie 13 weitere Gegenstände. Alle ›wertlos‹, wie Hanfstaengl beteuert.«[721] Schon 1948 hatte sie eine eidesstaatliche Erklärung ihres Vaters Heinrich Hoffmann und seiner Haushälterin Anna Ollert organisiert, die bestätigte, »dass die gesamte Einrichtung von Haus Aspenstein, also Möbel, Teppiche, Betten- und Tischwäsche, Bilder und alle ›sonstigen Kunstwerke […]‹ sich bereits in Heinrich Hoffmanns Besitz befunden hatten und Henriette bei ihrer Eheschließung übergeben worden sind«.[722] Nachdem die US-Behörden die Verantwortung für die sichergestellten Kunstwerke im »Central Collecting Point« München 1949 an das Bayerische Staatsministerium für Unterricht und Kultus übertragen hatten, wurde von dieser Behörde Direktor Hanfstaengl mit der Verwaltung beauftragt, der anfangs auch bei fragwürdigen Eigentumsnachweisen zugunsten Henriette von Schirachs entschied, aber zunehmend intern kritisiert und zuletzt offiziell verwarnt wurde. »Der Staatskommissar für rassisch, religiös und politisch Verfolgte« Philipp Auerbach attackierte Direktor Hanfstaengl in einem Schreiben heftig und beschuldigte ihn eines »besonderen Akt(s) von Galanterie Damen von Kriegsverbrechern gegenüber«.[723]

Auch Schirachs Schwiegervater Heinrich Hoffmann, der aufgrund seiner exklusiven Stellung als Hitlers Leibfotograf ein großes Vermögen in der NS-Zeit verdient hatte und 1946 zu vier Jahren Haft verurteilt worden war, versuchte nach seiner Entlassung energisch, Kunstwerke aus seinem ehemaligen Besitz zurückzubekommen.[724] Nach seinem Tod setzte seine Tochter Henriette, die ständig in Geldnöten war, diese Bemühungen fort. In einer gemeinsamen Klage mit dem texanischen Unternehmer Billy F. Price und ihrem Bruder Heinrich Hoffmann jr. führte Henriette aber wieder den bekannteren Namen von Schirach und klagte die Vereinigten Staaten auf Schadenersatz in der Höhe von 41 Millionen US-Dollar.

Auf Basis des »Trading with the Enemy Act« waren vier Aquarelle von Hitler und das gesamte Fotoarchiv Hoffmanns, das sich heute in den US National Archives in College Park, Maryland, befindet,[725] sowie eine kleine Sammlung von Hoffmann-Fotos, die von Mitarbeitern von Time Inc. aus Deutschland in die USA verbracht worden war, beschlagnahmt worden. Seit 1982 hatte Price versucht, die Objekte an die Familie Hoffmann/Schirach restituieren zu lassen, um die Hitler-Aquarelle erwerben zu können.

Der Anspruch wurde 1995 vom United States Court of Appeals, Fifth Circuit, wegen Unzuständigkeit abgewiesen, gleichzeitig wurde eine frühere, für die Klägergruppe teilweise positive Entscheidung des US-District Courts for the Southern District of Texas, in der ihr 1989 acht Millionen US-Dollar als Schadensersatz zugesprochen worden waren, aufgehoben.[726]

2003 versuchten der Erbe von Heinrich Hoffman jr., Robert H. Hoffmann, und eine Erbengruppe der Schirachs vor einem US-Distriktsgericht im District of Columbia denselben Anspruch wieder geltend zu machen, obwohl man nach dem Ausschluss von Billy T. Price als Kläger bereits 1999 erfolglos gewesen war.[727] Die Klagsgemeinschaft bestand aus Robert H. Hoffmann, Heidemarie Krüger, Susanne Hustadt und dem Nachlassverwalter von Henriette von Schirach, Klaus von Schirach. Auch diese Klage wurde in allen relevanten Punkten negativ entschieden.

Ein eleganter älterer Herr versucht nach zwei Jahrzehnten Haft die wieder gewonnene Freiheit zu genießen. Die kritische Auseinandersetzung mit seiner NS-Vergangenheit verlor für Baldur von Schirach zunehmend an Bedeutung.

14. ICH GLAUBTE AN HITLER

Der perfekte Mythos?

Nachdem Baldur von Schirach am 18. Juli 1947 in das riesige alliierte Militärgefängnis *Allied Prison* nach Berlin-Spandau im britischen Sektor der Stadt überstellt worden war, um seine 20-jährige Gefängnisstrafe zu verbüßen, kümmerten sich letztlich nur seine vier Kinder um ihn. 1949 teilte Henriette ihrem Mann mit, dass sie sich scheiden lassen wolle.

Während konservative Kreise für den ehemaligen Außenminister und Reichsprotektor von Böhmen und Mähren Konstantin von Neurath intervenierten und sich Veteranenverbände für den ehemaligen Großadmiral Erich Raeder, bis 1943 Oberbefehlshaber der Kriegsmarine, und den ehemaligen Großadmiral Karl Dönitz, der Hitlers Nachfolger als Reichspräsident und Oberbefehlshaber der Wehrmacht gewesen war, einsetzten, fehlte Schirach, im Gefängnisjargon die »Number one« von Spandau, jegliche Lobby. Neurath, Raeder, Dönitz und Funk wurden in den 1950er-Jahren zum Teil vorzeitig entlassen. Mit finanzieller Unterstützung der britischen Zeitung *The Daily Mail* versuchte Henriette von Schirach im März 1958 eine Freilassung ihres Ex-Mannes zu erwirken – der Auftritt Henriettes gestaltete sich jedoch eher kontraproduktiv, da sie ja seit 1950 geschieden war.[728] Im selben Jahr machte Margarete Speer, die Frau von Albert Speer, in London eine deutlich bessere Figur. Klaus von Schirach, der inzwischen Rechtsanwalt geworden war, kritisierte die Haftbedingungen für seinen Vater scharf. 1963 musste dieser für zwei Wochen in das britische Militärspital verlegt werden, um sich einer medizinischen Behandlung zu unterziehen. Erstmals äußerte damals auch ein Vertreter der Bundesregierung Sorge über den Gesundheitszustand Schirachs. Zwei Jahre später besuchten die Söhne Klaus (29) und Robert (26), damals Druckereikaufmann, ihren Vater nach einer Augenoperation im Militärspital und berichteten danach von einem gescheiterten Eingriff und dass es nicht gelungen wäre, Erleichterungen der Haftbedingungen durchzusetzen.[729] Im Februar 1965 musste Schirach abermals ins Militärspital gebracht werden, Klaus von Schirach versuchte mit einem Telegramm an die Bonner Botschaften der USA, der Sowjetunion, Frankreichs und Großbritanniens neuerlich eine Hafterleichterung durchzusetzen – vergeblich. Immerhin erreichten die Söhne mit dieser Aktion, dass die Gefängnisstrafe ihres Vaters in der Öffentlichkeit wieder diskutiert wurde.

Genau 20 Jahre nach der Urteilsverkündung von Nürnberg öffneten sich in der Nacht vom 30. September zum 1. Oktober 1966 für Baldur von Schirach und Albert Speer die Gefängnistore von Spandau.

Bereits vor der Entlassung war der Journalist Jochen von Lang mit der Familie Schirach, vermutlich mit Klaus von Schirach, in Kontakt getreten, um die Rechte an einer Artikelserie im Magazin *Stern* und an den Memoiren zu sichern. Eine ähnliche Reihe sollte auch mit Albert Speer erscheinen, das Projekt scheiterte jedoch.[730] Nicht untypisch für Schirachs Hunger nach einem aus seiner Sicht adäquaten Lebensstil ist eine Anekdote, die Speer überlieferte: Als es um die Frage ging, welche Anzüge sich die Inhaftierten für die Entlassung machen lassen sollten, rechnete Speer mit 400 bis 500 Mark, Schirach mit 1.000 Mark. Er sprach davon, fünf Anzüge, einen Smoking, drei Mäntel, Hausanzüge, Hausjacken, maßgeschneiderte Hemden, einen Frack, einen Abendmantel und Budapester Schuhe bestellen zu wollen. Schirach kalkulierte mit rund 20.000 Mark, rechnete er doch mit weit mehr als einer Million Deutscher Mark an Einnahmen, u. a. aus drei geplanten Buchprojekten.[731]

Der *Stern* um Chefredakteur Henri Nannen, der sich die Exklusivrechte an den Interviews gesichert hatte, hatte die Abholung Schirachs durch seine drei Söhne perfekt inszeniert: Ein Zimmer im Hilton war reserviert und eine Sondermaschine stand bereit, mit dabei auch immer ein eigener Fotograf.

Jochen von Lang schilderte 1989 im österreichischen Hörfunksender Ö1 seine Sicht auf die Produktionsbedingungen der *Stern*-Serie und der Memoiren.[732] Lang, der Redakteur beim größten deutschen Magazin war, meinte dabei, dass Schirachs Reue echt gewesen wäre. Mithilfe von

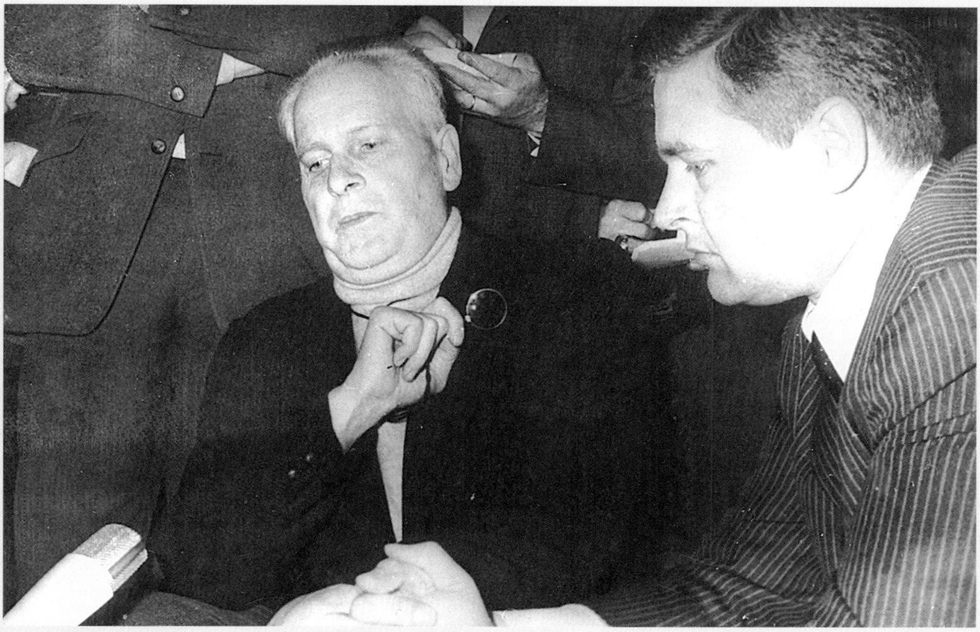

Oben: Medienrummel unmittelbar nach der Haftentlassung am 1. Oktober 1966: Schirach und sein Sohn Klaus im Gespräch mit Journalisten im Hotel Hilton.

Mitte: Das Interview mit dem britischen Starjournalisten David Frost wurde in der Villa des Großunternehmers Fritz Kiehn in Trossingen geführt.

Unten: Letzte Lebensstation: die abgewohnte »Pension Müllen« in Kröv. Zwei ehemalige BDM-Führerinnen kümmerten sich hier um Schirach, dessen physischer und psychischer Zustand sich rasch verschlechterte.

Kassibern nahm man Kontakt zu Schirach in Spandau auf, der seinerseits seinen Sohn Klaus mit der Abwicklung der Vorverträge beauftragte. Bedingung war, dass Schirachs Stellungnahmen nicht kommentiert werden durften. »Scheuklappen seiner adeligen Herkunft« sollten laut Jochen von Lang sein Verhalten nach der Haftentlassung prägen. Lang hatte selbst als Infanterist vor Leningrad und um Berlin gekämpft und sah dieses Memoiren-Projekt auch als wichtigen Bestandteil der Vergangenheitsbewältigung. In mehreren Monaten entstanden bei diesen Gesprächen 1.500 Seiten an Transkripten, aus denen ein bis heute unbekannter Kollege Jochen von Langs den Memoirenband *Ich glaubte an Hitler* (1967) zusammenstellte, der sich nur anfangs gut verkaufte. 1988 legte Jochen von Lang auf Basis der 1.500 Seiten Interview-Transkripte, die sich heute im Archiv des Instituts für Zeitgeschichte in München befinden, mit *Der Hitler-Junge* eine Biografie Schirachs vor.

Die Interviews fanden im Holzhaus in Urfeld statt, das Henriette von Schirach verkauft, aber ihr Sohn Robert zurückgekauft hatte. Gemeinsam mit Schirach arbeiteten eine Sekretärin und ein Ghostwriter an den Interviews und den Transkripten. In dieser stressigen Atmosphäre wurde auch die wöchentliche Vorabdruck-Serie im *Stern* produziert.[733] Auf dem Titelblatt wurde Schirach als älterer, eleganter Herr präsentiert: »Im maßgeschneiderten Zweireiher, edles Flanell, gebaut von Knize, Krawatte mit Windsorknoten, den Stetson und die Wildlederhandschuhe in der rechten Hand, ein Bild wie aus dem Film ›Der große Gatsby‹.«[734]

Konflikte gab es über die Frage, was Schirach über die »Ausrottung der Juden« vor Kriegsende wusste – ein Thema, das auch in einem Fernsehinterview, das Jochen von Lang mit Schirach führte, diskutiert wurde. Der Journalist schilderte überdies eine Szene bei dem Fernsehinterview, als Schirach den Nürnberger Prozess als »Schauprozess« bezeichnete. Auf die Nachfrage, ob dann auch sein Schuldeingeständnis nur gespielt war, sei er aufgesprungen, um zu gehen, und habe erst nach langem Zureden das Gespräch fortgesetzt.

Nach dem Medienwirbel um Schirachs Freilassung im Oktober 1966 und der hektischen Memoiren-Produktion durch die *Stern*-Mitarbeiter fand ein fast 40-minütiges Interview Schirachs mit dem britischen Starjournalisten David Frost statt.[735] Hier zeigte sich Schirach von einer anderen Seite, indem er sich weniger kritisch über die Vergangenheit und Hitler äußerte, als seine Aussagen von Nürnberg vermuten ließen. Frost, ein erfahrener Interviewer, hatte sich auf dieses Gespräch in der Villa des Großunternehmers Fritz Kiehn in Trossingen im Schwarzwald gut vorbereitet.[736] Bereits im Vorspann wird ein freundlicher, eleganter, aber trotz Krawatte privat inszenierter weißhaariger Mann mit Pfeife präsentiert, der, begleitet von zwei Hunden, einen kleinen Buben, möglicherweise seinen Enkel, küsst. Frost berichtete später in seiner Autobiografie von einer »lady friend«[737], die anwesend war. Vielleicht war damit die ehemalige Frau von Fritz Wieshofer, Gretl Wieshofer-Kiehn, gemeint.

Schirach schilderte zu Beginn des Gesprächs, das er in wohl gesetztem Englisch führte, seine ersten Begegnungen mit Hitler in Weimar, der zu seinem »political father« geworden sei. Auf die Frage Frosts, wie er Hitler mit einem Satz beschreiben würde, antwortete er, Hitler sei ein »Mann ohne Maß« (»a man without measure«) gewesen, ein Mann mit großen Begabungen, der in gewisser Weise als Genie bezeichnet werden könnte – eine irritierende Feststellung, die verriet, wie sehr der ehemalige »Reichsjugendführer« noch immer vom »Chef« fasziniert war. Vom »millionenfachen Mörder« war jetzt keine Rede mehr.

Sehr selbstzufrieden beantwortete Schirach auch die Frage nach seinem größten Erfolg, den er im Aufbau einer Jugendbewegung, die er nachhaltig geprägt hätte, sah. David Frost verwies daraufhin auf die Tatsache, dass eine Gruppe aus der deutschen »Volksgemeinschaft«, die Juden und Jüdinnen, radikal ausgeklammert worden wäre. Schirach replizierte, dass Hitler das gewollt hätte, nicht er. Er hätte kein Problem mit Juden in der Regierung gehabt und erinnerte daran, dass auch im Haus seiner Eltern Juden verkehrt hätten. Bei diesem Thema verließ Schirach völlig seine Linie aus den Gerichtstagen in Nürnberg 1946, als er sich als bekennender Antisemit deklarierte. Als Frost ihm vorhielt, dass er bereits vor 1933 für eine Quote für jüdische Studierende an den Universitäten eingetreten wäre, meinte er, dass dies ein Fehler gewesen wäre – aber nicht nur er hätte sich geirrt, sondern eine ganze Generation.

Die Frage Frosts, ob er die Formulierung »Endlösung« je von Hitler gehört hätte, verneinte Schirach. Gleichzeitig merkte er an, dass die Vernichtung der Juden und Jüdinnen durchaus im inneren Kreis um Hitler, bei Himmler und Bormann sowie bei den die Mordbefehle ausführenden Organen – Schirach nannte hier nur die Gestapo – thematisiert worden wäre. Er selbst habe über die nationalsozialistische Vernichtungspolitik erst 1944 von seinem Freund Colin Ross erfahren, da dieser als Berater des Auswärtigen Amtes auch ausländische Zeitungen lesen konnte. Wie jedoch nachgewiesen werden konnte, hatte Schirach bereits nach der zynischen Brandrede Arthur Greisers vor dem Führungskorps des Gaus Wien am 12. Mai 1942 ganz klare Hinweise auf die brutale Politik der Auslöschung von Juden und Jüdinnen erhalten, ganz abgesehen von den Berichten Heydrichs an sein Umfeld.

Im Hinblick auf die Mitverantwortung für die Deportation der noch verbliebenen Wiener Juden präsentierte Schirach eine völlig absurde Ausrede: Da er befürchtet hätte, diese würden von der Wiener Bevölkerung umgebracht, hätte er ihre Deportation unterstützt. Kaltenbrunner hätte ihm versichert, dass sie in den Ghettos gut untergebracht und versorgt werden würden.

Neueste Studien zur Gestapo-Leitstelle in Wien dokumentieren im Übrigen eindeutig, dass Schirach auch persönlich in das Deportationssystem eingebunden und genau informiert war: »Neben Baldur von Schirach als treibende Kraft war Huber der zweite lokale Protagonist der Deportation und Vernichtung der jüdischen Bevölkerung Wiens.«[738] Der Münchner Franz Josef Huber leitete seit 1938 die Gestapo-Leitstelle Wien, welche die größte des Deutschen Reiches war. Als SS-Brigadeführer und Generalmajor der Polizei sowie Inspekteur der Sicherheitspolizei und des SD war er direkt für die Deportation der Juden verantwortlich. Huber war Schirachs Stellvertreter als Reichsverteidigungskommissar im Wehrkreis XVII und Referent in der Reichsstatthalterei mit Adresse im Gestapo-Hauptquartier im Hotel Metropol. Dass Huber gegenüber Schirach zumindest 1941 loyal war, zeigte sich beim Konflikt des Reichsstatthalters mit dem Leiter des SD-Leitabschnitts Wien, SS-Sturmbannführer Friedrich Polte, der über eine der Sekretärinnen Schirachs versucht hatte, den Reichsstatthalter zu bespitzeln.[739] An diesem gewonnenen Konflikt zeigt sich die 1941 noch starke Stellung Schirachs in Wien.

Da Frost nicht aufhörte, nach Schirachs Wissen über das Schicksal der Juden aus Wien zu fragen, schob er schließlich alle Verantwortung auf die SS. Baldur von Schirach präsentierte sich im Frost-Interview als eleganter, freundlicher und belesener ehemaliger Nationalsozialist, ohne auch nur in Andeutungen an seine selbstkritischen Reflexionen von Nürnberg anzuschließen. Der Mythos »Ich glaubte an Hitler« war perfekt.

Trotz des fulminanten PR-Erfolgs in den ersten Monaten sollten Schirachs Erinnerungen doch kein Bestseller werden. So kamen die viel lebendiger und fantasievoller geschriebenen Memoiren Henriettes, *Der Preis der Herrlichkeit,* bei den Leserinnen und Lesern viel besser an, wie die Auflagenzahlen und Übersetzungen beweisen. Die *Stern*-Gage und das Honorar für die Memoiren waren höchst großzügig, wie auch Klaus von Schirach bestätigte, der für die Verlagsverhandlungen und Verträge die beste Provision seines Berufslebens als Anwalt erhalten hatte.[740] Während die Memoiren von Albert Speer auch ein internationaler Erfolg wurden, ebbte das Interesse an Baldur von Schirach sehr schnell ab, woraufhin er sich ins Privatleben zurückzog.

Über die letzten Lebensjahre Schirachs existieren nur spärliche Informationen, die Quellen sind meist in Privatbesitz. Erwähnt werden muss hier die exzellente Studie von Hartmut Berghoff und Cornelia Rauh-Kühne über den Großunternehmer Fritz Kiehn (1885–1980), bei dem neben ehemaligen lokalen NSDAP-Funktionären auch viele ehemalige Mitarbeiter Schirachs Arbeit und auch privaten Anschluss gefunden hatten. Eine Schlüsselfigur in Schirachs Nachkriegsnetzwerk ist Fritz Wieshofer, sein aus Österreich stammender, ehemaliger persönlicher Adjutant, eine höchst loyale und offenbar auch sehr charmante Persönlichkeit. Wie bereits zuvor beschrieben, war er an der Organisation der Flucht Schirachs aus dem umkämpften Wien 1945 und der Gefangennahme durch US-Truppen in Schwaz beteiligt. Wieshofer wurde 1914 in Wien geboren, sein Vater Friedrich war Angestellter bei den Wiener Straßenbahnen. Nach eigenen Angaben[741] studierte er nach der Matura an der Universität Wien vorübergehend »Geopolitik«, wurde dann in zivilem Luftschutz ausgebildet und arbeitete als Fachlehrer in diesem Bereich und als Landesausbildungsleiter in Kärnten.[742] Bereits damals war er für die verbotene NSDAP aktiv, wegen des Verdachts von Sprengstoffattentaten wurde er auch verhaftet, aber nicht verurteilt. Die in seinen persönlich verfassten Lebensläufen behauptete Tätigkeit beim

Rundfunk entpuppt sich in der Realität als Anstellung bei der Gauleitung in Kärnten, wo er 1938/1939 propagandistisch für die NSDAP tätig war.[743] Nach dem »Anschluss« trat er in den Auswärtigen Dienst ein, wo er zuletzt zwischen Mai und Oktober 1940 als Legationssekretär in der Protokollabteilung tätig war.

In seinen Lebensläufen verschwieg Wieshofer die Zugehörigkeit zur Waffen-SS seit 26. Juni 1940 bzw. zur allgemeinen SS seit 1939 und bezeichnete sich selbst als »Hauptmann in der Deutschen Wehrmacht«, der dreimal an der »russischen Front« verwundet worden wäre. Tatsächlich hatte er den Rang eines SS-Obersturmführers inne.[744] Seit 3. Oktober 1940 fungierte er als Adjutant von Baldur von Schirach und wurde Leiter des »Zentralbüros« in der Reichsstatthalterei. Schirach stattete ihn auch »mit den silberglänzenden Adjutantenschnüren (genannt Affenschaukel)«[745] aus, um den eigenen hohen Rang als Reichsstatthalter stärker zu betonen. 1944 wurde Wieshofer zum »Bannführer« der Hitler-Jugend ernannt, obwohl er der HJ nie angehört hatte.

Zwischen 5. Juni 1945 und 10. Dezember 1947 war Fritz Wieshofer in verschiedenen Lagern interniert und ging nach einer kurzen Tätigkeit bei den Bandag-Werken in Wels nach Deutschland, wo er kurz in Berlin als Geschäftsführer eines Hotelrestaurants fungierte, bevor er sich als freier Redakteur auf wirtschaftsnahe Medien konzentrierte. Ab 1. Juli 1954 arbeitete er nach einer Einschulungsphase aufgrund seiner Liaison und späteren Ehe mit Gretl Kiehn, der Tochter des Unternehmensgründers, als Geschäftsführer der Efka-Werke Fritz Kiehn GmbH. Hier kümmerte er sich – wie seine zahlreichen Mitgliedschaften bei verschiedenen Wirtschaftsvereinen zeigen –, um die Vernetzung zwischen Politik und Unternehmen. Seine für den Firmenpatriarchen Kiehn wichtigen Aktivitäten gingen in Richtung geschäftsfördernder Kontakte mit lokalen FDP-Funktionären, aber auch mit ehemaligen HJ-Führern wie dem ehemaligen SS-Obersturmführer Siegfried Zoglmann, der am rechten Rand der FDP höchst aktiv war.[746] Über andere Beziehungen verschaffte Wieshofer seinem Chef Kiehn nach entsprechenden »Spendenzahlungen« die Auszeichnung »Ehrenbürgerschaft« der Universität Innsbruck.[747]

Trachtenanzug statt SS-Uniform: Auch Schirachs Adjutant Fritz Wieshofer zog es vor, so rasch wie möglich eine zivile Identität anzunehmen. Als »Abwesenheitspfleger« verwaltete er das Vermögen seines ehemaligen Chefs während dessen Haftzeit. Schwaz, Frühsommer 1945.

Nach der Scheidung von seiner Ehefrau musste er das Unternehmen verlassen, erhielt aber eine lebenslängliche Monatspension in der Höhe von 1.300 Mark und war u. a. einige Zeit Sekretär des Schriftstellers Gerhard Hermann Mostar.

Heute würde man Fritz Wieshofer, der mit *Knigge up to Date* auch ein erfolgreiches Handbuch für gutes Benehmen publizierte, als Job-Hopper und geschickten Netzwerker bezeichnen, der die alten Seilschaften aus der Zeit seiner Tätigkeit bei Baldur von Schirach lange Zeit hindurch geschickt beruflich ausspielen konnte. Wieshofer liefert ein anschauliches Beispiel für die Bedeutung von NS-Netzwerken im ökonomischen Sektor der Bundesrepublik Deutschland in der Nachkriegszeit.

Sein Schwiegervater Fritz Kiehn, der aus schwäbischem Provinzbürgertum stammte, war bereits 1930 Mitglied der NSDAP geworden[748] und stieg 1931 erfolgreich in die Lokalpolitik in Trossingen ein. 1932 gehörte er für die NSDAP dem Reichstag an. Dies könnte auch der Zeitpunkt eines persönlichen Kontaktes mit Baldur von Schirach gewesen sein. Kiehn wurde 1943 als SS-Hauptsturmführer sogar Mitglied im persönlichen Stab Himmlers und war an »Arisierungen« beteiligt. 1949 kehrte Kiehn aus der französischen Internierung zurück, wurde schnell entnazifiziert und baute die Efka-Werke wieder auf, die in den 1970er-Jahren auf dem Weltmarkt für Zigarettenpapier und Hülsenzubehör zum führenden Unternehmen wurden. Im Juni 2020 wurde das Werk in Trossingen, inzwischen Teil des britischen Konzerns Imperial Tobacco, aufgrund mangelnder Auslastung geschlossen.

Der frühere Sportlehrer, HJ-Funktionär und Adjutant Schirachs, Gustav Höpken, arbeitete bald ebenfalls für Kiehn und wurde Leiter des »Zentralbüros«, eine merkwürdige institutionelle Namensgleichheit aus Wiener Tagen.[749] Drei weitere ehemalige Mitarbeiter Schirachs kamen ebenfalls zu den Efka-Werken: Heinz Diesing als Verkaufsmanager, Herbert Gasser als Manager bei einem Tochterunternehmen und Richard Heil als Verkäufer für Rauchutensilien. Heil wurde 1972 zum Geschäftsführer befördert. Auch Schirachs zweitältester Sohn Robert, in Kinderzeiten »Bobby« genannt, wurde von Höpken ins Unternehmen gebracht und heiratete Kiehns Enkelin Elke, die aus der ersten Ehe mit Gretl stammte.[750] Bereits 1968 – noch nicht dreißig Jahre alt – wurde Robert von Schirach geschäftsführender Direktor der Abteilung für Haushaltswaren für den Versandhandel. 1970 wurde seine Ehe geschieden.

Nach seiner Haftentlassung 1966 fand Baldur von Schirach in der Münchener Werneckstraße 18, dem Stubenrauch-Schlösschen, eine erste, höchst repräsentative Unterkunft.[751] Sein Sohn Robert hatte die Villa für ihn gemietet.[752] Teilweise arbeitete er aber auch in Urfeld an der *Stern*-Serie und den Memoiren. Zwei Jahre später übersiedelte er nach Trossingen in die Villa von Fritz Kiehn auf dem großzügigen Anwesen mit Park und Swimmingpool und entsprechenden Nebengebäuden in Deibhalde. Einige Zeit kümmerte sich die geschiedene Frau seines ehemaligen Adjutanten Fritz Wieshofer, Gretl Kiehn, um Schirach, ehe ein Streit zur Abreise führte. Aber noch 1968 war Baldur von Schirach der umworbene Gratulant zu ihrem 50. Geburtstag[753]: auch reisten sie gemeinsam nach Ischia im Golf von Neapel.

Mit Fritz Wieshofer selbst, seinem bisherigen »Abwesenheitspfleger«, der Schirachs Vermögen während dessen Haftzeit verwalten konnte, gab es jedoch schon zwei Jahre zuvor massive Konflikte, wobei Schirach in einem Schreiben vom 9. Dezember 1966 die Wogen zu glätten versuchte. »Es täte mir wirklich leid, wenn es zwischen zwei alten Freunden wie uns keinen Weg zu einer persönlichen Begegnung mehr gäbe … Meine Hand bleibt ausgestreckt, wobei ich dankbar an unsere einstige Zusammenarbeit zurückdenke und an Deine oft bewiesene Hilfsbereitschaft und Treue während der langen Jahre meiner Haft.«[754] Der Bruch schien jedoch unüberbrückbar gewesen zu sein. Zwei Jahre später meinte Wieshofer gegenüber seiner Freundin Katinka Mostar: »Über die Nazis zwar brauchtest Du mir die Augen nicht mehr zu öffnen. Über die Schirach-Clique hingegen hast Du es getan.«[755]

Unklar bis heute ist die tatsächliche finanzielle Lage Baldur von Schirachs, da er und seine Schwester Rosalind nach dem Tod des Vaters Carl 1948 auch Vermögenswerte in den USA besaßen. Das Eigentum ihrer Mutter Emma war bereits 1944 in den USA beschlagnahmt worden, darunter Grundbesitz in Philadelphia sowie verschiedene Versicherungspolizzen, Aktien und Hypotheken.[756] Nach Kriegsende wurde 1947 auf Basis des »Trading with the Enemy Act« auch das US-Vermögen von Carl von Schirach als deutscher Staatsbürger beschlagnahmt, wie etwa eine Lebensversicherung und verschiedenste Aktien und Wertpapiere.[757] Nach dem Tod des Vaters wurden Baldur von Schirach und seine Schwester auch Erben dieses Vermögens, das aber noch immer vom »US Custodian of Enemy Property« verwaltet wurde.[758]

In weitere Folge spielte Rosalind von Schirach auch in der familiären Vermögensverwaltung eine Rolle, obwohl sie von Baldur und Henriette von Schirach in den Memoiren nur nebenbei erwähnt wird. Rosalind von Schirach war Opernsängerin und trat am Anfang ihrer Karriere unter dem Künstlerinnennamen »Rosa Lind« auf. Ihr Parteibeitritt wurde auf 1932 rückdatiert und aus der evangelischen Kirche trat sie aus.[759] Nach Stationen am Opernhaus Leipzig und am Nationaltheater Mannheim kam sie 1930 an die Deutsche Oper in Berlin und hatte 1931 ein Engagement bei den Bayreuther Festspielen. 1933 schien aber der Zenit ihrer Karriere überschritten zu sein – so zumindest der Eindruck von Theodor Front, einem jüdischen Künstler, der noch bis Mitte März trotz der Machtergreifung der Nationalsozialisten auftreten durfte. Ebenso urteilte Paul Breisach, der Dirigent der Vorstellung.[760] Trotzdem machte sie noch einige Jahre weiter Karriere und gastierte beispielsweise 1935 am Royal Opera House Covent Garden in London.[761] Dass sie »Putzi« Hanfstaengl, der sich mit Hitler überworfen hatte, vor der Rache der NS-Führung warnte[762], ist ihr durchaus positiv anzurechnen, macht sie aber nicht zu einer Regimegegnerin. Anfang der 1950er-Jahre sorgten Rosalind von Schirach und der Schwager Schirachs, Heinrich Hoffmann jr., auch finanziell für die Kinder des Häftlings in Spandau, vor allem auch für deren Schulerziehung.[763]

Baldur von Schirach übersiedelte 1971, stark sehbehindert, in die eher bescheidene »Pension Müllen«, das ehemalige Hotel »Montroyal«, nach Kröv an der Mosel – geleitet von zwei ehemaligen BDM-Führerinnen,[764] den Schwestern Ida und Käthe Müllen. Käthe hatte während der NS-Zeit die Funktion einer Ortsführerin des Bundes Deutscher Mädchen in Kröv innegehabt und war daher im Ort »Hitler-Käthchen« genannt worden.[765]

Käthe Müllen zeichnete ein ganz anderes Bild von Baldur von Schirach, der in Nürnberger 1946 ein persönliches Schuldeingeständnis gemacht und Hitler für den millionenfachen Mord an den Juden und

Jüdinnen Europas heftig kritisiert hatte. Von diesen Ansichten war zu Beginn der 1970er-Jahre offenbar nichts mehr übriggeblieben: »Nichts von der Familie. Dat riß ihm jedesmal das Herz zusammen. Dat konnte er nicht. Den ganzen Kriech, dat interessierte ihn nicht, was die Leute im Kriech mitgemacht haben. Ich habe doch auch alles mitgemacht.«[766] Jochen von Lang enthüllte in einem Interview den Grund für den psychisch und physisch schlechten Zustand Baldur von Schirachs: übermäßiger Alkoholkonsum.[767] Die tristen Lebensumstände in dieser abgewohnten Pension waren ein Spiegel des totalen Abstiegs Schirachs, der sich letztlich mit seinem privaten Umfeld überworfen hatte.

Am 8. August 1974 starb Baldur von Schirach in Kröv an einem Herzversagen. Die Grabrede hielt sein ehemaliger Presseadjutant Günter Kaufmann, der nunmehr im Medienbereich tätig war.[768] Kaufmann würdigte seinen verstorbenen ehemaligen Chef als einen »vom Schicksal hin- und hergeworfenen, leidgeprüften Menschen«, der als »Symbolfigur der Jugend und ihrer führenden Kräfte« in Spandau eingesessen hätte.[769] Unter anderen nahmen neben Schirachs Söhnen am Begräbnis auch sein ehemaliger Stellvertreter Hartmann Lauterbacher teil, der seinen Frieden mit ihm geschlossen hatte, aber seine Hitler-Äußerung in Nürnberg ebenso kritisierte wie die *Stern*-Serie nach 1966.[770] Für viele HJ-Führer war Schirachs teilweises Schuldgeständnis falsch und entsprach nicht ihrem Geschichtsbild. In diesem Sinne hatte er durchaus einen gewissen Beitrag zu einem kritischen Geschichtsbild geleistet, auch wenn er bezüglich der Hitler-Jugend und des Wissens um die Shoa äußerst defensiv blieb.

Am Begräbnis in Kröv nahmen auch Gretl Wieshofer-Kiehn, Klaus von Schirach und andere Familienmitglieder teil. Was folgte, war eine eher peinliche Korrespondenz zwischen Gretl Wieshofer-Kiehn und Klaus von Schirach, der das Nachlassverfahren regelte. So wurden ein alter Schwarzweiß-Fernseher ebenso von ihr eingefordert wie ein Anteil an den Hotelspesen und Flugkosten für die erwähnte gemeinsame Urlaubsreise mit Baldur von Schirach nach Ischia im Jahre 1968. Damals hatte sie auch für einen Kredit bei der Deutschen Bank gebürgt. Eine Forderung Baldur von Schirachs gegen Elke, die ehemalige Frau Robert von Schirachs, aus dem Verkauf des Hauses in Urfeld über 60.000 Mark bestritt sie hingegen. Klaus von Schirach replizierte abwehrend, da nicht genügend Geldmittel aus dem Verlassenschaftsverfahren übriggeblieben wären.[771] Nach den bisherigen fragmentarischen Unterlagen zu urteilen, hat Baldur von Schirach kein großes Vermögen hinterlassen.

In den Jahren nach 2000 gab es immer wieder Diskussionen über Schirachs Grab, so brachten u. a. jüdische Besucher und Besucherinnen ihre Sorge zum Ausdruck, dass das Grab eine Wallfahrtsstätte für Neonazis werden könnte. Die Inschrift am Grabstein stammte von Käthe Müllen und wurde – so Klaus von Schirach – unreflektiert eingraviert, wogegen sich jedoch die anderen Kinder Baldur von Schirachs aussprachen: »Ich fürchte, wir müssen dieses Rätsel uninterpretiert so stehen lassen und dem Besucher überlassen, was er sich dabei denkt.«[772] Mit dieser Interview-Passage Käthe Müllens wird es aber klar: Eine kritische Auseinandersetzung mit der NS-Vergangenheit war für Baldur von Schirach gegen Ende seines Lebens kein Anliegen mehr. Sein Versuch, sich als einfacher Deutscher zu stilisieren und einen totalen Schlussstrich zu ziehen, lässt die Frage offen, wie ehrlich das selbstkritische Statement Schirachs beim Nürnberger Prozess 1946, sein teilweises Schuldeingeständnis und die Darstellungen in der *Stern*-Serie und in weiterer Folge in seinen Erinnerungen *Ich glaubte an Hitler* tatsächlich gemeint waren.

2014 machte die Familie von einer Verlängerung des »Liegerechtes« nicht mehr Gebrauch und so wurde das Grab, mit der Inschrift »Ich war einer von Euch« schließlich eingeebnet.

Die Fragen, die sich bezüglich Schirachs Reflexion über den Nationalsozialismus und der Shoa nach dem Medienwirbel um seine Interviews und die Memoiren stellen, werden vielleicht zu beantworten sein, wenn die Söhne seine Korrespondenz nach der Haftentlassung aus Spandau einem öffentlichen Archiv übergeben und damit frei zugänglich machen werden. Das hier ausführlich analysierte Interview mit David Frost 1968 unterscheidet sich wesentlich von den Nürnberger Aussagen bezüglich einer politischen Schuld Schirachs und auch von Teilen seiner Memoiren, in denen Hitlers Hauptveranwortung am Krieg und dem Genozid hervorgehoben wurde.

Die wenigen Fragmente, die bei Korrespondenzpartnern zu finden sind, dokumentieren – zumindest nach außen hin – kein Interesse für den

Nationalsozialismus, die Shoa und den Zweiten Weltkrieg. Besondere publizistische Aufregung hat eine Stelle in Richard von Schirachs Buch *Der Schatten meines Vaters* hervorgerufen: Auf Seite 308 schreibt er über einen »geheimen Emissär der Wiener Philharmoniker«, der als »Professor aus Wien« ihm den »Ehrenring der Wiener Symphoniker (sic! Philharmoniker) und eine Schallplatte mit den späten Quartetten Schuberts« als Dank für seine Unterstützung in der Kriegszeit überreichte. Schirachs erster Ring aus 1942 wurde aus dem Tresor in Kochel am See 1945 von einem US-Offizier mitgenommen.[773] Weder Richard noch Klaus von Schirach wollten die Identität des Überbringers preisgeben. Ein Zeitzeuge, Wilhelm Bettelheim, hat in einem Schreiben an den Verfasser am 19. Jänner 2013 im Gefolge der öffentlichen Diskussion in Österreich über diese zweite Ringübergabe gemeint: »Der Mensch, der Baldur von Schirach den Ehrenring der Philharmoniker überreichte, war Helmut Wobisch. Professor Wobisch war SS-Mann gewesen und im Jahre 1966 Geschäftsführer der Wiener Philharmoniker. Professor Krips, ein alter Freund der Familie, hat mir diese Tatsache 1968 auf dem Gelände des damaligen Wiener AKHs in der Alserstraße erzählt.« Josef Krips war als »Halbjude« in der NS-Zeit stigmatisiert, hatte Auftrittsverbot und musste in einer Rüstungsfabrik arbeiten.

Inzwischen ist eine Korrespondenz zwischen Schirach und dem ehemaligen Vorstand der Wiener Philharmoniker Wilhelm Jerger, SS- und NSDAP-Mitglied, im Archiv des Wiener Musikvereins aufgetaucht, in der es jedoch keine Hinweise auf die Ringübergabe gibt[774]: Silvia Kargl und Friedemann Pestel haben einige Argumente zugunsten einer Übergabe durch Jerger zusammengestellt – es bleibt jedoch die Frage: Warum kommt der Dankesbrief von Schirach nicht in der sonst kompletten Korrespondenz vor? Oder gibt es einen dritten Philharmoniker wie beispielsweise Otto Strasser, der 1963 als Vorstand der Wiener Philharmoniker Schirachs ehemaligen Generalkulturreferenten Hermann Stuppäck zum 60. Geburtstag gratulierte und sich für den Schutz der Wiener Philharmoniker in der NS-Zeit bedankte?[775] Die Antwort kann nur aus dem Nachlass von Schirach aus der Zeit von 1966 bis 1974 kommen.

Anmerkungen

1 Ferdinand von Schirach, Du bist, wer du bist. Warum ich keine Antworten auf die Fragen nach meinem Großvater geben kann, in: Der Spiegel 36, 2011, 142.

2 Walter Thomas, Bis der Vorhang fiel. Aufzeichnungen aus den Jahren 1940 bis 1945, Dortmund, 1947, 213.

3 Geleitwort Baldur von Schirachs zum Fotoband »Hitler in seinen Bergen«, Berlin 1935.

4 Universität Wien/Fachbereichsbibliothek Zeitgeschichte, Gaupressearchiv Wien: Baldur v. Schirach (neunseitiger maschinengeschriebener Lebenslauf), https://www.ns-pressearchiv.at/archiv/akte/k187-7-m001-a007, aufgerufen am 28. 02. 2020.

5 Zum Arbeitsprozess an den Memoiren siehe Richard von Schirach, Der Schatten meines Vaters, München 2005, 360 f. Die Transkripte der Fragen von Jochen von Lang an Baldur von Schirach und eine kurze Serie an Henriette von Schirach befinden sich im Archiv des Instituts für Zeitgeschichte München (IfZ) und sind auch digital zugänglich, siehe https://www.ifz-muenchen.de/archiv/zsa/ZS_A_0030_01.pdf (plus weitere drei Teile).

6 Max von Schirach, Geschichte der Familie von Schirach, Berlin 1939.

7 Hermann, der musisch begabte Bruder von Friedrich Karl, ging 1900 als Oberst des 1. Badischen Leibgrenadier-Regiments in Karlsruhe in Pension. Er lebte bis zu seinem Tod 1920 bei seinem Bruder.

8 Richard von Schirach, Der Schatten, 25.

9 Vgl. https://www.hhhistory.com/2015/07/the-slaves-of-middle-place-plantation.html, aufgerufen am 01. 03. 2020.

10 George McMillan, »South Carolina's Great Colonial Garden«, in: The New York Times, 30. 03. 1986.

11 Vgl. den Eintrag zu Henry Middleton, https://www.middletonplace.org/explore/stories/, aufgerufen am 01. 03. 2020.

12 Richard von Schirach, Der Schatten, 24.

13 Reports of the Committees of the Senate of the United States for the Third Session of the Fourty-Fifth Congress 1878–79, Washington 1979, 475, vgl. auch Official Army Register for 1896, 317, sowie Francis B. Heitman, Historical Register and Dictionary of the United States Army: From its Organization, September 29, 1789 to March 2, 1903, Volume 1, Washington 1903, 989.

14 Max von Schirach, Geschichte, 153.

15 Baldur von Schirach, Ich glaubte an Hitler, 8.

16 Henriette von Schirach, Der Preis der Herrlichkeit, Erfahrene Zeitgeschichte, München, 7. Auflage 2007, 155 und 180. Zur kritischen Analyse und Bewertung der Selbstdarstellung von Henriette von Schirach vgl. Johanna Gehmacher, Im Umfeld der Macht. Populäre Perspektiven auf Frauen der NS-Elite, in: Elke Frietsch/Christian Herkommer (Hg.), Nationalsozialismus und Geschlecht: Zur Politisierung und Ästhetisierung von Körper, »Rasse« und Sexualität im »Dritten Reich« und nach 1945, Bielefeld 2009, 49–69.

17 Ingrid Czaika, Arthur Rösel. Leben und Werk des Weimarer Komponisten, München 2015, 47.

18 Wie Walter Thomas in seinen Erinnerungen erzählt, schätzte Schirach vor allem die Buddenbrocks als »Meisterwerk«. Thomas, Bis der Vorhang fiel, 213.

19 So berichtet der Komponist Hugo Wolf, der Vignau als »alten Freund und Verehrer meiner Kunst« bezeichnete, in: Heinz Nonveiller (Hg.), Hugo Wolf, Briefe an Heinrich Potpeschnigg, Stuttgart 1923, 211.

20 Reinhard R. Doerries (Hg.), Erika von Watzdorf-Bachoff. Im Wandel und in der Verwandlung der Zeit. Ein Leben von 1878 bis 1963, 154.

21 Prager Tagblatt, 21. Juli 1908, 9.

22 Vgl. dazu ausführlich Justus H. Ulbricht, »Deutsche Religion« und »Deutsche Kunst«. Intellektuelle Sinnsuche und kulturelle Identitätskonstruktionen in der »Klassischen

Moderne«, phil. Diss., Universität Jena 2006, 129–136.

23 Der Kunstwart, Band 13, Teil 1, 1900, 438.

24 Volker Wahl, Gustav Kiepenheuers Anfänge, in: Siegfried Lokatis, Ingrid Sonntag (Hg.), 100 Jahre Kiepenheuer-Verlage, 34.

25 Zitiert nach Ulbricht, »Deutsche Religion« und »Deutsche Kunst«, 130.

26 Jochen Golz, Justus H. Ulbricht (Hg.), Goethe in Gesellschaft: Zur Geschichte einer literarischen Vereinigung vom Kaiserreich bis zum geteilten Deutschland, Wien 2005, 3.

27 Ebd., 6.

28 Holm Kirsten, Weimar im Banne des Führers. Die Besuche Adolf Hitlers 1925–1940, Köln 2001, 117 f.

29 Ebd., 118.

30 Ebd., 112.

31 Irene Lucke-Kaminiarz, Der Fall Dr. Ernst Praetorius. Seine Hintergründe und Wirkungen, in: Helen Geyer, Maria Stolarzewicz (Hg.), Verfolgte Musiker im nationalsozialistischen Thüringen. Eine Spurensuche, Wien-Köln 2020, 97.

32 Landesarchiv Thüringen – Hauptstaatsarchiv Weimar, Signatur Nr. 58 Matrikel des Wilhelm-Ernst-Gymnasiums: Aufnahme des Herrn Baldur von Schirach Ostern 1916 (Bl. 219); Signatur Nr. 70 Abgangszeugnisse des Wilhelm-Ernst-Gymnasiums: Abgangszeugnis von Baldur von Schirach im März 1918 (Bl. 194).

33 Schirach, Ich glaubte an Hitler, 10.

34 Vgl. Militär-Wochenblatt: Unabhängige Zeitschrift für die deutsche Wehrmacht, Band 6.

35 Peter Dudek, »Liebevolle Züchtigung«. Ein Missbrauch der Autorität im Namen der Reformpädagogik, Bad Heilbrunn 2012, 29.

36 Zitiert nach Jürgen Oelkers, »Reformpädagogik«: Ein deutsches Schicksal? (Vortrag, gehalten an der Universität Wuppertal, 13. Juli 2010), 7.

37 Vgl. dazu Rainer Marwedel, Theodor Lessing 1872–1933. Eine Biographie, Darmstadt/Neuwied 1987, 71–74.

38 Zitiert nach Uwe Werner, Anthroposophen in der Zeit des Nationalsozialismus (1933–1945), München 1999, 95. Alfred Andreesen leitete die Lietz-Schulen von 1919 bis 1944.

39 Alfred Andreesen, Hermann Lietz. Der Schöpfer der Landerziehungsheime, München 1934.

40 Neue Bahnen, Band 46, 1935, 62.

41 Schirach, Ich glaubte an Hitler, 11 f.

42 Gerhard Lingelbach, Weimar 1919 – Demokratie von oben oder von unten?, in: Walter Pauly (Hg.), Wendepunkte – Beiträge zur Rechtsentwicklung der letzten 100 Jahre (Jenaer Schriften zum Recht 41), Hannover 2009, 19.

43 IfZ München, ZS A30, Bd. 1, J. v. Lang, Interview mit Baldur von Schirach, 9.11.1966, 20–21.

44 Siehe dazu das Protokoll in: www.zeno.org/Geschichte/M/Der+Nürnberger+Prozeß/Hauptverhandlungen/Einhundertsiebenunddreißigster+Tag.+Donnerstag,+23.+Mai+1946/Vormittagssitzung, aufgerufen am 01. 03. 2020.Die digitalen Versionen auf www.zeno.org wurden mit der gedruckten Textversion verglichen: "Der Prozess gegen die Hauptkriegsverbrecher vor dem Internationalen Militärgerichtshof. Nürnberg, 14. November 1945 - 1. Oktober 1946, Nürnberg 1948.

45 Carl Alexander Krethlow, Generalfeldmarschall Colmar Freiherr von der Goltz Pascha. Eine Biographie, Paderborn 2012, 407–416; Frank Becker, Massengesellschaft – Massensport – Massenritual. Carl Diem und die Herausforderungen der Moderne, in: Michael Krüger (Hg.), Der deutsche Sport auf dem Weg in die Moderne: Carl Diem und seine Zeit, Münster 2009, 41. Vgl. dazu auch Colmar Freiherr von der Goltz, Das Volk in Waffen. Ein Buch über Heerwesen und Kriegsführung unserer Zeit, Berlin 1899.

46 Vgl. https://www.deutsche-biographie.de/sfz21654.html, aufgerufen am 01. 03. 2020.

47 Schirach, Ich glaubte an Hitler, 14.

48 Ebd., 15.

49 Richard von Schirach, Der Schatten, 30–35.

50 Schirach, Ich glaubte an Hitler, 13.

51 Ebd., 127.

52 Institut für Zeitgeschichte, Universität Wien, Archiv der Österreichischen Gesellschaft für Zeitgeschichte, Personalakt Baldur von Schirach, SA Führerfragebogen – Kopie aus dem Berlin Document Center (heute: Bundesarchiv Berlin).

53 Ebd.

54 Herbert Gottwald, Preußenbund (PB) 1913–1934, in: Dieter Fricke u. a. (Hg.), Lexikon zur Parteiengeschichte. Die bürgerlichen und kleinbürgerlichen Parteien und Verbände in Deutschland (1789–1945), Band 3, Köln 1985, 594–598. Vgl. auch grundlegend zur Rolle des Adels nach 1918/19 Stephan Malinowski, Vom König zum Führer. Sozialer Niedergang und politische Radikalisierung im deutschen Adel zwischen Kaiserreich und NS-Staat, Berlin 32003, 257 f.

55 Klaus Rüffler, Vom Landfriedensbruch bis zum Mord von Potempa. Der »Legalitätskurs« der NSDAP, Frankfurt/Main 1994, 147; vgl. auch zu Weimar Kirsten, Weimar im Banne des Führers, 23, 188 sowie kritisch Die Glocke, Band 8, 1922, 598.

56 Schirach, Ich glaubte an Hitler, 16.

57 Ebd.., 17.

58 Baldur von Schirach, Die Hitler-Jugend. Idee und Gestalt, Leipzig 1936, 17.

59 Harald Sander, Hitler – Das Intinerar. Aufenthaltsorte und Reisen von 1889 bis 1945, Band 1, 1889–1927, Berlin 2016.

60 Schirach, Ich glaubte an Hitler, 19.

61 Schirach, Ich glaubte an Hitler, 20.

62 Ebd., 22.

63 Zitiert nach ebd., 22.

64 Ebd., 24.

65 Zur Biografie Eckarts siehe https://www.dhm.de/lemo/biografie/dietrich-eckart, aufgerufen am 04. 04. 2020.Vgl. ausführlicher Claus-Ekkehard Bärsch, Die politische Religion des Nationalsozialismus. Die religiösen Dimensionen der NS-Ideologie in den Schriften von Dietrich Eckart, Joseph Goebbels, Alfred Rosenberg und Adolf Hitler, 2., überarb. Aufl., München 2002.

66 Schirach, Ich glaubte an Hitler, 23.

67 Ebd., 22f.

68 Pallmann vertonte unzählige NS-Liedtexte, hatte aber auch zahllose parteiinterne Parteiverfahren (auch innerhalb der SA) und war einer der Führer des »Jungdeutschen Ordens« gewesen. Siehe dazu umfassend Fred K. Prieberg, Handbuch Deutsche Musiker 1933–1945, CD-Rom Version 1.2-3/2005, 5082–5126.

69 Schirach, Ich glaubte an Hitler, 23.

70 Ebd., 26.

71 Ebd., 28.

72 Ebd., 29.

73 Ebd., 31.

74 Ebd., 28.

75 Bundesarchiv Berlin (BArch), R 55, Sig. 24529, RK020, Reichsministerium für Volksaufklärung und Propaganda, Personalakten Carl von Schirach, Intendant am deutschen Theater in Wiesbaden, Ergänzungsfragebogen.

76 Ebd., An den Reichsminister (Goebbels, Anm. d. Verf.), 14. Oktober 1938.

77 Schirach, Ich glaubte an Hitler, 34.

78 IfZ München, Interviews Jochen Lang mit Baldur von Schirach, ZS-A 30/01-44, 9. November 1966.

79 Schirach, Ich glaubte an Hitler, 33.

80 Studentenakte »Baldur von Schirach« im Thüringischen Landesmusikarchiv. Ich bedanke mich für den freundlichen Hinweis bei Frau Esther Schönberger.

81 Bruno Hinze-Reinhold, Lebenserinnerungen und Lebensbeichte, Typoskript im Thüringischen Landesarchiv, Zweiter Teil, 91.

82 Ebd., 37.

83 Ebd., 38 f.

84 Thomas Neumann (Hg.), Quellen zur Geschichte Thüringens. »Wir müssen eine Welt zum Tönen bringen…«. Kultur in Thüringen 1919–1949, Weimar 1998, 133, vgl. https://www.lzt-thueringen.de/files/huerkultur_19-49_1.pdf, aufgerufen am 04.03.2020.

85 Neumann (Hg.), Quellen zur Geschichte Thüringens, 149-150.

86 Ebd., 144.

87 Neumann, Quellen zur Geschichte Thüringens, 166. Das Original dieser im wahrsten Sinne des Wortes Hetz-Broschüre »Entartete Musik – Eine Abrechnung von Staatsrat Dr. H. S. Ziegler« mit übelsten antisemitischen und rassistischen Angriffen und Unterstellungen ist einsehbar unter https://archive.org/details/EntarteteMusik_758/page/n31/mode/2up8, aufgerufen am 04. 03. 2020. Vgl. dazu umfassend kritisch Albrecht Dümling, Peter Girth (Hg.), Entartete Musik. Dokumentation und Kommentar zur Düsseldorfer Ausstellung von 1938, 3. überarbeitete und erweiterte Auflage, Düsseldorf 1993.

88 Vgl. dazu Thomas Rösner, Adolf Bartels, in: Uwe Pruschner, Walter Schmit und Justus H. Ulbricht, Handbuch zur »Völkischen Bewegung« 1871–1918, München 1999, 874–896.

89 Vgl. Schirachs Aussagen unter whttp://www.zeno.org/Geschichte/M/Der+N%C3%BCrnberger+Proze%C3%9F/Hauptverhandlungen/Einhundertsiebenunddrei%C3%9Figster+Tag.+Donnerstag,+23.+Mai+1946/Vormittagssitzung, abgerufen am 06. 03. 2020.

90 Boy's Life, February 1935, 16.

91 Vgl. dazu Tim Jeal, Baden-Powell: Founder of the Boy Scouts, New Haven 2001, sowie die heftige Debatte über eine frühere Ausgabe des Buches The Boy-Man: The life of Lord Baden-Powell, New York 1990, in: New York Review of Books, Ian Buruma, »Boys Will Be Boys«, 15. 03. 1990, sowie Michael Rosenthals Entgegnung, »A Bad Scout?« und Burumas Antwort, 28. 06. 1990.

92 Siehe die Briefsammlung von Houston Stewart Chamberlain, Briefe 1882–1924 und Briefwechsel mit Kaiser Wilhelm II., Band 2, https://archive.org/details/Chamberlain-HoustonBriefe18821924UndBriefwechselMit-KaiserWilhelmII.Band11928121S.Text/page/n1/mode/2up/search/Juden, aufgerufen am 06.03.2020. Hier werden sofort die zahlreichen antisemitischen Äußerungen in dem Briefwechsel zwischen Chamberlain und Kaiser Wilhelm II. sichtbar.

93 Helmut Berding, Moderner Antisemitismus in Deutschland, Frankfurt/M. 1988, 150.

94 Vgl. dazu umfassend Udo Bermbach, Houston Stewart Chamberlain. Wagners Schwiegersohn – Hitlers Vordenker, Stuttgart 2015.

95 Adolf Bartels, Heinrich Heine. Auch ein Denkmal, Dresden/Leipzig 1906, zitiert nach: Geständnisse. Heine im Bewußtsein heutiger Autoren, herausgegeben von Wilhelm Gössmann unter Mitwirkung von Hans Peter Keller und Hedwig Walwei-Wiegelmann, Düsseldorf 1972, 22.

96 Kurt Tucholsky: Herr Adolf Bartels. In: Die Weltbühne. 1922, 18. Jg., Nr. 12, 291–294.

97 Vgl. http://www.verbrannte-buecher.de/?page_id=1680w

98 Ebd.

99 Vgl. https://www.deutsche-biographie.de/sfz2104.html, aufgerufen am 06. 03. 2020.

100 Zitiert nach Volkhard Knigge, »Professor Bartels' Bücher«, in: Die Zeit, 11. November 2004.

101 Ebd.

102 Vgl. dazu im breiten Kontext der antisemitisch, rassistischen und teilweise auch religiösen völkischen Bewegung vor 1918 Uwe Puschner, Die völkische Bewegung im wilhelminischen

Kaiserreich. Sprache – Rasse – Religion, Darmstadt 2001 sowie Puschner/Schmitz/Ulbricht (Hg.), Handbuch zur »Völkischen Bewegung«, München 1996.

103 Knigge, Professor Bartels' Bücher.

104 Michael Wortmann, Baldur von Schirach. Hitlers Jugendführer, Köln 1982, 34.

105 Schirach, Ich glaubte an Hitler, 40.

106 BArch, Akte Baldur von Schirach – Kopie im Archiv der Österreichischen Gesellschaft für Zeitgeschichte, Wien, Personalakt Schirach, Baldur von.

107 Siehe dazu Stefanie Hundehege, Baldur von Schirach: Der »Sänger der Bewegung«, in: Rolf Düsterberg (Hg.), Dichter für das »Dritte Reich«, Bd. 3, 209–245, S. 226.

108 Schirach, Ich glaubte an Hitler, 40.

109 Vgl. dazu Jutta Held, Kunstgeschichte im »Dritten Reich«: Wilhelm Pinder und Hans Jantzen an der Münchner Universität, in: Jutta Held (Hg.), Kunstgeschichte an den Universitäten im Nationalsozialismus (Kunst und Politik 5), Göttingen 2003, 17–59.

110 Holger Dainat, Zur Berufungspolitik in der Neueren deutschen Literaturwissenschaft 1933–1945, in: Holger Dainat/Lutz Danneberg (Hg.), Literaturwissenschaft und Nationalsozialismus, Tübingen 2003, 84.

111 Andreas Huber/Linda Erker/Klaus Taschwer, Der Deutsche Klub. Austro-Nazis in der Hofburg, Wien 2020, 144.

112 Schirach, Ich glaubte an Hitler, 40.

113 Maximilian Schreiber, Walther Wüst, Dekan und Rektor der Universität München 1935–1945 (Beiträge zur Geschichte der Ludwig-Maximilians-Universität München 3) München 2008, 155.

114 »Bayerische Stimme gegen den Judenhass« in: Abwehrblätter. Mitteilungen aus dem Verein zur Abwehr des Antisemitismus 40, 1930, 56.

115 Jahrbuch der Deutschen Shakespeare-Gesellschaft, Neue Folge Band 1 (Bände 59–60), Jena 1924, 14 u. 200.

116 Vgl. dazu Gerhard J. Bellinger, Brigitte Regler-Bellinger, Schwabings Ainmillerstrasse und ihre bedeutendsten Anwohner. Ein repräsentatives Beispiel der Münchner Stadtgeschichte von 1888 bis heute, 2. durchgesehene Auflage, Norderstedt 2013, 152 f., sowie Frank-Rutger Hausmann, Anglistik und Amerikanistik im »Dritten Reich«, Frankfurt am Main 2003, 248.

117 Victor Klemperer, Man möchte immer weinen und lachen in einem. Revolutionstagebuch 1919. Mit einem Vorwort von Christopher Clark und einem historischen Essay von Wolfram Wette, Berlin 2015, 97. Der Romanist Klemperer, der sich bei Karl Vossler habilitiert hatte, wurde dann 1920 als Professor an die Technische Hochschule Darmstadt berufen. Er berichtete mit sprachwissenschaftlicher Präzision über seine Schwierigkeiten als konvertierter Jude und den Antisemitismus 1919. Seine Tagebücher 1933–1945 gelten als eines der wichtigsten Alltagszeugnisse über die Zeit des Nationalsozialismus.

118 Christoph Studt, »Oncken, Karl Hermann Gerhard«, in: Neue Deutsche Biographie 19 (1999), 538 f.

119 Maurin Johannes Schunke, Friedrich in Weimar. Wandel und Wirksamkeit der politischen Klassikrezeption 1914–1933, in: Walter Pauly/Klaus Ries (Hg.), Politisch-soziale Ordnungsvorstellungen in der Deutschen Klassik. Staatsverständnisse, Baden-Baden 2018, 260 f.

120 Ebd., 260.

121 Studt, »Oncken«.

122 Alfred Grimm, »Spiegelberg, Wilhelm«, in: Neue Deutsche Biographie 24 (2010), 682–684.

123 Hans-Albert Walter, Deutsche Exilliteratur 1933–1950, Band 1: Die Vorgeschichte des Exils und seine erste Phase und Band 1.2: Weimarische Linksintellektuelle im Spannungsfeld von Aktionen und Repressionen, Stuttgart 2017, 401.

124 Vgl. dazu umfassend Wolfgang Martynkewicz, Salon Deutschland. Geist und Macht 1900–1945, Berlin 2009.

125 Vgl. dazu den vorzüglich eingeleiteten und edierten Briefwechsel bei Klaus E. Bohnenkamp (Hg.), Hugo von Hofmannsthal, Rudolf Kassner und Rainer Maria Rilke im Briefwechsel mit Elsa und Hugo Bruckmann 1893–1941, Göttingen 2014.

126 Katrin Hillgruber, »Salon Bruckmann. Die unselige Freitagsgesellschaft«, in: Der Tagesspiegel, 10. Jänner 2010.

127 Otto Gritschneder/Lothar Gruchmann/Reinhard Weber (Hg.), Der Hitlerprozess 1924. Band 3: 12.–18. Verhandlungstag. K. G. München 2000, 1090–1093.

128 Schirach, Ich glaubte an Hitler, 46.

129 Zitiert nach Wortmann, Baldur von Schirach, 76.

130 Vgl. dazu Hundehege, Schirach, 218.

131 Mathias Rösch, Die Münchener NSDAP 1925–1933. Eine Untersuchung zur inneren Struktur der NSDAP in der Weimarer Republik, München 2002, 134 f. Vgl. insgesamt auch Michael H. Kater, Der NS-Studentenbund von 1926 bis 1928; Randgruppe zwischen Hitler und Strasser, in: Vierteljahreshefte für Zeitgeschichte, Jg. 22 (1974), Heft 2, 148-190.

132 Rösch, Münchner NSDAP, 136.

133 Ebd., 201.

134 Wortmann, Baldur von Schirach, 56.

135 Alfred E. Norris, der Partner von Parrish & Co mit nobler Adresse 25 Broadway, wurde während der Prohibitionszeit des Alkoholschmuggels verdächtigt. Vgl. Ernest Knaebel, United States Reports: Cases Adjudged in the Supreme Court at October Term, 1929, Volume 281, Washington, D.C. 1930, 621.

136 Alexander Graf, Mütze, Band und Braunhemd – Marburger Studentenverbindungen und der Nationalsozialistische Studentenbund während der Weimarer Republik, Marburg 2012, 40.

137 Matthias Wieben, Studenten der Christian-Albrechts-Universität im »Dritten Reich«. Zum Verhaltensmuster der Studenten in den ersten Herrschaftsjahren des Nationalsozialismus, Frankfurt am Main 1994, 33.

138 Wortmann, Baldur von Schirach, 82.

139 Schirach, Ich glaubte an Hitler, 123 f.

140 Rösch, Münchner NSDAP, 333.

141 NSDStB-Organisationsleiter Dr. Reinhard Sunkel.

142 Adolf Hitler, Reden, Schriften, Anordnungen: Februar 1925 bis Jänner 1933. Außenpolitische Standortbestimmung nach der Reichstagswahl Juni-Juli 1928, 1994, 352–356.

143 Vgl. dazu Wortmann, Baldur von Schirach, 80 u. 239.

144 Martin Pabst, Couleur und Braunhemd. Deutschen Studenten in der Weimarer Republik, München 1993, 41.

145 Peter Stitz, Der CV 1919–1938. Der hochschulpolitische Weg des Cartellverbandes der katholisch deutschen Studentenverbindungen (CV) vom Ende des 1. Weltkrieges bis zur Vernichtung durch den Nationalsozialismus, München 1970, 59.

146 Hitler, Reden, 294.

147 Zitiert nach Jochen von Lang, Der Hitler-Junge, 48.

148 Zitiert nach Wortmann, Baldur von Schirach, 84 f.

149 Das Haus gehörte aber nicht den Bruckmanns, wie Schirach meinte. Siehe dazu Klaus E. Bohnenkamp (Hg.), Hugo von Hofmannsthal, Rudolf Kassner und Rainer Maria Rilke im Briefwechsel mit Elsa und Hugo Bruckmann, 1893–1941, Göttingen 2014, 67 (Anmerkung 42).

150 Regierungsblatt für Mecklenburg-Schwerin, Jahrgang 1933, 33.

151 Birgit Schwarz, Geniewahn: Hitler und die Kunst, Wien/Köln/Weimar 2009, 151.

152 Zitiert nach Wortmann, Baldur von Schirach, 81.

153 Wortmann, Baldur von Schirach, 83. Vgl. dazu auch Albert Krebs, Tendenzen und Gestalten der NSDAP. Erinnerungen an die Frühzeit der Partei, München 1959, 232.

154 Krebs, Tendenzen, 232.

155 Baldur von Schirach, Des Daseins Sinn, in: Nationalsozialistische Monatshefte 1/Mai 1930, 1; hier die zweite und dritte Strophe.

156 Zitiert nach Bohnenkamp, Hofmannsthal, 106.

157 Goebbels, Tagebücher, 7. August 1928. Ursprünglich publiziert in: Die Tagebücher von Joseph Goebbels. Im Auftrag des Instituts für Zeitgeschichte und mit Unterstützung des Staatlichen Archivdienstes Russlands herausgegeben von Elke Fröhlich. Bearbeitet von Angela Hermann. Digitale Ausgabe in: Nationalsozialismus, Holocaust, Widerstand und Exil 1933–1945. Online-Datenbank De Gruyter, 02. 07. 2020.

158 Ebd., 4. Juli 1929.

159 Ebd., 6. Juli 1929.

160 Birgit Witamwas, Geklebte NS-Propaganda. Verführung und Manipulation durch das Plakat, Berlin/Boston 2016, 57–75.

161 O. A., Der unbekannte S.A. Mann. Ein guter Kamerad der Hitlersoldaten!, München 1930, 38.

162 Schirach, Der Preis der Herrlichkeit, Frankfurt /M., 184.

163 Goebbels, Tagebücher, 5. Juli 1930.

164 Ebd., 24. Juli 1930.

165 Ebd., 20. Juli 1930.

166 Ernst Hanfstaengl, Zwischen Weißem und Braunem Haus. Memoiren eines politischen Außenseiters, München 1970, 221.

167 Ebd., 248 f.

168 Ebd., 360.

169 Die NSDAP konnte im Vergleich zur Reichstagswahl 1930 ihr Ergebnis mehr als verdoppeln und wurde mit 37,3 % stärkste Fraktion.

170 Neues Wiener Tagblatt, 7. August 1938, 29.

171 Jochen von Lang, Der Hitler-Junge. Baldur von Schirach, der Mann, der Deutschlands Jugend erzog, Hamburg 1988, 64.

172 Jean Pierre Faye, Totalitäre Sprachen: Kritik der narrativen Vernunft, Kritik der narrativen Ökonomie, Berlin 1977, 301.

173 Rede Kurt Grubers im Mai 1931, zitiert nach André Postert, Hitlerjunge Schall: Die Tagebücher eines jungen Nationalsozialisten, DTV Digital 2016.

174 Seit 1923 als Sammelbezeichnung für alle bürgerlichen und nicht konfessionellen oder parteipolitischen Jugendgruppen und Verbände verwendet. Die Bünde der Wandervogelbewegung repräsentierten die größte Gruppe gefolgt von den verschiedenen Pfadfinderorganisationen.

175 Michael H. Kater, Hitler-Jugend, Darmstadt 2005, 19.

176 Goebbels, Tagebücher, 22. November 1931.

177 Werner Brill, Pädagogik der Abgrenzung. Die Implementierung der Rassenhygiene im Nationalsozialismus durch die Sonderpädagogik, Bad Heilbrunn 2011, 159.

178 Münchener Adressbuch 1932, http://wiki-de.genealogy.net/w/index.php?title=Datei:Muenchen-AB-1932-2.djvu&page=823, aufgerufen am 29. 03. 2020.)

179 Schirach, Ich glaubte an Hitler, 116.

180 Schirach, Ich glaubte an Hitler, 116.

181 Rüdiger Ahrens, Bündische Jugend. Eine neue Geschichte 1918–1933, Göttingen 2015, 308 f.

182 Baldur von Schirach, Die Fahne der Verfolgten, Berlin 1935, 10.

183 Baldur von Schirach, Gedenkansprache für den Hitlerjungen Herbert Norkus, Originalrede abrufbar unter https://archive.org/details/19350124BaldurVonSchirachGedenkanspracheFuerDenHitlerjungenHerbertNorkus14m28s, aufgerufen am 29.03.2020.

184 Heinz Reif, Adel im 19. und 20. Jahrhundert (Enzyklopädie Deutscher Geschichte 55), München 2012, 88.

185 Tagblatt, 1. Juni 1932, 11.

186 Ebd.

187 Hohlwein hatte u.a. auch ein NSDAP-Plakat zur Reichstagswahl am 6. November 1932 entworfen und trat der NSDAP am 1. Mai 1933 bei (Mitgliedsnummer 2945937). Vgl. https://www.arthistoricum.net/themen/textquellen/gebrauchs-und-reklamegrafik/zeitschrift-gebrauchsgraphik/literatur/ludwig-hohlwein-zum-140-geburtstag/, aufgerufen am 05. 04. 2020.

188 Witamwas, Geklebte NS-Propaganda, 130–134. Insgesamt gestaltete Hohlwein rund 40 Plakate für die NSDAP und ihre Organisationen sowie die Werbeplakate der Olympischen Spiele in Berlin 1936.

189 Schirach, Ich glaubte an Hitler, 155 f.

190 Völkischer Beobachter, 4. Oktober 1932.

191 Schirach, Ich glaubte an Hitler, 160.

192 http://db-saur-de.uaccess.univie.ac.at/DGO/basicFullCitationView.jsf?documentId=PS03508
Dokument-ID: PS03508
Ursprünglich in: Nürnberger Dokumentenkartei. Erschließungskartei zu den Beweisdokumenten der Nürnberger Kriegsverbrecherprozesse aus dem Institut für Zeitgeschichte. München.

193 Goebbels, Tagebücher, 2. März 1934.

194 Ebd., 12. August 1934.

195 Ebd., 7. Mai 1934.

196 Ebd., 19. Oktober 1934.

197 Paul Meier-Benneckenstein (Hg.), Dokumente der Deutschen Politik, Band 1, Berlin 1939, 65 f. und 393.

198 Document 2229-ps ; The reich youth leader at work- Issue 423, 22 June 1933, of «NSK". National Socialist Party Press Agency, [NSK, Pressedienst der NSDAP-the official news agency of the NSDAP]. Edited by Wilhelm Weiss. Responsible for communications of the Reich Press Office. Dr. Otto Dietrich, Reich Press chief. Published by Franz Eher Successor, Munich.
Important order of baldur von schirach NSK Berlin, 22 June, in: https://avalon.law.yale.edu/imt/2229-ps.asp, aufgerufen am 05.04.2020).

199 Baldur von Schirach, Die Hitler-Jugend, Berlin 1934, 69.

200 Schirach, Ich glaubte an Hitler, 175.

201 Zur Entstehungsgeschichte des HJ-Liedes »Vorwärts, vorwärts« siehe https://jugend1918-1945.de/portal/archiv/album.aspx?root=6380&id=6380&redir=%2fportal%2fJugend%2fthema.aspx%3fbereich%3darchiv%26root%3d26636%26id%3d4927, aufgerufen am 17.05.2020.

202 Fred K. Prieberg, Handbuch Deutsche Musiker 1933-1945, Version 1.2-3/2005, Auprès des Zombry 2005, CD-Rom, 8164 f. Nach 1945 wandte er sich dann der antifaschistischen Musik zu und komponierte die Filmmusik für den Film »Nuremberg: Ist Lesson for Today (http://www.nurembergfilm.org/film_bio_hans_borgmann.shtml (aufgerufen am 17. 05. 2020).

203 Goebbels, Tagebücher, 6. September 1933.

204 Goebbels, Tagebücher, 20. September 1933, in: ebd., 272.

205 Wilhelm Schepping, »Menschen seid wachsam«. Widerständisches Liedgut der Jugend in der NS-Zeit. Liedtexte, München 1993, 5f., https://www.hf.uni-koeln.de/data/musikeume/File/Oppositionelles%20Lied/Menschen%20seid%20wachsam.pdf, aufgerufen am 17. 05. 2020.

206 Schirach, Ich glaubte an Hitler, 112. Hitler zahlte übrigens aber ab 1935 nach einigen Kontroversen mit dem Landesfinanzamt München und Steuererlässen überhaupt keine Abgaben mehr! Sven Felix Kellerhoff, »Mein Kampf« brachte Hitler Millionen. Steuerfrei, in: Die Welt, 25. September 2015, https://www.welt.de/geschichte/zweiter-weltkrieg/article146837543/Mein-Kampf-brachte-Hitler-Millionen-Steuerfrei.html, aufgerufen am 28. 05. 2020.

207 Vgl. dazu das Rechercheergebnis im Katalog der Deutschen Nationalbibliothek mit 91 Angaben zu »Baldur von Schirach«, wobei aber auch vereinzelte Reden aufgenommen wurden.

208 Baldur von Schirach, Die Hitler-Jugend. Gestalt und Idee, Leipzig 1934, 16. Vgl. zur Steuerfrage Ralf Banken, Hitlers Steuerstaat: Die Steuerpolitik im Dritten Reich, Berlin 2018, 242, mit Hinweis auf die Steuerveranlagung Schirachs 1934. Als Reichsjugendführer hatte Schirach ein Grundgehalt von 8.400 Reichsmark, in Summe verdiente er 14.880 Reichasmark, etwa 61.000 Euro nach heutiger Kaufkraft.

209 Ursprünglich veröffentlicht in: Max Domarus, Hitler. Reden und Proklamationen 1932–1945. Kommentiert von einem deutschen Zeitgenossen. Teil 1: Triumph. Band 2: 1935–1938, Leonberg [4]1988, 465–560.

210 Adolf Hitler, Mein Kampf, Band 1, Eine Abrechnung, München 1933, 392.

211 Susan Sontag, Faszinierender Faschismus, in: Dieselbe, Im Zeichen des Saturn. Essays, Frankfurt/Main, 2003, 97–126, 113. (Ins Deutsche übertragen von Mark W. Rien)

212 Peter Longerich, Hitler. Biographie, München 2015, S. 254.

213 Vgl. Gesetz über die Hitler-Jugend (1. Dezember 1936), http://ghdi.ghi-dc.org/sub_document.cfm?document_id=1564&language=german, aufgerufen am 28. 05. 2020.

214 Ebd.

215 Michael Buddrus, Totale Erziehung für den totalen Krieg. Hitler-Jugend und nationalsozialistische Jugendpolitik (Texte und Materialien zur Zeitgeschichte 13), München 2003, 268 f.

216 Ebd., 270.

217 Ebd., 11.

218 Buddrus, Totale Erziehung, 265.

219 Gewehr 98 war die Standardwaffe der deutschen Infanterie im Ersten Weltkrieg, ein Mehrladegewehr des Waffenproduzenten Mauser mit integrierten Magazin für fünf Patronen.

220 Helmut Stellrecht, Soldatentum und Jugendertüchtigung (Schriften der Deutschen Hochschule für Politik I/16), Berlin 1935, 19.

221 Hartmann Lauterbacher, Erlebt und mitgestaltet. Kronzeuge einer Epoche 1923–1945. Zu neuen Ufern nach Kriegsende, Preussisch Oldendorf, 122 ff.

222 Karl Heinz Jahnke/Michael Buddrus (Hg.), Deutsche Jugend 1933–1945. Eine Dokumentation, Hamburg 1989, 328f.

223 Unter Verweis auf eine Äußerung Hitlers über die Bestrafung von … (Regest 11540), in: Nationalsozialismus, Holocaust, Widerstand und Exil 1933–1945. Online-Datenbank. De Gruyter. 02. 07. 2020.

224 Ebd.

225 Goebbels, Tagebücher, 28. Jänner 1937.

226 Ebd., 16. Februar 1935.

227 https://archive.org/details/1935-03-20-UfA-Tonwoche-Nr.237, aufgerufen am 11. 06. 2020.

228 Margarete Götz, Die Grundschule in der Zeit des Nationalsozialismus: eine Untersuchung der inneren Ausgestaltung der vier unteren Jahrgänge der Volksschule auf der Grundlage amtlicher Maßnahmen, Bad Heilbrunn/OBB 1997, 33.

229 Zitiert nach Karl Dietrich Bracher, Die deutsche Diktatur. Entstehung, Struktur, Folgen des Nationalsozialismus, Frankfurt/Main/Berlin/Wien 1979, 287.

230 Buddrus, Totale Erziehung, 875.

231 Vanessa Stürz, Elite und Diktatur. Die Rolle der Eliteschulen im Nationalsozialismus und ihre Bedeutung für das Regime, Hamburg 2013, 43. Vgl. ausführlich dazu Dirk Gelhaus/Jörn-Peter Hülter, Die Ausleseschulen als Grundpfeiler des NS-Regimes, Würzburg 2003.

232 Franz-Werner Kersting, Militär und Jugend im NS-Staat. Rüstungs- und Schulpolitik der Wehrmacht, Wiesbaden 1989, 202.

233 Ebd., 210.

234 Harald Scholtz, Erziehung und Unterricht unterm Hakenkreuz, Göttingen, Neuausgabe 2009, 158.

235 Ingeborg Wiemann-Stöhr, Die pädagogische Mobilmachung. Schule in Baden im Zeichen des Nationalsozialismus, Bad Heilbrunn 2018, 261f.

236 Sven Reichardt, Beteiligungsdiktaturen in Italien und Deutschland. Vgl.nde Anmerkungen zur ›Volksgemeinschafts‹-Debatte, in: Detlef Schmiechen-Ackermann, Marlis Buchholz/Bianca Roitsch/Christiane Schröder (Hg.), Der Ort der ›Volksgemeinschaft‹ in der deutschen Gesellschaftsgeschichte, Paderborn 2018, 122.

237 Harald Oelrich, Sportgeltung, Weltgeltung. Sport im Spannungsfeld der deutsch-italienischen Außenpolitik von 1918 bis 1945, Münster 2003, 277.

238 Goebbels, Tagebücher, 2. Mai 1937.

239 Oelrich, Sportgeltung, 370.

240 https://www.standard.co.uk/news/uk/scout-leader-robert-baden-powell-controversial-a4466376.html, abgerufen am 14. 06. 2020. Die Behauptung von Lauterbacher in seinen Memoiren, dass Lord Baden-Powell 1937 beim Reichsparteitag der NSDAP dabei war, konnte weder verifiziert noch falsifiziert werden (Lauterbacher, Erlebt, 136).

241 https://kval.com/news/nation-world/mi5-papers-show-britain-feared-nazi-spyclists-11-12-2015, abgerufen am 14. 06. 2020.

242 https://www.telegraph.co.uk/news/uknews/7393468/MI5-suspected-Nazi-Youth-of-organising-cycling-tours-as-cover-for-spying.html, abgerufen am 14. 06. 2. 020.

243 Lóránt Tilkovszky, Teufelskreis. Die Minderheitenfrage in den deutsch-ungarischen Beziehungen 1933–1938, übersetzt von Johanna Till, Budapest 1989, 88 u. 126.

244 Goebbels, Tagebücher, 12. Jänner 1938.

245 Schirach, Ich glaubte an Hitler, 223–228.

246 Goebbels, Tagebücher, 16. Dezember 1937.

247 Vgl. Das Archiv. Nachschlagewerk für Politik, Wirtschaft, Kultur, Ausgaben 43–45 (1937), 1057; Metaxas – Hitler: Griechisch-deutsche Beziehungen während der Metaxas-Diktatur 1936–1941, Berlin 2006, 60.

248 Peter Wien, Iraqui Arab Nationalism. Authoritarian, Totalitarian, and Pro-Fascist Inclinations, 1932–1941, New York 2006, 96.

249 Akten zur deutschen auswärtigen Politik, 1918–1945: 1937–1945, Serie. D., Band 5, 1953, 682.

250 Richard Flower, Die Entwicklung von Sadeq-e Hedayät in seinen literarischen Werken unter Berücksichtigung des Inhaltlichen und Formalen, Inaugural-Dissertation, Freie Universität Berlin 1969, 46.

251 Zhand Shakibi, Pahlavi Iran and the Politics of Occidentalism: The Shah and the Rastakhiz Party, London 2020, 112.

252 Ebd., 113.

253 Günter Kaufmann, Baldur von Schirach. Ein Jugendführer in Deutschland. Richtigstellung Vermächtnis, Füssen 1993, 55.

254 Volker Weiß, Moderne Antimoderne. Arthur Moeller van den Bruck und der Wandel des Konservatismus, Paderborn 2012, 453.

255 Oelrich, Sportgeltung, 370.

256 Alessio Ponzio, Shaping the New Man: Youth Training Regimes in Fascist Italy and Nazi Germany, Madison 2015, 174.

257 Boris Celovsky, Das Münchener Abkommen von 1938, Stuttgart 1958, 244.

258 Wortmann, Baldur von Schirach, 181.

259 Vgl. dazu Dirk Böttcher/Klaus Mlynek/Waldemar R. Röhrbein/Hugo Thielen, Hannoversches biographisches Lexikon: Von den Anfängen bis in die Gegenwart, Hannover 2002, 224.

260 Buddrus, Totale Erziehung, 21.

261 Schirach, Ich glaubte an Hitler, 262.

262 Universität Wien/Fachbereichsbibliothek Zeitgeschichte, Gaupressearchiv Wien: https://www.ns-pressearchiv.at/archiv/akte/k187-1-m003-a001, abgerufen am 14.06.2020 (vorherige Anmeldung ist erforderlich).

263 Raffael Scheck, Hitler's African Victims. The German Army Massacres of Black French Soldiers in 1940, Cambridge 2006, 124–126, 154–157.

264 Abhörprotokolle Luftwaffe, SRA (Special Report Air Force) 3576, 22. Jänner 1943A 713 – (Fighter Pilot: F.W.190) Captured 18 Dec 42A 1172 – Unteroffizier (Bomber Observer: Ju. 88, 3E+GK, 2/K.G.6) Captured 18 Jan 43). Vgl. zu dieser Quelle auch Sönke Neitzel/ Harald Welzer, Soldaten. Protokolle vom Kämpfen, Töten und Sterben, Frankfurt am Main 2011. Ich verdanke diesen Hinweis und das Zitat Herrn Dr. Richard Germann (Wien).

265 Schirach, Ich glaubte an Hitler, 263.

266 Schirach, Preis der Herrlichkeit, 203.

267 Goebbels, Tagebücher, 6. September 1939.

268 Zitiert n. Buddrus, Totale Erziehung, 81.

269 Wortmann, Baldur von Schirach, 185

270 Kleine Volksblatt, 8. August 1940, 1.

271 Henry Picker (Hg.), Hitlers Tischgespräche im Führerhauptquartier 1941–1942, Stuttgart ^{2}1977, 360.

272 Lois Weinberger, Tatsachen, Begegnungen und Gespräche. Ein Buch um Österreich, Wien 1948, 84.

273 Goebbels, Tagebücher, 4. Juni 1939.

274 Hans Safrian, Die Eichmann-Männer, Wien/Zürich 1993.

275 Universität Wien/Fachbereichsbibliothek Zeitgeschichte, Gaupressearchiv Wien: […],https://www.ns-pressearchiv.at/archiv/akte/k187-1-m003-a001, abgerufen am 14. 06. 2020.

276 NSDAP Gauleitung Wien Gaupresseamt-Archiv, Reichsleiter Baldur von Schirach. Tätigkeit als Reichsstatthalter und Gauleiter in Wien August 1940 - November 1942. Chronik der Pressemeldungen mit Sach- und Namensregister, vgl. https://www.ns-presse-archiv.at/reichsleiter-baldur-von-schirach-taetigkeit-als-reichsstatthalter-und-gauleiter-wien-august-1940.

277 Völkischer Beobachter, Wiener Ausgabe, 11. August 1940, 1.

278 Neues Wiener Tagblatt, 11. August 1940, 1.

279 Völkischer Beobachter, Wiener Ausgabe, 11. August 1940, 34.

280 Schirach, Ich glaubte an Hitler, 63.

281 Goebbels, Tagebücher, 27. Oktober 1940.

282 Universität Wien/Fachbereichsbibliothek Zeitgeschichte, Gaupressearchiv Wien: Ansprache des Reichsleiters Baldur von Schirach im Zimmer des Gauleiters (Parlamentsgebäude). 13. August 1940, https://www.ns-pressearchiv.at/archiv/akte/k185-1-m004-a002, abgerufen am 14.06.2020. Eine umfassende Darstellung der Geschichte des »Gauhauses« 1940–1945 findet sich in Bertrand Perz/Verena Pawlowsky/Ina Markova/Parlamentsdirektion (Hg.), Inbesitznahmen. Das Parlamentsgebäude in Wien 1933–1936, Salzburg 2018, 185–252.

283 Gerhard Botz, Nationalsozialismus in Wien. Machtübernahme, Herrschaftssicherung, Radikalisierung, Kriegsvorbereitung, 1938/1939, überarbeitete und erweiterte Neuauflage, Wien 2018, 593.

284 Durch Bormann übermittelte Weisung Hitlers an den Wiener Reichsstatthalter (Regest 15406), in: Nationalsozialismus, Holocaust, Widerstand und Exil 1933–1945. Online-Datenbank. De Gruyter abgerufen am 22. 06. 2020.

285 NSDAP Gauleitung, Reichsleiter, 9.

286 Ebd., 15.

287 Goebbels, Tagebücher, 17. September 1940. Heinz Drewes war Dirigent und Leiter der

Abteilung X (Musik) im Reichsministerium für Volksaufklärung und Propaganda in Berlin.

288 Ebd., 27. September 1940.

289 Ebd., 4. Oktober 1940.

290 Ebd., 27. Oktober 1940. Zur Geschichte des Gebäudes und der politischen Abläufe siehe Manfred Matzka, Die Staatskanzlei. 300 Jahre Macht und Intrige am Ballhausplatz- Wien , 2017.

291 Heike B. Görtemaker, Eva Braun: Leben mit Hitler, München 2010, 116.

292 Schirach, Ich glaubte an Hitler, 268.

293 Der Montag, 6. Okt. 1941, 1.

294 Buddrus, Totale Erziehung, 884.

295 Das Kleine Volksblatt, 8. August 1940, 4.

296 Zitiert n. Buddrus, Totale Erziehung, 900, FN 204.

297 Ebd., 899.

298 Zitiert nach Walter Thomas, Bis der Vorhang fiel, 207.

299 Ebd., 206.

300 Vgl. dazu Axmann, Das kann doch nicht das Ende sein, 298 f.

301 Neues Wiener Tagblatt, 16. September 1942, 3.

302 Übersetzt heißt GIL »Die italienische Jugend des Sieges«.

303 Oelrich, Sportgeltung, 543.

304 Neues Wiener Tagblatt, 18. September 1942, 3.

305 Ebd.

306 Neues Wiener Tagblatt, 16. September 1942, 3.

307 Vgl. dazu Toni Morant i Ariño, Die Gründung des »Europäischen Jugendverbands« und die Frauen- und Jugendorganisation der Falange (Wien, September 1942), in: Themenportal Europäische Geschichte, 2012, www.europa.clio-online.de/essay/id/fdae-1574, aufgerufen am 20. 06. 2020.

308 Neues Wiener Tagblatt, 15. September 1942, 2.

309 Neues Wiener Tagblatt, 15. September 1942, 2.

310 Universität Wien/Fachbereichsbibliothek Zeitgeschichte, Gaupressearchiv Wien: URL: https://www.ns-pressearchiv.at/archiv/akte/k119-4-m002-a017, abgerufen am 20. 06. 2020.

311 Reichsleiter Baldur von Schirach als Ehrenpräsident des Europäischen Jugendverbandes auf der Terrasse der Neuen Burg zu Wien am Freitag, den 18. September 1942, 20 Uhr 55 Minuten, in: Rede Baldur von Schirach, 18.09.1942, URL: https://www.ns-pressearchiv.at/archiv/akte/k185-2-m004-a002, abgerufen am 20. 06. 2020.

312 Zitiert nach Oelrich, Sportgeltung, 547.

313 Goebbels, zitiert nach Ebd, 550.

314 Goebbels, Tagebücher, 25. September 1942.

315 Zitiert nach Peter Longerich, Propagandisten im Krieg: Die Presseabteilung des Auswärtigen Amtes unter Ribbentrop, München 1987, 97.

316 Ebd.

317 Oelrich, Sportgeltung, 551.

318 Telegramm von Martin Bormann aus dem Führerhauptquartier an Reichsleiter Rosenberg, 9. 9. 1942. Einstellung einer geplanten Vortragsfolge zum Thema »Europa«, aufgrund eines … (Regest 26682), in: Nationalsozialismus, Holocaust, Widerstand und Exil 1933-1945. Online-Datenbank. De Gruyter. 21.06.2020.

319 Josef Stummvoll, Geschichte der Österreichischen Nationalbibliothek, Band 2, Wien 1968, 136.

320 Akten zur Deutschen Auswärtigen Politik 1918–1945, Serie E: 1941-1945, Band III, Göttingen 1974, 488.

321 Zitiert nach Christoph Kühberger, Europa als »Strahlenbündel nationaler Kräfte«. Zur Konzeption und Legitimation einer europäischen Zusammenarbeit auf der Gründungsfeierlichkeit des »Europäischen Jugendverbandes« 1942. In: Journal of European Integration History 2/ 2009, 17.

322 Goran Miljan, »The Brotherhood of Youth«. A Case Study of the Ustaša and Hlinka Youth Connections and Exchanges, in: Arnd

Bauerkämper, Grzegorz Rossoliński-Liebe (ed.), Fascism without Borders, Transnational Connections and Cooperation between Movements and Regimes in Europe from 1918 to 1945, New York 2017, 123 f. Der Autor gibt irrtümlich einen 2. Kongress in Madrid an, aber es war nur eine AG-Sitzung (Universität Wien/Fachbereichsbibliothek Zeitgeschichte, Gaupressearchiv Wien: […], in: […], […], URL: https://www.ns-pressearchiv.at/archiv/akte/k119-4-m002-a008, abgerufen am 27. 06. 2020).

323 Neues Wiener Tagblatt, 28. Februar 1944, 3.

324 Völkischer Beobachter, 13. Dezember 1941.

325 Neue Presse-Ära im neuen Europa, in: Völkischer Beobachter, Wien, 14. Dezember 1941.

326 Völkischer Beobachter, 9. Mai 1942.

327 Völkischer Beobachter, 20. September 1942.

328 Völkischer Beobachter, 22. Juni 1943.

329 Universität Wien/Fachbereichsbibliothek Zeitgeschichte, Gaupressearchiv Wien: https://www.ns-pressearchiv.at/archiv/akte/k119-4-m002-a007, abgerufen am 20. 06. 2020.

330 Bodo-Michael Baumunk, Colin Ross. Ein deutscher Revolutionär und Reisender 1885-1945, korr. Auflage, Berlin 2015, 96, siehe http://colinrossproject.net/fileadmin/user_upload/baumunk_colin-ross_online2015.pdf (abgerufen am 18. 7. 2020).

331 Von seinen Büchern, die im Leipziger Verlag F. A. Brockhaus erschienen sind und hohe Auflagen erreichten, sind u. a. zu erwähnen: Im Banne des Eises (1911), Im Balkankrieg (1913), Das ABC der wissenschaftlichen Betriebsführung (1917), Südamerikanisches Auswanderer-ABC (1921), Der Weg nach Osten. Reise durch Rußland, Ukraine, Transkaukasien, Persien, Buchara und Turkestan (1923), Mit dem Kurbelkasten um die Erde (1926), Mit Kind und Kegel in die Arktis (1928), Mit Kamera, Kind und Kegel durch Afrika (1928), Der Balkan Amerikas. Mit Kind und Kegel durch Mexiko zum Panamakanal (1937), Vier Jahre am Feind (1938), Die »Westliche Hemisphäre« als Programm und Phantom des amerikanischen Imperialismus (1941).

332 Vgl. dazu das vom Forschungsförderungsfonds (FWF) in Wien geförderte Projekt »Welterkundung zwischen den Kriegen. Die Reisefilme des Colin Ross«, das vom Ludwig Boltzmann Institut für Geschichte und Gesellschaft und dem Österreichischen Filmmuseum, wo sich sein filmischer Nachlass befindet, durchgeführt wurde (https://scilog.fwf.ac.at/kultur-gesellschaft/7643/die-vermessung-des-herrn-ross und http://www.colinrossproject.net/).

333 Bayerisches Hauptstaatsarchiv, NL Colin Ross, undat., »Politische Prognose. I. Was heißt Weltkrise?, II. Warum Weltkrise?, III. Der Weg aus der Krise«, zit. nach Baumunk, Colin Ross, 79 f.

334 Bundesarchiv Koblenz, NL Haushofer, Bd.27, Ross an Haushofer, Chicago 24.11.1933, zit. nach Baumunk, Colin Ross, 84.

335 Colin Ross, Die Vollendung der Jugend. Gedanken zum Weimarer Reichsführerlager, in: Fränkische Zeitung, 2. Juni 1938, 1–2.

336 Baumunk, Colin Ross, 100.

337 Ebd., 105.

338 Klaus P. Fischer, Hitler and America, Philadelphia 2011, 27–29. Klaus Kipphan, Deutsche Propaganda in den Vereinigten Staaten 1933–1941, Heidelberg 1971, 13.

339 Kronen-Zeitung, 17. März 1940 (Gaupresse-Archiv, FB Zeitgeschichte, Wien).

340 Christopher R. Browning, Der Weg zur »Endlösung«. Entscheidungen und Täter, Berlin 1998, 24.

341 Goebbels, Tagebücher, 30. April 1942.

342 Kleine Volkszeitung, 29. Mai 1942 (Gaupresse-Archiv, FB Zeitgeschichte, Wien).

343 Neues Wiener Tagblatt, 17. September 1942, 3.

344 Völkischer Beobachter, Wiener Ausgabe, 17. September 1942, 3.

345 Wolfgang Schumann/Walter Bartel (Hg.), Deutschland im Zweiten Weltkrieg, Band 4, Köln 1981, 301.

346 Institut für Zeitgeschichte München, Transkripte der Interviews Jochen von Langs mit Baldur von Schirach.

347 Schirach, Ich glaubte an Hitler, 301.

348 Baumunk, Colin Ross, 133-134. Baumunk bestreitet die melodramatische Darstellung eines letzten gemeinsamen Abendessens, wie es in den Memoiren von Henriette von Schirach geschildert wird.

349 Aufzeichnungen von Werner Heisenberg, zitiert nach Richard von Schirach, Der Schatten meines Vaters, S. 108 f.

350 Imo Moszkowicz, Der grauende Morgen: Erinnerungen, Reprint Münster 2004, 53.

351 Dem ehemaligen Major Egon Keutmann. Meldeauskunft des Wiener Stadt- und Landesarchivs, 7. Juli 2020, Käthe Keutmann, geb. Dobbs.

352 Ich danke Herrn Univ.-Prof. Dr. Peter Roessler für diverse Archivalien zu Katharina Dobbs aus dem Archiv des Max Reinhardt Seminars. Aus der Matrikel 1941–1943 geht hervor, dass »Käthe Dobbs« zu Beginn 1941 sehr gute Noten hatte und dann 1942 überall ein »gut« bekam. Am 30. Jänner 1943 ist sie ausgetreten.

353 Oberdonau Zeitung, 17. August 1943, 3.

354 https://www.hebrewsurnames.com/arrival_MENDOZA_1948-02-28 (aufgerufen am 29.07.2020).

355 Telefonische Information einer Freundin der Familie Dobbs, Renate Moszkowicz, München, 29. Juli 2020.

356 Verhandlungsprotokolle und Materialien des Nürnberger Prozesses gegen die deutschen Hauptkriegsverbrecher, Hauptverhandlung, 27. Mai 1946, Vormittagssitzung (Baldur von Schirach), siehe http://www.zeno.org/Geschichte/M/Der+N%C3%BCrnberger+Proze%C3%9F/Hauptverhandlungen/Einhundertneununddrei%C3%9Figster+Tag.+Montag,+27.+Mai+1946/Vormittagssitzung, aufgerufen am 27. 06. 2020.

357 Ebd.

358 Dokumentationsarchiv des Österreichischen Widerstandes, Zl. 8919/1, Kopie des Volksgerichtsakts Baldur von Schirach. Verfahren des Landesgerichts für Strafsachen Wien gegen Josef Bachmayer, Albrecht Neumann und Baldur von Schirach (Vg. 2d Vr 6137/46).

359 In der Vormittagssitzung des 24. Mai 1946 sagte Schirach aus: »Dr. Colin Roß kam 1944 nach Wien gefahren und sagte mir, daß er aus Auslandszeitungen Anhaltspunkte dafür hätte, daß Massenmorde an Juden im Osten in großem Umfange begangen würden. Ich habe dann versucht, in Erfahrung zu bringen, was ich in Erfahrung bringen konnte. Was ich erfuhr war, daß im Warthegau Exekutionen an Juden durch Gaswagen durchgeführt wurden.« Von den Erschießungen im Osten hätte er erst etwas später erfahren, von einer »organisierten Vernichtung« hätte er aber nichts gewusst.

360 Vgl. dazu Roman B. Kremer, Autobiographie als Apologie. Rhetorik der Rechtfertigung bei Baldur von Schirach, Albert Speer, Karl Dönitz und Erich Raeder, Göttingen 2017, 90.

361 Bradley F. Smith/Agnes F. Peterson (Hg.), Heinrich Himmler. Geheimreden 1933 bis 1945 und andere Ansprachen, Frankfurt am Main 1974, 169 f.

362 Wortmann, Baldur von Schirach, 205.

363 Universität Wien/Fachbereichsbibliothek Zeitgeschichte, Gaupressearchiv Wien, Vortrag des Gauleiters des Warthelands Arthur Greiser in Wien, 12. Mai 1942, Sig. K145_3-M021-A001.

364 Brief von Arthur Greiser an Heinrich Himmler, siehe Harvard Law School Library Nuremberg Trials Project, http://nuremberg.law.harvard.edu/documents/1500-letter-to-heinrich-himmler?q=%2AGreiser#p.1, abgerufen am 28. 06. 2020.

365 Brief von Heinrich Himmler an Herbert Greiser, siehe Harvard Law School Library Nuremberg Trials Project, http://nuremberg.law.harvard.edu/documents/1520-letter-to-herbert-greiser?q=%2AGreiser#p.1, abgerufen am 28. 06. 2020.

366 Wortmann, Baldur von Schirach, 206.

367 Verhandlungsprotokolle und Materialien des Nürnberger Prozesses gegen die deutschen Hauptkriegsverbrecher, Hauptverhandlung, 12. April 1946, Nachmittagssitzung (Ernst Kaltenbrunner), siehe http://www.zeno.org/Geschichte/M/Der Nürnberger Prozess.

368 Eleonore Lappin, Ungarische Jüdinnen und Juden in Niederösterreich 1944/45. In: Eleonore Lappin, Susanne Uslu-Pauer und Manfred Wieninger, Ungarisch-jüdische Zwangsarbeiterinnen und Zwangsarbeiter in Niederösterreich. St. Pölten 2006, S. 7–102 (= Studien und Forschungen aus dem Niederösterreichischen Institut für Landeskunde, Band 45).

369 Verhandlungsprotokolle und Materialien des Nürnberger Prozesses gegen die deutschen Hauptkriegsverbrecher, Hauptverhandlung, 24. Mai 1946, Vormittagssitzung (Baldur von Schirach), siehe http://www.zeno.org/Geschichte/M/Der Nürnberger Prozess.

370 Eleonore Lappin, Ungarische Zwangsarbeiter und Zwangsarbeiterinnen in Österreich 1944–45. Arbeitseinsatz – Todesmärsche-Folgen, Wien/Münster 2010, 161.

371 Verhandlungsprotokolle und Materialien des Nürnberger Prozesses gegen die deutschen Hauptkriegsverbrecher, Hauptverhandlung, 24. Mai 1946, Vormittagssitzung (Baldur von Schirach), siehe http://www.zeno.org/Geschichte/M/Der Nürnberger Prozess.

372 So nennt Walter Thomas in seinen Erinnerungen den Leiter der »legalisierten Pogrome«. Thomas, Bis der Vorhang fiel, 51.

373 Susanne Heim (Hg.), Die Verfolgung und Ermordung der europäischen Juden durch das nationalsozialistische Deutschland 1933–1945, Band 6: Deutsches Reich und Protektorat Böhmen und Mähren Oktober 1941–März 1943, Berlin 2019, 492.

374 Ebd., 273 f.

375 Archiv der Wiener Philharmoniker, Depot Staatsoper, Personalmappe Wilhelm Jerger, Schreiben Jerger an Thomas, 23. Oktober 1941. Zur gesamten Geschichte der Vertreibung und Ermordung von Mitgliedern der Wiener Philharmoniker siehe Bernadette Mayrhofer/Fritz Trümpi, Orchestrierte Vertreibung. Unerwünschte Wiener Philharmoniker. Verfolgung, Ermordung und Exil, Wien 2014.

376 Zum Fall Alice Strauss siehe http://www.usmbooks.com/strauss_jewish.html, aufgerufen am 27. 06. 2020.

377 Bryan Gilliam, Richard Strauss. Magier der Töne. Eine Biographie, München 2014, Seite?

378 Thomas, Bis der Vorhang fiel, 228.

379 Klaus Mann, Three Masters, Manuskript für die US-Soldatenzeitung »Stars and Stripes«. Schirach wurde aber falsch geschrieben als Schierach (https://www.monacensia-digital.de/mann/content/pageview/130781, 5, aufgerufen am 14. Aug. 2020)

380 Rheinisch Westfälische Zeitung, 11. März 1940.

381 Carl Freytag, Deutschlands »Drang nach Südosten«. Der Mitteleuropäische Wirtschaftstag und der »Ergänzungsraum Südosteuropa« 1931–1945 (= Zeitgeschichte im Kontext 7), Göttingen 2012, 290. Freytag übernimmt hier ungeprüft eine Quelle. In der Studie von Andreas Huber, Linda Erker, Klaus Taschwer, Der Deutsche Klub. Austro-Nazis in der Hofburg, Wien 2020, S. 187 und Fußnote 424, wird aber das Auflösungsvermögen als deutlich geringer beschrieben: »Sein Vermögen von 25.830,35 Reichsmark ging an die Gauleitung Wien der NSDAP.« Fußnote 424 (= Vgl. »Bekanntmachungen«, Wiener Zeitung, 24. Oktober 1939, S. 2.).

382 Vgl. dazu Andreas Huber, Linda Erker, Klaus Taschwer, Der Deutsche Klub. Austro-Nazis in der Hofburg, Wien 2020.

383 Die Rede Baldur von Schirachs: Wien bleibt seiner europäischen Sendung treu, in: Völkischer Beobachter, Wien, 2. September 1940.

384 Völkischer Beobachter, 16. August 1940.

385 Tagung der Südosteuropa-Gesellschaft und der Deutschen Gesellschaft der Wirtschaft in Böhmen und Mähren, Prag 1942.

386 Ebd., 29.

387 Vgl. dazu im Detail Freytag, Deutschlands Drang, 289–292.

388 Ebd., 297.

389 Zitiert ebd., 298, FN 1221.

390 Völkischer Beobachter, Wien, 22. September 1941.

391 Universität Wien/Fachbereichsbibliothek Zeitgeschichte, Gaupressearchiv Wien: Großappell der DAF im Konzerthaus, in: Rede Baldur von Schirach, 05. 06. 1942, URL: https://www.ns-pressearchiv.at/archiv/akte/k185-1-m027-a003,2, abgerufen am 22. 06. 2020.

392 Ebd., 3.

393 Botz, Nationalsozialismus in Wien, 613.

394 Martin Krist, Albert Lichtblau, Nationalsozialismus in Wien: Opfer. Täter, Gegner, Innsbruck 2017.

395 Thomas, Bis der Vorhang fiel, 203.

396 Zitiert nach www.zeno.org/Geschichte, Nürnberger Prozess, Vormittagssitzung 28. Mai 1946.

397 Zitiert nach Freytag, Deutschlands Drang, 310.

398 Vgl. dazu Florian Freund / Bertrand Perz und Mark Spoerer, Zwangsarbeiter und Zwangsarbeiterinnen auf dem Gebiet der Republik Österreich 1939–1945 (Veröffentlichungen der Österreichischen Historikerkommission Band 26/1) Wien 2004.

399 Bertrand Perz, Verwaltete Gewalt. Der Tätigkeitsbericht des Verwaltungsführers im Konzentrationslager Mauthausen 1941–1944 (= Mauthausen Studien Band 8), 130.

400 Zitiert nach Perz, 131.

401 Vormittagssitzung am 24. Mai 1946, www.zeno.org/Geschichte/M/Nürnberger Prozess.

402 Vgl. dazu Roman Horak, Germany versus Austria. Football, Urbanism and National Identity, in: Alan Tomlinson, Christopher Young (Hg.), German Football: History, Culture, Society and the World Cup 2006, London 2005.

403 Völkischer Beobachter, Wiener Ausgabe, 18. Nov. 1940, 29. Kevin E. Simpson, Soccer under the Swastika: Stories of Survival and Resistance during the Holocaust, Lanham u.a. 2016, 121 f.

404 Hellmut, Butterweck, Nationalsozialisten vor dem Volksgericht Wien, Österreichs Ringen um Gerechtigkeit 1945–1955 in der zeitgenössischen öffentlichen Wahrnehmung, Innsbruck 2016.

405 Neues Österreich, 22. Oktober 1946, 3.

406 Goebbels, Tagebücher, Bd. 4, S. 317.

407 Völkischer Beobachter, Wiener Ausgabe, 14. Dezember 1939.

408 Neues Wiener Tagblatt, 19. September 1940.

409 Goebbels, Tagebücher, 6. Oktober 1940.

410 Ebd., 6. Oktober 1940. Die Darstellung von Milan Dubrović, Veruntreute Geschichte, Wien 1985, 276, dass Schirach Wolfram vor Goebbels schützte, entspricht nicht den Tatsachen.

411 Ebd., 4. Oktober 1940, Neues Wiener Tagblatt, 28. Oktober 1940.

412 Völkischer Beobachter, 4. Jänner 1941.

413 Neues Wiener Tagblatt, 4. Jänner 1941.

414 Goebbels, Tagebücher, 19. Jänner 1941.

415 Ebd., 13. März 1941.

416 Völkischer Beobachter, 18. Oktober 1940; Wiener Neueste Nachrichten, 29. Oktober 1940.

417 Illustrierte Kronen-Zeitung, 16. Jänner 1941.

418 Illustrierte Kronen-Zeitung, 12. Mai 1941.

419 Völkischer Beobachter, 6. November 1941.

420 Universität Wien/Fachbereichsbibliothek Zeitgeschichte, Gaupressearchiv Wien: Rede des Reichsleiters Baldur v. Schirach aus Anlass der Erhebung der Kunstgewerbeschule zur Reichshochschule für angewandte Kunst und der Akademie für Musik und darstellende Kunst zur Reichshochschule für Musik und Darstellende Kunst am 5. Nov. 1941 im Großen Musikvereinssaal, Manuskript.

421 Das Kleine Volksblatt, 29. März 1942.

422 Drewniak, Theater im NS-Staat, 23.

423 BA, NL Goebbels/46, 5. Juni 1942.

424 Vgl. dazu z. B. Dubrović, Veruntreute Geschichte, 186 ff.

425 Vgl. dazu Drewniak, Theater im NS-Staat, 195 ff.

426 Bundesarchiv Berlin-BDC, Personalakt Thomas, Walter, 11. Juni 1942 (Aufstellung).

427 BA, R 55, Bd. 99, 104 f.

428 Ebd., 5. März 1943.

429 Ebd., Schirach an Goebbels, 6. Mai 1941.

430 Ebd., 16. März 1942.

431 Ebd., 8. Juni 1942.

432 Goebbels, Tagebücher, 14. März 1942.

433 Ebd.

434 Goebbels, Tagebücher, 15. März 1942.

435 Ebd., 8. April 1942.

436 Ebd., 14. April 1942.

437 Ebd., 24. Mai 1942.

438 Wortmann, Baldur von Schirach, 207.

439 Völkischer Beobachter, 10. Mai 1942, 1.

440 Goebbels, Tagebücher, 30. Mai 1942.

441 Ebd.

442 Ebd., 23. Juni 1942.

443 Silvia Kargl und Friedemann Pestel, Ambivalente Loyalitäten. Beziehungsnetzwerke der Wiener Philharmoniker 1938–1970, März 2017, in: http://wphdata.blob.core.windows.net/documents/Documents/pdf/NS/ns_kargl_pestel_ambivalente_loyalitaeten_de_v02.pdf, 18 (aufgerufen am 3. 08. 2020).

444 Vgl. dazu Wiener Staatsoper, Inventarbuch Musikinstrumente, Orchesterinspektion

445 Mehr zu seiner Biografie bei http://www.foerderkreis-hans-woelfel.de/materialien.html (aufgerufen am 3. 08. 2020).

446 Kargl/Pestel, Ambivalente Loyalitäten, 18. Vgl. auch Christian Merlin, Die Wiener Philharmoniker. Das Orchester und seine Geschichte, Band I, Wien 2017 , 52.

447 Ebd., 5. und 6. September 1942.

448 Ebd., 15. September 1942.

449 Ebd., 4. November 1942.

450 Ebd., 9. Dezember 1942.

451 Schirach, Preis der Herrlichkeit. Erlebte. Zeitgeschichte, Frankfurt/M., 190.

452 Zu Gerhart Hauptmanns Biografie siehe http://www.gerhart-hauptmann.de/index.php?page=43&language=1&id=141&os=0, abgerufen am 06. 07. 2020.

453 Zitiiert n. Thomas Eicher, Spielplanstrukturen 1929-1944, in: Thomas Eicher/ Barbara Panse/Henning Rischbieter (Hg.) Theater im »Dritten Reich«. Theaterpolitik, Teil II, Seelze-Velber 2000, 378.

454 Wolfgang Leppmann, Gerhart Hauptmann. Eine Biographie, Nachdruck der Ausgabe Bern 1986, Berlin 2007, 368 f.

455 Zitiiert n. Christoph Zuschlag, Kunst, die nicht aus unserer Seele kam. Chemnitz, Städtisches Museum, 14. Mai bis Juni 1933, in: »Entartete Kunst«. Ausstellungsstrategien im Nazi-Deutschland, Wernersche Verlagsgesellschaft, Worms 1995, 94f.

456 Kerstin Drechsel, Städtische Kunstsammlungen Chemnitz, Leipzig 1996, 17; Sander L. Gilman, Difference and Pathology. Stereotypes of Sexuality, Race, and Madness, New York 1985, 235.

457 Karin Hartewig, Kunst für alle! Hitlers ästhetische Diktatur, Norderstedt 2018, 100.

458 Völkischer Beobachter, 9. Februar 1943, 3.

459 Goebbels, Tagebücher, 25. Februar 1943.

460 Goebbels, Tagebücher, 21. März 1943.

461 Hartewig, Kunst für alle, 101.

462 Ebd.

463 Goebbels, Tagebücher, 3. April 1943.

464 Ebd., 5. April 1943.

465 Thomas, Bis der Vorhang fiel, 374 f.

466 Ebd., 217 f.

467 Goebbels, Tagebücher, 7. Mai 1943.

468 Ebd., 10. Mai 1943.

469 Ebd., 22. Juni 1943.

470 Schirach, Ich glaubte an Hitler, 268.

471 Ebd., 10. August 1943.

472 Ebd., 25. Juni 1943.

473 Schirach, Preis der Herrlichkeit, 215.

474 Ebd., 222.

475 Nicolaus von Below, Als Hitlers Adjutant 1937–45, Mainz 1980, 340.

476 Ebd., 338 f.

477 Goebbels, Tagebücher, 24. Juni 1943.

478 Aussage von Schirach am 24. Mai 1946 in Nürnberg in der Vormittagssitzung (www.zeno.org/Geschichte/Der Nürnberger Prozeß)

479 Ebd., 14. August, 15. August, 20. August, 21. August, 28. August, 23. September 1943.

480 Ebd., 21. August 1943.

481 Ebd., 30. November 1943.

482 Ebd., 14. Dezember 1943.

483 Johann Wolfgang Goethe, Maximen und Reflexionen, Berlin 2016, 2. Aufl., 37.

484 Baldur von Schirach, Goethe an uns. Rede, gehalten am 14. Juni 1937 zur Eröffnung der Weimar-Festspiele der deutschen Jugend. In: Wille und Macht 5,1937, 5.

485 Zitiert nach W. Daniel Wilson, Der Faustische Pakt: Goethe und die Goethe-Gesellschaft im »Dritten Reich«, München 2018, 156.

486 Vgl. dazu umfassend Dirk Kemper, Goethes Individualitätsbegriff als Rezeptionshindernis im Nationalsozialismus, in: Werner Keller (Hg.), Goethe-Jahrbuch, Stuttgart, 2000, 129–143.

487 Birgit Peter, Martina Payr (Hg): »Wissenschaft nach der Mode«? Die Gründung des Zentralinstituts für Theaterwissenschaft an der Universität Wien 1943, Wien 2008.

488 Vgl. dazu Houston Stewart Chamberlain, Die Grundlagen des Neunzehnten Jahrhunderts, Band 2, München 1922, 1110 f., sowie Thomas Mathieu, Kunstauffassungen und Kulturpolitik im Nationalsozialismus. Studien zu Adolf Hitler, Joseph Goebbels, Alfred Rosenberg, Baldur von Schirach, Heinrich Himmler, Albert Speer, Wilhelm Frick, Saarbrücken 1997, 245.

489 Zitiert nach Mathieu, Kunstauffassungen, 244. Übrigens hat Schirach großzügig aus der in Wien organisierten »Gegenschau« »Rheinische Kunst« Gemälde und Plastiken um 70.000 RM für die »Galerie der Neuzeit« in Wien angekauft.

490 Universität Wien/Fachbereichsbibliothek Zeitgeschichte, Gaupressearchiv Wien: »Wien – Düsseldorf. Die Eröffnung der Ostmärkischen Kunstausstellung«, in: Der Mittag, Düsseldorf, 29. September 1941.

491 Ebd.

492 Ralf Georg Czapla. Erlösung im Zeichen des Hakenkreuzes. Bibel-Ursupation in der Lyrik Joseph Goebbels' und Baldur von Schirachs, in: Ralf Georg Czapla u. Ulrike Rembold (Hg.), Gotteswort und Menschenrede. Die Bibel im Dialog mit Wissenschaften, Künsten und Medien, Bern 2006, 319–326.

493 Universität Wien/Fachbereichsbibliothek Zeitgeschichte, Gaupressearchiv Wien: »Die Kunst dient nicht der Wirklichkeit, sondern der Wahrheit!«, in: Der Mittag, Düsseldorf, 29. September 1941.

494 »Die Kunst dient der Wahrheit!«, in: Völkischer Beobachter, Wien, 30. September 1941.

495 Ebd.

496 Stefan Busch, »Und gestern, da hörte uns Deutschland«: NS-Autoren in der Bundesrepublik. Kontinuität und Diskontinuität bei Friedrich Griese, Werner Beumelburg, Eberhard Wolfgang Möller und Kurt Ziesel, Würzburg 1998, 166.

497 Busch, Und gestern, 169.

498 Wilhelm Haefs, Buchherstellung und Buchgestaltung, in: Ernst Fischer und Reinhard Wittmann (Hg.), Geschichte des deutschen Buchhandels im 19. und 20. Jahrhundert. Drittes Reich, Teil 1, Berlin 2015, 250.

499 Baldur von Schirach, Zwei Reden zur deutschen Kunst, Weimar o.J. (1942).

500 Wahrheit, Wirklichkeit, Natur. Baldur von Schirach sprach in Düsseldorf, in: Wiener Mittag, 29. September 1941.

501 Walter Thomas, Bochum, eine westdeutsche Bühne, in: Völkischer Beobachter, Wien, 15. Jänner 1941.

502 Wiens Kulturauftrag eine Verpflichtung! Baldur von Schirachs richtunggebende Weisungen an die Kulturschaffenden unserer Stadt, in: Völkischer Beobachter, Wien, 7. April 1941.

503 Das Wiener Kulturprogramm, in: Völkischer Beobachter, Wien, 16. Oktober 1941,

504 Es gibt auch eine Ausgabe des Buches von Walter Thomas unter dem Pseudonym Th. W. Anderman. Eine umfassende Recherche im Teilnachlass von Walter Thomas in der Stadt- und Landesbibliothek Dortmund, der für mich erstmals freigegeben wurde, erbrachte keine Hinweise auf dieses Buchmanuskript oder die genannten Aufzeichnungen. Den Verlag, bei dem das Buch erschienen ist, den Karl Schwalvenberg Verlag Dortmund, gibt es nicht mehr.

505 Mündliche Mitteilung von Rechtsanwalt i. R. Dr. Klaus von Schirach, 19. Dezember 2019.

506 Friedemann Pestel, »Special Years«?: The Vienna Philharmonic, Baldur von Schirach, and Nazi Cultural Politics in Vienna, in: Musical Quarterly, 2019, 289.

507 Archiv Wiener Philharmoniker, F 22a Furtwängler, Wilhelm, Aktenvermerk Jerger, 20. Jänner 1945, 2.

508 Tagebuchblätter April 1945, in: http://az413597.vo.msecnd.net/static/upload/files/CMSEditor/Tagebuch_Barylli_de.pdf (aufgerufen am 16. 08. 2020).

509 http://www.lexikon-der-wehrmacht.de/Personenregister/S/StrecciusAlfred-R.htm (aufgerufen am 30. 07. 2020).

510 Thomas R. Grischany, Der Ostmark treue Alpensöhne: die Integration der Österreicher in die großdeutsche Wehrmacht, 1938–45, Göttingen 2015, 168.

511 Goebbels, Tagebücher, 16. März 1942.

512 Ebd., 10. August 1943.

513 Ebd., 13. März 1943.

514 Ebd., 3. April 1943.

515 Vgl dazu im Detail mit allen möglichen Kandidaten Joachim Lilla, Die Erörterungen zur Neubesetzung der Gauleiterstelle in Wien 1939/40 und 1943/44, in: Studien zur Wiener Geschichte. Jahrbuch des Vereins für Geschichte der Stadt Wien, Band 57/58, Wien 2002, 113–124.

516 https://www.cia.gov/library/readingroom/docs/SANITZER%2C%20JOHANN%20%20%20VOL.%201_0014.pdf (aufgerufen am 14. 08. 2020).

517 Ebd., 124.

518 https://www.parlament.gv.at/WWER/PAD_01594/index.shtml, aufgerufen am 30. Juli 2020.

519 Goebbels, Tagebücher, 15. August 1943.

520 Ebd., 16. Dezember 1943.

521 Goebbels, Tagebücher, 19. Dezember 1943.

522 Ebd., 3. Februar 1944.

523 https://www.geschichtewiki.wien.gv.at/Flakt%C3%BCrme (aufgerufen am 31. 07. 2020).

524 Renato Schirer, Der Schirachbunker. Die Errichtung eines bombensicheren und unter-

irdischen Befehlsstandes für die Wiener Gauleitung der NSDAP.

525 https://www.zeit.de/politik/deutschland/2018-07/gedenkveranstaltung-hamburg-luftangriffe-opfer-75-jahrestag-sankt-michaelis (aufgerufen am 31. 07. 2020).

526 Schirer, Der Schirachbunker, 35.

527 Albert Elmar, Der »Schirachbunker« im Gallitzinberg, in: Wiener Geschichtsblätter 34 (1979), S. 133 ff. Vgl. dazu auch Alexander Haide, Der Schirach Bunker, Wien 2004.

528 Ebd., 53.

529 Robert Bouchal, Johannes Sachslehner, Das nationalsozialistische Wien: Orte-Täter-Opfer, Wien 2015, 103.

530 Schirach, Preis der Herrlichkeit, 14 und betreffend Herbert Müller, 225.

531 Helmut Engelbrecht, Wien und die sogenannte Kinderlandverschickung, in: Studien zur Wiener Geschichte. Jahrbuch des Vereins für Geschichte der Stadt Wien, Band 57/58, Wien 2002, 90.

532 Martha Schlegel, Von der Nordseeküste in die Kinderlandverschickung, 1940–1945, Oldenburg 1996,17 f.

533 Lang, Hitler-Junge, 361.

534 Schirach, Preis der Herrlichkeit, 227.

535 https://books.google.at/books?hl=de&id=KapEAQAAIAAJ&dq=Das+Attentat+wurde+gegen+Gauleiter+von+Schirach+und+eine+Gruppe+reichsdeulscher+Parteif%C3%BChrer+vci%C3%BCbt.+als+sie+den&focus=searchwithinvolume&q=Schirach, 71 (aufgerufen am 31. 07 2020).

536 https://books.google.at/books?hl=de&id=PeJVAAAAYAAJ&dq=Neues+deutschland+attentat+auf+schirach+wien&focus=searchwithinvolume&q=+Schirach+fehlte (aufgerufen am 31. 07. 1946).

537 Goebbels, Tagebücher, 3. August 1944.

538 Lang, Hitler-Junge, 360.

539 Goebbels, Tagebücher, 14. Jänner 1945.

540 Schirach, Ich glaubte an Hitler, 308.

541 Vgl. Manfried Rauchensteiner, Der Krieg in Österreich 1945, Wien 1984, 155. Schirach, Ich glaubte an Hitler, 237 und Volksgerichtsakt Baldur von Schirach. Verfahren des Landesgerichts für Strafsachen Wien gegen Josef Bachmayer, Albrecht Neumann und Baldur von Schirach (Vg. 2d Vr 6137/46), zitiert nach Markus Reisner, Schirachs Wiener Hitler-Jugend – »Treu bis zum Ende« (publizierte Seminararbeit Universität Wien 2012, https://www.ns-pressearchiv.at/sites/default/files/markus_reisner_seminararbeit_2012_schirachs_wiener_hitler-jugend_0.pdf, aufgerufen am 30. 07. 2020).

542 Goebbels, Tagebücher, 5. April 1943.

543 Aussage von Oskar Schlegelhofer am 11. Oktober 1945 bei seiner Vernehmung im Landgericht Wien zur Strafsache gegen Baldur von Schirach, Geschäftszahl Vg3 cVr1920/45.

544 Gentile, Carlo, Skorzeny, Otto, in: Neue Deutsche Biographie 24 (2010), S. 491-492 [Online-Version]; URL: https://www.deutsche-biographie.de/pnd118614886.html#ndbcontent.

545 Otto Skorzeny, Meine Kommandounternehmen, Rastatt 1981, 308.

546 Hugo Portisch, Sepp Riff, Österreich II: Die Wiedergeburt unseres Staates, Band I, Wien 1985, 102.

547 Lang, Hitler-Junge, 392.

548 Fred Borth, Nicht zu jung zum Sterben. Die »Hitler-Jugend« im Kampf um Wien 1945, Wien 1988, 218.

549 Möglicherweise bezog sich Goebbels hier auf die öffentliche Hinrichtung der militärischen Widerstandskämpfer Major Karl Biedermann, Hauptmann Alfred Huth und Oberleutnant Rudolf Raschke am Floridsdorfer Spitz am 8. April 1945. Weitreichende Widerstandsaktivitäten in der Bevölkerung gab es nicht.

550 Goebbels, Tagebücher, 8. April 1945.

551 Ebd., 9. April 1945.

552 http://www.ilsekrumpoeck.at/geburtstags-gruesse-fuer-ottenschlag/ (aufgerufen am 31. 07. 2020).

553 Zitiert nach Isolde Spannagl, Der politische Bezirk Zwettl im Jahr 1945, Dipl.-Arb., Wien 2008, 185.

554 Lang, Hitler-Junge, 399.

555 Ebd., 406.

556 Schirach, Preis der Herrlichkeit, 54.

557 Lang, Hitler-Junge, 408.

558 Ebd., 408 f.

559 Buddrus, Totale Erziehung, 186.

560 Ebd., 210.

561 Butterweck, Nationalsozialisten, 204 f.

562 Buddrus, Totale Erziehung, 221.

563 Schirach über die HJ-Arbeit der Ostmark. Arbeitstagung der HJ in Salzburg, in: Salzkammergut Zeitung, Gmunden, 26. Mai 1938.

564 Deutsche Soldaten sterben nur, um unsterblich zu sein. Von Brauchitsch und Baldur von Schirach bei der Feierstunde in Langemarck, in: Neues Wiener Tagblatt, 10. November 1940.

565 Ebd.

566 Opfer der Jugend garantieren den Sieg. Das Vorbild der gefallenen 1200 HJ-Führer. Eine Botschaft Schirachs, in: Volks-Zeitung, 5. September 1940.

567 Ebd.

568 Europas Jugend ehrt Europas tote Helden. Weihevoller Ausklang der Europäischen Jugendtagung, in: Das Kleine Blatt, Wien, 19. September 1942.

569 Arbeiten – kämpfen – siegen. Schirach und Axmann vor der Jugend / Der rumänische Staatsjugendführer Gast der HJ, in: Kleine Volks-Zeitung, Wien, 27. September 1943.

570 Geist der Jugend – Bürgschaft des Sieges. Reichsleiter Baldur von Schirach eröffnete die Kriegsfreiwilligenwochen der Wiener Hitler-Jugend, in: Kleine Volks-Zeitung, Wien, 20. August 1944.

571 Peter Lieb, Konventioneller Krieg oder NS-Weltanschauungskrieg? Kriegsführung und Partisanenbekämpfung in Frankreich 1943/44, München 2007, 162 f.

572 Wortmann, Schirach, 223 f.

573 Butterweck, Nationalsozialisten vor dem Volksgericht Wien, 143.

574 Ebd., 156.

575 Ebd., 217.

576 Ebd., 612.

577 Ebd., 45.

578 Ebd., 160.

579 Hilmar Hoffmann, Generation Hitler-Jugend, Reflexionen über eine Verführung, Frankfurt/M. 2018, 105.

580 Reichsjugendführung (Hg.), Wir Mädel singen. Liederbuch des Bundes Deutscher Mädel, Wolfbüttel/Berlin 1936, Vorwort Baldur von Schirach.

581 Hoffmann, Reflexionen, 105.

582 Bundesarchiv Berlin, R 55, Zl. 24529, Personalakt Carl von Schirach, Mikrofilm, 384ff.

583 Ebd., 390.

584 Ebd., 418–420.

585 Ebd., 422.

586 Ebd., 436.

587 Ebd., 642.

588 Ebd., 654 f.

589 Bayerische Staatsbibliothek, Handschriftensammlung, Nachlass Gerhard Mostar, ANA, 802. H V, Rosalind von Schirach an Baldur von Schirach, San Marino, California, 5. April 1967.

590 Ebd., 1.

591 Ebd., 2.

592 National Archives (NA), Microfilm Collection 1926, Record Group (RG) 260 Roll 15, OMGUS Property Division, Restitution Branch, MFA & A Section, Transcript of Interrogation Baldur von Schirach, Spandau, 9. April 1948, 4.

593 Schirach, Preis der Herrlichkeit, 235.

594 Ebd., 234.

595 Ebd., 235.

596 Anna Maria Sigmund, Die Frauen der Nazis, Wien 1998, 211.

597 Schirach, Preis der Herrlichkeit, 234.

598 Eine Form der Treibjagd, bei der das Wild durch Treiber und Jagdhunde aufgescheucht und in Richtung der Schützen gedrängt wird.

599 Bundesarchiv Berlin, Parteikanzlei Korrespondenz, Schirach. Baldur von, Mikrofilm, 290, Schirach an Querner, 24. November 1943.

600 Ebd., 294.

601 Zu Rudolf Querner siehe Towiah Friedman (Hg.), SS-Obergruppenführer Querner Rudolf, höherer SS- und Polizeiführer in Hamburg und Wien 1940–45, Haifa 2005.

602 Alfred Hrdlicka, Als die Freiheit anfing, in: Jochen von Lang (Hg.), Vom Reich zu Österreich. Kriegsende und Nachkriegszeit in Österreich, erinnert von Augen- und Ohrenzeugen, München 1985, 272.

603 Ebd., 234.

604 Zu diesen Angaben siehe das Gutachten im Archiv der Republik, Finanzen, AdR/06/BMfF/VVST/VA/FLD, Vermögensanmeldung 8120, Karton 70, Arnold Spritzer.

605 Unveröffentlichte Projektstudie des Zentralinstituts für Kunstgeschichte in München: Theresa Sepp, Vorstudie zur Rekonstruktion des Besitzes von Kunst- und Kulturgut, über das Baldur von Schirach und seine Ehefrau Henriette zwischen 1933 und 1945 verfügten – unter besonderer Berücksichtigung der Aktivitäten Henriette von Schirachs zur Aushändigung von Gegenständen, die nach dem Ende der nationalsozialistischen Herrschaft konfisziert worden waren, München 2018, 12. Ich danke dem Co-Projektleiter Dr. Christian Fuhrmeister, dass er mir diese Studie zur Verfügung gestellt hat.

606 Zitiert nach Gabriele Anderl, Edith Blaschitz, Sabine Loitfellner, Mirjam Triendl, Niko Wahl, Arisierung von Mobilien, Wien-München 2004 (= Veröffentlichungen der Österreichischen Historikerkommission, Band 17), 155.

607 Alle drei Geschwister Gomperz konnten flüchten – Marie Gomperz verstarb 1940 in Brno/Brünn (damals bereits besetztes Protektorat Böhmen und Mähren), Cornelia Gomperz 1944 in Bern und Philipp Gomperz 1948 in Montreux in der Schweiz. Vgl. ebd., 76. Vgl. dazu auch Sophie Lillie, Was einmal war. Handbuch der enteigneten Kunstsammlungen Wiens, Wien 2003, 416–419.

608 Projektstudie des Zentralinstituts für Kunstgeschichte in München, 72. Vgl. dazu auch Lillie, Was einmal war, 838–842.

609 Ebd., 71.

610 Vgl. https://www.lexikon-provenienzforschung.org/pollack-ernst (abgerufen am 18. 07. 2020).

611 Vgl. auch Markus Stumpf, »Ich erteile deshalb den mir nachgeordneten Dienststellen des Staates und der Partei den Befehl, nach der erfolgten Evakuierung der Juden sämtliche Tschechen aus dieser Stadt zu entfernen.« Das »Gaupresse«-Archiv Wien anhand ausgewählter Reden Baldur von Schirachs, in: Lucile Dreidemy/Richard Hufschmied/Agnes Meisinger/Berthold Molden/Eugen Pfister/Katharina Prager/Elisabeth Röhrlich/Florian Wenninger/Maria Wirth (Hg.) Bananen, Cola, Zeitgeschichte: Oliver Rathkolb und das lange 20. Jahrhundert, Band 1, Wien/Köln/Weimar 2015, 330–345.

612 Hubertus Czernin, Die Fälschung. Der Fall Bloch-Bauer und das Werk Gustav Klimts, Wien 1999, 476.

613 Sophie Lillie, Was einmal war. Handbuch der enteigneten Kunstsammlungen Wiens, Wien 2003, 1245 ff.

614 Vgl. https://www.derstandard.at/story/2000038649219/gustav-klimts-wasserschlangen-ii-schneller-60-millionen-profit (abgerufen am 18. 7. 2020).

615 Schirach, Preis der Herrlichkeit, Neuauflage 2016, 18 f.

616 Nils Fiebig, Alois Miedl. Der Bankier und die Raubkunst. Geschäfte im Schatten der Macht, Würzburg 2020.

617 Schirach, Preis der Herrlichkeit, Neuauflage 2016, 19.

618 Jonathan Petropoulos, Art as Politics in the Third Reich, Chapel Hill 1996, 224. Schirach, Preis der Herrlichkeit, Neuauflage 2016, 229.

619 Zentralinstitut für Kunstgeschichte, Vorstudie, 115 f.

620 Lillie, Was einmal war, 1364.

621 Murray G. Hall, Der Paul Zsolnay Verlag: Von der Gründung bis zur Rückkehr aus dem Exil, Band 1, Tübingen 1994, 687.

622 Sophie Fetthauer, Musikverlage im »Dritten Reich« und im Exil, 2004, 203 f.

623 Ich verdanke diese Information und den dazugehörigen Aktenhinweis Frau Ministerialrätin Dr.[in] Eva Ottillinger: Beilage/Doku bei einem Schreiben des Leiters der Bundesmobilienverwaltung an die ÖPK vom 8. Juli 1949 mit der Zahl 5447/1949 und dem Betreff: »Prunktisch Schirach-Ciano«.

624 Vgl. dazu Schwarz, Hitlers Sonderauftrag.

625 Ebd., 148-153.

626 Anderl u.a., »Arisierung«, 198.

627 Herbert Haupt, Die Rolle des Kunsthistorischen Museums bei der Beschlagnahme, Bergung und Rückführung von Kunstgut in den Jahren 1938–1945, in: Theodor Brückler (Hg.), Kunstraub, Kunstbergung und Restitution in Österreich 1938 bis heute, Wien 199, 70 f. Zu Bramberg in der NS-Zeit vgl. Rudolf Leo, Der Nationalsozialismus im Pinzgau (Land Salzburg) 1930 bis 1945 – Widerstand und Verfolgung, phil. Diss. Wien 2012 (= https://othes.univie.ac.at/23576/).

628 Projektstudie des Zentralinstituts für Kunstgeschichte in München, 4.

629 Zur besonderen Verwendung.

630 Albert Lichtblau, »Arisierungen«, beschlagnahmte Vermögen, Rückstellungen und Entschädigungen in Salzburg (= Veröffentlichungen der österreichischen Historikerkommission 17/2), Wien-München 2004, 124.

631 Gerald D. Feldman, Austrian Banks in the Period of National Socialism, Washington D.C. and Cambridge 2015, 147 u. 539 f.

632 Neues Österreich, 29. Mai 1949, 2. Vgl. auch Hellmut Butterweck, Verurteilt und begnadigt: Österreich und seine NS-Straftäter, Wien 2003, 257.

633 Wiener Kurier, 30. Mai 1949, 3.

634 Feldman, Austrian Banks, 484 f.

635 Ebd., 485.

636 Ebd., 486.

637 Protokoll (Auszug) der Vorstandssitzung d. Dresdner Bank, betreffend Kreditantrag des … (NID-13798) zitiert nach Nationalsozialismus, Holocaust, Widerstand und Exil 1933–1945. Online-Datenbank. De Gruyter. 14. 06. 2020.

638 Auszug aus dem Protokoll über Vorstandssitzung der Dresdner Bank Kreditantrag des … (NID-13799) zitiert nach Nationalsozialismus, Holocaust, Widerstand und Exil 1933-1945. Online-Datenbank. De Gruyter. 14. 06. 2020.

639 Ebd., 10.

640 Rudolf Herz, Hoffmann & Hitler, München 1994, 50.

641 Auszug aus dem Protokoll über Vorstandssitzung der Dresdner Bank Kreditantrag des … (NID-13799) zitiert nach Nationalsozialismus, Holocaust, Widerstand und Exil 1933-1945. Online-Datenbank. De Gruyter. 14. 06. 2020, 41.

642 https://www.deutschlandfunk.de/ns-raubkunst-baldur-von-schirachs-kunstsammlung.691.de.html?dram:article_id=446210 (aufgerufen am 20. 07. 2020).

643 Henriette von Schirach, Der Preis der Herrlichkeit, 92.

644 International Military Tribunal (Nuremberg (IMT), Bd. 14, Nürnberg 1948, 476 f., in:

https://www.uni-marburg.de/de/icwc/dokumentation/dokumente/protokolle-nuernberg/ntvol14.pdf, aufgerufen am 05.08.2020.

645 Vgl. https://documents.yadvashem.org/index.html?language=en&&TreeItemId=9257574, aufgerufen am 05. 08. 2020.

646 Gilbert, Nuremberg 1948, 93 f.

647 Gilbert, Nuremberg 1948, 81.

648 Gustave M. Gilbert, Nürnberger Tagebuch, Frankfur/M. 1962, 140.

649 Gilbert, Nuremberg, 215.

650 IMT, Bd. 14, 566, in: https://www.uni-marburg.de/de/icwc/dokumentation/dokumente/protokolle-nuernberg/ntvol14.pdf, aufgerufen 05. 08. 2020.

651 Ebd., 571.

652 Roman Pfefferle/Hans Pfefferle, Glimpflich entnazifiziert. Die Professorenschaft der Universität Wien vor 1944 in den Nachkriegsjahren, Göttingen 2014, 249–252.

653 IMT, Bd. 14, 574 ff., in: https://www.uni-marburg.de/de/icwc/dokumentation/dokumente/protokolle-nuernberg/ntvol14.pdf, aufgerufen 05. 08. 2020. Ebd., 571.

654 Ebd., 587.

655 Ebd., 588.

656 Lauterbacher, Erlebt und mitgestaltet, 167 f.

657 Ebd., 543 f.

658 Z. B. Uwe Schellinger, Gedächtnis aus Stein. Die Synagoge in Kippenheim 1852–2002, Heidelberg 2002, 85.

659 Edith Raim, Justiz zwischen Diktatur und Demokratie, Wiederaufbau und Ahndung von NS-Verbrechen in Westdeutschland 1945–1949, Oldenburg 2013, 689, betreffend HJ-Plünderung in Mellrichstadt, 853. Massive Plünderung durch 20 HJ-Angehörige in Usingen. Zum Einsatz der HJ gegen »jüdische Geschäfte« siehe Hans Safrian/Hans Witek, Und keiner war dabei. Dokumente des alltäglichen Antisemitismus in Wien 1938, Wien 1988, 43. Für Würzburg beispielsweise siehe Hans Steidle, Jakob Stoll und die Israelitische Lehrerbildungsanstalt. Eine Spurensuche, Würzburg 2002, 81. Zum Novemberpogrom in Wien siehe Kurt Schmid/Robert Streibel, Der Pogrom 1938: Judenverfolgung in Österreich und Deutschland. Dokumentation eines Symposiums der Volkshochschule Brigittenau, Wien 1990, 18. Mahn- und Gedenkstätte Düsseldorf (Hg.), Novemberpogrom 1938 in Düsseldorf, Essen 2008, 122 u. 185. Vgl. auch https://www.fritz-bauer-institut.de/fileadmin/editorial/download/publikationen/PM-03_Novemberpogrome-1938.pdf, 70 u. 82, aufgerufen 05. 08. 2020.

660 IMT, Bd. 14, 550, in: https://www.uni-marburg.de/de/icwc/dokumentation/dokumente/protokolle-nuernberg/ntvol14.pdf, aufgerufen 05. 08. 2020.

661 Gilbert, Nuremberg 1948, 217–220.

662 Faksimile des politischen Testaments Adolf Hitlers, siehe https://www.ns-archiv.de/personen/hitler/testament/faksimile-1945-2/index.php?img=0#thumbs, aufgerufen am 05. 08. 2020.

663 Vgl. https://documents.yadvashem.org/index.html?language=en&&TreeItemId=9257574, Dokument 8ff., aufgerufen am 05. 08. 2020.

664 IMT, Bd. 33, Nürnberg 1949, 557–559, Document 3933-PS, in: https://www.uni-marburg.de/de/icwc/dokumentation/dokumente/protokolle-nuernberg/ntvol33.pdf, aufgerufen 05. 08. 2020.

665 IMT, Bd. 14, 433, in: https://www.uni-marburg.de/de/icwc/dokumentation/dokumente/protokolle-nuernberg/ntvol14.pdf, aufgerufen 05. 08. 2020.

666 Ebd., 425.

667 Ebd., 453.

668 Vgl. dazu als Beispiele in IMT, Bd. 33, 287–296, Document 3876-PS, in: https://www.uni-marburg.de/de/icwc/dokumentation/dokumente/protokolle-nuernberg/ntvol33.pdf, aufgerufen 05. 08. 2020.

669 IMT, Bd. 14, 417 u. 490 f. in: https://www.uni-marburg.de/de/icwc/dokumentation/

dokumente/protokolle-nuernberg/ntvol14.pdf, aufgerufen 05. 08. 2020.

670 IMT, Bd. 33, 297 f. Document 3877-PS, in: https://www.uni-marburg.de/de/icwc/dokumentation/dokumente/protokolle-nuernberg/ntvol33.pdf, aufgerufen 05. 08. 2020. Die Großschreibung wurde in dieser nur in Kleinbuchstaben verfassten »Fernschrift« mit dem Vermerk »eilt – dringend – sofort auf den tisch« korrigiert!

671 Wiener Stadt- und Landesarchiv, Bürgermeisteramt der Stadt Wien, Nr. A6/6, BA 349/46

672 IMT, Bd. 33, 530 f., Document 3886-PS, in: https://www.uni-marburg.de/de/icwc/dokumentation/dokumente/protokolle-nuernberg/ntvol33.pdf, aufgerufen 05. 08. 2020.

673 IMT, Bd. 14, 427 f. in: https://www.uni-marburg.de/de/icwc/dokumentation/dokumente/protokolle-nuernberg/ntvol14.pdf, aufgerufen 05. 08. 2020.

674 Albert Speer, Der Sklavenstaat. Meine Auseinandersetzungen mit der SS, München 1981, 346.

675 http://www.zeno.org/Geschichte/M/Der+N%C3%BCrnberger+Proze%C3%9F/Hauptverhandlungen/Einhunderteinundachtzigster+Tag.+Donnerstag,+18.+Juli+1946/Vormittagssitzung. Vgl. dazu das englische Original, in: United States. Office of Chief of Counsel for the Prosecution of Axis Criminality, International Military Tribunal, United States. War Department, and United States. Department of State, Nazi Conspiracy and Aggression. Supplement AB, Washington 1947/1948, 694.

676 Hubert Seliger, Politische Anwälte? Die Verteidiger der Nürnberger Prozesse, Baden-Baden 2016, Anhang 550.

677 Seliger, Politische Anwälte, 526.

678 Douglas M. Kelley, 22 Männer um Hitler. Erinnerungen des amerikanischen Armeearztes und Psychiaters am Nürnberger Gefängnis, Olten-Bern 1947, 100–105.

679 Kelley, 22 Männer, 101.

680 Ebd., 102.

681 Ebd., 103.

682 Ebd.

683 Gilbert, Nuremberg, 16.

684 Vgl. dazu Kerstin von Lingen, »… unsere Fahne ist die neue Zeit«? Kontinuitätslinien zwischen Hitler-Jugend und ›Jugendsozialwerk‹ in der französischen Besatzungszone, 1945–1949, in: Jahrbuch für Historische Bildungsforschung, Band 16, 2010, 241–265.

685 Kelley, 22 Männer, 104.

686 Kathrin Kollmeier, Ordnung und Ausgrenzung: die Disziplinarpolitik der Hitler-Jugend, Göttingen 2007, 162–177.

687 Ebd., 107.

688 Ebd.

689 Jack El-Hai, Der Nazi und der Psychiater. Aus dem Amerikanischen übersetzt von Henriette Heise, Berlin 2014, 123.

690 Ebd., das Manuskript des Interviews befindet sich im Holocaust Memorial Museum, Washington D.C.

691 Vgl. dazu aus dem Nachlass von Dodd, Closing Brief against Baldur von Schirach, 31. Juli 1946, in: https://collections.ctdigitalarchive.org/islandora/object/20002:1917#page/28/mode/2up, aufgerufen am 03. 08. 2020. Vgl. auch die Affidavits and Depositions zugungsten von Schirach https://connecticuthistoryillustrated.org/islandora/object/20002%3A1915#page/16/mode/2up, aufgerufen am 03. 08. 2020.

692 Vgl. dazu einen 9-minütigen Filmausschnitt: https://www.roberthjackson.org/nuremberg-event/von-schirach-ii.

693 So Alan Bullock in einer Buchbesprechung der Protokolle der Nürnberger Prozesse, in: International Affairs, Volume 25, Issue 1, Jännery 1949, 87.

694 Christopher J. Dodd/Larry Bloom, Letters from Nuremberg: My Father's Narrative of a Quest for Justice, New York 2007, 4 u. 307.

695 Friedrich Zipfel, Kirchenkampf in Deutschland 1933–1945. Religionsverfolgung und Selbstbehauptung der Kirchen in der nationalsozialistischen Zeit, Berlin 1965, 135 (auf der Basis von Reichstagsunterlagen).

696 Dodd, Letters, 307.

697 Rolf Schieder, Religion im Radio. Protestantische Rundfunkarbeit in der Weimarer Republik und im »Dritten Reich«, Stuttgart/Berlin/Köln 1995, 140.

698 Zitiert nach Johann Neuhäusler, Kreuz und Hakenkreuz. Der Kampf des Nationalsozialismus gegen die katholische Kirche und der kirchliche Widerstand, München 1946, 255.

699 Francine Hirsch, Soviet Judgement at Nuremberg: A New History of the International Military Tribunal After World War II, Oxford, 307.

700 Statut für den Internationalen Militärgerichtshof vom 8. August 1945, https://www.uni-marburg.de/de/icwc/zentrum/pdfs/imtcdeutsch.pdf, aufgerufen am 06. 08. 2020.

701 Kim Christian Priemel, The Betrayal. The Nuremberg Trials and German Divergence, Oxford 2016, 147.

702 Das Urteil von Nürnberg. Mit einem Vorwort von Jörg Friedrich, München 1996, 230 f.

703 Ebd., 232 f.

704 Vgl. dazu Christiane Kohl, Das Zeugenhaus. Nürnberg 1945: Als Täter und Opfer unter einem Dach zusammentrafen, München 2005.

705 Ingeborg Kálnoky/Ilona Herisko, The Witness House: A Nuremberg Memoir of Countess Kálnoky, London 1975, 228.

706 Richard von Schirach, Der Schatten, 51–124.

707 Rund 28 Kilometer südlich von Bad Tölz und 30 Kilometer von Kochel Richtung Süden entfernt.

708 Ebd., 60.

709 Ebd.

710 Lucius D. Clay war ein US-Viersterne-General und 1947–1949 Militärgouverneur der US-Besatzungszone in Deutschland.

711 Vgl. https://www.spiegel.de/spiegel/print/d-41123077.html, aufgerufen am 06. 08. 2020. Das Original-Statement war in der Zeitschrift Time, 28. Juli 1947, 23, zu lesen.

712 Anna Maria Sigmund, Die Frauen der Nazis, Band 1, Wien 1998, 216.

713 Vgl. https://www.historisches-lexikon-bayerns.de/Lexikon/Georg-von-Vollmar-Akademie, aufgerufen am 04. 08. 2020.

714 Projektstudie des Zentralinstituts für Kunstgeschichte in München, 24 f.

715 Ebd., 29.

716 Vgl. https://www.filmportal.de/person/alfred-h-jacob_11f3f3ce8d-6b422c8b811e042851292a.

717 Richard von Schirach, Der Schatten, 97.

718 Ebd., 101.

719 Süddeutsche Zeitung, 24. Juni 2016, vgl. https://www.commartrecovery.org/docs/SuddeutscheEmmyGoring20160624.pdf, abgerufen am 06. 08. 2020.

720 Schirach, Preis der Herrlichkeit, erweiterte Neuauflage 2016, 312.

721 David Klein, Die Kunst der toten Juden, in: https://www.bazonline.ch/kultur/kunst/die-kunst-der-toten-juden/story/30852155, aufgerufen am 08. 08. 2020.

722 Projektstudie des Zentralinstituts für Kunstgeschichte in München, 26.

723 Ebd.

724 Ebd., 37.

725 Zu dieser Thematik entsteht gerade eine Dissertation von Sebastian Peters, Heinrich Hoffmann. Hitlers Fotograf und seine Netzwerke zwischen Politik, Propaganda und Profit, vgl. https://www.ifz-muenchen.de/forschung/ea/forschung/heinrich-hoffmann-hitlers-fotograf-und-seine-netzwerke-zwischen-politik-propaganda-und-profit/, aufgerufen am 08. 08. 2020.

726 Siehe dazu die Entscheidung vom 20. November 1995, vgl. http://www.ca5.uscourts.

gov/opinions%5Cpub%5C93/93-02564.CV0.wpd.pdf, aufgerufen am 08. 08. 2020.

727 Vgl. https://www.courtlistener.com/opinion/2516585/hoffmann-v-united-states/, aufgerufen am 08. 08. 2020). Vgl. dazu auch den Nachlass des Anwalts von Billy F. Price, Robert I. White, https://archon.library.tamu.edu/?p=collections/findingaid&id=1136&q=&rootcontentid=33645, aufgerufen am 08. 08. 2020.

728 Vgl. zur Situation Schirachs im Alliierten Militärgefängnis in Spandau, Norman J. W. Goda, Tales from Spandau. Nazi Criminals and the Cold War, Cambridge 2007, 215 f.

729 Der Spiegel, 24. Februar 1965 (https://www.spiegel.de/spiegel/print/d-46169605.html, aufgerufen am 8. 08. 2020).

730 Magnus Brechtken, Albert Speer. Eine deutsche Karriere., Berlin 2017, 372 f.

731 Ebd., 482.

732 https://www.mediathek.at/journale/suche/treffer/atom/0B1D50B6-067-0009B-00000468-0B1C6A5B/vol/67075/pool/BWEB/ (aufgerufen am 9. 08. 2020).

733 Richard von Schirach, Der Schatten meines Vaters, 360.

734 Ebd., 369.

735 Frost on Friday – Baldur von Schirach, London Weekend Television, 13. September 1968 (https://www.dailymotion.com/video/xs8tlm, aufgerufen am 8. 08. 2020.

736 Willi Frischauer, David Frost, London 1972, 191. Vgl. auch Frosts Memoiren, David Frost, An Autobiography: Part One. From Congregations to Audiences, New York 1993, 373–380, 383 f.

737 David Frost, An Autobiography: From Congregations to Audiences, Part 1, London 1993, 374.

738 Elisabeth Boeckl-Klamper, Thomas Mang, Wolfgang Neugebauer, Gestapo-Leitstelle Wien 1938–1945, Wien 2018, 146. Vgl. auch Wolf Gruner, Zwangsarbeit und Verfolgung. Österreichische Juden im NS-Staat 1938–1945, Innsbruck 2000, 190 und 199.

739 Ebd., 185.

740 Gespräch des Verfassers mit dem Rechtsanwalt i. R. Dr. Klaus von Schirach in München am 19. Dezember 2019.

741 Vier persönlich verfasste Lebensläufe von Fritz Wieshofer, Bayerische Staatsbibliothek, Handschriftensammlung, Nachlass Gerhard Hermann Mostar, 802.H.V.

742 Ebd.

743 Vgl. dazu Wieshofers Aussage in: http://www.zeno.org/Geschichte/M/Der+N%C3%BCrnberger+Proze%C3%9F/Hauptverhandlungen/Einhundertvierzigster+Tag.+Dienstag,+28.+Mai+1946/Vormittagssitzung (aufgerufen am 15. Aug. 2020).

744 Berghoff, Rau-Kühne, Fritz Kiehn, 287.

745 Jochen von Lang., Der Hitler-Junge. Baldur von Schirach. Der Mann, der Deutschlands Jugend erzog, Taschenbuchausgabe Hamburg 1991, 291.

746 Berghoff/Rauh-Kühne, Respectable, 262.

747 Vgl dazu höchst kritisch: https://www.uibk.ac.at/universitaet/profil/geschichte/ehrungen-biografien/kiehn.html (aufgerufen am 9. 08. 2020).

748 Hartmut Berghoff, Cornelia Rauh-Kühne, The Respectable Career of Fritz K.: The making and remaking of a Provincial Nazi leader, New York 2015, 28. Vgl. auch Hartmut Berghoff, Zwischen Kleinstadt und Weltmarkt. Hohner und die Harmonika 1857–1961. Unternehmensgeschichte als Gesellschaftsgeschichte, Paderborn u. a. 2. Auf. 2006, 592.

749 Ebd., 263.

750 Ebd., 264 f.

751 https://www.spiegel.de/spiegel/print/d-46414495.html (aufgerufen am 8. 08. 2020).

752 Telefonische Mitteilung von Christine von Unruh, die mit Robert von Schirach liert war, an den Verfasser, 19. 08. 2020.

753 Berghoff, Rauh-Kühne, Fritz K., 293.

754 Münchener Hauptstaatsbibliothek, Nachlass Gerhard Mostar, 4. Dezember 1968.

755 Ebd, I.2, Wieshofer an Katinka Mostar,

756 Federal Register, 20. April 1944, 4258 f.

757 Federal Register, 15. Oktober 1947, 6779 f. Noch im Zeitraum vom 25. Jänner 1940 bis zum 2. Mai 1941 kaufte Carl von Schirach in 13 Transaktionen Aktien im Wert von 37.573,70 US-Dollar und verkaufte Aktien im Gesamtwert von 42.913,74 US-Dollar. Bayerische Staatsbibliothek, Handschriftensammlung, Nachlass Gerhard Hermann Mostar, Ana 802, H. I.

758 Jack Fishman, The Seven Men of Spandau, New York 1954, 73.

759 BArch, R/9361/II, Mikrofilm PK P 77, Akten zu ihrer Mitgliedsnummer in der NSDAP, R/ 9361/V, Mikrofilm RKJ 98, Rosalind von Schirach, Reichsfilmkammerakten.

760 Theodore Front, Events and Friends, in: Darwin F. Scott, For the Love of Music: Festschrift in Honor of Theodore Front on his 90th Birthday, Lucca 2002, 246.

761 Rudolf Vierhaus (Hg.), Deutsche Biographische Enzyklopädie, 2. Ausgabe, Band 8, München 2007, 876.

762 Ernst Hanfstaengl, The Unknown Hitler. Notes from the Young Nazi Party, London 2005, 295 f.

763 Fishman, The Seven Men, 261.

764 Lauterbacher, Erlebt und mitgestaltet, 168.

765 https://rpb.lbz-rlp.de/cgi-bin/wwwalleg/srchrnam.pl?db=rnam&recnums=0005635 (aufgerufen am 8. 08. 2020).

766 https://www.volksfreund.de/region/mosel-wittlich-hunsrueck/keine-erinnerung-mehr-an-ehemaligen-reichsjugendfuehrer-baldur-von-schirach-in-kroev_aid-5839466 (aufgerufen am 8. 08. 2020).

767 https://www.mediathek.at/journale/suche/treffer/atom/0B1D50B6-067-0009B-00000468-0B1C6A5B/vol/67075/pool/BWEB/ (aufgerufen am 9. 08. 2020). Diese Tatsache bestätigt auch Christine von Unruh (Telefongespräch am 19. August 2020), die ihn mit Robert von Schirach, mit dem sie damals liiert war, in Kröv besucht hatte.

768 Heinrich Riedel, Kampf um die Jugend: Evangelische Jugendarbeit, 1933–1945, München 1976, 282 f.

769 Kaufmann, Baldur von Schirach 113 f., mit dem Text der Grabrede.

770 Lauterbacher, Erlebt, 168.

771 Bayerische Staatsbibliothek, Handschriftensammlung, Nachlass Gerhard Hermann Mostar, 802. H1, Schreiben Gretl Wieshofer-Kiehn an Klaus von Schirach, 6. September 1974 und Klaus von Schirach retour, 11. September 1974.

772 Ebd.

773 Schirach, Preis der Herrlichkeit, 77.

774 Silvia Kargl/Friedemann Pestel, Ambivalente Loyalitäten: Beziehungsnetzwerke der Wiener Philharmoniker zwischen der Nachkriegszeit, 1938-1970, März 2017 (http://wphdata.blob.core.windows.net/documents/Documents/pdf/NS/ns_kargl_pestel_ambivalente_loyalitaeten_de_v02.pdf, aufgerufen am 9. 08. 2020).

775 Ebd., 42 f.

Auswahlbibliografie Baldur von Schirach

(chronologisch geordnet)

Wille und Weg des Nationalsozialistischen Deutschen Studentenbundes, München 1929.

Die Feier der neuen Front, 2. Aufl., München 1929.

Heinrich Hoffmann (Hg.), *Hitler, wie ihn keiner kennt. 100 Bild-Dokumente aus dem Leben des Führers*, mit einem Geleitwort von Baldur von Schirach, Berlin 1932.

Kurt Maßmann, *Wir Jugend! Ein Bekenntnisbuch der deutschen Nachkriegsgeneration*, mit einem Geleitwort von Baldur von Schirach, Berlin 1933.

Rudolf Ramlow, *Herbert Norkus? - Hier! Opfer und Sieg der Hitler-Jugend*, mit einem Vorwort von Baldur von Schirach, Stuttgart 1933.

Die Pioniere des »Dritten Reiches«, Essen 1933.

Die Fahne der Verfolgten, Berlin 1933.

Baldur von Schirach, *Das Manifest der Jugend. (Zum Todestage von Herbert Norkus vom Reichsjugendführer der NSDAP herausgegeben und am Sonntag, den 29. Jänner 1933, allen Gefolgschaften der Hitler-Jugend durch ihre Führer verkündet.)*, München 1933.

Der Tag von Potsdam. 100 Bilddokumente vom größten Jugendaufmarsch der Welt, München 1933.

Blut und Ehre. Lieder der Hitler-Jugend, Notenausg., herausgegeben von Baldur von Schirach, Berlin 1933.

Blut und Ehre. Lieder der Hitler-Jugend, Ausgabe ohne Noten, herausgegeben von Baldur von Schirach, Berlin 1933.

Heinrich Hoffmann, *Der Triumph des Willens. Kampf und Aufstieg Adolf Hitlers und seiner Beweg–25 29,ung.*–Mit einem Geleitwort von Baldur von Schirach, Berlin 1933.

Heinrich Hoffmann, *Der Parteitag des Sieges. 100 Bild-Dokumente vom Reichsparteitag zur Nürnberg 1933.* Mit einem Geleitwort von Baldur von Schirach, Berlin 1933.

Martin Lezius, *Das deutsche Heldenbuch. Von deutscher Ehre und Mannentreue*, mit einem Geleitwort von Baldur von Schirach Berlin 1933.

Erich Beier-Lindhardt, *Das Buch vom Führer für die deutsche Jugend.* Mit einem Geleitwort des Reichsjugendführers Baldur von Schirach, Oldenburg 1933.

Reichsjugendführung der NSDAP (Hg.), *Uniformen der H.J. Vorschrift und Vorbild für die Bekleidung und Ausrüstung der Hitler-Jugend, des Deutschen Jungvolks in der H. J., des Bundes Deutscher Mädel in der H.J. und der Jungmädel im B.D.M. in der H.J. Amtlich herausgegeben von der Reichsjugendführung der NSDAP*, mit einem Geleitwort von Baldur von Schirach, Hamburg 1933.

Walter Frank, *Kämpfende Wissenschaft*. Mit einer Vor-Rede von Baldur von Schirach, Hamburg 1934.

Heinrich Hoffmann (Hg.), *Jugend um Hitler. 120 Bilddokumente aus der Umgebung des Führers*, mit einem Geleitwort von Baldur von Schirach, Berlin 1934.

Arnold Littmann, *Herbert Norkus und die Hitlerjungen von Beusselkietz*. Mit einem Vorwort von Baldur von Schirach, Berlin 1934.

Die Hitler-Jugend. Idee und Gestalt, Berlin 1934.

Heinrich Hoffmann, *Der Parteitag der Macht, Nürnberg 1934*. Mit einem Geleitwort von Baldur von Schirach, Berlin 1934.

Uniformen der HJ: Vorschrift und Vorbild für die Bekleidung und Ausrüstung der Hitler-Jugend, des Dt. Jungvolks in der HJ, dem Bundes Dt. Mädel in d. HJ u. d. Jungmädel im BDM in d. HJ. Mit einem Geleitwort Baldur von Schirach, Hamburg 1934

Bekleidung und Ausrüstung der Hitler-Jugend: Amtl. Bekleidungsvorschrift d. Reichsjugendführung d. NSDAP. / hrsg. von d. Abt. I [Willi- Botho-Bicker]. Mit einem Geleitwort von Baldur v. Schirach, Berlin 1934.

Bekenntnisse deutscher Mädels zum Nationalsozialismus. Mit einem Vorwort von Baldur von Schirach, Berlin 1934.

Der Staat der Arbeit und des Friedens. Ein Jahr Regierung Adolf Hitler. Mit einem Vorwort von Baldur von Schirach, Altona-Bahrenfeld 1934 (Sammelbilderalbum)

Reichsjugendführung (Hg.), Reif werden – rein bleiben! Gesundheitsaktion der Hitler-Jugend. Mit einem Geleitwort von Baldur von Schirach, Berlin 1935.

Heinrich Hoffmann (Hg.), Jugend um Hitler. 120 Bilddokumente aus der Umgebung des Führers. Geleitwort Baldur von Schirach, Berlin 1935.

Helmut Stellrecht, Die Wehrerziehung der deutschen Jugend. Mit einem Vorwort des Reichsjugendführers Baldur von Schirach, Berlin 1937.

Heinrich Hoffmann (Hg.), Hitler in seinen Bergen. 86 Bilddokumente aus der Umgebung des Führers. Geleitwort Baldur von Schirach, München 1935, Neuausgabe Berlin 1938.

Das Lied der Getreuen. Verse ungenannter österreichischer Hitler-Jugend aus den Jahren der Verfolgung 1933–37, herausgegeben von Baldur von Schirach, Leipzig 1938.

Baldur von Schirach, Revolution der Erziehung. Reden aus den Jahren des Aufbaus, München 1938.

Adolf Hitler an seine Jugend, herausgegeben von Baldur von Schirach, München 1939.

Heinrich Hoffmann (Hg.), Das Antlitz des F1hrers. Geleitwort Baldur von Schirach, Berlin 1939.

Eberhard Wolfgang Möller, Der Führer. Das Weihnachtsbuch der deutschen Jugend. Herausgegeben von Baldur von Schirach. München 1938.

Alfred Thon, Weimars klassische Stätten. Zehn farbige Tafeln nach Aquarellen. Vorwort Baldur von Schirach, Berlin 1938.

Günter Kaufmann (Hg.), Langemarck. Das Opfer der Jugend an allen Fronten. Eingeleitet durch Generalfeldmarschall Hermann Göring, Reichsjugendführer Baldur von Schirach und Reichskriegsopferführer Oberlindober, Stuttgart 1938.

Das Reich Adolf Hitlers. Ein Bildbuch vom Werden Großdeutschlands 1933 bis 1940, herausgegeben von Baldur von Schirach, München 1940.

Das Wiener Kulturprogramm. Rede des Reichsleiters Baldur von Schirach im Wiener Burgtheater am Sonntag, dem 6. April 1941, Wien 1941

Kantatrede, Weimar 1941.

Rede zur Feier des 250-jährigen Bestehens der Wiener Akademie der Bildenden Künste, 24. Oktober 1942, Wien 1942.

Goethe an uns. Ewige Gedanken des großen Deutschen, Berlin 1942.

Egbert Mannlicher (Hg.), Wegweiser durch die Verwaltung unter besonderer Berücksichtigung der Verwaltung im Reichsgau Wien sowie in den Reichsgauen Kärnten, Niederdonau, Oberdonau, Salzburg, Steiermark und Tirol mit Vorarlberg. Mit einem Geleitwort von Reichsleiter und Reichsstatthalter Baldur von Schirach, Berlin/Leipzig/Wien 1942.

Zwei Reden zur deutschen Kunst, Weimar 1942.

Junge Kunst im Deutschen Reich. Februar–März 1943 im Künstlerhaus Wien, Wien 1943.

Rede zur Eröffnung der Mozart-Woche, gehalten in Wien am 28. November 1941, Weimar 1943.

Den Freunden in Feldgrau. Gedichte. o. J. (= Schriftenreihe des Kriegsbetreuungsdienstes, Heft 2).

Ich glaubte an Hitler, Hamburg 1967.

Ausgewählte Literatur

Rüdiger Ahrens, Bündische Jugend. Eine neue Geschichte 1918–1933, Göttingen 2015.

Gabriele Anderl / Edith Blaschitz / Sabine Loitfellner / Mirjam Triendl / Niko Wahl, Arisierung von Mobilien, Wien-München 2004 (= Veröffentlichungen der Österreichischen Historikerkommission, Band 17).

Alfred Andreesen, Hermann Lietz. Der Schöpfer der Landerziehungsheime, München 1934.

Artur Axmann, Hitler-Jugend. Das kann doch nicht das Ende sein. Erinnerungen des letzten Reichsjugendführers Artur Axmann, Erlangen 1995.

Claus-Ekkehard Bärsch, Die politische Religion des Nationalsozialismus. Die religiösen Dimensionen der NS-Ideologie in den Schriften von Dietrich Eckart, Joseph Goebbels, Alfred Rosenberg und Adolf Hitler, 2., überarb. Aufl., München 2002.

Bodo-Michael Baumunk, Colin Ross. Ein deutscher Revolutionär und Reisender 1885-1945, korr. Auflage, Berlin 2015 (PDF online).

Nicolaus von Below, Als Hitlers Adjutant 1937–45, Mainz 1980.

Hartmut Berghoff/Cornelia Rauh-Kühne, Fritz K. Ein deutsches Leben im 20. Jahrhundert, München 2000.

Udo Bermbach, Houston Stewart Chamberlain. Wagners Schwiegersohn – Hitlers Vordenker, Stuttgart 2015.

Helmut Berding, Moderner Antisemitismus in Deutschland, Frankfurt am Main 1988.

Bertrand Perz/Verena Pawlowsky/Ina Markova/ Parlamentsdirektion (Hg.), Inbesitznahmen. Das Parlamentsgebäude in Wien 1933–1936, Salzburg 2018.

Klaus E. Bohnenkamp (Hg.), Hugo von Hofmannsthal, Rudolf Kassner und Rainer Maria Rilke im Briefwechsel mit Elsa und Hugo Bruckmann 1893–1941, Göttingen 2014.

Fred Borth, Nicht zu jung zum Sterben. Die »Hitler-Jugend« im Kampf um Wien 1945, Wien 1988.

Gerhard Botz, Nationalsozialismus in Wien. Machtübernahme, Herrschaftssicherung, Radikalisierung, Kriegsvorbereitung, 1938/1939, überarbeitete und erweiterte Neuauflage, Wien 2018.

Robert Bouchal / Johannes Sachslehner, Das nationalsozialistische Wien: Orte – Täter – Opfer, Wien 2015.

Karl Dietrich Bracher, Die deutsche Diktatur. Entstehung, Struktur, Folgen des Nationalsozialismus, Frankfurt/Main/Berlin/Wien 1979.

Werner Brill, Pädagogik der Abgrenzung. Die Implementierung der Rassenhygiene im Nationalsozialismus durch die Sonderpädagogik, Bad Heilbrunn 2011.

Christopher R. Browning, Der Weg zur »Endlösung«. Entscheidungen und Täter, Berlin 1998.

Theodor Brückler (Hg.), Kunstraub, Kunstbergung und Restitution in Österreich 1938 bis heute, Wien 1999.

Michael Buddrus, Totale Erziehung für den totalen Krieg. Hitler-Jugend und nationalsozialistische Jugendpolitik (Texte und Materialien zur Zeitgeschichte 13), München 2003.

Hellmut Butterweck, Nationalsozialisten vor dem Volksgericht Wien. Österreichs Ringen um Gerechtigkeit 1945–1955 in der zeitgenössischen öffentlichen Wahrnehmung, Innsbruck 2016.

Holger Dainat, Zur Berufungspolitik in der Neueren deutschen Literaturwissenschaft 1933–1945, in: Holger Dainat/Lutz Danneberg (Hg.) Literaturwissenschaft und Nationalsozialismus, Tübingen 2003.

Christopher Dodd / Larry Bloom, Letters from Nuremberg: My Father's Narrative of a Quest for Justice, New York 2007.

Max Domarus, Hitler. Reden und Proklamationen 1932–1945. Kommentiert von einem deutschen Zeitgenossen. Teil 1: Triumph. Band 2: 1935–1938, Leonberg [4]1988.

Boguslaw Drewniak, Das Theater im NS-Staat: Szenarium deutscher Zeitgeschichte 1933–1945, Düsseldorf 1983.

Milan Dubrović, Veruntreute Geschichte, Wien 1985.

Albrecht Dümling / Peter Girth (Hg.), Entartete Musik. Dokumentation und Kommentar zur Düsseldorfer Ausstellung von 1938, 3. überarbeitete und erweiterte Auflage, Düsseldorf 1993.

Jack El-Hai, Der Nazi und der Psychiater. Aus dem Amerikanischen übersetzt von Henriette Heise, Berlin 2014.

Albert Elmar, Der »Schirachbunker« im Gallitzinberg, in: Wiener Geschichtsblätter 34 (1979), 133 ff.

Helmut Engelbrecht, Wien und die sogenannte Kinderlandverschickung, in: Studien zur Wiener Geschichte. Jahrbuch des Vereins für Geschichte der Stadt Wien, Band 57/58, Wien 2002.

Gerald D. Feldman, Austrian Banks in the Period of National Socialism, Washington D.C. and Cambridge 2015.

Nils Fiebig, Alois Miedl. Der Bankier und die Raubkunst. Geschäfte im Schatten der Macht, Würzburg 2020.

Florian Freund / Bertrand Perz und Mark Spoerer, Zwangsarbeiter und Zwangsarbeiterinnen auf dem Gebiet der Republik Österreich 1939–1945 (Veröffentlichungen der Österreichischen Historikerkommission Band 26/1) Wien 2004.

Carl Freytag, Deutschlands »Drang nach Südosten«. Der Mitteleuropäische Wirtschaftstag und der »Ergänzungsraum Südosteuropa« 1931–1945, Göttingen 2012 (= Zeitgeschichte im Kontext 7).

Dirk Gelhaus/Jörn-Peter Hülter, Die Ausleseschulen als Grundpfeiler des NS-Regimes, Würzburg 2003.

Gustave M. Gilbert, Nürnberger Tagebuch, Frankfurt/Main 1962.

Joseph Goebbels, Die Tagebücher von Joseph Goebbels. Im Auftrag des Instituts für Zeitgeschichte und mit Unterstützung des Staatlichen Archivdienstes Russlands hrsg. von Elke Fröhlich. München: 1987 ff.

Alexander Graf, Mütze, Band und Braunhemd – Marburger Studentenverbindungen und der Nationalsozialistische Studentenbund während der Weimarer Republik, Marburg 2012.

Thomas R. Grischany, Der Ostmark treue Alpensöhne. Die Integration der Österreicher in die großdeutsche Wehrmacht, 1938–45, Göttingen 2015.

Alexander Haide, Der Schirach Bunker, Wien 2004.

Murray G. Hall, Der Paul Zsolnay Verlag: Von der Gründung bis zur Rückkehr aus dem Exil, Band 1, Tübingen 1994.

Ernst Hanfstaengl, Zwischen Weißem und Braunem Haus. Memoiren eines politischen Außenseiters, München 1970.

Susanne Heim (Hg.), Die Verfolgung und Ermordung der europäischen Juden durch das nationalsozialistische Deutschland 1933–1945, Band 6: Deutsches Reich und Protektorat Böhmen und Mähren Oktober 1941–März 1943, Berlin 2019.

Jutta Held (Hg.), Kunstgeschichte an den Universitäten im Nationalsozialismus (Kunst und Politik 5), Göttingen 2003.

Rudolf Herz, Hoffmann & Hitler, München 1994.

Adolf Hitler, Mein Kampf, Band 1, Eine Abrechnung, München 1933.

Adolf Hitler, Reden, Schriften, Anordnungen: Februar 1925 bis Jänner 1933. Außenpolitische Standortbestimmung nach der Reichstagswahl Juni–Juli 1928, München 1994.

Karin Hartewig, Kunst für alle! Hitlers ästhetische Diktatur, Norderstedt 2018.

Hilmar Hoffmann, Generation Hitler-Jugend, Reflexionen über eine Verführung, Frankfurt am Main 2018.

Roman Horak, Germany versus Austria. Football, Urbanism and National Identity, in: Alan Tomlinson, Christopher Young (Hrsg.), German Football: History, Culture, Society and the World Cup 2006, London 2005.

Andreas Huber/Linda Erker/Klaus Taschwer, Der Deutsche Klub. Austro-Nazis in der Hofburg, Wien 2020.

Stefanie Hundehege, Baldur von Schirach. Der »Sänger der Bewegung«, in: Rolf Düsterberg (Hg.), Dichter für das »Dritte Reich«. Biografische Studien zum Verhältnis von Literatur und Ideologie, Bd. 3, Bielefeld 2015, 209–245.

Stefanie Hundehege, Modernizing Fate? Die Ahnfrau and the Grillparzer-Festwoche in Vienna, 1941, in: Austrian Studies 25 (2018), 81–87.

Internationaler Militärgerichtshof, Der Prozess gegen die Hauptkriegsverbrecher vor dem Internationalen Militärgerichtshof, Nürnberg 14. November 1945–1. Oktober 1946, Nürnberg 1948.

Ingeborg Kálnoky, Ilona Herisko, The Witness House: A Nuremberg Memoir of Countess Kálnoky, 1975.

Silvia Kargl / Friedemann Pestel, Ambivalente Loyalitäten. Beziehungsnetzwerke der Wiener Philharmoniker 1938-1970, März 2017 (PDF online)

Michael H. Kater, Der NS-Studentenbund von 1926 bis 1928. Randgruppe zwischen Hitler und Strasser, in: Vierteljahreshefte für Zeitgeschichte, Jg. 22 (1974), Heft 2, 148-190.

Michael H. Kater, Hitler-Jugend, Darmstadt 2005.

Günter Kaufmann, Baldur von Schirach. Ein Jugendführer in Deutschland. Richtigstellung Vermächtnis, Füssen 1993.

Franz-Werner Kersting, Militär und Jugend im NS-Staat. Rüstungs- und Schulpolitik der Wehrmacht, Wiesbaden 1989.

Douglas M. Kelley, 22 Männer um Hitler. Erinnerungen des amerikanischen Armeearztes und Psychiaters am Nürnberger Gefängnis, Olten-Bern 1947.

Holm Kirsten, Weimar im Banne des Führers. Die Besuche Adolf Hitlers 1925–1940, Köln 2001.

Christiane Kohl, Das Zeugenhaus. Nürnberg 1945: Als Täter und Opfer unter einem Dach zusammentrafen, München 2005.

Albert Krebs, Tendenzen und Gestalten der NSDAP. Erinnerungen an die Frühzeit der Partei, München 1959.

Martin Krist / Albert Lichtblau, Nationalsozialismus in Wien: Opfer. Täter, Gegner, Innsbruck 2017.

Christoph Kühberger, Europa als »Strahlenbündel nationaler Kräfte«. Zur Konzeption und Legitimation einer europäischen Zusammenarbeit auf der Gründungsfeierlichkeit des »Europäischen Jugendverbandes« 1942. In: Journal of European Integration History 2/2009, 17.

Jochen von Lang, Der Hitler-Junge. Baldur von Schirach. Der Mann, der Deutschlands Jugend erzog, Hamburg 1988.

Eleonore Lappin, Ungarische Jüdinnen und Juden in Niederösterreich 1944/45, in: Eleonore Lappin / Susanne Uslu-Pauer / Manfred Wieninger, Ungarisch-jüdische Zwangsarbeiterinnen und Zwangsarbeiter in Niederösterreich. St. Pölten 2006, S. 7–102 (= Studien und Forschungen aus dem Niederösterreichischen Institut für Landeskunde, Band 45).

Eleonore Lappin, Ungarische Zwangsarbeiter und Zwangsarbeiterinnen in Österreich 1944–45. Arbeitseinsatz – Todesmärsche-Folgen, Wien/Münster 2010.

Hartmann Lauterbacher, Erlebt und mitgestaltet. Kronzeuge einer Epoche 1923-1945. Zu neuen Ufern nach Kriegsende, Preußisch Oldendorf 1984.

Joachim Lilla, Die Erörterungen zur Neubesetzung der Gauleiterstelle in Wien 1939/40 und 1943/44, in: Studien zur Wiener Geschichte. Jahrbuch des Vereins für Geschichte der Stadt Wien, Band 57/58, Wien 2002, 113-124.

Sophie Lillie, Was einmal war. Handbuch der enteigneten Kunstsammlungen Wiens, Wien 2003.

Peter Longerich, Hitler. Biographie, München 2015.

Stephan Malinowski, Vom König zum Führer. Sozialer Niedergang und politische Radikalisierung im deutschen Adel zwischen Kaiserreich und NS-Staat, Berlin 32003.

Wolfgang Martynkewicz, Salon Deutschland. Geist und Macht 1900–1945, Berlin 2009.

Bernadette Mayrhofer/Fritz Trümpi, Orchestrierte Vertreibung. Unerwünschte Wiener Philharmoniker. Verfolgung, Ermordung und Exil, Wien 2014.

Christian Merlin, Die Wiener Philharmoniker. Das Orchester und seine Geschichte, Band I, Wien 2017.

Imo Moszkowicz, Der grauende Morgen: Erinnerungen, Reprint Münster 2004.

Harald Oelrich, Sportgeltung, Weltgeltung. Sport im Spannungsfeld der deutsch-italienischen Außenpolitik von 1918 bis 1945, Münster 2003.

Martin Pabst, Couleur und Braunhemd. Deutschen Studenten in der Weimarer Republik, München 1993.

Bertrand Perz, Verwaltete Gewalt. Der Tätigkeitsbericht des Verwaltungsführers im Konzentrationslager Mauthausen 1941–1944, Wien 2013 (= Mauthausen-Studien Band 8).

Henry Picker (Hg.), Hitlers Tischgespräche im Führerhauptquartier 1941–1942, Stuttgart 21977.

Alessio Ponzio, Shaping the New Man: Youth Training Regimes in Fascist Italy and Nazi Germany, Madison 2015.

Hugo Portisch/Sepp Riff, Österreich II: Die Wiedergeburt unseres Staates, Band I, Wien 1985.

Manfried Rauchensteiner, Der Krieg in Österreich 1945, Wien 1984.

Mathias Rösch, Die Münchener NSDAP 1925–1933. Eine Untersuchung zur inneren Struktur der NSDAP in der Weimarer Republik, München 2002.

Thomas Rösner, Adolf Bartels, in: Uwe Puschner, Walter Schmit und Justus H. Ulbricht, Handbuch zur »Völkischen Bewegung« 1871–1918, München 1999.

Klaus Rüffler, Vom Landfriedensbruch bis zum Mord von Potempa. Der »Legalitätskurs« der NSDAP, Frankfurt am Main 1994.

Hans Safrian, Die Eichmann-Männer, Wien/Zürich 1993.

Harald Sander, Hitler – Das Intinerar. Aufenthaltsorte und Reisen von 1889 bis 1945, Band 1: 1889–1927, Berlin 2016.

Henriette von Schirach, Der Preis der Herrlichkeit, Berlin 41975.

Max von Schirach, Geschichte der Familie von Schirach, Berlin 1939, Neuauflage 2016.

Richard von Schirach, Der Schatten meines Vaters, München 2005.

Renato Schirer, Der Schirachbunker. Die Errichtung eines bombensicheren und unterirdischen Befehlsstandes für die Wiener Gauleitung der NSDAP (PDF online).

Detlef Schmiechen-Ackermann/Marlis Buchholz/Bianca Roitsch/Christiane Schröder (Hg.), Der Ort der ›Volksgemeinschaft‹ in der deutschen Gesellschaftsgeschichte, Paderborn 2018.

Harald Scholtz, Erziehung und Unterricht unterm Hakenkreuz, Göttingen, Neuausgabe 2009.

Birgit Schwarz, Geniewahn: Hitler und die Kunst, Wien/Köln/Weimar 2009.

Anna Maria Sigmund, Die Frauen der Nazis, Wien 1998.

Otto Skorzeny, Meine Kommandounternehmen, Rastatt 1981.

Bradley F. Smith/Agnes F. Peterson (Hg.), Heinrich Himmler. Geheimreden 1933 bis 1945 und andere Ansprachen, Frankfurt am Main 1974.

Susan Sontag, Faszinierender Faschismus, in: Dieselbe, Im Zeichen des Saturn. Essays, Frankfurt am Main, 2003, 97–126.

Albert Speer, Der Sklavenstaat. Meine Auseinandersetzungen mit der SS, München 1981.

Markus Stumpf, »Ich erteile deshalb den mir nachgeordneten Dienststellen des Staates und der Partei den Befehl, nach der erfolgten Evakuierung der Juden sämtliche Tschechen aus dieser Stadt zu entfernen.« Das »Gaupresse«-Archiv Wien anhand ausgewählter Reden Baldur von Schirachs, in: Lucile Dreidemy/Richard Hufschmied/Agnes Meisinger/Berthold Molden/Eugen Pfister/Katharina Prager/Elisabeth Röhrlich/Florian Wenninger/Maria Wirth (Hg.), Bananen, Cola, Zeitgeschichte: Oliver Rathkolb und das lange 20. Jahrhundert, Band 1, Wien/Köln/Weimar 2015, 330–345.

Vanessa Stürz, Elite und Diktatur. Die Rolle der Eliteschulen im Nationalsozialismus und ihre Bedeutung für das Regime, Hamburg 2013.

Tagung der Südosteuropa-Gesellschaft und der Deutschen Gesellschaft der Wirtschaft in Böhmen und Mähren, Prag 1942.

Walter Thomas, Bis der Vorhang fiel. Aufzeichnungen aus den Jahren 1940 bis 1945, Dortmund 1947.

Justus H. Ulbricht, »Deutsche Religion« und »Deutsche Kunst«. Intellektuelle Sinnsuche und kulturelle Identitätskonstruktionen in der »Klassischen Moderne«, phil. Diss., Universität Jena 2006.

Das Urteil von Nürnberg. Mit einem Vorwort von Jörg Friedrich, München 62005.

Volker Weiß, Moderne Antimoderne. Arthur Moeller van den Bruck und der Wandel des Konservatismus, Paderborn 2012.

Uwe Werner, Anthroposophen in der Zeit des Nationalsozialismus (1933–1945), München 1999.

Matthias Wieben, Studenten der Christian-Albrechts-Universität im »Dritten Reich«. Zum Verhaltensmuster der Studenten in den ersten Herrschaftsjahren des Nationalsozialismus, Frankfurt am Main 1994.

Birgit Witamwas, Geklebte NS-Propaganda, Verführung und Manipulation durch das Plakat, Berlin/Boston 2016.

Michael Wortmann, Baldur von Schirach. Hitlers Jugendführer, Köln 1982.

Namensregister*

*Die Namen von Baldur von Schirach und Adolf Hitler wurden in das Register nicht aufgenommen.

Bildnachweis

Bayerische Staatsbibliothek München/Bildarchiv: 2, 21 (oben links), 39 (unten), 50 (links oben), 54, 65, 69, 72 (unten), 74, 79, 80, 114, 124, 126, 130 (oben), 156 (oben), 212 (oben), 239, 265, 286, 292, 301

Universität Wien/Fachbereichsbibliothek Zeitgeschichte, Gaupressearchiv Wien, Institut für Zeitgeschichte der Universität Wien: 132, 170

Österreichische Nationalbibliothek: 53 (oben), 84

Universitätsbibliothek Wien: 185 (unten rechts)

Dokumentationsarchiv des österreichischen Widerstandes: 168 (oben), 236 (unten links)

Wiener Stadt- und Landesarchiv: 231 (oben)

Yad Vashem: 168 (Mitte), 270/271

United States Holocaust Memorial Museum: 266

Fundacja Niemieckie: 185 (unten links)

Stadtarchiv Weimar: 12

Landesarchiv Thüringen, Hauptstaatsarchiv Weimar: 21 (unten)

Deutsches Historisches Museum, Berlin/Bildarchiv: 32

Deutsches Museum München: 50 (unten)

Bundesarchiv: 88 (oben, B 145 Bild)

Bundesmobilienverwaltung: 259 (unten

Württembergische Landesbibliothek Stuttgart: 197 (oben rechts)

North Carolina Museum of Arts, Raleigh: 250

Österreichisches Filmmuseum: 156 (unten)

Austrian Archives/Imagno/picturedesk.com: 119 (unten)

akg-images/picturedesk.com: Coverfoto, 99 (oben), 105, 119 (oben rechts), 284 (unten rechts), 141 (oben)

ÖNB-Bildarchiv/picturedesk.com: 174

ullstein bild/Ullstein Bild/picturedesk.com: 36, 57 (unten), 112, 141 (unten), 284 (oben

Ullstein Bild/picturedesk.com: 193 (Mitte)

ullstein bild – Heinrich Hoffmann/Ullstein Bild/picturedesk.com: 119 (oben links)

ullstein bild - Lothar Rübelt/Ullstein Bild/picturedesk.com: 207

Berliner Verlag/dpa Picture Alliance/picturedesk.com: 4

World History Archive/TopFoto/picturedesk.com: 39 (oben)

awkz/Interfoto/picturedesk.com: 45 (oben)

Scherl/SZ-Photo/picturedesk.com: 45 (unten), 50 (oben rechts), 92 (unten), 228 (unten rechts)

Karger-Decker/Interfoto/picturedesk.com: 53 (unten)

Roger Viollet/picturedesk.com: 72 (oben)

Hilscher, Albert/ÖNB-Bildarchiv/picturedesk.com: 197 (unten), 236 (oben), 243 (unten)

SZ Photo/SZ-Photo/picturedesk.com: 92 (oben)

S. M./SZ-Photo/picturedesk.com: 212 (unten)

Bildarchiv Hansmann/Interfoto/picturedesk.com: 99 (unten)

Pulfer/Interfoto/picturedesk.com: 109 (unten links), 111 (unten)

Everett Collection/picturedesk.com: 109 (oben rechts)

Courtesy Everett Collection/Everett Collection/picturedesk.com: 111 (oben)

Weltbild / ÖNB-Bildarchiv / picturedesk.com: 149 (oben)

Rübelt Lothar/ÖNB-Bildarchiv/picturedesk.com: 190

Blaha, Franz/ÖNB-Bildarchiv/picturedesk.com: 193 (unten)

Personalities/TopFoto/picturedesk.com: 295 (oben)

Privatarchiv Renate Moszkowicz: 162

Sammlung Johannes Sachslehner: 26, 94, 100, 130 (unten rechts), 149 (unten)

Privat: 168 (unten)

www.anno.onb.ac.at: 197 (links oben), 243 (oben), 130 (unten links), 134, 146, 172 (oben), 178, 193 (oben), 197 (oben links), 202, 205, 224, 228 (oben)

https://museenkoeln.de: 88 (Mitte, Doppelseite aus der HJ-Illustrierten »Die Fanfare«)

Stills aus: Unsere Fahne flattert uns voran: 88 (unten), 90

www.youtube.com: 295 (Mitte)

https://picclick.de: 295 (unten)

Max von Schirach, Geschichte der Familie von Schirach (Berlin 1939): 16 (oben)

Procès des grands criminels de guerre devant le Tribunal militaire international de Nuremberg, Tome XXIX: 164

Tagung der Südosteuropa-Gesellschaft und der Gesellschaft der Wirtschaft in Prag (Berlin/Prag/Wien 1942): 185 (oben)

Wikimedia Commons: 19, 21 (oben rechts), 57 (oben, Quelle: Universitätsbibliothek Heidelberg), 57 (Mitte, Quelle: Dr. Alfred Grimm, Staatliches Museum Ägyptischer Kunst, München), 109 (oben links), 109 (unten rechts), 172 (unten, Foto: Homoatrox), 228 (unten rechts), 231 (unten, Foto: Anna Saini), 236 (unten rechts), 259 (oben), 284 (unten links; Foto: U. S. Army Signal Corps)

Liebe Leserin, lieber Leser,

Wenn Sie die Lektüre dieses Buches interessant und aufschlussreich fanden, freuen wir uns über ihre Weiterempfehlung.

Sollten Sie an weiteren Informationen zum Thema interessiert sein, oder mit Oliver Rathkolb in Kontakt treten wollen,
freuen wir uns auf
leserstimme@styriabooks.at

Inspiration, Geschenkideen und gute Geschichten finden Sie auf
www.styriabooks.at

STYRIA
BUCHVERLAGE

ISBN 978-3-222-15058-6

Bücher aus der Verlagsgruppe Styria gibt es
in jeder Buchhandlung und im Online-Shop
www.styriabooks.at

Projektleitung: Johannes Sachslehner
Umschlaggestaltung: Emanuel Mauthe
Herstellungsleitung: Maria Schuster
Layout und Produktion: Burghard List
Druck und Bindung: Finidr
Printed in the EU
7 6 5 4 3 2 1